Teatro muerto

Letras Hispánicas

Ramón Gómez de la Serna

Teatro muerto
(Antología)

Edición de
Agustín Muñoz-Alonso López
y Jesús Rubio Jiménez

CÁTEDRA

LETRAS HISPÁNICAS

© Eduardo Alejandro Ghioldi
Ediciones Cátedra, S. A., 1995
Juan Ignacio Luca de Tena, 15. 28027 Madrid
Depósito legal: M. 39.702-1995
ISBN: 84-376-1372-8
Printed in Spain
Impreso y encuadernado en Huertas, S. A.
Fuenlabrada (Madrid)

Índice

Introducción

Para Laura,
Luis Ángel y Lucas

Ramón en 1908, al finalizar la carrera de Derecho.

En 1956, Ramón Gómez de la Serna, al preparar la amplia colección de sus obras que publicó la editorial AHR con el título de *Obras Completas*, ofreció bajo el epígrafe «Teatro muerto» cinco dramas de su primera época de dramaturgo: *La utopía* (I), *Beatriz*, *El drama del palacio deshabitado*, *La corona de hierro* y *El lunático*. En realidad, son las mismas que había reunido ya antes en el volumen de 1926, *El drama del palacio deshabitado*.

Era una selección personal —y hasta cierto punto arbitraria como toda selección— de su primer teatro, olvidando el resto, y lo que es más llamativo, alterando sustancialmente los textos en diversos aspectos. Estos cambios afectaron desde los subtítulos de las piezas —así el de *Beatriz*, «Evocación mística en un acto», pasa a ser «Narración mística en un acto»—, a los textos que los arropan: el prólogo de *Beatriz*, por ejemplo, ha sido sustituido por otro nuevo, o en *El drama de palacio deshabitado* han desaparecido el «prólogo» y «epílogo», que proporcionan claves sustanciales para su comprensión. Suprimió dedicatorias —con lo que se diluye el entorno en que fueron escritos—, modificó en algún caso la distribución de escenas o efectuó diversos retoques en los diálogos. Son en cierto modo otros dramas con estos nuevos ropajes. Los intereses de Ramón eran ya otros y los proyectó sobre los textos, borrando indicios de su primera y torrencial escritura.

Pensamos que ha llegado ya el tiempo de recuperar las primeras versiones completas de los dramas ramonianos tal como aparecieron en las páginas de *Prometeo*. Al hacerlo pensamos que adquieren su verdadera significación, situados en el marco de la revista que los dio al lector por primera vez arropados por una amplia y compleja red de textos y referencias culturales que los iluminan notablemente. Su difusión casi simultánea en forma de separatas o integrados en libros no altera sustancialmente la situación: eran las mismas páginas de *Prometeo* encuadernadas y añadiéndoles portadas realizadas por artistas amigos concebidas dentro de una estética común.

Toda antología conlleva una cierta arbitrariedad en la selección de los textos; también ésta, aunque su amplitud es tanta que rebasa los con frecuencia muy restrictivos moldes de estas obras. Mucho más si se considera que se han añadido a los dramas otros textos ramonianos —en este caso exhaustivamente— escritos al amparo de géneros teatrales más minoritarios —la danza y la pantomima—, pero que en aquel momento constituyeron campos de búsqueda privilegiada dentro del gran movimiento renovador del teatro.

Al cobijar todos estos textos bajo la denominación de «Teatro muerto» lo hacemos considerándolo apropiado —después de todo es del mismo Ramón su troquelación—, ya que da cuenta de múltiples aspectos de estos textos dramáticos, tanto de su génesis como de la suerte que han corrido después. Pensamos no equivocarnos al afirmar que la expresión tiene ese halo evocador y sugestivo de los títulos simbolistas tan frecuentes en aquellos años y resulta apto, por tanto, para presentar agavillados estos textos ramonianos.

1. El teatro en la revista «Prometeo»

Hay dos evidencias que, aunque rotundas, no han sido después tenidas en cuenta por quienes han llevado a cabo el estudio del arte escénico en los primeros decenios de nuestro siglo. La primera es que en España se vivió con interés la gran crisis sufrida entonces por la concepción mimética del teatro y es inexacto el tópico que durante años se viene repitiendo de que el teatro español ignoró las novedades teatrales que se produjeron en Europa, buscando salidas a la crisis mencionada. Esta afirmación es una consecuencia inevitable de los escasos estudios rigurosos que se han dedi-

12

cado todavía a la evolución del arte escénico español en aquellos decenios y la desmiente fácilmente el más somero repaso crítico de las publicaciones periódicas de entonces.

La segunda evidencia de que hablamos es la de la decidida participación de Ramón Gómez de la Serna en actividades teatrales renovadoras durante aquellos años no sólo como escritor, sino como actor y aun director. Y con todo, durante años sus numerosos textos teatrales —y no digamos el resto de sus actividades relacionadas con este arte— han sido si no silenciadas, sí poco consideradas por quienes se han esforzado en poner orden en los primeros escritos ramonianos. Es de justicia, con todo, señalar que en los últimos años se ha iniciado un movimiento de recuperación de esta parte de la producción del escritor, que estará concluida cuando sus textos dramáticos, arropados con otros datos que los explican, estén al alcance de los lectores, posibilitando acercamientos críticos más correctos y virtuales montajes escénicos de las piezas[1].

Estas dos evidencias quedan probadas plenamente con el estudio de la presencia de lo teatral en las páginas de la revista *Prometeo*, publicación que permite mejor que ninguna otra reconstruir el horizonte de expectativas en que se gestó el teatro de Ramón a la vez que nos ofrece la mayor parte de sus textos dramáticos y otras reflexiones suyas sobre el arte escénico[2].

---

[1] Sintomática es la publicación de algunas monografías extensas sobre el teatro consecuencia de tesis doctorales: Agustín Muñoz Alonso López, *Ramón y el teatro (La obra dramática de Ramón Gómez de la Serna)*, Ediciones de la Universidad de Castilla-La Mancha, 1993

Prácticamente concluido este ensayo recibimos: Alfredo Martínez Expósito, *La poética de lo nuevo en el teatro de Gómez de la Serna*, Oviedo, Departamento de Filología Española, 1994.

Cabe destacar también, Marta Palenque, *El teatro de Ramón Gómez de la Serna. Estética de una crisis*, Sevilla, Alfar, 1992.

Menos difusión ha tenido: J. Yviricu, *Del vanguardismo en el teatro de Ramón Gómez de la Serna*, University of Iowa, Xerox University Microfilms, Ann Arbor, Michigan, 1977 (tesis doctoral).

[2] Sobre los inicios de Ramón y la revista *Prometeo*, deben verse al menos: M. Fernández Almagro, «La generación unipersonal de Gómez de la Serna», *España*, 362, 24 de marzo de 1923; Víctor García de la Concha,

Durante los años 1908-1912 aglutinó en sus páginas esta revista una más que notable serie de autores españoles y extranjeros defensores de una renovación artística y literaria de gran amplitud y de espíritu cosmopolita. Una parte de ellos no eran ajenos a los intentos de renovación teatral que se venían produciendo desde los años ochenta del siglo anterior al amparo, sobre todo, de las consignas lanzadas por Zola sobre lo que debía aportar el naturalismo al teatro y, más aún, por el radical programa de renovación que se infiere de los escritos de los simbolistas sobre el arte escénico[3]. Toda esta tradición crítica gravita —múltiple, compleja y contradictoria— sobre los escritos teatrales incluidos en las páginas de *Prometeo*. Es el *humus* del que se nutren y sobre el que se desarrollaron diversas iniciativas de las que se hará eco la revista orientadas a conseguir que el arte escénico recuperara —o simplemente no perdiera— una dignidad artística que estaba desapareciendo a causa de una concepción excesivamente mercantilista del arte escénico[4]. Los colaboradores de *Prometeo* sienten como un hecho la disociación entre *teatro artístico* y *teatro comercial* que se había producido en los decenios anteriores. Se alinean generalmente

---

«La generación unipersonal de Gómez de la Serna», *Cuadernos de Investigación Filológica,* III, 1977, págs. 63-86; James H. Hoddie, «El programa solipsista de Ramón Gómez de la Serna», *Revista de Literatura,* XLI, 82, 1979, págs. 131-148; Ignacio Soldevila Durante, «El gato encerrado (Contribución al estudio de la génesis de los procedimientos creadores de la prosa ramoniana)», *Revista de Occidente,* 80, 1988, págs. 31-62; «Para la recuperación de una prehistoria embarazosa (Una etapa marxista de Gómez de la Serna)», en Dennis (ed.), *Studies on Ramón Gómez de la Serna,* Ottawa, Dovehouse Editions, Ottawa Hispanic Studies, 2, 1988, págs. 23-43; Luis S. Granjel, *«Prometeo* (1908-1912). Biografía de *Prometeo», Ínsula,* 195, 1963, págs. 6 y 10; *«Prometeo,* II, Ramón en *Prometeo», Ínsula,* 196, 1963, págs. 3 y 10. Gaspar Gómez de la Serna, *Ramón (Vida y obra),* Madrid, Taurus, 1963, págs. 44-73. Domingo Paniagua, *Revistas culturales contemporáneas, I (1897-1912),* Madrid, Punta Europa, 1964, págs. 161-194.

[3] Un planteamiento general del tema en Jesús Rubio, *Ideología y teatro en España: 1890-1900,* Zaragoza, Libros Pórtico, 1982.

[4] Nancy Membrez ha ofrecido un panorama convincente de la «industria» teatral de entonces: *The «teatro por horas»: History, Dynamics and Comprehensive Bibliography of a Madrid Industry, 1867-1922* (Género chico, género ínfimo *and early Cinema),* UMI, Michigan, 1989, 3 vols.

Portada de Mariano Benlliure para el primer número
de la revista *Prometeo*.

en defensa del *teatro artístico* y a su mantenimiento y difusión dirigen sus esfuerzos. Una ordenación de la documentación que arroja el vaciado de la revista así lo muestra referido a los diversos aspectos en que lo teatral fue considerado desde las páginas de *Prometeo*. Con esto no pretendemos afirmar, no obstante, que todo lo contenido sobre el teatro en *Prometeo* vaya marcado por esta impronta renovadora, sino que ésta es la línea dominante en los diversos niveles que fueron atendidos: información sobre actividades teatrales, edición de textos dramáticos y ensayos sobre el arte escénico. En los tres aspectos la participación de Ramón fue notable.

Prometeo no tenía unas secciones fijas donde se diera cuenta de forma sistemática del acontecer teatral, pero su repaso proporciona suficientes páginas donde se informa sobre actividades teatrales que denotan la simpatía y el protagonismo de sus promotores en pro del *teatro artístico*. Acaso lo más relevante, en lo que se refiere al primer aspecto indicado, es la participación de la revista en dos de las iniciativas más notables de cuantas se produjeron entonces orientadas a la renovación de los repertorios teatrales españoles: El *Teatro de Arte* (1908-1911) y el *Teatro de los niños* (1909-1911).

En el *Teatro de Arte,* promovido sobre todo por el crítico teatral *Alejandro Miquis* (Anselmo González), convergieron durante tres años los dramaturgos, críticos y hombres de teatro más inquietos del mundillo literario madrileño. Venía este crítico manteniendo desde hacía algunos años una tenaz defensa de la dignidad artística del teatro desde las páginas de *Nuevo Mundo* o *El Diario Universal.* Buen conocedor de lo que ocurría en Europa —adonde viajaba con cierta frecuencia— se esforzaba por difundir entre el público madrileño las novedades que allí se iban produciendo a la vez que reivindicaba el mantenimiento de lo mejor de la tradición teatral española y de la literatura dramática que se producía en ese momento. Su labor —que merece ser reconstruida con detalle— abarca no sólo la crítica periodística, sino que también tradujo alguna obra notable de técnica teatral —*La mímica,* de Cuyer (1909)—, pronunció conferencias sobre temas como la gestualidad teatral, alentó iniciativas como la que nos ocupa o después ensayó en el Teatro Español un intento de programación ambiciosa artísticamente cuando fue nombrado *director artístico* en la temporada de 1911-1912.

No resulta extraño, pues, que cuando *Miquis* se decidió a lanzar su idea de creación de un *Teatro de Arte,* fórmula que desde su propio nombre contaba con una tradición reciente prestigiosa (recuérdese el *Théatre D'Art,* de Paul Fort, por ejemplo), encontrara una acogida extraordinaria entre las gentes del mundillo artístico madrileño. En otra parte hemos estudiado el manifiesto que sirvió de presentación al grupo[5]. No vamos aquí, por ello, a analizar con detalle las distintas ediciones que tuvo o la nómina completa de sus firmantes entre los que figuran prácticamente todos los dramaturgos a los que después la historiografía literaria ha deparado un lugar significativo dentro de los intentos renovadores del teatro español de aquellos años. Pero no sólo los dramaturgos sino también los críticos y otras gentes relacionadas con el teatro, que fueron quienes después mantuvieron una tenaz defensa de la dignidad artística del teatro. Es éste el motivo por el que al recuperar aquel manifiesto y reconstruir las actividades del grupo no dudamos entonces en calificar el *Teatro de Arte* como un eslabón imprescindible a la hora de estudiar lo acontecido en el teatro español en el periodo de transición entre el modernismo y las vanguardias.

Figuran nombres que van desde Pérez Galdós o algún otro escritor veterano —Luis Morote, M. Ciges Aparicio— a críticos teatrales reputados como el propio *Alejandro Miquis,* Ricardo J. Catarineau, José de Laserna, José Alsina, D. López Orense *(Fantasio);* pero sobre todo escritores de mediana edad de protagonismo indudable en la literaria

---

[5] Jesús Rubio Jiménez, «El Teatro de Arte (1908-1911): un eslabón necesario entre el modernismo y las vanguardias», *Siglo XX / 20th Century,* 5, 1-2, 1987, págs. 25-33. Ahora en *El teatro poético en España. Del Modernismo a las Vanguardias,* Universidad de Murcia, 1993, págs. 133-156. Citamos por esta edición.

madrileña como Jacinto Benavente, Ramón de Valle-Inclán, Felipe Trigo, Linares Rivas, Pedro González Blanco o Enrique Díez Canedo; y, en fin, otros más jóvenes llamados a tener un notable protagonismo en los años siguientes: Jacinto Grau, Emiliano Ramírez Angel o José Francés. Y no faltan actores como Emilio Mario (hijo) o Pedro Granda y escenógrafos de gran futuro como Salvador Bartolozzi. Era difícil concitar una mayor y más selecta atención en el mundillo madrileño.

Desde el punto de vista que aquí nos interesa hay que llamar la atención de la presencia entre los firmantes de numerosos colaboradores de la revista *Prometeo* y constatar también, de paso, que la única mujer firmante es Carmen de Burgos, que tanta importancia iba a tener en la vida afectiva de Ramón en los años siguientes.

Nos estamos refiriendo, con todo, a las primeras ediciones del manifiesto, cuya fecha Dru Dougherthy ha fijado en mayo de 1908, en que lo reprodujeron *El Imparcial,* la revista *Por esos mundos* y se tiró también en folleto aparte[6].

A lo largo de los siguientes meses de 1908 consiguieron dar representaciones de una serie de obras innovadoras, cuyos detalles no podemos aquí desarrollar: *El escultor de su alma,* de Ganivet, a finales de mayo; *Teresa,* de Clarín, *Cuando las hojas caen* (José Francés) y *El peregrino de amor* (Brada), el 13 de junio; *Trata de blancas (Mistress Warren's Profession),* de B. Shaw, 17 de julio; *Sor Filomena,* de los hermanos Goncourt, a comienzos de diciembre[7].

Una atractiva muestra, sin duda, ya que aparte de recuperar algunos de los textos más polémicos, por renovadores, del teatro español del último decenio del siglo XIX —*Teresa, El escultor de su alma*—, daba la primicia de Shaw en España *Trata de blancas*— un texto de Brada —*El peregrino de amor*—,

---

[6] Los nombres aquí citados corresponden a los firmantes en el folleto: *Teatro de Arte. Juicios de la prensa sobre las primeras funciones.* Madrid, Velasco, 1908. Por el plan de trabajo incluido parece ser de noviembre de 1908.

De los primeros pasos del grupo y su manifiesto se ocupa Dru Dougherty en «Una iniciativa de reforma teatral: el grupo Teatro de Arte (1908-1911)», en prensa.

[7] Detalles en J. Rubio, *El teatro poético en España,* ob. cit.

una atractiva experiencia de las posibilidades de la novela en el teatro con la versión de *Sor Filomena,* de los Goncourt, que permitió a Robleda, Bartolozzi y Pellicer hacer unas muy interesantes propuestas escenográficas, y, en fin, un autor nuevo: José Francés: *Cuando las hojas caen.*

Cumplían así de sobra —sobre todo si se tiene en cuenta los pocos recursos de que disponían— los propósitos que habían anunciado en su manifiesto:

> Sinceros amantes del arte escénico, síntesis y compendio de todas las bellas artes; dolidos y apenados del industrialismo que parece ser la razón única de su vida, pretendemos crear, no frente al teatro industrial sino a su lado, y completándole para dar la fórmula del teatro íntegro, un teatro de arte, un teatro que pueda ser, según la frase de Lucien Muldfeld, «un laboratorio de ensayos donde libremente sean puestas en práctica nuevas fórmulas de arte».
>
> Eclécticos, convencidos de que la Belleza no es un patrimonio de una secta ni de una escuela, pretendemos abrir ese teatro a todas las tendencias sin pedir a los que las sirvan más que sinceridad en el amor a lo bello y lo verdadero.
>
> Libres de prejuicios que no sean el culto a la Belleza, todas las ideas nos parecen admisibles a condición sólo de que el arte las decore y muestre; todas las respetaremos, aun no siendo las nuestras, aun oponiéndose rudamente a ellas, con tal de que su escudo sea el anhelo artístico puro y elevado, incapaz de buscar cereales en campo de laureles.
>
> [...] Queremos con nosotros a cuantos sientan la necesidad de elevar el nivel intelectual, moral y estético del teatro; a cuantos quieran trabajar en esa elevación que ha de darnos el definitivo derrumbamiento de las fórmulas viejas que oprimen y ankilosan *(sic)* al arte escénico; el arte escénico que, por ser la vida misma en acción mayor libertad y movimiento necesita.
>
> Nuestro programa es amplio porque amplio es el terreno a conquistar, pero su amplitud no nos arredra porque no tenemos por enemigos a la impaciencia, ni la premura; convencidos y seguros por ello de nuestro triunfo, no nos urge vencer; nuestra labor es obra de precursores y sus efectos no son a fecha fija.
>
> Si somos pocos procuremos ser los mejores y practiquemos el apostolado del ejemplo; que cada día tenga su trabajo, y la

labor por ardua que sea será realizada. Nuestro trabajo de hoy, trabajo de iniciación, parte se declara; nuestro propósito es lo que importa y para él pedimos adhesiones y apoyo.

Dénnosle los que como nosotros sientan y piensen y el arte escénico será algún día en España algo más que entretenimiento de desocupados y buscavidas de menesterosos.

Al resumir lo realizado durante ese año en *El Diario Universal, Miquis* expuso con gran claridad la situación en que se hallaban y las posibilidades que ofrecía una ciudad como Madrid para un intento de aquellas características. En su opinión, en Madrid apenas había ambiente artístico y las primeras funciones se llevaron a cabo con una treintena de adhesiones que, a 15 pesetas cada una, sumaban 450. Es decir, para cada función habían contado con unas 90 pesetas, cifra exigua que fue compensada, en parte, por el entusiasmo de los participantes en la aventura, ya que las siete obras montadas lo fueron con decoraciones nuevas. Lamentaba *Miquis* la falta de público y la insensibilidad de las instituciones que ni se dignaron, en muchos casos, en contestar a sus invitaciones.

Tampoco los autores habían sido muy generosos en ese tiempo, ya que tan sólo había recibido dos propuestas; una imitación de teatro clásico de San José y *Cuando las hojas caen,* de José Francés. No cabía, pues, hacerse demasiadas ilusiones, sino ante todo procurar que la iniciativa no desapareciera. Y a ello se aplicó en los meses siguientes, participando activamente en las discusiones orientadas a la creación de un Teatro Nacional o entrando en contacto más directo con Ramón Gómez de la Serna y *Prometeo.*

En las páginas de la revista pueden seguirse los avatares del *Teatro de Arte* durante 1909. Las primeras noticias de contactos entre *Miquis* y la revista se encuentran en agosto de 1909, al regresar éste de un viaje a París donde es muy posible que tuviera ocasión de tratar a Ramón de una forma más directa. *Prometeo* da entonces la noticia de su llegada y de que «pertinaz en su labor de propagandista de un teatro renovador» prepara una campaña como la anterior, marcada por el signo del «antidicentismo»[8].

---

    [8] «Teatro de Arte», *Prometeo,* agosto de 1909.

Para entonces ya Ramón había publicado sus manifiestos de la *nueva literatura:* «El concepto de la nueva literatura», «Fundación y manifiesto del futurismo» o «Movimiento intelectual. El futurismo»[9]; y lo que es más importante, estaba ya publicando sus dramas: *La Utopía*[10], *Beatriz,* «evocación mística»[11].

Nada de extraño tiene en esta situación el que en la nota citada sobre «Teatro de Arte» se indique que en la nueva campaña que intenta *Miquis,* se dedicará la primera función a *La Utopía,* «el drama de no tener drama», cuyo estreno se prepara también con un comentario crítico del colaborador de la revista Edmundo González Blanco:

> Es un verdadero alarde literario, una pesadilla en que todos los personajes parecen visiones del héroe. Tiene este drama una originalidad a la moderna que va mucho más allá de Ibsen, al menos tal como yo lo interpreto. Consigue ser una obra teatral de un solo personaje, pero así, a secas, brutalmente; es un monólogo invertido, y, sin embargo, como se dice de las obras del viejo teatro, el interés no decae un punto.

Sin duda la pasión amistosa hace que la reflexión de González Blanco resulte un tanto ditirámbica, pero lo que es importante señalar aquí es que por esas fechas la confluencia entre el *Teatro de Arte* y *Prometeo* alcanzaba su momento más dulce y la revista ponía sus páginas al servicio de la iniciativa de *Miquis.* Un servicio, claro está, interesado, ya que Ramón iba a ser en principio el primer beneficiado al poder estrenar uno de sus dramas. *La Utopía,* en efecto, fue ensayada y hasta se realizó un cartel que la anunciaba. Pero el estreno se frustró[12].

Prometeo se volcó en los números siguientes en preparar el lanzamiento de la nueva campaña del *Teatro de Arte.* Ra-

---

[9] *Prometeo,* 6, abril de 1909.
[10] *Prometeo,* 8 y 9, junio-julio de 1909.
[11] *Prometeo,* 10, agosto de 1909.
[12] Detalles en J. Rubio, *El teatro poético,* ob. cit.

món, que venía operando con gran libertad en la revista, pudo hacerlo todavía más a partir del número 11, en que pasa a dirigirla, quedando su padre más en segundo plano.

Cumpliendo con lo que se anuncia en el número 10, incluyen en el 11 el «apunte lírico», *El príncipe sin novia,* de Emiliano Ramírez Ángel, que encabeza una bella portada de Robledano, que representa a Arlequín. Ambos eran firmantes de los manifiestos del *Teatro de Arte* y esta edición no hace sino recalcar algo que ya venimos señalando: la confluencia de diversos artistas en esta tentativa renovadora. Se había anunciado también la intención de estrenar una pieza de los hermanos Millares Cubas y dos entremeses. Los propósitos de *Miquis,* pues, continuaban en la línea ecléctica anunciada por el manifiesto.

Pero este número 11 de *Prometeo* ofrece interés también por otro motivo: incluye el texto de Ramón, *Cuento de Calleja,* escrita para el *Teatro de los niños,* que Benavente había puesto en marcha y sobre la que tendremos ocasión de hablar más adelante[13].

El flujo de textos dramáticos y otras proclamas de Ramón continúa en los números siguientes: *El drama del palacio deshabitado (número 12); El laberinto* (15, enero 1910); *Los sonámbulos* (25, 1911); *Siempreviva* (28, 1911); *La Utopía* (II) (29, 1911); *La casa nueva* (30 y 31, 1911); *Los unánimes* (32, 1911); *Tránsito* (33, 1911); *La corona de hierro* (34, 1911); *El teatro en soledad* (36 y 37, 1912); *El lunático* (38, 1912).

Y también una serie de *danzas y pantomimas: La bailarina* (24, octubre de 1910); *Accesos del silencio* (29, 1911); *Las danzas de pasión. El garrotín* (30, 1911); *La danza de los Apaches. La danza oriental. Los otros bailes* (32, 1911); el «drama pantomímico» *Fiesta de dolores* (33, 1911).

Un conjunto de obras heterogéneo y que no debe consi-

---

[13] Sobre el *Teatro de los niños* de Benavente, que ha sido estudiado todo por el estreno en él de la farsa de Valle-Inclán, *La cabeza del dragón,* véanse: Jean Marie Lavaud, *El teatro en prosa de Valle-Inclán (1899-1914),* Barcelona, PPU, 1992, págs. 493 y ss. Jesús Rubio, «Valle-Inclán y los teatros independientes de su tiempo», *Letras de Deusto,* 48, septiembre-diciembre 1990, págs. 49-71.

derarse globalmente sin una serie de advertencias. La primera son los testimonios de un vertiginoso proceso de escritura que va quemando etapas con inusitada rapidez, tanteando caminos diversos aunque, por otra parte, el peculiar se-
llo ramoniano no sea difícil de identificar en todas, como
habrá ocasión de ver. Vayamos pues por partes.

Hasta el número 23 (septiembre de 1910) no reaparece el
tema del «Teatro de Arte», que lo hace ahora, llevando consigo un ambicioso plan de trabajo, que transcribimos, para
comprobar el grado de diferenciación de funciones que se
había producido y sus responsables en la Junta Directiva:

Presidente honorario: Jacinto Benavente.
Presidente efectivo: *Alejandro Miquis.*
Secretario general: Luis Mesonero Romanos.
Vicepresidente de Teatro de ensayo: Ramón Gómez de la
Serna.
Vicepresidente de Teatro popular: Emiliano Ramírez Angel.
Vicepresidente de Teatro de Escuela: Federico Sánchez.
Director de escena: Donato Mosteyrín.
Secretarios de sección: Ramón Manchón, José Robledano,
Prudencio Iglesias.
Tesorero: Tomás Pellicer.
Contador: Salvador Bartolozzi.

Se había progresado también en otros aspectos organiza-
tivos, ya que se contaba ahora con el Teatro del Conservatorio para realizar funciones por concesión del Subsecretario de Instrucción Pública, el Sr. Montero Villegas.

El entusiasmo renació y se realizaron una serie de previsiones de programación con la intención de comenzar las
funciones el siguiente mes de enero. Quedaban establecidas así:

—Primera función: *Cuento de amor,* de Shakespeare (tra-
ducido por Jacinto Benavente); *El desafío de Juan Rana,* de
Calderón; *Los ciegos,* de Maeterlinck (traducido por Rafael
Urbano).

—Segunda función: *La Utopía,* de Ramón Gómez de la
Serna (de la que se indica que ya fue ensayada en 1909); *El*

príncipe sin novia, de Emiliano Ramírez Ángel; un entremés clásico (sin determinar); un drama de los hermanos Millares Cubas.

—Tercera función: *Una mujer sin importancia,* de Oscar Wilde (traducido por Ricardo Baeza).

Se indica también que acompañarán a las funciones conferencias de Ramón Gómez de la Serna en el Ateneo, en la Casa del Pueblo y en otros centros culturales, glosándose en ellas las obras representadas[14]. Y además, se hacen previsiones menos precisas de cómo se irá enriqueciendo el repertorio con dramas de Maeterlinck, Bracco, Gorki, Rachilde, Rodenbach, Anatole France, Mirbeau, Ibsen, Hauptmann, Strindberg... y se dice que hasta Juan Ramón Jiménez «ha prometido una traducción de esas que él hace para las marionetas de un teatro allá en Moguer».

Ambicioso de veras resultaba el programa ahora ofrecido y, desde luego, fundado en un conocimiento de los autores citados, de quienes *Prometeo* irá publicando abundantes textos que iremos precisando en lo que al teatro se refiere.

Pero casi todo se quedó en proyecto hasta donde sabemos. Las funciones no comenzaron hasta febrero, con algunos cambios en la programación y mediando una nueva edición del manifiesto fundacional con algunas diferencias significativas respecto a las ediciones de 1908: han desaparecido algunos de los nombres de firmantes, pero se añaden ahora Ramón Gómez de la Serna, Luis Mesonero Romanos y Prudencio Iglesias, muy activos en esta segunda campaña, según se deduce de la lista de cargos que hemos citado; se incluye, como en *Prometeo,* la relación de la Junta Directiva comentada con la ligera variación de que los tres vicepresidentes de teatro de ensayo, popular y de escuela, se llaman ahora presidentes; se apunta la fecha del 12 de febrero para la primera representación en el Teatro del Conservatorio con el siguiente programa: *La Utopía,* de Ramón Gómez de la Serna; *El cuento de amor,* de Shakespeare; *José María,* de los

---

[14] Acerca de la actividad de Ramón en el Ateneo, Antonio Ruiz Salvador, «Recuerdo y realidad: Gómez de la Serna y Ramón en el Ateneo», en N. Dennis ed., *Studies on Ramón Gómez de la Serna,* ob. cit., págs. 71-87.

Portada de uno de los últimos números de la revista *Prometeo*,
dirigida desde el número 11 por el propio Ramón.

hermanos Millares Cubas; *Los ciegos,* de Maeterlinck; y entremeses de Calderón y Cervantes.

Se mencionan también, pensando en futuras funciones: *Una mujer sin importancia,* de Oscar Wilde; *El sueño de una tarde de primavera,* de D'Annunzio, y obras de teatro clásico y extranjero que irán determinando.

El protagonismo organizativo de *Prometeo* queda fuera de dudas ya que se indica explícitamente que las adhesiones pueden remitirse a Luis Mesonero Romanos o a Ramón Gómez de la Serna en la redacción de *Prometeo.*

Y con todo, tampoco estas previsiones se cumplieron. Si detallamos todo esto es como muestra de cuán lento y complejo resultaba poner en pie una nueva campaña fuera de los circuitos comerciales y contando apenas con los recursos limitados que unos pocos aficionados al teatro ponían a disposición del *Teatro de Arte.* Lo que hemos podido averiguar que se llevó a cabo fue lo siguiente: una función el 12 de febrero de 1911 con *El príncipe sin novia* (Emiliano Ramírez Ángel); *Cuento de amor* (Shakespeare); *El desafío de Juan Rana* (Calderón). Todas ellas dirigidas por Donato Mosteyrín e interpretadas por alumnos de las clases de declamación establecidas en el *Teatro de Arte.*

Arropados por el Subsecretario de Instrucción Pública y el Director del Conservatorio, Sr. Cecilio Roda, la función fue bien acogida y los periódicos dieron cumplida cuenta de ella.

Fue con todo, que sepamos, la última función del Teatro de Arte y quedó frustrado definitivamente el estreno de *La Utopía* de Ramón Gómez de la Serna que, como queda dicho había sido ensayado varias veces. No encontramos una explicación a porqué sucedió toda vez que Ramón venía volcándose en el proyecto completamente como se ha visto, pero sin duda debió suponer para él un fuerte golpe que contribuiría a su alejamiento del teatro.

La precariedad con que funcionaba el *Teatro de Arte* tiene no poca parte de responsabilidad en lo ocurrido. Había conseguido finalmente un teatro, pero era una verdadera trampa o una provocación, según se mire. Y así resultó. Hubo protestas de profesores del Conservatorio, que vieron una rivalidad en estas funciones. No era fácil para ellos entender en su propia casa, las actividades de un grupo renovador, que cuestionaba su repetitivo trabajo trasladando a sus estudiantes un viejo repertorio y unas viejas formas de representar que se ponían ahora en tela de juicio[15].

Donato Mosteyrín provenía del mundo del teatro de aficionados, pero de una sólida sociedad dramática cuyas actividades avalaban muchos años de trabajo ininterrumpido y hasta una publicación periódica donde se daba cuenta de todo ello. Era un verdadero *director de escena* en el sentido moderno del término.

Las protestas obligaron a buscar otro teatro y a retrasar entretanto las funciones previstas para marzo: de nuevo *La Utopía; Agua en cestillo* (Pedro de Répide) y *José María* (hermanos Millares Cubas), según *El Diario Universal* (30-III-1911).

Otras circunstancias se aliaron también en la disolución definitiva del grupo como fue el nombramiento de *Alejandro Miquis* como *director artístico* del Teatro Español, que hizo que abandonara el proyecto del *Teatro de Arte*. En realidad, era la oportunidad de contar con verdaderos medios para intentar una campaña artísticamente digna. Para entonces, además, algunos actores jóvenes del *Teatro de Arte* habían pasado a incorporarse al elenco de actores del Teatro Español: Pedro Granda, Anita Martos, Carmen Navarro, Rafaela Abadía.

¿Qué ocurrió entre tanto con la posible colaboración de Ramón en el *Teatro de los niños* que hemos mencionado antes? Fue una nueva frustración para Ramón.

Había puesto en funcionamiento esta agrupación Jacinto Benavente en 1909 sin grandes pretensiones, como explicó él mismo en una carta dirigida a José Francos Rodríguez que publicó *El Heraldo de Madrid* (31-VIII-1909):

> El Teatro de los niños no pretende ser por ahora más que un ensayo modesto. Una o dos representaciones teatrales

---

[15] Para comprobar lo anquilosado de las enseñanzas teatrales que se llevaban a cabo en el Conservatorio basta con repasar las memorias anuales del centro donde se recoge, entre otras actividades, la relación de obras montadas por los alumnos.

en función de tarde. ¿Orientación? En esto, como en todo, es más fácil anunciar lo que no se hará que lo que puede hacerse. No se harán obras que atemoricen o depriman el espíritu de los niños; alegría sana, y tristeza sana también; la que educa y afina el espíritu.

Con todo, las funciones que se fueron ofreciendo en el Teatro Príncipe Alfonso y luego en la Comedia desmienten un tanto a Benavente, ya que tuvieron alcance artístico y superaron las funciones de un mero grupo aficionado. Fernando Porredón fue el encargado de formar y dirigir la compañía y se contó con modestos recursos para decorados y vestuarios. Con todo ello se dio una corta temporada entre diciembre de 1909 y marzo de 1910 con los siguientes espectáculos: de Benavente, *El príncipe que todo lo aprendió en los libros* y *El nietecito;* de Ceferino Palencia, *La mujer muda* y *La mala estrella;* de López Marín, *Los pájaros en la calle; Los últimos de la clase,* de Felipe Sassone; *Cabecita de pájaro,* de Sinesio Delgado; *La muñeca irrompible,* de Eduardo Marquina; *El alma de los muñecos,* de Viu; y, en fin, la obra por la que ha sido más recordada esta agrupación: *La cabeza del dragón,* de Valle-Inclán.

En alguna de las funciones se recitaron poemas de Rubén Darío, Marquina, Ricardo Catarineu, Fernández Shaw o Villaespesa.

Si traemos aquí a colación el *Teatro de los niños* es porque —aparte de ser una de las iniciativas prometedoras en el momento en que escribía Ramón los dramas que aquí editamos— al conocer el proyecto benaventino de crear un *Teatro de los niños,* escribió *Cuento de Calleja,* que firma en su dedicatoria en «Octubre-909», es decir, algunas semanas antes de que se iniciasen representaciones del citado grupo. Al editarlo en *Prometeo* (núm. 11, 1909) lo acompañó de un «Prólogo» y un «Epílogo», que contienen algunos datos de interés. En el primero incluye la siguiente nota referida a Benavente a quien se lo leyó:

> Tan gran Señor, más tarde, ya el original en limpio, escuchó amablemente la lectura del drama y le pareció bien para el Teatro de los Niños que se inaugurará a últimos de

Noviembre. Fue un gran atrevimiento del autor porque hubiera sido mortal, gangrenante, una sonrisa irónica en su boca extraordinariamente caratulesca. El autor desde entonces ya no se junta con sus amigos, no ha vuelto por el *Parterre*, se ha tornado cetrino a fuer de intelectual, no se sabe las lecciones en *San Isidoro*, y ha tenido una fiebre gástrica a raíz del suceso. —El Editor.

En ese momento, Ramón abrigaba esperanzas de que su obra fuera estrenada y de aquí su comentario a través de un supuesto editor —que era él mismo— del agrado con que el dramaturgo había escuchado su lectura. Sin embargo, el estreno no se produjo y con el tiempo el recuerdo del frustrado estreno le llevó a hacer comentarios despectivos hacia Benavente e incluso a acusarle de haberle plagiado. Así en un comentario de 1926 —abundando en su supuesto desinterés por estrenar—, escribe:

> Nunca he intentado que se estrene nada (...) miento sólo una vez he ido con uno de ellos, con el *Cuento de Calleja* a ver a Benavente. Por aquellos días preparaba ese agudo diablo chico de nuestra dramaturgia el Teatro de los Niños. Me recibió, oyó la lectura de mi drama y me dijo que serviría para su Teatro pues le gustaba y aún no había encontrado ninguno convencible para su teatro entre los libros extranjeros que había recibido y a él no se le ocurría nada...[16].

Y en *Nuevas páginas de mi vida* aún recordará con cierta frustración este nuevo fracaso e incluso acusará a Benavente de haberle plagiado su obra en *El príncipe que todo lo aprendió en los libros,* que fue estrenado en el *Teatro de los Niños*[17]. Llegará a decir incluso que fue «el mayor desengaño literario» de su juventud. Un careo entre las dos obras, con todo, desmiente la acusación de plagio, pues sus similitudes no van mucho más allá de algunos recursos generales y la idea

---

[16] Ramón Gómez de la Serna en la presentación de *El drama del palacio deshabitado,* Madrid, Editorial América, 1926.

[17] Ramón Gómez de la Serna, *Nuevas páginas de mi vida,* Madrid, Alianza, 1970, pág. 56.

común a ambos dramas de que «la emoción de una lectura impulsa a ambos niños a la aventura y a la exaltación», según concluye Elisa Fernández Cambria[18].

Por entonces, las relaciones con el dramaturgo de más éxito del momento eran buenas como lo prueba que fuera invitado a participar en el Ágape que *Prometeo* organizó en honor de Larra. Benavente no asistió, pero envió un telegrama que reproduce la revista:

Sr. D. Ramón Gómez de la Serna

Distinguido Señor: Recibí tarde su invitación y siento no acompañar a ustedes en su homenaje.
Se ofrece suyo afmo.
Jacinto Benavente[19].

Como otras veces, es cuanto menos curioso contrastar las opiniones de Ramón pasado el tiempo sobre sus actividades literarias fracasadas con el entusiasmo derrochado en su momento para que salieran adelante[20]. Y lo ocurrido con *Cuento de Calleja* lo ejemplifica con claridad. No sólo se dirigió a Benavente tomando la iniciativa, sino que el «Epílogo» de la edición del texto en *Prometeo* contiene una toma de postura sobre qué debiera ser el *Teatro de los niños*. Sus «breves entelequias» sobre el asunto le llevan a recordar el *Teatro de Polichinelas* que había visto durante su infancia instalado en el lugar que actualmente ocupa el Hotel Ritz. Ahora que aquel teatro falta añora los espectáculos contemplados en él, que lo iniciaron en la magia del teatro que otros niños no podrán disfrutar:

---

[18] Elisa Fernández Cambria, *Teatro español del siglo XX para la infancia y la juventud*, Madrid, Ed. Escuela Española, 1987, pág. 129.

[19] *Prometeo*, 5, 1909.

[20] Como es sabido, Ramón procedió a una limpieza bastante amplia de su obra de juventud, que espera todavía ser analizada en profundidad. En lo que al teatro se refiere introdujo cambios notables, que aquí, no obstante, no se consideran, puesto que nuestro fin es ofrecer los textos tal como se editaron por primera vez y rodeados de sus circunstancias de entonces.

Desde entonces se quedó Madrid sin Teatro de los niños. Esto era absurdo. ¡Lo que dejó en uno una huella más indeleble que las cosas del colegio, lo que sin adaptar al *ad pidem litterae*, a su espectáculo, más que nada por *evocación, rarificación y sugerimientos* nos inquietó profundamente, lo que nos comenzó a desdoblar dándonos cuenta del otro mundo, el de alrededor, contrapuesto al nuestro, lo que nos permitió hacer las primeras clasificaciones de conjunto y nos hizo sentir el poder descriptivo, lo que sin humillación es, expeditamente, sin reservas de por sí —como sucede con las cosas mayores— lo que nos hizo un tanto beligerantes, el teatro de polichinelas, no existía!

En Europa ha visto de nuevo polichinelas y se alegra de que Benavente ponga en marcha su iniciativa en la que nuevos niños se sentirán conmovidos y creará en ellos «esbozos, proyectos, iniciaciones y barruntos...»

En el espíritu del niño ese repertorio claro, sin recodos, sin pasiones que le quiebren, tiene un valor de agitación íntima de enunciaciones, de *soliloquio,* y de predisposición a todas las preguntas que le facilitarán el porvenir...

El teatro de los niños capta al niño, le dispone a tomar las tangencias porque su espíritu se despliega, se abre ante el espectáculo, como no lo hace en casa, en el colegio, por naturales recelos y por lo *relativo* que se hace en esos junto a los mayores...

Hay que colocarle frente a una vida que no le rehuse y ante la que no tenga necesidad de eliminarse.

Movía la pluma de Ramón en ese momento la ilusión, la esperanza de participar en una iniciativa importante que le devolvía a su infancia y los ensueños entrevistos durante los espectáculos de polichinelas y simultáneamente proyectándose hacia el futuro como virtual abastecedor de ese nuevo teatro. Pero todo resultó un chasco y de aquí el mal gusto posterior y la recurrencia de lo sucedido, tratando de cargar la responsabilidad en Benavente.

La fortuna no sonreía a Ramón en sus iniciativas teatrales cuando iban más allá del papel de su revista y necesariamente hubieron de dejar un poso de insatisfacción y desengaño. Con todo, de este esfuerzo nos quedan los textos dramáticos que ahora nos interesan y ocupan, rodeados de otra serie de documentos y textos dramáticos que testimonian el mantenido esfuerzo del grupo de literatos que aglutinaba *Prometeo* por sacar de su inercia el teatro español, cuyos autores son, por lo general, criticados con dureza en la revista, publicándose como alternativa traducciones de dramas de otras lenguas con los que se aspiraba a crear un repertorio alternativo.

El teatro en *Prometeo* se encuentra marcado por los signos del *antidicentismo,* por una posición vacilante ante el resurgir del teatro histórico y por una defensa del teatro de estirpe simbolista, que obtiene un decidido protagonismo en los textos traducidos y en los de los jóvenes dramaturgos españoles editados.

Las pocas veces que se haga referencia al teatro de Dicenta se hará de manera general y bajo la fórmula peyorativa del *dicentismo,* término que les bastaba para desacreditar como pasadas las fórmulas del teatro cultivado por este autor y similares.

De otra parte, las vacilaciones ante el drama histórico y sus posibilidades tienen que ver con la propia posición dubitativa de la revista en sus posicionamientos ideológicos. La reflexión de Federico García Sanchiz —«Plática de familia»— es sintomática de la reacción de escritores de distinta edad ante el emblemático estreno de *Las hijas del Cid,* de Marquina, que inquietaba a la juventud como propio; incluso autores de mediana edad como Valle-Inclán deseaban su éxito[21].

En «El drama histórico», José Quilis Pastor se muestra igualmente esperanzado en la posibilidad regeneradora del drama histórico aunque reconociendo su dificultad[22]. Su ensayo —que incomprensiblemente se interrumpe sin concluir— es una llamada a los políticos para que se preocupen por el teatro, el «más eficaz impulsor y modelador de las muchedumbres». Es uno de tantos artículos que suscitó el

---

[21] *Prometeo,* 1, noviembre 1908.
[22] *Prometeo,* 3, enero 1909.

32

entonces debatido proyecto de Teatro Nacional, que a la postre quedaría en nada, pero que en ese momento formaba parte de una gran operación política aparentemente regeneracionista[23]. Y por ello quizás encontró cabida en una revista que se reclamaba abierta a toda opinión innovadora en un primer momento. La dirección de la revista por parte de Javier Gómez de la Serna, padre del escritor, la hacía todavía receptiva a planteamientos estéticos más moderados que cuando Ramón se hizo cargo de la dirección.

No se tardaría en rectificar cuando se tomó conciencia del hibridismo de autores como Marquina que los hacían falsos. Así Baeza diagnostica con precisión que «Ir para D'Annunzio y quedarse entre Echegaray y Rostand es un fracaso» sin duda[24]. En opinión de Baeza —que iba a tener un papel fundamental en las páginas de *Prometeo* con sus traducciones de autores europeos— había tratado en vano de imitar el teatro histórico del italiano.

El propio Valle-Inclán no se libra en el ataque que hay al drama poético en los números últimos; por ejemplo el «estrago final» de *El teatro en soledad* (núm. 36). En el 37 se le acusará de plagio en *La marquesa Rosalinda*.

Se situaron también a distancia del gran teatro oficial —el Teatro Real— cuyas actividades tenían más que ver con las relaciones sociales que otra cosa. Es así curioso que como contrapunto al simbólico banquete ofrecido a Larra se cite el habido la noche anterior en honor a Luis París, empresario del Teatro Real. En una especie de juego sarcástico se hace comparecer y opinar a Larra: no le gustan ni Echegaray, ni doña Emilia Pardo Bazán, ni Martínez Sierra[25]. No faltó quien calificó en la ocasión a Larra como «modernista eterno» (Guerra y Alarcón) con lo que se le apuntaba a su causa y tomando distancia de otros tipos de modernismo.

En honor a la justicia, con todo, se debe decir que no mos-

[23] J. Rubio, *El teatro poético en España,* ob. cit., págs. 29 y ss.
[24] *Prometeo,* 23, 1910.
[25] «Ágape organizado por *Prometeo* en honor de Fígaro», *Prometeo,* 5, marzo de 1909.

traron desacuerdo cuando en el Teatro Real se pusieron obras que coincidían con su estética. Y ante las reacciones negativas del público aristócrata cuando se puso *Salomé*, de Strauss, respondieron defendiendo la obra y su significación[26].

El repaso de *Prometeo,* sin embargo, lo que arroja especialmente es una serie de artículos y traducciones teatrales que evidencia la filiación simbolista del teatro defendido desde sus páginas. Tuvo un protagonismo indudable en ello Ricardo Baeza, infatigable traductor de textos y divulgador de sus preferencias en comentarios y artículos. Ya en el número 5 de la revista se da noticia de su traducción de *El sueño de una tarde de primavera,* de D'Annunzio, o en el número 6, de su traducción de *La ciudad muerta.* Alaban su gran biblioteca y dicen esperar mucho de él. Y, en efecto, no erraban. En adelante, en las páginas de la revista fueron habituales su firma y la expresión «R. Baeza traduxit» que suele acompañar sus traducciones. Del mismo D'Annunzio publicará *Sueño de un atardecer de otoño, «poema trágico»* (núm. 32). De Maeterlinck, *Aladina y Palomides* (núm. 16). O de Oscar Wilde, *Una mujer sin importancia* (núms. 26, 27, 28). El gusto de Ramón por Wilde debe no poco a estas traducciones y ocultándose tras su disfraz de *Tristán* no dejará de opinar por extenso sobre el dramaturgo (núm. 26). Otros textos traducidos en la revista que se insertan en la literatura derivada de la tradición simbolista son: *Sentimentalismos,* diálogo de Colette Willy, para Rachilde (núm. 18); o de ésta, la pieza dialogada, *Parada impía* (núm. 21). Completan los textos dramáticos no españoles incluidos: *La noche de la locura,* de C. Regnier (núm. 26) y *Esquilo,* «ensoñación» de Antonio Guerra y Alarcón sobre la obra de Paul de Saint-Victor, *Les deux masques* (núm. 13).

La temprana atención de Ramón por todo aquello que supusiera renovación, no sólo artística o literaria, y su búsqueda de un personal camino expresivo, explica su seguimiento del teatro renovador europeo, la utilización de sus recursos en sus dramas y sus abundantes comentarios referidos a autores como Maeterlinck, Ibsen o Wilde.

Pérez de la Dehesa puso ya de relieve que «el arte de Mae-

---

[26] Ricardo Baeza en *Prometeo,* 23, 1910.

terlinck fue una de las principales influencias en la literatura de principios de siglo»[27]. Su penetración en España fue gradual en el último decenio del pasado siglo, de manera que cuando Ramón se inició como escritor estaba bien difundida su obra[28]. Por ello, Jean Pierre Simon-Pierret ha podido referirse explícitamente a su influencia en el teatro de Ramón como natural consecuencia de esta difusión de los escritos del dramaturgo belga[29]. Aunque pone de relieve que el teatro de los primeros años del escritor llevaba reminiscencias maeterlinckianas tan fuertes que un crítico como Ronald Daus ha podido hablar de «Maeterlinckschen Dramen» no está muy convencido de su alcance real y concreto: «En la lectura de las primeras obras de Ramón Gómez de la Serna, aunque fuera somera, uno capta una presencia difusa de Maeterlinck (y, obviamente de varios autores europeos más). Pero el lector experimenta gran dificultad en precisar en qué y dónde localizar esta presencia.»

Simon-Pierret intenta hallar cierta precisión y se interroga acerca de los aspectos que pueden mostrar tal influencia: «¿Será cierta tendencia al manejo de apariencias misteriosas, aún cubriendo símbolos claros?», «¿Será su rechazo de toda fórmula realista de teatro, rechazo que le llevará a abandonar pronto esta forma de expresión, como poco a poco lo abandonó Maeterlinck?»[30]. Considerando aspectos negativos de las fórmulas maeterlinckianas la falta de acción o los largos monólogos, en evidente mala comprensión de la poética simbolista maeterlinckiana, continúa preguntándose: «¿Será que los aspectos negativos del teatro de Maeterlinck son muy similares a los del teatro de Ramón Gómez de la Serna?» «¿Serán los castillos sombríos de *La corona de hierro*, drama en tres actos en que un rey busca consuelo cerca de Cristian, mujer joven a la que, finalmente abandonará para volver al lado de su esposa?» «¿Serán los personajes

---

[27] R. Pérez de la Dehesa, «Maeterlinck en España», *Cuadernos Hispanoamericanos*, 255, marzo de 1971, pág. 581.

[28] Detalles en J. Rubio, *Ideología y teatro en España*, ob. cit., págs. 45-51.

[29] Jean Pierre Simon-Pierret, *Maeterlinck y España* (tesis doctoral), Universidad Complutense, 1982.

[30] Entresacamos estas citas textuales de su libro, págs. 284-288.

de sus dramas, fantasmas misteriosos en los que el lector no puede dejar de sentir semejanzas con los seres maeterlinckianos, débiles, soñolientos, inaptos para todo acto voluntarioso, a la merced de las ondas del destino?».

Simon Pierret destaca sobre todo la presencia de Maeterlinck en *El drama del palacio deshabitado* por más que sea para anotar el opuesto sentido de esta obra a las del belga: «En vez de la sigilosa, insidiosa penetración de la muerte en el sosegado mundo de los vivos, asistimos a la infructuosa búsqueda de la vida por el mundo de los muertos. Es el amor el que da vida.»

Pero en otro drama de Ramón, *Desolación,* es posible documentar esa presencia de la muerte tal como aparece en *La Intrusa* o en *Interior,* donde va adueñándose paulatinamente de la escena. Y al igual que en los dramas de Maeterlinck, en el de Ramón, como señala Ortega para el escritor belga, «los personajes salmodian frases cadenciosas, tenues y sencillas hasta parecer infantiles»[31]. En *Tránsito* hay incluso una referencia bastante explícita a Maeterlinck cuando Susana recuerda los papeles teatrales que interpretó en su juventud y Eloy le pregunta por «aquella comedia arreglada del francés» que otra «mujer estrenó en Bélgica».

En *Prometeo* hemos tenido ocasión de mencionar la inclusión de *Aladina y Palomides* (núm. 17?) y se rastrean otros escritos de Maeterlinck que recalcan aún más este interés por el belga: «Miradas» y «La medida de las horas»[32]. Ramón le dedicó también una semblanza en *Retratos contemporáneos* recordando que su obra, «no actuó mal y vino a hacernos reaccionar contra los nietzschanismos del momento. Su doctrina era escasa, pero maniobrada con sombras indecibles, con aprensiones que probablemente serán las mismas siempre porque vienen de la enmudecida muerte»[33].

---

[31] José Ortega y Gasset, «El poeta del misterio», *El Imparcial* (14-III-1904). En *Obras completas,* Madrid, Revista de Occidente, 1950, tomo I, pág. 30.

[32] Respectivamente, *Prometeo,* 10, 1909, traducción de Ricardo Baeza; y 38, 1912, traducción de Busto Tavera.

[33] En *Retratos contemporáneos,* incluido en *Obras Completas,* Barcelona, 1956, tomo II, pág. 1655.

Aunque Camón Aznar señala que el teatro juvenil de Ramón «se halla en el clima del modernismo maeterlinckiano, teatro con refectores pasionales, con exaltaciones dionisiacas, trágicas»[34], lo que en verdad hace patente su presencia es un común interés por crear una determinada atmósfera, tan importante para la significación del drama como la acción o los parlamentos de los personajes. Para ello, en consonancia con la nueva concepción del teatro que habían traído los simbolistas, recrea en sus acotaciones los múltiples matices que en una hipotética puesta en escena deberían tenerse en cuenta.

En los dramas de Ramón podemos comprobar el valor que tendrán los prólogos y los epílogos para aclarar con frecuencia el sentido del drama en esta dirección: así, el prólogo a la primera *Utopía* complementa, adelantándolo, el desenlace del drama; igual ocurre con la primera acotación de *Beatriz*. En el prólogo de *El drama del palacio deshabitado,* «el hombre anónimo» recalca la irreal atmósfera de la obra y en el de *La Casa Nueva* se trata acerca de la intensa y morbosa presión ambiental que la árida Castilla ejerce sobre sus habitantes. Los epílogos de *Los sonámbulos* y *Los Unánimes* explican el sentido de las vidas misteriosas y marginales de sus personajes.

En las acotaciones, las indicaciones sobre efectos de luz o música alcanzan especial relieve, sin que Ramón olvide tampoco el sentido positivo del silencio como elemento generador de misterio[35]. De aquí que en ocasiones señale pausas extensas en las que el escenario aparece vacío o modificado en sí mismo sin necesidad de que intervengan actores.

La cuidadosa atención a la luminotecnia es indicador inequívoco de su voluntad de integrarse en la tradición simbolista. Por si no fueran indicios suficientes los dispersos en los textos encabezará algún drama con un texto de Mallarmé, como ocurre con *El drama del palacio deshabitado,* don-

---

[34] J. Aznar, *Ramón Gómez de la Serna en sus obras,* Madrid, Espasa-Calpe, 1972, pág. 264.
[35] En *El Libro Mudo* afirma: «el amor asordece y hasta en el silencio pone palabras. El silencio de Maeterlinck es un silencio de amor».

de se lee: «El mundo ha sido creado para tener por resultado un hermoso libro. Este libro será la paráfrasis de todos los libros, venidos y por venir. Pensad en él al numerar la primera cuartilla de todas vuestras cosas»[36].

Juan Ramón Jiménez, en las palabras finales de *El Libro Mudo,* citó conjuntamente a Ibsen y a Maeterlinck en relación con las obras de Ramón: «algo absurdo, delirante y descontentadizo hay en las creaciones de usted. Son como un crepúsculo subterráneo o visto desde una cárcel, algo de luz sombría que surgiera de pronto a luz abierta, en una aspiración inextingible. Ibsen y Maeterlinck hicieron esto»[37].

El interés de Ramón por Ibsen se remonta a sus años adolescentes —lo recordará en *Automoribundia*— y es fácil documentarlo en textos de los años que nos ocupan, como en *El concepto de la nueva literatura* donde «Per Gym» *(sic)* es mencionado para ejemplificar la independencia y la falta de maestros de la juventud[38].

Con todo, en su teatro no aparecen esos personajes que encarnan «el deber del individuo consigo mismo, la tarea de la autorrealización, la imposición de la propia naturaleza contra los convencionalismos mezquinos, estúpidos y pasados de moda en la sociedad burguesa» que han sido destacados en Ibsen[39]. Y esto aunque en la semblanza que

---

[36] Es texto seleccionado también en *El concepto de la nueva literatura.*

[37] *El Libro Mudo,* ed. I. Zlotescu, Madrid, México, Fondo de Cultura Económica, 1987, pág. 280.

[38] En el primer caso se refiere a la conferencia que pronunció sobre Ibsen antes de terminar el bachillerato en el salón de actos de los bomberos: «me leí toda su obra y pinté su retrato que coloqué en el estrado» *(Automoribundia,* Buenos Aires, Editorial Sudamericana, 1948, pág. 177).
En *El concepto de la nueva literatura,* leemos: «La juventud es lo que dice él, Per Gym, el héroe de Ibsen, esa creación de un carácter membrudo y señor: "soy un autodidacto". En verdad que se acabaron los maestros capitolinos.»

[39] A. Hauser, *Historia social de la literatura y el arte,* Madrid, Guadarrama, 1962, tomo II, pág. 384.
No han faltado desde el comienzo, sin embargo, comentarios críticos que emparentan los personajes de Ramón con Ibsen. Así ya Edmundo González Blanco refiriéndose a la primera *Utopía* consideraba que este dra-

dedicó a Ibsen en *Nuevos retratos contemporáneos* señalaba
que el valor de sus dramas radicaba en sus personajes, «que
no representaban símbolos más o menos mitológicos, sino
seres que querían tener fuerza de símbolos, siendo sólo seres de la especie humana»[40], coincidiendo con la valoración
de Hauser citada.

La virtual influencia de Ibsen en la obra de Ramón, más
que en aspectos concretos debe buscarse acaso en su común inconformismo social, en la simpatía que Ramón sentía por todos aquellos que habían osado enfrentarse a los
convencionalismos sociales de su entorno. Y en esto, sin
duda, Ibsen ofrecía un ejemplo magnífico.

No ocurre lo mismo con el «inconmensurable Oscar
Wilde», según lo denomina en *El concepto de la nueva literatura*. En *Prometeo* hemos tenido ocasión de señalar la inclusión de *Una señorita sin importancia,* precedido de una nota
de *Tristán* donde se glosa su figura[41] y cómo *Beatriz* constituye un particular homenaje al escritor y a la vez una hábil
variación sobre el tema de *Salomé* tal como había quedado
troquelado por Wilde. Ramón prescinde ahora del personaje central para intensificar dramáticamente una situación en
la que la morbosa atracción de Salomé por Juan el Bautista
se desplaza a la virginal y mística Beatriz, lo que posibilita

---

ma tenía «una originalidad a la moderna que va más allá de Ibsen (...) Consigue ser una obra de un solo personaje, pero así, a secas, brutalmente»
(*Prometeo*, 10, 1909, «Movimiento intelectual»).

Gaspar Gómez de la Serna ha retomado el tema comparando esta obra
con *Cuando resucitemos,* de Ibsen. Sin embargo, la idéntica profesión de escultores de Alberto y Arnoldo, protagonistas de los dramas, y su trágico final, no justifican una equiparación. El balneario nórdico tiene poco que
ver con la sórdida tienda de santos y el suicidio de Alberto, dominado por
su mujer y su cuñada, difícilmente resiste una comparación con la muerte
de Arnoldo Rubek e Irene bajo la nieve. El personaje ramoniano carece de
la entidad trágica del ibseniano.

[40] *Nuevos retratos contemporáneos,* Buenos Aires, Edit. Sudamericana,
1945, pág. 55.

[41] *Prometeo*, 26, 1911. La fidelidad a Wilde la demuestra los varios prólogos que escribió después para obras suyas: *El retrato de Dorián Grey,* Madrid, Biblioteca Nueva, 1919; *El crimen de lord Arturo Saville,* Madrid, Biblioteca Nueva, 1919; Oscar Wilde, *Obras,* Buenos Aires, Editorial Poseidón, 1944.

una obra nueva. Y en este drama, además, Ramón muestra su capacidad de aprovechar la literatura preexistente con atrevidas combinaciones. *Beatriz,* además de Wilde, se nutre de motivos prerrafaelitas explícitos desde el prólogo donde el autor presenta su drama como una «evocación santa» inspirada por el aroma y la leve luz que desprende una vara de nardo, añadiendo: «¿Entró el arcángel San Gabriel en el oratorio de Nuestra Señora la Virgen María o fue el nardo que los primitivos pintan a su vera, sumiso y en alabanza, quien lo anunció todo y arcangelizó la hora?»

Incluso en la portada realizada por Julio Antonio para la difusión del texto como separata de *Prometeo* se mantiene el mismo interés por asimilar a esta tradición la obra. El siempre permeable Ramón hacía así suyas sugerencias varias para crear a su vez su propuesta dramática en la que convergen espiritualidad y erotismo[42]. La protagonista de la obra recuerda así la iconografía femenina propia de los prerrafaelitas y el nombre de Beatriz alude directamente a las abundantes «beatas Beatrices» de Rossetti. En su drama, Ramón parece pretender oponer a la *mujer fatal* una Beatriz que representa la mujer frágil y etérea del fin de siglo, sospechosa de santidad[43]. Solicitada en direcciones contrapuestas —erotismo y espiritualidad— de la tensión entre ambos se deriva lo sugestivo del drama. Un personaje en cierto modo concebido sobre las mismas bases de la mujer frágil y espiritualizada comparece en *El lunático:* La jovencita mística. También en esta ocasión para llevar la trama hacia un sugestivo final donde convergen muerte y erotismo.

Ni con mucho se agotan aquí las relaciones entre los dramas de Ramón y la tradición simbolista y decadente. Se puede ampliar fácilmente la nómina de autores que subyacen —Poe, por ejemplo, maestro indudable de los simbolis-

---

[42] Sobre la presencia de esta estética en España, al menos: F. López Estrada, *Los primitivos de Antonio y Manuel Machado,* Madrid, Cupsa, 1977; *Rubén Darío y la Edad Media,* Barcelona, Planeta, 1971; G. Allegra, *El reino interior,* Madrid, Encuentro, 1986.

[43] Véase Hans Hinterhauser, *Fin de siglo, Figuras y mitos,* Madrid, Taurus, 1980, en especial capítulo 4, «Mujeres prerrafaelitas», págs. 91-122.

tas y del propio Gómez de la Serna— o temas[44]. No se trata de hacer aquí un repaso exhaustivo de referencias o ecos, sino tan sólo destacar que es en este territorio donde pensamos que hay que situar la escritura dramática ramoniana: en el desarrollo de las teorías simbolistas referidas al teatro. Esta filiación simbolista del teatro ramoniano fue vista ya por Valery Larbaud en su «Présentation de Gómez de la Serna» para el público francés en 1923[45]. Encontraba en sus textos dramáticos una cierta tensión o sensación poética que su familiaridad con la literatura francesa le llevaba a conectar con el simbolismo. Después, intermitentemente, la crítica alude a ello en pugna con otras lecturas más empeñadas en descubrir un Gómez de la Serna dramaturgo vanguardista, en calificación que se nos antoja excesiva si no se matiza convenientemente como iremos probando[46].

---

[44] Su presencia es tan evidente como que en el epílogo de *El drama del palacio deshabitado,* leemos: «El cuervo de Poe graznaba en un rincón, "Never more", "Never more", "Never more", sin la gracia artística, defensiva, cauterizante, de las estrofas, junto a las que oyó el "Never more" angustioso aquel magnífico borracho...»

[45] Valéry Larbaud, prólogo a *Echantillons par Ramón Gómez de la Serna,* París, Bernard Grasset, Les Cahiers Verts, 16. Traducciones de Mathilde Pomés y V. Larbaud.

[46] Preferimos esta posición moderada respecto al *vanguardismo* del teatro ramoniano frente a otros críticos que han resaltado más elementos vanguardistas como Wilma Newberry quien considera *El Teatro en soledad* como «directly inspired by the cubist school of painting» (en *The Pirandellian Mode in Spanish Literature. From Cervantes to Sastre,* State University of New York Press, Albany, 1973, pág. 72). O Ignacio Soldevila Durante que destaca rasgos expresionistas en algunas pantomimas («El gato encerrado...», art. cit.).

Lo *nuevo* constituye la base de la argumentación de Alfredo Martínez Expósito en *La poética de lo nuevo en el teatro de Gómez de la Serna,* Oviedo, Departamento de Filología Española, 1994, donde puede encontrarse una cuidada revisión de las opiniones que ha merecido este aspecto en el teatro ramoniano. Consideramos excesiva su afirmación «vanguardista» del teatro de Ramón, que él mismo contrapesa, no obstante, en ocasiones con referencias al «magma tardomodernista-simbolista-impresionista» (página 190) del que se nutre y que en su opinión «a la altura de 1908-1910 empieza a ser irreconocible». La vigencia de este «magma» creemos que queda sobradamente probada en esta introducción, que no supone —es obvio— la negación de ciertos atisbos vanguardistas, pero que son más deseo, programa y actitud que frutos granados, salvo en aspectos muy concretos.

2. La escritura dramática de Ramón Gómez de la Serna

Aunque gran parte de los dramas van acompañados de textos reflexivos que los prologan o epilogan, no es fácil perfilar una teoría teatral de Ramón en aquellos años. Con frecuencia, en estos ensayos se refiere a aspectos temáticos de los dramas que acompañan y sólo rara vez adquieren carácter metateatral. Y, en cualquier caso, la textura de estos ensayos es confusa y contradictoria como la mayor parte de la literatura del Ramón de entonces. Tampoco sus declaraciones posteriores sobre el teatro fueron más allá de indicaciones parciales de cómo entendía el arte escénico y su dedicación a él. Como otros géneros, el dramático le sirvió en su labor de demolición iconoclasta de la literatura existente y de tanteo de nuevas posibilidades.

Una parte significativa de estos escritos son, por ello, andanadas contra la literatura existente y sus representantes, siguiendo la línea marcada en su conferencia del Ateneo sobre «La nueva literatura», el 24 de abril de 1909[47]. Ya ha habido ocasión de hacer referencia al *antidicentismo* ramoniano o su rechazo de determinada literatura. Pero acaso ninguno de los ensayos citados es tan radical como el prólogo a *El teatro en soledad,* donde no se salvan ni las grandes figuras del momento:

> De la generación precedente sólo quedan unas páginas de Azorín, que después se llenó de un miedo y de una pusilanimidad absurdos. (...) Azorín no puede aparecer siempre ligado a la trimurti de Valle-Inclán, ese hombre opaco de lirismos tópicos, de artificios, de experiencia y larga retención, hijo de una ira artística iracunda en su suavidad y en su cautela, enormemente premeditada, ni de ese Baroja que es la ironía de sí mismo a través de toda su obra, que es la burla de su antes de ayer, escrita entre ayer y hoy... [...] Unamuno, el hombre amarillo sin mundanidad y sin ini-

---

[47] Sobre las relaciones de Ramón y el Ateneo, véase el artículo, ya citado, de A. Ruiz Salvador.

ciativa, imitador y vulgarizador plomizo de las locuras inimitables[48].

La acusación mayor que lanza contra la literatura estable-
cida es su conformismo y que los escritores

> Quedos y timoratos se han detenido en la simple preci-
> sión de las ideas arbitrarias que repugna a todos y que en
> todo tiempo a lo menos llevó a las muchedumbres a inven-
> tar grandes y fuertes errores y supersticiones entregadas con-
> tra las ideas precisas, frías y hostiles, que así se descompusie-
> ron...
> Todos van a lo suyo, llenos de una sorna imbécil y des-
> hecha su cara... Se les podría atacar sólo por su rostro... Mi-
> ran con las cejas más que con el carbón de sus ojos, y siem-
> pre se las encuentra uno fijas y llenas de una visión de pri-
> mer término incapaz de otra idea que la idea gafa y seca de
> la propiedad y de la categoría...

Frente a estas actitudes y escritores que para él apuntala-
ban la situación existente reclama una nueva función de la
literatura:

> La obra literaria tiene que dejar de ser obra heroica, enco-
> nada, que muera por sí misma, no por un acto breve como
> los suicidas, sino por una persuasión arrojada y excesiva,
> palpitante y dentro del último momento, primero y últi-
> mo, por su actitud conmovedora y restañada en un mismo
> tiempo... Etcétera...
> La literatura es una fuerza de irreconciliación para todo
> tiempo que no sea presente o toda cosa que en ese presen-
> te no se hunda y se traspase de sí misma de parte en todas
> sus partes, irreparablemente.

---

[48] *Prometeo,* 36. Cuestión bien distinta es la estima que le merecían años
después estos escritores. Por otro lado, la lectura en clave noventayochista
que se ha realizado de *La casa nueva* como «drama de Castilla la Vieja»
debe no poco al devenir historiográfico de los conceptos de «modernismo
y 98». Véase C. Richmond, «La Castilla de Gómez de la Serna», en *Studies
on Ramón Gómez de la Serna,* ed. cit., págs. 89-112. Y su introducción a *El
secreto del acueducto,* Madrid, Cátedra, 1986.

Reiteraba así el carácter insurreccional que en su opinión debía tener toda escritura, siguiendo a Remy de Gourmont, el escritor más traducido en *Prometeo* y a quien había citado al final de «El concepto de la nueva literatura». Tomó entonces del escritor francés su afirmación de que «La civilización no es más que una serie de insurrecciones», para añadir: «cumplamos con las nuestras».

Es imprescindible tener en cuenta este carácter insurreccional para leer cualquiera de sus textos de entonces, rompedores y hasta caóticos desde el momento en que se propuso una exploración de la escritura y de los géneros literarios diferentes a los caminos tradicionales, aunque utilizando sin prejuicios todo tipo de literatura que venía a mano.

Esta exploración y búsqueda de las posibilidades creativas de la escritura se combina con una voluntad paralela de conocer mejor lo real. De este modo en su escritura de entonces pugnan la voluntad destructiva de los modelos existentes —en nuestro caso los teatrales— con la búsqueda de otros libres y abiertos, pero en los que se ofrece una visión distinta de los conflictos humanos.

No han faltado críticos que al enfrentarse con esta escritura torrencial y contradictoria —que pretende construir algo nuevo simultáneamente a la destrucción de lo viejo— hayan sostenido que en estos dramas más que en otro tipo de escritos de aquellos años, Ramón encontraba un medio adecuado para expresar sus preocupaciones al permitir la escritura dramática presentar en confrontación dialéctica posiciones distintas ante una misma situación, idea o problema. La posibilidad de encarnar en personajes los problemas le permitiría salir de su solipsismo y mediante estos desdoblamientos introducir unas distancias que eran menos posibles en escritos autobiográficos como *Morbideces* o *El libro mudo*[49]. En su propia escritura autobiográfica —tan necesi-

---

[49] Ioanna Zlotescu, «*El Libro Mudo,* luz en los orígenes de Ramón Gómez de la Serna», prólogo a su edición de *El Libro Mudo (Secretos),* Madrid y México, Fondo de Cultura Económica, 1987, págs. 13-67. Todo esto

tada de clarificación— había ya acudido a estrategias de desdoblamiento, sobre todo con la utilización del seudónimo de *Tristán*. Pero, si de una parte, acudiendo a la escritura dramática podía salvar los laberintos de la escritura autobiográfica por otro acababa de descubrir y recibir con fuerte impacto las primeras propuestas de creación vanguardista que asimila y reformula a su manera en escritos como *El concepto de la nueva literatura*[50], *Mis siete palabras*[51], *Palabras en la rueca*[52] o *Tristán*[53]. Y, además, edita sus textos dramáticos arropados con ensayos —prólogos, epílogos, aclaraciones...—, que se comunican tanto con los dramas como con escritos o ideas suyos más generales. Los propios textos dramáticos desbordan.

Ha sido muy comentado el carácter negador de la tradición anterior en estos escritos y la presentación como alternativa de una escritura que va más allá de lo racional y de la lógica. La espontaneidad de la nueva escritura en la que se pretende transmitir con intensidad toda la experiencia de la realidad del escritor, pero también explorar las posibilidades creativas del lenguaje, poniendo en entredicho no sólo el mundo del significado sino también el significante. Estas operaciones conducen ya más por un camino de negación que de creación. Necesita ir más allá del discurso racional, tanteando otras posibilidades. Es a esto a lo que se refiere en el prólogo de *La bailarina* cuando habla de *deskantianizar* la vida, y, por supuesto, el lenguaje.

En la propia escritura muestra su proceso de creación, se

---

hace que aun la influencia de Gourmont deba ser tomada con precauciones. Soldevila Durante —«El gato encerrado...», art. cit., pág. 61— considera que la obra *Le Phantome* es un precedente inmediato de *El drama del palacio deshabitado*. Pero Ramón sostendrá que en el momento de escribirla comenzaba a conocer a este escritor como señala en *Una noche en el Luxemburgo*: «Yo no llegaba a tener una idea cierta de Gourmont. Acababan de llegar sus primeros libros al Ateneo (...) Apenas había podido repasarlos en el frenesí de aquellos días, en la necesidad de hacer una carrera, de hacer una obra y orientar y orientarme hacia lo nuevo.»

[50] *Prometeo*, 6, 1909.
[51] *Prometeo*, 13, 1910.
[52] *Prometeo*, 35, 1910.
[53] *Prometeo*, 38, 1912.

reflexiona sobre él. Ramón se pierde en los meandros de los temas que aborda, pero también emprende una exploración fantástica de la palabra. Unos temas tienden a entrelazarse con otros, generando zonas de penumbra, pero también —dirá en las palabras en la rueca— «las palabras se modifican por relación y por corrupción de un modo inaudito, casi indecible, en el que las variaciones son infinitas y pintorescas...». Lo único imperdonable para un escritor es seguir aferrado a una retórica aprendida y conformarse con ella. Y en la misma línea sostendrá en «Tristán (Propaganda al libro Tapices)» que entre unos objetos y otros se produce un tránsito continuo. Una nueva visión de lo real fundada en la percepción analógica llevada a sus últimos extremos subyace en los tanteos literarios más arriesgados de Ramón.

La abundancia de transposiciones artísticas —sobre las que queremos llamar la atención aquí como una de las bases sobre las que se apoya la plasticidad escénica buscada— está fundada también en esta visión del mundo analógica, es una más de sus manifestaciones. Ramón mira lo real con memoria de lo visto en el arte y lo describe con relación a posibles análogos artísticos, haciendo hincapié justamente en esas asociaciones. Ramón describe con memoria de lo leído y en el nuevo texto ostenta los referentes de que se sirve. Los textos de Ramón entonces se llenan de ecos verbales y plásticos donde se manifiesta su voluntad de una creación literaria que aspira a la totalidad. La totalidad es el horizonte buscado, pero acompaña en la búsqueda la conciencia de los límites, que se resuelve en una escritura balbuceante, germinativa, sugerente y fragmentaria, llena de hallazgos que brillan enmedio de la escombrera de lo destruido, que con frecuencia será reutilizado en las nuevas construcciones.

Los escritos de Ramón están llenos de referencias a obras y artistas concretos, ya que Ramón parece empeñado en conseguir también un discurso literario de gran plasticidad, que los textos se ofrezcan a la mirada del lector. No se trata de meras descripciones de obras artísticas anteriores, sino de la creación de textos con impacto visual donde queda recogida y representada por una mirada inquisitiva la variedad de lo existente. Mirar es uno de los términos por los que Ramón mostró una atracción especial y *miradas* llegará a ser una de las palabras recurrentes de las que Ramón usaba para definir su arte literario. Por ello cuando *Tristán* —su *alter ego*— defina al autor de *Tapices* dirá: «No es un escritor, ni un pensador, es un mirador, la única facultad verdadera y aérea: Mira. Nada más»[54].

De nuevo un repaso de *Prometeo* proporciona datos de interés para determinar el horizonte ramoniano respecto a las artes plásticas y a la literatura fundada en la transposición artística[55]. Seguía de cerca la evolución de las artes plástica y entre sus amigos más cercanos se encuentran varios pintores —Miguel Viladrich, Salvador Bartolozzi— o escultores —Julio Antonio—. Escribió abundante crítica sobre arte o participó como conferenciante en actos relacionados con la actualidad artística. Todo ello gravita sobre los textos dramáticos y hasta en algún caso concreto, el texto dramático nació motivado por un hecho de estas características: la pantomima *La bailarina* la escribió justamente como ilustración a una exposición sobre artes decorativas en el Palacio de Cristal donde pronunció una conferencia.

Los textos basados en la transposición artística abundan en las páginas de las revistas de aquellos años, y es una de las modalidades frecuente en las páginas de *Prometeo* como ocurre en los poemas de Arturo Symons, «Un angel de Perugino», «En Burgos», llenos de ecos artísticos, traducidos por Díez Canedo[56]. No en vano Symons era uno de los escritores europeos que venían demostrando un mayor inte-

---

[54] «Tristán (propaganda al libro *Tapices*)», *Prometeo.*
[55] La crítica ha ido realizando observaciones sobre la relación entre Ramón y algunos artistas plásticos. El tema dista, sin embargo, de haber sido abordado con la profundidad que merece. J. Camón Aznar realiza algunas observaciones sobre ello y su poco estudiada crítica de arte: «Ramón en las cosas y en el arte», *Revista de ideas estéticas,* XXI, 81, 1963, págs. 9-15.
Quienes se han interesado en destacar la vertiente vanguardista de Ramón vinculan su literatura con el cubismo. Ahora, en especial, Alfredo Martínez Expósito —*La poética de lo nuevo en el teatro de Gómez de la Serna*, Oviedo, Departamento de Filología Española, 1984— ofrece una sugestiva lectura del texto ramoniano desde esta perspectiva.
[56] *Prometeo*, 8, 1909.

rés en sus ensayos y en sus poemas en las relaciones entre la literatura y las otras artes. O textos de Ricardo Baeza, como «La escalera de oro», relato de corte prerrafaelita[57]; su díptico sobre «Santa Isabel de Hungría landgravesa de Thuringia»[58].

Otras veces son transposiciones de procedimientos lingüísticos a otras creaciones como ocurre con el lenguaje religioso que origina textos distintos como los del muy traducido en *Prometeo* Remy de Gourmont: «Las santas del paraíso»[59]; «El libro de las letanías»[60]. Pautas que son seguidas por Rafael Cansinos Asséns en «Salmos»[61].

Un caso bien característico de todo ello son las diversas versiones del tema de *Salomé* —tema que como pocos ejemplifica el sincretismo y las transposiciones finiseculares—, que acoge la revista, empezando por la del propio Ramón Gómez de la Serna con su «evocación mística en un acto», titulada *Beatriz*, continuación de lo acontecido en *Salomé*, evocando el ambiente que rodea el palacio y el fervor místico de los seguidores del Bautista[62]; la *Salomé* del dramaturgo maeterlinckiano Goy de Silva, «poema trágico»[63]; y el poema de Cristóbal de Castro, *Salomé*[64]. O cercanos están otros textos del propio Goy de Silva como *En el bosque de la diosa Milita*[65] y su «poema épico» *Judith*, precedido de un poema de Villaespesa sobre el mismo tema[66]. Todas estas obras combinan las posibilidades del tema de Salomé tal como había sido enriquecido por la tradición simbolista decadente inmediata y el estilo resultante de transponer un lenguaje religioso ritualizado en la línea de lo ofrecido por Remy de Gourmont en textos como los citados o los toda-

---

[57] *Prometeo*, 8, 1909.
[58] *Prometeo*, 12, 1909.
[59] *Prometeo*, 4, 1909.
[60] *Prometeo*, 11, 1909.
[61] *Prometeo*, 33 y 36, 1912.
[62] *Prometeo*, 10, 1909.
[63] *Prometeo*, 11, 1909.
[64] *Prometeo*, 19, 1910.
[65] *Prometeo*, 17, 1910.
[66] *Prometeo*, 23, 1910.

vía extendidos procedimientos recitativos impulsados por el teatro maeterlinckiano. Ocasión habrá de volver sobre ello al referirnos a los temas del teatro ramoniano.

Esta literatura se iba introduciendo en España con reticencias puesto que chocaba con la oposición de la junta de la Unión de Damas Españolas publicando un panfleto contra el estreno de la *Salomé* de Strauss, promovido por Luis París, en el Teatro Real, que suscitó un provocativo artículo de Ricardo Baeza al que ya nos hemos referido[67].

Sin salir de *Prometeo* es fácil ofrecer otras muestras de las posibilidades y direcciones en que se estaban desarrollando en aquellos años las transposiciones artísticas. Ofrece atractivos datos la crítica de arte —personal y libérrima— que Ramón lleva a cabo en sus páginas en las secciones de «Arte», «Ex libris» y «Movimiento intelectual» donde realiza un recuento de artistas amigos —Bartolozzi, Eduardo Chicharro, Miguel Viladrich, Julio Antonio— o ciertos dibujantes que le llaman la atención en los sucesivos salones de humoristas. Son, en cierto modo, el equivalente español de lo que en los círculos artísticos europeos constituyó uno de los más sugestivos modos de creación entonces, originando textos inolvidables repletos de referencias plásticas (y hasta nacidos de ellas) como *A rebours,* de Huysmans, o *M. Phocas,* de Lorrain. O bien obras plásticas nacidas de una saturación de lecturas como la pintura de Odilon Redon, Puvis de Chavannes, Edvard Munch o Felicien Rops. Hasta tal punto que hoy sería difícil saber si sobresale más en la historia artística el texto de *Salomé* de Wilde o las ilustraciones que realizara Aubey Bearsdley; si han contribuido a la difusión de *Las tentaciones de San Antonio,* de Flaubert, y de ciertos escritos de Baudelaire, Mallarmé y Poe los propios textos o las fascinantes interpretaciones que de ellos dio Odilon Redon motivado por aquel excepcional editor de arte que fue A. Vollard[68].

---

[67] Ricardo Baeza, «Comentarios», *Prometeo,* 23, 1910.
[68] Un planteamiento general del tema en Darío Gamboni, *La plume et le pinceau. Odilon Redon et la littérature,* París, Les Editions de Minuit, 1989.

También en España se produjo un movimiento en este campo y la obra de algunos artistas, ya exenta, ya como ilustradores de libros o publicaciones periódicas es una de las manifestaciones más brillantes de la transposición artística que dista de haber sido estudiada como merece. De la mano de Ramón llegan a las páginas de *Prometeo* estas tentativas, en algún caso hasta con un cuidado excepcional si se tiene en cuenta la modestia editorial de la revista. Me refiero sobre todo a la reproducción que se realiza en el número 15 (1910) de la serie de obras que Julio Antonio ha realizado para ilustrar *El huerto del pecado* de Antonio de Hoyos y Vinent, que se publica precedida de un texto muy revelador, obra con toda probabilidad del propio Ramón: «Videncias». En él se señala que se trata de un «libro raro» y que Julio Antonio «como dibujante es un vidente, un lunático que entrevee, hasta no se sabe dónde, cosas que han sucedido no se sabe cuándo y casi no se sabe cómo». Y después: «Mallarmé le hubiera llamado para ilustrar sus cosas y Julio hubiera respondido a la confianza del más hermético de los herméticos». La rareza del texto favorece el acercamiento de vidente del ilustrador, que «ha hecho cosas perversas y difíciles», de modo que «los seis dibujos son evocaciones sobre las seis histéricas y delicadas añoranzas del libro, hechas con bellas palabras, sahumadas y prestigiosas».

Era un reconocimiento al artista que había dibujado la portada para su drama *La Utopía*[69] y a quien dedica después algunos de sus textos: *El drama del palacio deshabitado*[70]; su segundo drama titulado *La Utopía,* recordando que dibujó no sólo la portada para la primera *Utopía,* sino un cartel para el después fallido estreno dentro del *Teatro de Arte*[71]; o se da noticia de otras obras que ha ilustrado como un cuen-

---

Son inolvidables las *Memorias de un vendedor de cuadros,* Barcelona, Destino, 1983, donde Vollard relató sus experiencias de editor de arte. Una introducción excelente al tema en el cambio de siglo, Juan Carrete y Jesusa Vega, *Grabado y creación gráfica,* en la serie *Historia del Arte,* núm. 48, Madrid, *Historia 16,* 1993.

[69] *Prometeo,* 8, 1909.
[70] *Prometeo,* 12, 1909.
[71] *Prometeo,* 29, 1911.

to de Eugenio Noel para *El cuento semanal* y a la edición en separata de *El drama del palacio deshabitado* se añade como portada un dibujo del escultor, acaso el mejor escultor simbolista español[72].

Se manifiesta así la voluntad de conectar con la tradición europea decadente. Si aducimos estos ejemplos —un estudio sistemático de este tema en *Prometeo* nos llevaría muy lejos— es porque consideramos clave para el entendimiento de los textos ramonianos el estudio de este entorno artístico inquieto y hasta decadente. Es una sucesión constante de referencias. Cuando se encuentre «En un estudio» —que es el que comparten Julio Antonio, Miguel Viladrich y el poeta Lasso de la Vega—, destacará que el primero no es «rodinesco» sino que desciende de los florentinos y de su tiempo, resultando afín a «Lorrain, Polaire, Groux...»[73]; la obra «Flor malsana» es intensa y abismada y «Eloise-bust-de'n» condensa toda la lujuria de modo que Ethal, el tirano de Phocas, la hubiera adquirido para su colección, porque se ama el veneno de sus labios aunque se sabe que es de los que matan.

«Miguel Viladrich» se le ofrece a Tristán tan pintor como caleólogo, autor de una obra que supone una vasta e improba erudición estética, siguiendo las pautas de los pintores simbolistas saturados de referencia culturales[74]. Y en efecto, sus cuadros de aquellos años —*Las herméticas, Mis funerales,* etc.— son cuadros de gran densidad simbolista. La edición exenta de *El drama del palacio deshabitado* reproduce el retrato que ha hecho de Ramón. Todo queda entre amigos.

O al hablar de «Salvador Bartolozzi» iniciará su artículo con estas palabras:

[72] *Prometeo*, 8, 1909.
[73] *Prometeo*, 8, 1909.
[74] *Prometeo*, 11, 1909.
Sobre Miguel Viladrich: José Emilio Burucúa, «Miguel Viladrich, un pintor de la generación del 98», en *Un catalán universal. Miguel Viladrich (1887-1956)*, Buenos Aires, 1991, págs. 13-18. También el resto de estudios contenidos en este volumen. Y el catálogo de la exposición, *Miguel Viladrich (1887-1956)*, Caixa de Barcelona, 1982. O Josep Miquel García, *Miguel Viladrich, 1886-1957*, Lérida, Diputación de Lérida, 1988.

Este artista, un día fue distinguido por Lorrain, que le dio a ilustrar uno de esos ejemplares que en Francia hacen en papel de Japón los editores para los millonarios excéntricos. Lorrain, que tan bien comprendió el alma difícil del *faubourg*, se dio cuenta de que sólo Bartolozzi podía hacer algo mellizo en color y en factura con la realidad gravísima de sus prosas. Éste es uno de sus triunfos[75].

Pocos escritores representan mejor en el cambio de siglo, en efecto, esta literatura a la vez atormentada e inquietante que Paul Duval (1855-1906), que hizo célebre en los círculos artísticos de aquellos años el seudónimo de «Jean Lorrain». De un lado su vida excéntrica —homosexual y heterómano— y de otro su feroz literatura habían hecho de él una de las referencias más llamativas del París literario finisecular, sobre todo como creador del perverso duque de Fréneuse, alias Señor de Phocas.

Conecta con estos el contenido de la conferencia *Sur del renacimiento escultórico español*, que pronunció en el Palacio de Cristal del Retiro, durante la Exposición de Pintura y Escultura de 1910[76]. Ramón identifica el renacimiento escultórico español con la obra que estaba llevando a cabo ya en esos años el escultor Julio Antonio —a quien tan unido le hemos visto— y por eso se centra en la explicación de sus obras. En realidad desarrolla y fundamenta mejor ahora algunas afirmaciones que ya había hecho en «En un estudio», acerca de que no es rodinesco, sino que desciende de los florentinos y del simbolismo.

Rodinesco era para él un término, si no peyorativo, sí al menos identificador de la escultura burguesa de su tiempo, y no tanto por la obra del gran escultor francés Rodin cuan-

---

[75] Tristán, «Salvador Bartolozzi», *Prometeo*, 21, 1910. En *Pombo* recordará con frecuencia su presencia en la célebre tertulia.

[76] Hemos podido leer este raro folleto gracias a Ioanna Zlotescu y Pura Fernández, a quienes agradecemos su envío: *Sur del Renacimiento escultórico español por Ramón Gómez de la Serna (Extracto de la conferencia que pronunció Ramón Gómez de la Serna, en el Palacio de Cristal del Retiro, durante la Exposición de Pintura y Escultura de 1910)*, s. d., 16 págs. (similar tipografía a *Prometeo*).

to por la pléyade de imitadores que lo habían convertido en el modelo académico que seguían, dando a su canon particular un valor general. Olvidaban así que el arte genuino nace de un contacto con la realidad más viva y no sólo con la realidad artística precedente. Y tendrá por ello en la conferencia duras palabras para ciertos escultores catalanes perdidos, en su opinión, en la imitación *rodinesca,* planteamiento que nada tiene que ver con la transposición artística tal como aquí la venimos definiendo. Julio Antonio, por contra encarna el renacimiento de la escultura española en un doble sentido: no cayendo en la trampa de lo rodinesco, para lo que trabaja y viaja infatigable, esculpiendo individuos españoles de diversos lugares y, de otra parte, logrando darles a éstos en sus esculturas una dimensión superior que hace que, sin perder su individualidad de *hombres de raza,* alcancen la *serenidad* que exige la escultura para ser gran arte. Estos individuos anónimos son mineros de Almadén, mujeres o venteros de Castilla, gitanos o sus propios compañeros de bohemia (la escultura «El poeta» no es sino el busto del poeta Lasso de la Vega con quien compartía estudio). Pero con su arte les otorga una dignidad superior por lo que al calificar estos bustos de donatellescos y simbolistas no hace sino aplicarles los calificativos que los definen adecuadamente. Son los testimonios de ese «sur del renacimiento escultórico español» defendido. Sur por contraposición a las modas burguesas de lo *rodinesco* que viene del norte. Sur porque se identifica con la escultura propia de la cultura mediterránea por partida doble: Julio Antonio ha realizado su aprendizaje de escultor en Tarragona, fascinado por la contemplación de las esculturas griegas y romanas, que mantienen su serenidad aún mutiladas. Y Julio Antonio había realizado con Miguel Viladrich un viaje a Italia en 1909, quedando fuertemente impresionados por lo que vieran en Roma, Nápoles y, sobre todo, Florencia. Su gran maestro espiritual y su guía supremo iba a ser para siempre ya Donatello con su equilibrada esbeltez. Y es así como sin dejar de ser casticista —crea bustos inmortales de seres anónimos, sus luego célebres *bustos de la raza*— alcanza la categoría de clásico, integrándose sus esculturas en la gran tradición mediterránea. Es al mismo tiempo moderno y clásico.

Tan sólo en una de sus esculturas se detiene con cierto detalle Ramón, en «El hombre de la Mancha», escultura que Julio Antonio había realizado en Almadén en 1910, a la vez que algunos de sus mineros o gitanos. La propia elementalidad del individuo elegido es la base de su grandeza. Como Cervantes hiciera para su Quijote, Julio Antonio ha escogido un hombre corriente, pero *de raza*. Y como ha logrado centrarlo, ha conseguido la serenidad en que consiste la gran armonía escultórica.

Algo no muy distinto estaba haciendo en la pintura por entonces Julio Romero de Torres, quien comparte la dedicatoria de la conferencia con Julio Antonio. Los califica a ambos como «muy místicos y muy altos y muy lejanos», para añadir: «Esperadme allí». Están ahí por esta capacidad que vienen demostrando en sus obras para, sin dejar de ser casticistas, colocar en un nivel superior sus obras de arte en esa *serenidad* a que aspira el gran arte.

Hacia la mitad de la conferencia hace Ramón unas afirmaciones que no debieran ser nunca olvidadas cuando se habla de su pretendido vanguardismo en aquellos años:

> A mí que se me ha llamado futurista y que sólo tengo para los futuristas la camaradería que merece su absurdidad, no creo en ese principio que defienden Marinetti y Mauclaire y que incita al arte a reproducir el movimiento y la eletricidad. Por el contrario, creo que el movimiento tiene su resolución en el éxtasis[77].

Un posicionamiento de este tipo está mucho más cerca de la estética simbolista que del vanguardismo y acaso no sea excesivo indicar que no se halla nada lejano del quietismo estético del Valle-Inclán, temprano y gran admirador —dicho sea de paso—, tanto de Julio Romero de Torres como de Julio Antonio, genuinos artistas simbolistas españoles.

Éste es en gran parte el *humus* del que se nutre la literatura ramoniana y su consideración arroja luces para leer los

---

[77] *Ibíd.*, pág. 7.

textos teatrales que aquí editamos, que se miran en esta tradición y en estos artistas, en un ir y venir permanente de las artes plásticas a la literatura, de lo decadente parisiense a lo genuinamente español. Se entiende mejor su teatro desde este punto de vista que desde un pretendido vanguardismo madrugador, que, si existe, es muy limitado, como limitado era lo vanguardista entonces. Es absurdo pretender hacer de Gómez de la Serna el anunciador de los anunciadores del vanguardismo. Sus textos —y en particular los dramáticos— son más bien resultado de la descomposición de la literatura anterior y sólo hacia el final de la etapa de *Prometeo,* con la aparición de las primeras greguerías, se anuncia el alba de otra literatura, que no es prácticamente aún sino un programa, como lo evidencian «Las palabras en la rueca» o el anuncio de *Tristán* del libro *Tapices.*

Por si no fuera suficiente la presencia de estos artistas en *Prometeo* ilustran ellos las ediciones de los textos y suele dedicárselas, testimonio indiscutible de estas afinidades. O sobre ellos habla y escribe en otras ocasiones con una frecuencia y extensión que no podemos examinar aquí. Y Julio Antonio llegó a realizar un cartel para el estreno de *La Utopía* y sus ilustraciones ponen en pie sus personajes sin que pierdan su misterio. O lo propio ocurre con Bartolozzi, con quien hasta compartió la participación en el *Teatro de Arte,* donde este último se inició como escenógrafo. Está por evaluar la importante labor difusora de éste del arte que triunfaba en París en aquellos años. Su amistad con Ramón merecería una monografía[78]. Las ilustraciones de estos artistas

---

[78] David Vela realiza una importante investigación sobre este polifacético artista sobre el que ha ofrecido una primera entrega en su tesis de licenciatura: *Salvador Bartolozzi y el teatro,* Universidad de Zaragoza, 1993.
   También: Antonio Espina, *Bartolozzi. Monografía de su obra,* México, Ed. Reunión, 1956. El libro de recuerdos de Pedro Lozano Bartolozzi, *Pedro y Pitti,* Ayuntamiento de Pamplona, 1986. María del Mar Bartolozzi, «Salvador Bartolozzi entre las vanguardias y el casticismo (La colección de dibujos originales de *Blanco y negro),* Norba-Arte, V, 1984. Y «Encuentros artísticos de Castelao y los Bartolozzi. Los salones de humoristas», separata de las *Actas del Congreso Castelao,* Universidad de Santiago de Compostela-Xunta de Galicia Fundación Castelao, 1989, págs. 495-519.

de los textos ramonianos tratan de captar lo esencial de su contenido para situarlo en el nivel superior del arte. De esta forma el círculo se cierra: nacidas muchas veces —al menos en parte— de referencias artísticas, inspiran a su vez a artistas amigos con lo que el complejo y sugestivo mundo de las transposiciones artísticas se manifiesta de nuevo.

La transposición artística no da cuenta de toda la complejidad de estos textos, pero pensamos que nos sitúa en un camino adecuado de exégesis al ver cómo se concreta en unos autores y temas, procedentes en su mayor parte del fondo del simbolismo y del decadentismo.

Abordar la escritura dramática desde estos supuestos conducía fatalmente a una fragmentación del texto dramático peligrosa en sus distintos niveles, fragmentación que atenúa, no obstante, la voluntad de presentar objetivados hasta cierto punto en los personajes los conflictos, pero sólo hasta cierto punto, ya que la propia noción de personaje dramático tradicional se resiente en algunos dramas, su caracterización estalla a medida que avanza la obra. Ya hemos indicado también cómo la abundancia de textos ensayísticos que cercan literalmente a los dramáticos introducen nuevas cuestiones. Así, abordar el análisis de estos textos dramáticos impone la renuncia en cierto modo a esquemas de análisis teatral aprendidos en los que prima la reducción a esquema compacto y unívoco del texto analizado. Debe ser sustituida por una lectura abierta, pues al igual que nacen de una sugerencia múltiple, se convierten los textos en fuentes de sugerencia nunca agotada y cerrada. Es posible aproximarse a ellos, pero no penetrarlos por completo, describirlos como artefactos donde, en ocasiones, hay piezas que chirrían y cuya funcionalidad en términos estrictamente dramáticos tradicionales es dudosa o insuficiente. Pero justamente ahí reside la originalidad de las propuestas de Ramón, demostrándose las denominaciones genéricas con que acompaña sus textos como insuficientes, con un valor meramente aproximativo.

Temas reiterativos hasta la obsesión y tanteos formales se dan la mano componiendo una escritura laberíntica en la que la búsqueda prolongada permite fijar unas constantes.

3. Temas y técnicas más constantes

Aun con los límites señalados, el teatro será la forma artística elegida por Ramón en su primera época para expresar sus inquietudes intelectuales y vitales. Unas inquietudes que, al encarnarse en unos personajes y a través de conflictos dramáticos, aparecen con mayor nitidez que en sus obras teóricas de este periodo, en las que el informalismo radical es una de sus características.

El propio Ramón definió su primer teatro en el prólogo a *El drama del palacio deshabitado* como una «síntesis gráfica de sus ideas». Y en este sentido, Luis S. Granjel señala que sus «ensayos dramáticos, al margen de su valor literario, sirvieron a Ramón para elaborar y dar forma en la medida de lo posible, a su confuso mundo ideológico, lo que les otorga un innegable interés documental»[79]. Aunque esa confusión es más aparente que real, ya que forma parte de la expresión del confusionismo que el autor quiere hacer patente en la realidad, lo que sí es cierto es que los dramas suponen un acatamiento de ciertos esquemas formales. Cansinos-Assens había hecho notar que en ellos «hay ya patente un anhelo constructivo de creación orgánica que rebasa el límite del nihilismo literario (...) el autor libertario de los comienzos acepta, aunque con restricciones, la idea de las causas finales, que es el alma del drama, y la disciplina de las edificaciones orgánicas»[80]. Y Gaspar Gómez de la Serna llama la atención sobre el hecho de que a pesar de la arbitrariedad y libertad formal que caracterizan sus obras de este periodo, acepta cuando escribe los dramas el sometimiento al rigor de un género: «opera con un género dado, desde dentro de él, y en última medida sujeto a unas últimas determinaciones (no las llamaremos reglas), a una es-

---

[79] Luis S. Granjel, *Retrato de Ramón,* Madrid, Guadarrama, 1963, pág. 162.
[80] Rafael Cansinos-Asséns, *Poetas y prosistas del novecientos,* Madrid, Edit. América, 1919, pág. 253.

tructura estética fundamental que, sin querer, está respetando todavía. De una manera o de otra, hace teatro»[81].

El teatro será, por tanto, su primera vocación literaria. Con excepción de unos pocos relatos breves[82], hasta 1913, año de la publicación de *El ruso,* Ramón comparte su peculiar estilo ensayístico con la forma dramática como forma de expresión de sus preocupaciones esenciales. Esta interrelación entre obras teóricas y dramas es señalada explícitamente por el autor en diversas ocasiones y en otras las resonancias ideológicas son evidentes. Así, en el epílogo de *Los Sonámbulos* hay claras referencias a *El Libro Mudo*. En *La Bailarina* proclama la necesidad de «deskantianizar la vida...», de hacerla descender de «sus alturas, de sus sensateces y de sus filosofías y de sus amores...» y hay, incluso, una alusión a las «Morbideces» que dan título a su segundo libro: «unas piernas que danzan un baile de ópera son todas las piernas, por como adquieren todas las morbideces». *Los Unánimes* rechazan igualmente el pensamiento lógico, ordenador de la realidad, «debes dejar que piensen por ti las cosas y verás qué bien piensan (...). Es mejor que pensar ver como se ve...».

Teodoro Llanos señala que en esta relación entre obras teóricas y literarias lo más frecuente es que las obras de creación presenten caracteres que ya habían sido expuestos previamente, como la proximidad entre la *Utopía (I)* y *El concepto de la nueva literatura* y *Mis siete palabras*[83]. Pero, a veces, se da también el caso de que la obra literaria presente intuiciones que después habrían de sintetizarse teóricamente, como la idea de «nonatismo», presente en *El drama del palacio deshabitado* y que después estaría en *El Libro Mudo*[84].

---

[81] Gaspar Gómez de la Serna, *Ramón,* Madrid, Taurus, 1963, pág. 58.

[82] Los incluidos en su primer libro, *Entrando en fuego* (Segovia, 1905): «La imagen de la felicidad», «La barra», «Lo que dan los libros» y los cinco relatos que aparecen al final de *Morbideces* (Madrid, 1908): «El ciego y la hetaira», «El apestado (doctrina moral)», «La doncella», «La muerte del Lunático» y «La caja de Pandora».

[83] Teodoro Llanos, *Aportación al estudio de las greguerías de Ramón Gómez de la Serna,* Universidad Complutense de Madrid, 1980, pág. 205.

[84] Ídem, pág. 244.

Todo lo anterior justifica el que en la exposición de los temas esenciales de su teatro haya que tener presentes sus obras teóricas y los prólogos y epílogos de los dramas, ya que como señala Granjel: «El propósito evidente de convertir sus creaciones teatrales en vehículo para divulgar su personal ideario, intención que confiere a los dramas de Ramón un muy particular cariz justifica, desde luego, los prólogos, en ocasiones extensos, que para ellos escribió»[85].

Tanto Ruiz Ramón como Granjel destacan en la producción dramática de Ramón dos temas principales. Para el primero, «Los dos temas centrales del teatro juvenil de Ramón son el erótico y el de crítica de ciertas convenciones sociales, crítica que por sus limitaciones no llega a ser "crítica social". Generalmente ambos temas aparecen juntos, aunque a la postre el primero es el que domina»[86]. Granjel señala que son las dos cuestiones que «polarizan por entero la inquietud literaria en estos primeros años de escritor»[87]. Y apunta una clasificación de las obras teatrales en la que el tema erótico aparece como esencial[88].

Pero a pesar de tales delimitaciones temáticas, tanto la crítica de las convenciones sociales como la esencialidad del impulso erótico son modulaciones de un único tema o preocupación principal en torno al cual se ordenan los demás: la búsqueda de la autenticidad existencial, en conflicto con las convenciones establecidas por la autoridad, los prejuicios y la costumbre. En la expresión de esa búsqueda se evidenciarán las influencias y los rechazos con los que el autor pretende delimitar de algún modo su posición de radical individualismo frente a las distintas facetas de la realidad.

Julio Gómez de la Serna ha recordado cuáles eran las preferencias literarias del Ramón juvenil y su interés por entablar contacto con artistas y escritores: «Yo le veía llegar a nuestra casa, tanto la de la calle de Fuencarral como al piso

[85] Luis S. Granjel, «Ramón en Prometeo», *Ínsula*, núm. 196, 1963.
[86] Francisco Ruiz Ramón, *Historia del teatro español. Siglo XX*, Madrid, Cátedra, 1975, pág. 158.
[87] Luis S. Granjel, *Retrato de Ramón*, ed. cit., pág. 155.
[88] En ídem, págs. 155 a 161, y en «Ramón en Prometeo», art. cit.

de la calle de la Puebla, cargado de libros, adquiridos en su mayoría en las llamadas de lance. Sus autores predilectos entonces fueron Ibsen (de quien copió un retrato, colocado tras el cristal de un armario-estantería), Poe, Balzac, Stendhal, Baudelaire, Dostoyevski, Verlaine...»[89].

Eugenio G. de Nora sitúa a Ramón dentro de la influencia de la literatura francesa moderna: «Es en la literatura francesa de 1875 a 1905 —decadentes, simbolistas, neomísticos, etc.— donde hay que bucear el punto de partida de Ramón, no en sus coetáneos»[90], y Granjel especifica que esta influencia «tiene indudable confirmación en la obra primeriza de Ramón, muy particularmente en sus ensayos dramáticos»[91]. Hemos señalado influencias teatrales al repasar *Prometeo*. Todas ellas muestran que, en esta primera etapa, Ramón escribe sus obras teatrales con la pretensión de que sean «síntesis gráficas» de sus ideas, de su concepción de la existencia, pero que éstas, tanto en su concepción como en su expresión artística, son el resultado de una serie de influencias asumidas conscientemente.

Como ya hemos apuntado, el tema esencial del teatro de Ramón es la búsqueda de la autenticidad existencial, que se afirma en la oposición a la moral y los valores tradicionales y en la proclamación del puro impulso biológico como única forma sincera de afrontar la vida. La exaltación del erotismo y la complementación entre hombre y mujer como forma de alcanzar la plenitud responden a esa concepción vital.

La crítica de los valores tradicionales se reflejará también en la crítica de las instituciones sociales. Si no es posible hablar de crítica social más que en algunos de sus iniciales artículos periodísticos no es por desinterés del autor ante su concreta realidad circundante, sino por el radical escepticismo con el que se plantea las soluciones ofrecidas por los

---

[89] En el prólogo, «En busca del recuerdo», a la obra de José Camón Aznar, *Ramón Gómez de la Serna en sus obras,* Madrid, Espasa-Calpe, 1972, págs. 10 y 14.

[90] Eugenio G. de Nora, *La novela española contemporánea*, Madrid, Gredos, 1968, tomo II, págs. 99 y 100.

[91] Luis S. Granjel, *Retrato de Ramón,* ed. cit., pág. 115.

que pretenden la subversión del orden establecido. Sin embargo, en esta primera época y en sus obras teatrales en particular se evidenciará también un compromiso con la realidad social, que se refleja en:

— Una inquietud política en la que es posible ver connotaciones anarquistas.

— La reivindicación de los derechos de la mujer, sometida al hombre hasta el punto de impedirle adquirir su verdadera personalidad.

— Una feroz crítica de la religión por su negativa influencia sobre el desarrollo vital del hombre, al que coarta con prejuicios morales y miedos basados en la mentira.

Como punto de partida para explicar el entramado ideológico que subyace en la producción literaria de la primera época de Ramón, limitada casi exclusivamente a la forma dramática, pretendemos encontrar una posible coherencia en la visión del mundo en torno a la cual se ordenan los diferentes conflictos reflejados en los dramas.

Si nos referimos a una «posible coherencia» es porque, precisamente, la característica definitoria del Ramón de este periodo, más aún que en su época de madurez, es un rechazo radical a todo tipo de encasillamiento, tanto ideológico como estético. Sin embargo, sí es posible delimitar de forma más o menos precisa una concepción de la vida, vida que como expresa el autor en *El Concepto de la Nueva Literatura*, debe ser objeto primordial de un escritor: «La primera influencia de la literatura es la vida, esta vida de hoy desvelada, corita, contundente como nunca, bajo una inaudita invasión de luz.» Su sentido debemos descubrirlo desde nosotros mismos y no remitiéndonos a elucubraciones abstractas: «Ir por la significación intelectual de la vida a la vida misma es un error. Por ese camino sólo se llega a designificarla. Buscarla en nosotros es acertar con la única pista.»

3.1. *El sometimiento a la Naturaleza*

En los dramas de Ramón, el conflicto se establece entre la asunción del propio destino, tras descubrir que obedecer los ciegos impulsos de la Naturaleza es el único camino para sobrellevar una auténtica existencia y los prejuicios y las normas establecidas, que coartan ese natural desarrollo. En *El Teatro en Soledad*, El Descarnado afirma: «El placer no necesita ser absuelto, necesita penarse en sí mismo, y anonadarse de gloria al final... Esto, y después nada más, infinitamente nada más...» Es lo que *Los Sonámbulos,* creyendo estar libres de las normas que han obedecido por miedo en el desarrollo de sus vidas, pretenden llevar a cabo en otra existencia, pidiendo cuentas al Árbol de la Ciencia del Bien y del Mal. En esa obra, El Extraviado y La de la bata roja conocen el verdadero sentido de la existencia y su encuentro final supone el triunfo, la posibilidad de extraer de ella su fruto, no haciendo «un *vomitorium* del Paraíso».

Los Sonámbulos, en su inconsciencia, ansían cumplir en la que creen otra vida lo que no se han atrevido a llevar a cabo en su existencia real, pero las sombras de *El Drama del palacio deshabitado* no pueden alcanzar la muerte porque no la han merecido, han traicionado sus más íntimos impulsos por un hipócrita respeto a las convenciones sociales y religiosas. Perdida irremediablemente la oportunidad de cumplir con la Naturaleza, de obedecer sus impulsos, ya sólo les queda intentar lograr «la inconsciencia de cosas». Y la obra intensifica dramáticamente la causa de esa inútil vida de sombras frustradas por la perniciosa influencia de la religión y sus falsas esperanzas en una vida futura, lo que será continuamente recalcado en las obras de Ramón de este periodo.

El tema de la muerte es fundamental en la obra de Ramón, como ha estudiado José Begoña, quien señala además la búsqueda de Dios y el amor como las cuestiones más importantes de su literatura[92]. Sin embargo, la cuestión religiosa tiene en esta primera época una importancia que procede precisamente de sus aspectos negativos. Como señala

---

[92] José Begoña Rueda ha estudiado el tema en *El tema de la muerte en la obra de Ramón Gómez de la Serna,* Universidad de Salamanca, 1974, y en «Evaluación y contraste dentro de una de las constantes de Ramón Gómez de la Serna», en *Actas del sexto congreso de la Asociación Internacional de Hispanistas,* University of Toronto, 1980.

José Begoña: «en general podemos afirmar que el Ramón inicial es un Ramón a quien vemos envuelto en una postura por la que concibe la vida del hombre en este mundo como algo trágico y absurdo, algo intrascendente. La muerte y sus consecuencias quedarán por ello lógicamente sujetas a estos criterios»[93]. Pero a pesar de esa falta de trascendencia, Ramón no deja de plantearse reiteradamente el sentido de la muerte y su coherencia dentro de la visión existencial con la que responde de la autenticidad vital de sus dramas.

En *El Libro Mudo* afirma: «es lo mismo pudrirse que no pudrirse, porque la misma dosis de ser figura en uno y otro estado» y encuentra en el concepto de lo «nonato» la identidad de todas las cosas, lo que justifica su igualitaria obediencia a las leyes ciegas de la Naturaleza. En *Los Unánimes,* El de la frente formidable expresa cómo la muerte debe ser el natural final tras haber agotado lo que la vida puede ofrecer: «a la muerte total hay que ir sin ideal y sin residuo ninguno de esperanza ni de aliento, siendo ya la muerte, de antemano, para refundirnos sin resistencia...».

En *El drama del palacio deshabitado,* la introducción y el epílogo tienen la función de recalcar su auténtica significación, como si el autor quisiera clarificar que su fantasiosa creación literaria no supone una renuncia a su concepción vitalista de la existencia y la posibilidad del ultramundo. El Hombre Anónimo al anunciar el drama a los espectadores les pide que «matéis la muerte en vosotros arrancándoos su carátula, que prohibáis los Misereres y déis suelta a vuestro jolgorio por más intempestivo y voraz que sea». Y el epílogo añade un matiz importante para entender cómo su teatro trasluce inquietudes profundamente sentidas por el autor. Parece como si necesitara rehuir la superficialidad que la muerte podría adquirir en su tratamiento literario y dejar patente que sólo ante la muerte real, ante un cadáver en el depósito de San Carlos es posible desentrañar su misterio. Definiéndose como «un hombre reflexivo, cuya mirada no

---

[93] Ídem, pág. 95.

polariza las cosas artísticamente» rechaza interpretaciones especulativas y religiosas y busca «la franca impresión química» de la muerte. No faltan, sin embargo, en la descripción del cadáver las recreaciones literarias y cierta morbosa delectación de carácter típicamente romántica, pero lo importante es destacar la insistencia de Ramón en clarificar su actitud vital y cómo está estrechamente ligada a su plasmación en literatura. Para Ramón, «todos los comentarios que se han hecho sobre la muerte la han prejuzgado, todos han sido desviados, literarios. Si se les estudia, se observa que sólo sirvieron para huir de su concepto específico, naturista, sin blandura y sin belleza; pero sereno». Es la serenidad que él busca tras asumir la inexistencia del misterio, tras asomarse al abismo y encontrar «que si era el abismo, era un abismo cegado».

Cuando al final del Epílogo afirma: «me encontré torpe, con la torpeza de un recién nacido de veintiún años, y me tuve que detener, irresoluto, sin saber con qué pie entrar en la vida...» está presentando el conflicto que planteará a los personajes de sus dramas, enfrentados entre la lucidez de una existencia auténtica, acorde con la Naturaleza y la tranquilizadora sumisión a los preceptos establecidos, que al precio de someter los instintos, la auténtica vida, promete una existencia gregaria y sin inquietud.

Pero en esta proclamación vitalista no está ausente el pesimismo existencial en el que parecen concluir los destinos de muchos de los personajes que pretenden asumir su propia existencia. Para Alberto, el escultor fracasado de *La Utopía (I)* el haber traicionado su propio camino de artista revolucionario supone caer en una existencia abúlica, sin ideal, «lo más dramático de mi vida es que es una vida sin drama... Mi drama es el drama de no tener drama...». El trágico desenlace de la obra es la constatación de la inutilidad de intentar vencer las imposiciones establecidas cuando se carece de la fuerza vital, el carácter para enfrentarse a ellas. En *La Utopía (II),* los rechazados por la sociedad reducen al estrecho ámbito de una sórdida taberna sus quejas y *Los Unánimes* se intercambian su escepticismo y las justificaciones de su marginalidad voluntariamente asumida esperando que el refugio de caridad en el que pasarán la noche les abra sus puertas. Y como si tal asunción significara la constatación del absurdo de la vida, La Retorcida afirma: «He tirado el anillo de bodas... He roto con todo, por no despeñar un hijo más.»

3.2. *Trascendencia del erotismo. La influencia de Nietzsche, Silverio Lanza y la estética «decadentista»*

La vida, sin embargo, adquiere su auténtico valor cuando se acepta en su pura significación biológica, de despliegue libre de los instintos, y ése es el sentido que en el teatro de Ramón tiene el erotismo y la anhelante búsqueda del otro sexo, complemento indispensable para lograr una plenitud que hace olvidar la muerte y que incluso la justifica. Las falsas esperanzas ultraterrenas que ofrece la religión y los prejuicios morales no hacen sino impedir que el hombre y la mujer, complementándose armónicamente, consigan llenar de significado lo que en soledad aparece como absurda existencia.

Tanto el erotismo como la muerte serán constantes en toda la obra de Ramón, pero en estos dramas aún no tienen el distanciamiento, a veces irónico, que les aporta el humor característico de las obras de plenitud del autor. En *El teatro en Soledad,* El de los ojos blancos y El recio de pómulos saben cómo «el olor de mujer es el único olor ocre, duro y dominante que triunfa del olor a cadáver...».

Para comprender la auténtica significación de muchos aspectos del teatro de esta primera época de Ramón, es necesario recurrir a sus obras teóricas, que en el caso de la mujer y el erotismo ponen de manifiesto la fundamental preeminencia que les concede, tanto en la literatura como en su propia vida. Al comentar en *Prometeo* la aparición del Futurismo, su entusiasmo está matizado por un importante reparo: «su menosprecio de la mujer en la que están vinculados los valores supremos, cosa que quizá no se nota por lo muy *habillé* que va, por cómo la falsifica la vida y porque no sabe aún tenderse y ductilizarse con toda consciencia»[94]. Aunque más tarde, en su «Introducción a la Proclama Futurista a los españoles por F. T. Marinetti», confía en que sus promesas de liberación signifiquen también el «Desembargo de la mujer para tenerla en la libertad y en el momento sin esa gran promiscuación de los idilios y de los matrimonios»[95]. En *El Libro Mudo* confiesa que «Oye por excepción a las mujeres». En ellas aprende «calma, sentimientos formidables y un gran optimismo». Son el lazo de unión indispensable para reintegrarse plenamente con la Naturaleza. Esa unión supone la propia identidad: «Esa mujer que no me interrumpe, ni me descentra, ni rompe mi isocronía que me hace más homogéneo con la homogeneidad planetaria y forestal más sensata.»

Luis S. Granjel se refiere al «desorbitado pansexualismo» de Gómez de la Serna en sus años de mocedad[96] y piensa que «El erotismo siempre insaciado, obsesivo realmente, de Gómez de la Serna, conforme lo permite comprobar la lectura de muchos de sus libros, descubre cierta inmadurez psicológica, hace pensar en un hombre que viviera una prolongada y por tanto anómala adolescencia; acaso influyó en ello, sin que esto suponga menospreciar la intervención de factores propiamente individuales, su precoz ligazón a una mujer que le superaba en edad y experiencia, y a la cual vivió unido, según se sabe, cuatro lustros, hasta una hora de su vida en que para muchos, acaso también para él, la juventud es don ya perdido»[97].

Sin embargo, la agitada vida amorosa del autor o su temprana unión con Carmen de Burgos no explican más que superficialmente la importancia y la trascendencia ideológica que el erotismo adquiere en la obra de Ramón.

López Criado, que ha estudiado el erotismo en la novelística ramoniana, sintetiza con gran claridad su significación con palabras que son plenamente aplicables a su teatro: «Hasta cierto punto el erotismo es la obsesión artística

---

[94] «Movimiento intelectual. El futurismo», en *Prometeo*, 6, 1909.
[95] En *Prometeo*, 20, 1910.
[96] Luis S. Granjel, *Retrato de Ramón*, ed. cit., pág. 161.
[97] Ídem, pág. 52.

de Ramón, y el que reaparezca continuamente como el tema principal de muchas de sus obras da la medida de la intensa y profunda preocupación que para él conlleva. Eros (sensualidad, sexualidad: amor) es para Ramón un acongojante signo de interrogación sobre la existencia, y en él ve reflejados todos los anhelos, dudas, gozos, sufrimientos y conmovedoras preguntas del ser humano que, en un momento dado de su vida, siente y piensa en su razón de ser y circunstancia»[98]. Para este crítico, «Ramón parece decirnos esencialmente que el hombre nace a la vida para desaparecer en la muerte, y que entre uno y otro extremo de su existencia, el amor surge como un vano ensayo, un monumental panteón de sus anhelos y esperanzas. A través de la mujer, la efímera experiencia sexual que culmina apoteósicamente el impulso y la intensidad de la vida se disuelve en inapetencia y desengaño, dejando al individuo cara a cara con el vacio de la existencia y la atormentadora presencia de la muerte»[99].

No obstante, en dramas como *Los Sonámbulos* el consuelo erótico parece elevarse sobre ese pesimismo existencial y borrar la angustia de la muerte cuando trasciende en amor la «efímera experiencia sexual». Es el drama que están dispuestos a afrontar el hombre y la mujer de *El teatro en Soledad* para vencer el desengaño que acecha tras la cotidiana convivencia: «El drama, en fin, nada más que "el drama", sin ningún argumento pequeño ni grande... Sin ningún tercero entre nosotros, y sin ningún tercer pensamiento, sólo hecho para nosotros dos, que lo hemos asumido con nobleza...»

A pesar de que López Criado opina que «Esta capacidad de hacer de la anécdota erótica una significación de orden filosófico es una valiosa contribución del escritor a las letras y el pensamiento español»[100], no hay que olvidar que Ramón participa junto con otros muchos escritores de una

---

[98] Fidel López Criado, *El erotismo en la novela ramoniana*, Madrid, Fundamentos, 1988, pág. 195.

[99] Ídem, pág. 87.

[100] Ídem, pág. 201.

nueva sensibilidad ante el erotismo, como señala Lily Litvak: «Los temas, y los símbolos recurrentes en las obras de tantos artistas y escritores de la época dan forma a ese Eros obsesionante que a la vez expresa un actitud ante la vida y ciertas ideas frente al destino. La mujer es utilizada como uno de los símbolos más importantes»[101].

No se trata, por tanto, de un «pansexualismo», reflejo de acuciantes necesidades biológicas, como deja traslucir Granjel, ni tampoco de plena originalidad, sino de la asimilación de una serie de influencias compartidas con otros autores y matizadas en su reflejo literario por su propia concepción, intuitivamente sentida, de la existencia.

Entre esas influencias destaca por su importancia la de Nietzsche. Son numerosas las referencias que hace Ramón al filósofo alemán, pero lo interesante es señalar cómo a partir de ese pensamiento elabora su propio entramado ideológico, reflejado tanto en sus obras teóricas como en sus dramas[102]. Gonzalo Sobejano en su fundamental obra

---

[101] Lily Litvak, *Erotismo fin de siglo,* Barcelona, Antoni Bosch, 1979, pág. 3.

[102] En *El Concepto de la Nueva literatura* cita a Nietzsche entre los autores decisivos para la irrupción de la vida en la literatura y afirma: «Hoy no se puede escribir una página ignorando a Nietzsche. Ésta es cuestión capital de ignorarlo o no ignorarlo todo.» Sin embargo, también deja claro que no va a seguir fielmente el pensamiento del filósofo y que para él significa ante todo una actitud: «Al decir Nietzsche, digo todo lo otro y lo esotro. Acojo ese nombre como un símbolo. Su influencia filosófica, audaz, heroica, descarada, no es de él, es del periodo por que pasamos, sobrecargada de iniciativas, olvidado de sus libros, que son el resultado de su vorágine, de su modalidad progresiva de nuestro tiempo.» Para Ramón, «Nietzsche no nos ha regalado nada suyo. Ha sido nuestro agente de negocios, nos ha hecho entrar en posesión de nosotros mismos» (pág. 58).
El Libro Mudo se inicia con una cita de Nietzsche (extraída del *Ecce Homo):* «no se entiende nada de lo que dice el autor y se tiene la ilusión de creer que donde no se entiende nada no hay nada», al igual que *El drama del palacio deshabitado:* «Todo lo que es profundo ama la careta.»
En *Mis siete palabras,* sin embargo, se le cita junto a otros pensadores que, según Ramón, se han alejado de la realidad: «¡Platón, Kant, Amiel, Renán, Nietzsche, Emerson, Fouille, Guyau, James! ¡Corruptores!... ¡Hombres de las amplitudes imaginarias, de las derivaciones, de las melifluidades, de la locuacidad, de la verdad reposada y académica...» (pág. 93).
En diversos números de *Prometeo,* Nietzsche también está presente: en el

sobre la influencia de Nietzsche en el pensamiento español señala que Ramón «propone una asimilación biótica o nutricia del ideario de Nietzsche frente al aprovechamiento intelectual y literario hasta entonces dominante»[103] lo que le aparta de la concepción nietzscheana imperante en los escritores del 98. Cansinos-Assens ya había hecho notar tal influencia en la concepción ramoniana de la vida «como un juego de fuerzas sin objeto, sin causas finales ni otra justificación que la del propio existir»[104]. Sobejano destaca la importancia que en ello tuvo la publicación de *Ecce Homo,* comentado por Ramón en *Prometeo,* y señala que «al leer tan temprano el *Ecce Homo,* libro en el que tan particulares recomendaciones se contienen acerca del régimen de vida, salud corporal, hábitos corporales, etc., hubo de percibir la diferencia entre el visionario heraldo del superhombre —tan traído y llevado por aquellos escritores— y al hombre concreto y privado; de ahí tomó ocasión para pregonar la urgencia de revisar a Nietzsche. Por una parte, se adhiere al vitalismo de este filósofo, como sus predecesores habían hecho; por otra, despoja ese vitalismo de implicaciones morales, regeneradoras, patrióticas, haciéndola consistir en un fenómeno casi orgánico: pujanza sanguínea, sexual, celular, orgasmo creador. Excusado es decir cómo este punto de vista, completamente irracional, presagia el báquico primitivismo de las Vanguardias, al que Gómez de la Serna se mostraría pronto tan amable»[105]. Ioanna Zlotescu destaca la novedad que suponía en la literatura española «la invocación de

núm. 1 (1908) se le considera «un utopista y fanteasador del porvenir», y se comenta la publicación que el *Mercure de France* está llevando a cabo del *Ecce Homo,* «libro supremo». En el núm. 3 (1909) en el apartado «Movimiento intelectual», se hace referencia a la terminación de la publicación de esa obra y se valora entusiásticamente su figura y enseñanza. En el número 6 (1909), se menciona a Zaratustra para anunciar el Futurismo de Marinetti, al igual que en la siguiente entrega de la revista dentro del apartado «Opiniones sociales. La nueva exégesis».

[103] Gonzalo Sobejano, *Nietzsche en España,* Madrid, Gredos, 1967, página 508.

[104] Rafael Cansinos Asséns, *Poetas y prosistas del novecientos,* ed. cit., pág. 250.

[105] Gonzalo Sobejano, *Nietzsche en España,* ed. cit., pág. 508.

esta vitalidad en nombre de un subjetivismo radical hecho no solamente espíritu sino también carne»[106]. Sobejano matiza también tal influencia no olvidando que se trata de un escritor que comienza a publicar sus obras en un contexto literario determinado: «El vitalismo fisiológico de Ramón depende precisamente de este encuentro con el Nietzsche corporal y dietético de algunas páginas de *Ecce Homo;* no totalmente, pues se reclina en el erotismo postmodernista y novelero de aquel momento español de 1910, pero sí en buena parte»[107].

Aludiendo concretamente a los dramas, Sobejano cita la primera *Utopía* y *El drama del palacio deshabitado* como ejemplos de apología de la vida instintiva que evidencian tal influencia nietzscheana. Y precisa que si Ramón, en muchos aspectos, no trasluce realmente el pensamiento del filósofo sí que está sintiendo realmente a Zaratustra cuando condena a los «que creen en ultramundos, de los que desprecian el cuerpo, predicadores de la muerte, resentidos, esclavos de la moral»[108]. Para Gonzalo Sobejano, en fin, se trata de una presencia que hay que tener en cuenta no sólo para la comprensión de las obras de esta primera época: «A nuestro parecer, el influjo de Nietzsche en Gómez de la Serna se percibe claramente entre 1908 y 1910 en algunas obras que exaltan los valores vitales por negación de los valores contrarios sobre todo, y puede considerarse admisible como una base, entre otras, para toda la producción posterior del fecundo literato, la cual podría concebirse como una dionisíaca transmigración hacia las cosas que tiene por finalidad vitalizar la realidad concreta»[109].

Otra figura decisiva en esta primera época de Ramón es Silverio Lanza. En *Automoribundia* recuerda cómo nació su amistad en 1909, tras la lectura del *Concepto de la Nueva Li-*

---

[106] Ioanna Zlotescu, «El Libro Mudo, luz en los orígenes de Ramón Gómez de la Serna», Introducción a su edición de *El libro mudo,* Madrid, FCE, 1987, pág. 35.

[107] Gonzalo Sobejano, *Nietzsche en España,* ed. cit., pág. 593.

[108] Ídem, pág. 591.

[109] Ídem, pág. 588.

teratura en el Ateneo[110]. Esa amistad acercó a Silverio Lanza a las páginas de *Prometeo* y a ella rindió tributo Ramón publicando, tras su muerte, algunas de sus obras[111]. Entre ambos autores es posible encontrar coincidencias ideológicas que ponen de manifiesto, más que una dependencia de magisterio, inquietudes comúnmente sentidas. En lo referente a la cuestión del erotismo, Silverio Lanza trata reiteradamente en sus obras el tema de la relación sexual y de la convivencia entre hombre y mujer. Amor y sometimiento a la Naturaleza pasan a ser los elementos complementarios de una concepción vital que no es extraña a la que se refleja en los dramas de Ramón, como vimos anteriormente.

Lily Litvak ejemplifica en las obras tempranas de Juan Ramón Jiménez, Valle-Inclán y Felipe Trigo las distintas actitudes ante el erotismo presentes en la literatura de la época[112]. En el teatro de Ramón es posible encontrar los mismos ecos de ese «eros negro» del Valle-Inclán de las *Sonatas* o *Flor de Santidad*, en el que se refleja parte de la corriente decadentista del fin de siglo europeo, pero también existen resonancias de las ideas de Felipe Trigo.

Gonzalo Sobejano, al tratar de la presencia de Nietzsche en *El concepto de la nueva literatura*, ve cierta relación con el Felipe Trigo de 1907 en la intención de Ramón de «querer acercar el vitalismo nietzscheano al ámbito de lo sensorial,

---

[110] En *Automoribundia*, Buenos Aires, Edit. Sudamericana, 1948, pág. 192.
[111] En *Prometeo*, Silverio Lanza publicó: *Autobiografía* (12, 1909), *El hambre y el miedo* (33, 1911) y *Extracto del Evangelio de Ramón Gómez de la Serna*, dos páginas en las que parafrasea las «Siete palabras» de Ramón: «¡Oh, si llega la imposibilidad de deshacer» (15, 1910). *El Libro Mudo* está dedicado a Lanza: «Se te asemeja, Ramón, piensa también en su netitud deformada ra y la oye como tú me oyes... Parte de su vida, se ha pasado reconstruyéndola» y éste escribe al final de la obra una «Acción de gracias». En 1918, por deseo de Ramón *La Novela Corta* publicó su relato *Medicina rústica*. El mismo año dio a la luz un amplio prólogo y epílogo a una selección de sus obras: *Páginas escogidas e inéditas de Silverio Lanza. In memoriam*, Madrid, Biblioteca Nueva, 1918. Tal vez la relación que Juan Bautista Amorós estableció con su seudónimo, al que hace pasar por amigo y editor de sus propias obras, influyó en la utilización que hizo Ramón de «Tristán», que, por ejemplo, prologa *El Libro Mudo*, y que emplea por primera vez en 1909, en el núm. 3 de *Prometeo* dentro de la sección «Arte (En un estudio)».
[112] Lily Litvak, *Erotismo fin de siglo*, ed. cit., pág. 229.

orgánico, biológico y animal»[113]. Ese Felipe Trigo de 1907 es el teórico de *El amor en la vida y en los libros*[114], pero también el de algunas novelas, como señala Ramón al comentar *Sor Demonio* en *Prometeo:* «Trigo es el resurrector de la carne. La labor que cumplen sus novelas no es literaria en absoluto, sino darwiniana, anticlerical, nietzscheana, liberadora»[115].

Hemos especificado que las resonancias de Felipe Trigo en Ramón se circunscriben a ciertos aspectos ideológicos porque no sería exacto acercar su crudo realismo descriptivo al distanciamiento alusivo con el que Ramón aborda la relación sexual. Pero una cuestión en la que sí se evidencia tal relación es en la reivindicación del desnudo. Como señala Litvak: «El desnudo tiene para Trigo gran importancia estética, psicológica y sobre todo moral. Implica la conquista de una inhibición, producto de prejuicios sociales y religiosos»[116]. En la primera *Utopía*, Alberto expresa cómo los prejuicios morales que censuran el desnudo le han impedido cumplir con su misión de verdadero artista. Su amigo Dorestes señala: «Los hombres gubernamentales han empañado el sol al perseguir el desnudo... No seríamos tan sombríos si el desnudo se reivindicase», a lo que Alberto contesta: «Tú lo has dicho, seríamos más efusivos, mejores, más abnegados, más místicos.»

Una morosa descripción del cuerpo femenino se encuentra en la pantomima *El Garrotín*, anunciando lo que en *Alma* y *El misterio de la encarnación* será ya la incorporación del cuerpo humano a la visión igualitaria de la realidad que es el «ramonismo».

Hasta ahora nos hemos referido a la trascendencia e importancia del erotismo dentro del esquema ideológico del

---

[113] Gonzalo Sobejano, *Nietzsche en España*, ed. cit., págs. 509 y 510.

[114] Felipe Trigo, *El amor en la vida y en los libros*, Madrid, 1907. Ramón tal vez asistió a la conferencia que dio en el Ateneo el 17 de febrero de 1907, «La impotencia de la crítica ante la importancia de lo emocional en la novela moderna», en la que expuso algunas de las ideas expresadas en esa obra así como en otra obra anterior, *Socialismo individualista*, Madrid, 1904.

[115] En *Prometeo*, 3, 1909.

[116] Lily Litvak, *Erotismo fin de siglo*, ed. cit., pág. 229.

autor y a su plasmación en los dramas de su primera época. Vamos a señalar a continuación algunas facetas concretas en que ese erotismo se manifiesta. Si al referirnos a la transposición artística hemos visto la fuerte dependencia de Ramón del simbolismo decadente, otro tanto ocurre al repasar los temas eróticos. La carga erótica de la cabellera femenina ya había sido destacada por Baudelaire o Rubén Darío y es «uno de los tópicos fetichistas más de moda en el fin de siglo»[117]. En el teatro de Ramón aparece en varias ocasiones con tal significación: cuando Beatriz, en el drama del mismo título, amenaza con cortarse los cabellos como ofrenda para que devuelvan el cuerpo de su amado Yo'Kanaán, una extensa acotación describe morosamente cómo, liberados «del moño vulgar y pusilánime», van cayendo lentamente y transformando a la joven asexuada en una mujer llena de sensualidad. Dor el ingenuo exclama angustiado: «¡Tus cabellos! (...) Pero al menos ¿me los dejarás coger?» Es la misma transformación que acaece en *Las Rosas rojas* cuando Sor María se quita la toca y sus cabellos aparecen en todo su esplendor. Su descripción da motivo al autor para exaltar el atractivo de la cabellera femenina: «¡Oh su belleza con cabellos! Es como una resurrección de la carne, pues su belleza parecía vista, demasiado solo en el rostro (...). El pelo lo sugiere todo, lo aduce todo, lo enloquece todo y lo violenta todo, y al pelo se le antoja todo (...). Sus cabellos la lanzan a la calle de todos, al peligro del hombre y de su pasión.» En *Los Sonámbulos,* El Jugador apuesta a su propia mujer y para realzar su valor encarece sus «blondos cabellos», que «son una joya sin precio».

El atractivo de la mujer también puede estar en sus manos, cuyo elogio, como señala Rafael Ferreres, era frecuente entre los autores modernistas[118]. En *Los Sonámbulos,* El ex-

---

[117] Ídem, pág. 122.

[118] Rafael Ferreres, «La mujer y la melancolía en los modernistas», en *El Modernismo,* ed. de Lily Litvak, Madrid, Taurus, 1975. Ferreres destaca al respecto un poema de Villaespesa «que se hizo imprescindible en las antologías de la época modernista y aún en las de hoy: ¡Oh enfermas manos ducales / olorosas manos blancas...».

traviado se refiere destacadamente a ellas cuando describe a su amada, a la que busca ansiosamente: «Sus manos no se podrían olvidar, son unas manos que se salen del cuadro...» Cuando en la segunda *Utopía* La vieja barbilluda ofrece una nueva mujer a Él de la corbata roja éste le pregunta: «¿Ves las manos? ¿Son tan finas y tan blancas?...» y *El Lunático* elige como objeto de su morbosa sensualidad «El busto de la bella de las manos del Verrocchio».

Es en esta última obra, *El Lunático,* en la que el fetichismo erótico, centrado aquí en el antifaz, muestra una fascinación capaz de llevar a la violencia y a la muerte como forma de satisfacción erótica. Esa fascinación es la que explica el autor en el prólogo, intentando desentrañar su misterio, cómo «La mujer con antifaz se vuelve la especie entera, en un conjunto de Venus negras, sucias o blancas después de una misa negra». La jovencita mística, atraída también por ese misterio, acepta convertirse ella misma en el objeto de la retorcida pasión del Lunático y perece en sus manos, desconociendo la radical entrega que suponía entrar en ese juego en el que muerte y satisfacción sexual se confunden.

Como señala Litvak, «La mezcla de sadismo y sensualidad llegará a su máximo en la Salomé de Oscar Wilde»[119]. Como ya se ha visto, el tema será reiteradamente tratado y Ramón participará de él con *Beatriz.* Lo interesante es notar cómo Ramón, a partir de una figura distinta a la de Salomé, una mujer-niña «con una belleza de sagrario, de baptisterio», consigue crear idéntica atmósfera de morbosa delectación erótica ante la muerte, en la escena en que Beatriz cuida amorosamente de la cercenada cabeza de Yo'Kanaán. Además, Beatriz sólo aparentemente es la contraposición angelical de Salomé. Comprende perfectamente el motivo de su criminal acción: «¡Cómo le amaría esa mujer!» y, al final del drama todo su misticismo acaba descubriendo su auténtica naturaleza de refugio de una sensualidad reprimida en la que está presente la atracción por el dolor y la muerte.

---

[119] Lily Litvak, *Erotismo fin de siglo,* ed. cit., pág. 3.

La hipócrita aceptación de la represión erótica que exige la religión aparece claramente expuesta en *El drama del palacio deshabitado* y *Los Sonámbulos*. En el primero, Gloria la profesa con su traje de trinitaria, y una extenuación en la que «hay una gran lujuria», va repitiendo como en una letanía su arrepentimiento por no haber cumplido, por miedo al castigo divino, sus deseos carnales. D. Dámaso le reprocha: «Tu virginidad te inflama de palabras... Resolviste su cuestionario con el paraíso y ahora sin paraíso que te colme el cuestionario se recrudece...». A lo que ella contesta de forma blasfema: «El divino esposo faltó a la cita; sedlo vosotros...» En *Los Sonámbulos*, La virgen cree llegado el momento de desatar toda su sensualidad reprimida porque piensa que ya está en el paraíso. Y El Justo está convencido de que el premio a su castidad tiene que ser, en esa otra vida prometida por la religión, la plena satisfacción de sus anhelos carnales, en los que se refleja la más exaltada lujuria.

Un aspecto relevante de la literatura decadentista es la utilización de elementos religiosos superpuestos a situaciones o descripciones eróticas. Es el placer de lo sacrílego. La declaración de amor de El descarnado en *El teatro en Soledad* funde las más sagradas imágenes del cristianismo con la expresión del deseo erótico: «Te quiero, porque sin tu solidez el Cristo que sufre en mí, moriría sin gloria y sin voluptuosidad...» Y en *La Bailarina*, símbolos igualmente sagrados sirven para realzar su atractivo: «he creído siempre que no sólo se debe comulgar con pan y vino, sino también con bailarinas. Así ella integra ya una patena con la hostia en alto». La sumisión de la mujer al hombre es comparada en *La danza de los apaches* a la pasión de Jesucristo. Y lo mismo puede observarse en el frenético garrotín que es *Fiesta de dolores*, pantomima directamente vinculada con la simbología de la Semana Santa. En *El teatro en soledad* uno de los personajes femeninos teme haber perdido a su hombre por no haber llegado a la perfecta unión con él, una unión que sí consiguen las prostitutas al entregarse de forma semejante a la de la comunión cristiana: «¡Qué más grande eucaristía que la de las prostitutas, tan pródigas de claridad con su acto supremo, aún siendo tan asiduo y tan menesteroso!»

Así pues, el teatro de Ramón muestra una faceta relacionada con ese «eros negro» propio del decadentismo en el que placer y muerte están indisolublemente unidos y en el que lo sagrado es utilizado para expresar la intensidad y trascendencia del amor físico, pero en él es posible encontrar diversos matices. Hay situaciones en las que el instinto sexual se manifiesta con toda crudeza, como la actuación del leproso al final de *Beatriz,* queriéndola atrapar «todo jadeante de lujuria», así como otras que dejan entrever un erotismo contenido que no llega a manifestarse.

3.3. *La reivindicación de la mujer*

El erotismo seguirá siendo un aspecto fundamental en la obra posterior del autor y tendrá su plena expresión en la novela, pero en su teatro juvenil estará íntimamente relacionado con la reivindicación de la mujer, algo que después no se pondrá de manifiesto, al menos con tal intensidad y evidencia.

I. Soldevila-Durante pone en relación tal inquietud con esta primera etapa de radicalismo revolucionario en las ideas de Ramón y señala que «Los textos reunidos en *Tapices* (1913), toda su obra primera y particularmente *El Laberinto* (1910), nos ofrecen la imagen de un Ramón feminista, proclamando la necesaria liberación de la mujer de su sumisión sexual y social[120]. Soldevila recuerda cómo en esos años se publican en *El Socialista* textos teóricos de Rosa Luxemburgo, donde es evidente la reivindicación feminista, pero indica que Ramón va «más allá, reclamando a la mujer la rebeldía espontánea, sin esperar una redención paternalista protagonizada por los hombres»[121]. Además, no habría que olvidar la influencia que seguramente ejercería

---

[120] Ignacio Soldevila-Durante, «Para la recuperación de una prehistoria embarazosa (Una etapa marxista de Gómez de la Serna)», en *Studies on Ramón Gómez de la Serna,* Nigel Dennis (ed.), Ottawa Hispanic Studies 2, Dovehouse Editions Canada, 1988, págs. 23-43.

[121] Ídem, pág. 41.

Colombine que participó activamente en la reivindicación feminista[122].

En *El Laberinto,* obra que no hemos incluido en esta selección, es donde se manifiesta con mayor claridad la preocupación de Ramón por la situación de la mujer. En ella expresa su anhelo de libertad y el propósito de conseguir la independencia del hombre, única forma de alcanzar su propia identidad, pero también el fracaso de ese intento. En el prólogo afirma el autor: «Hay un dolor universal, eufónico: el dolor de la mujer, la víctima que más ríe, la que más danza, la que más besa, la que hace los gestos más afrodisíacos y la que es más víctima cuanto más se exagera su alegría...» El hombre la ha modelado según su conveniencia, anulando su personalidad. Su vida está llena de una frustración que asumen «Aherrojadas, inextensas, frustradas, con todos los alicientes en su semillar y viviendo de uno solo viven satisfechas, amorosas, riendo con las más formidables risas que son las más huecas». Y en *El Libro Mudo* se afirma: «como no entienden su engaño, como no llegan a concebirlo, se salvan y persisten en ellas esas cosas originarias».

Sin embargo, hay momentos en los que puede expresar su descontento, dar rienda suelta a los reproches y soñar con su libertad. Es la situación que refleja *El Laberinto,* que no es mas que un jardín en que un grupo de mujeres creen haber logrado sustraerse a la mirada y la influencia de los hombres. Como expresa Regina: «Hemos venido aquí can-

---

[122] Como ejemplo de la preocupación y actividad de Carmen de Burgos podemos señalar sus artículos de 1903 sobre el derecho al divorcio en la columna diaria de *El Diario Universal* o los libros *El divorcio en España,* Madrid, 1904 y *La mujer moderna y sus derechos,* Valencia, 1927. En 1907 se sumó a la campaña que pedía el voto para la mujer con una encuesta en el *Heraldo de Madrid.* Su participación en favor de la igualdad de los derechos civiles y políticos de la mujer no sólo se reflejó en sus artículos y libros teóricos sino también en su obra literaria, como por ejemplo en el relato *El artículo 438,* incluido en *Mis mejores cuentos,* Madrid, 1922. Más precisiones sobre la cuestión se pueden encontrar en el excelente libro de Geraldine M. Scanlon, *La polémica feminista en la España Contemporánea, 1868-1974,* Madrid, Akal, 1986.

sadas del gran amor que nos tienen», un amor que no es más que un afán de posesión: «Nos quieren limitar con su amor... Nos ofrecen líricamente todos los reinos para arrancarnos el nuestro...» Ana recalca la desproporción entre la entrega del hombre y la mujer: «Nos damos por entero por unas palabras que no cuestan nada a su existencia pero que nos dejan sin la nuestra, o con la nuestra desangrada.»

En la segunda *Utopía,* La preñada exclama: «El peor de los sueños para nosotras las honradas es que parimos de nuevo... Sólo hay otro que se le parece y es el de que amamos de nuevo...» Ese amor es el que hace recordar a Regina «la liviandad de esa cola de las lagartijas que se mueven con una vida leve, llena de un dolor leve, después de aplastada su cabeza y su corazón...» y el que provoca que las mujeres frágiles como *La Bailarina* terminen «chafadas porque los hombres machucan en vez de acariciar y son violentos en vez de leves para no continuarlas y dejarlas ir solas al fracaso que no es más que soledad...». Cuando cae la noche sobre *El Laberinto,* llega la hora de cerrar el jardín y el sueño de libertad de las mujeres se desvanece. Antes de abandonarlo se arreglan con coquetería y las palabras de La Viuda, el personaje que más claramente refleja la dependencia que la mujer puede llegar a tener respecto al hombre, cobran auténtico sentido: «Me hacía llorar todas las veladas pero me daba un beso al final... Me bastaba... Me hizo sufrir mucho, me quería con locura y me enseñó a no pensar más que en él.» *El Laberinto* significa, en último término, el fracaso de la mujer para conseguir su independencia, un fracaso que se hace más patente por cuanto implica la renuncia a defender su dignidad en la cotidiana relación con los hombres.

Pero hay otros dramas en los que la mujer es capaz de afrontar esa defensa aún a costa de la soledad. En *Los Unánimes,* La Desgreñada descubre su propio ser como persona al aceptar que su vida no es sólo el constante esfuerzo por agradar físicamente a los hombres: «Me siento vivir por cómo se hundirán mis ojos, se me chamuscará la piel y caerán mis pechos muy abajo...»

La reivindicación feminista de Ramón se expresa en sus dramas a través de la amarga constatación de ese afán de dominio del hombre, que impide, no sólo el desarrollo de la mujer sino también la perfecta unión entre ambos, única forma de afrontar el sinsentido de la vida. Y esa perfecta unión sólo es posible si la mujer se entrega sin renunciar a sí misma, tal como pide El Descarnado a La de la frente lunar en *El teatro en Soledad:* «no me ames por el corazón, eso es poco, ámame ensimismada, con un gesto que me diga sin rendiciones cómo estás llena de ti, de toda ti en mi presencia...».

Después de esta primera época la mujer seguirá teniendo en la obra de Ramón una importancia primordial, pero ya no insistirá en plantear la necesidad de conseguir su plena identidad con el hombre. Coincidiendo con su desinterés por enjuiciar la realidad circundante, la mujer continúa siendo un ser imprescindible y necesario para el hombre, pero también diferente, al que se ha de aceptar sabiendo de antemano lo inaccesible de su comprensión. Al final de *La Quinta de Palmyra* dice el narrador: «Dejemos a las dos mujeres solas. No conviene desvelar estos misterios, además de que ellas no dejan ningún agujerito por el que pueda nadie asomarse»[123].

Y en *Automoribundia,* las mujeres «son de otra especie que el hombre, como el león no tiene nada que ver con el avestruz»[124]. Lo que en sus primeros años de escritor es el jubiloso descubrimiento de la mujer y del libre desarrollo de los instintos como camino de salvación para enfrentarse con la angustia del vivir se transforma en su última etapa en la desengañada declaración de que «La verdad del amor es tan fuerte y sugiere tanto miedo a morir en el hombre, que se busca la mentira femenina para aliviarse así»[125].

---

[123] Citamos por la edición de Carolyn Richmond, Madrid, Espasa-Calpe, 1982, pág. 314
[124] Ed. cit., pág. 429.
[125] Ídem. pág. 428.

3.4. *La crítica de las instituciones*
y de los valores establecidos

Cuando en *El concepto de la nueva literatura* Ramón afirma: «Yo lo espero todo de la nueva literatura, porque en principio reniega de todos los sedentarismos, hasta de los literarios cuando se detiene en su insurrección», está sintetizando lo que para él significó el compromiso con su realidad política y social. En sus dramas encontramos el reflejo de esa inquietud como una faceta más del cuestionamiento de todos los aspectos de la realidad que caracteriza su primera época.

I. Soldevila-Durante pone de relieve la necesidad de revisar el auténtico alcance del activismo político del Ramón juvenil si de verdad se quieren comprender sus obras iniciales ya que posteriormente el propio autor procuró escamotear esta etapa de su evolución ideológica calificándola de episodio adolescente sin trascendencia: «Fui víctima de ese sarampión anarquista —que no es grave sino en los adultos— que quieren destruir la casa paterna y España entera, y que les suele entrar a los hijos de las casas sosegadas y confortables»[126]. Pero para Soldevila, la lectura de textos como los que bajo el epígrafe «Opiniones sociales: la nueva exégesis» publicó en varios números de *Prometeo* revelan claramente a un escritor que conocía la doctrina marxista y a un defensor de la doctrina socialista[127]. Según Soldevila, «En estos textos, como en los demás de estos años, es evidente que Gómez de la Serna realiza un durísimo y típico "ajuste de cuentas", desilusionado con los intelectuales de las generaciones precedentes, responsabilizándolos de la empobre-

---

[126] Ídem, pág. 428.
[127] Se publicaron en los siguientes números de *Prometeo:* núm. 1 (1908): *Introducción. Situación social en este momento;* núm. 2 (1908): *La Utopía. Los escrúpulos literarios;* 4 (1909): *Mecánica del pico. La artistocracia. El ejemplo de los arrivistas. La bazofia;* núm. 7 (1909): *Crítica del librepensamiento. El porvenir. Hacia un nuevo fanatismo.*

cedora ausencia de la intelectualidad en el socialismo español. En eso está, como en tantas cosas lo estuvo siempre, acorde con las personalidades de proa de su generación, y muy particularmente con Ortega, que en esos años de 1907-1909, no sólo se preocupa y escribe sobre los mismos problemas políticos en la misma actitud favorable al partido socialista (...) sino que participa en los intentos de la joven generación por reparar ese distanciamiento»[128]. Incluso especula sobre las verdaderas razones de su viaje a París en 1909 y lo relaciona con los sucesos de la Semana Trágica y el fusilamiento de Francisco Ferrer. Ahí estaría el auténtico significado del drama *Beatriz,* que apareció en el mismo número de *Prometeo* en que el padre de Ramón publicó un artículo en protesta por la represión gubernamental titulado «Silencio y pesimismo», y de *El Libro Mudo.* Su mismo título y las palabras finales de Silverio Lanza refiriéndose a su significado oculto aludirían directamente a la censura de la libertad de expresión que en el caso de Ramón se traduciría, según Soldevila, en el viaje de 1909, que no habría sido exactamente, como dice el autor de *Automoribundia* un premio por haber conseguido la licenciatura en Derecho. «Igualmente —sigue Soldevila— hay que considerar sus relaciones en París con activistas políticos como Manuel Ciges Aparicio y su propio tío Corpus Barga, con quien frecuentaba lugares como el figón en que comían regularmente con los revolucionarios rusos»[129].

Granjel destaca asimismo que las implicaciones políticas del «Manifiesto» de Marinetti publicado en *Prometeo* y prologado por Ramón ayudan a explicar, en parte, su temprana estima del Futurismo: «Marinetti promete allí la salvación social de España de aceptarse el programa de Canalejas, en cuyo partido, recuérdese, era figura destacada el padre de Ramón; la extirpación del clericalismo con la suspensión de los sesenta millones consignados en el Presu-

[128] Ignacio Soldevila-Durante, «Para la recuperación de una prehistoria embarazosa», en *Studies on Ramón Gómez de la Serna,* ed. cit., pág. 31.

[129] Ídem, pág. 32. De esa experiencia tomará el material para su primera novela corta, *El Ruso,* publicada en 1913.

puesto para culto y clero y la autonomía municipal y regional son logros específicamente reseñados por Marinetti, quien añade a tal mención: "La monarquía, talentudamente defendida por Canalejas, está en camino de hacer esta bella operación quirúrgica." No deja de ser curioso constatar cómo el promotor de uno de los primeros y más audaces credos estéticos del siglo acepta descender a tan menudos pormenores de la política partidista española»[130].

Pero a pesar de estas precisiones, lo característico de Ramón ya en su primera época es su radical independencia, su rechazo a adscribirse a una tendencia o ideología concreta. Si prologa el «Manifiesto» de Marinetti dando a entender su acuerdo con las ideas políticas allí expuestas, también en otra referencia al Futurismo publicada en *Prometeo* afirma: «No dejéis reposar mucho tiempo lo hecho, no queráis hacerlo definitivo. Caso de que mereciera ser lo definitivo romperlo intermitentemente para volverlo a crear. Pero romperlo, revolucionarlo, removerlo, para que no se vicie»[131]. Y en el prólogo a *El drama del palacio deshabitado* proclama: «Seamos una solución de continuidad en el proceso de las creencias, casi todas impuestas por ciega continuidad tan sólo...»

I. Zlotescu recuerda cómo al terminar la carrera de derecho rechazó el puesto de secretario que le ofreció D. José Canalejas como hijo de uno de sus más fieles colaboradores, para dedicarse de lleno a la literatura, pero seguramente también para preservar una independencia desde la que poder rechazar un mundo legalmente jerarquizado. Como señala Zlotescu, Ramón, desde el conocimiento del mundo del derecho, se sitúa en el mundo del «No-Derecho», con la intención de «deshacer», limpiar el mundo de los símbolos sociales y de la hipocresía que conllevan para devolver a la realidad su frescura y autenticidad primitiva[132]. En *Mis siete*

---

[130] Luis S. Granjel, *Retrato de Ramón,* ed. cit., pág. 116.

[131] En «Movimiento intelectual. El Futurismo», *Prometeo,* núm. 6, 1909.

[132] I. Zlotescu, «El Libro Mudo, luz en los orígenes de Ramón Gómez de la Serna». Introducción a su edición de *El Libro Mudo,* ed. cit. Para este aspecto las págs. 18 a 28.

palabras, que significativamente son «¡Oh si llega la imposibilidad de deshacer!», afirma: «Me da mucha tristeza saber código penal y código civil... (¡Qué conservadores, qué desatentos a las razones paradójicas, sentimentales y ácratas!... ¡Qué perpetuos!... ¡Qué feudales y cómo lo desoyen todo!...)»

La aversión de Ramón a toda forma de autoridad y su negación de las convenciones establecidas le acercan al anarquismo como modalidad política más cercana a sus propias aversiones. Que conocía las publicaciones anarquistas lo dice él mismo en *Automoribundia*[133] y su lenguaje se observa, por ejemplo, en *Los Unánimes:* «Todo lo que no es delito y que es lo que han calificado de principios inmarcesibles, es lo que un día fue delito común y verificado por todos... Su estado de derecho está hecho por delitos que no son ya delitos, y delitos que aún lo son. No han comenzado por una virtud, buscando en la fuente su vida social...» Hasta su estética es perceptible en obras como la primera *Utopía,* en la que Alberto describe su proyecto de escultura revolucionaria de acuerdo con la simbología característica del arte libertario[134].

Pero en ese mismo drama, la figura de Dorestes, que utiliza el recuerdo de esos ideales para sacar algo de dinero a Alberto y el propio fracaso de éste, ilustran claramente la desconfianza que Ramón sentía por los que se arrogaban el papel de salvadores de la sociedad. En diversas ocasiones se refiere a su hipocresía, como en *El Libro Mudo:* «Ramón, el anarquista no es frugal, es un capitalista del revés» o en *Mis siete palabras:* «Así el anarquista de la ciudad lleva en sí un acaparador, es un dilapidador expoliado, es un dueño de automóvil sin automóvil... Casi todos los hombres están en igualdad de concupiscencias...» Incluso la descripción de un paseo por Madrid publicada en *Prometeo* es motivo para referirse a «Los anarquistas, chatos, secos y con enfermeda-

---

[133] Ed. cit., pág. 171.
[134] Sobre la estética del anarquismo español se puede consultar la bibliografía y la obra de Lily Litvak, *La mirada roja. Estética y arte del anarquismo español,* Barcelona, Ediciones del Serbal, 1988.

des secretas de mujer o a lo más con una barba rala y fea, que es poco para justificarles...»[135].

Cuando en *El Libro Mudo* Ramón proclama que ha llegado «La hora contra la declaración ridícula de los derechos del hombre, contra las disensiones socialistas y republicanas, contra los laboratorios jurídicos, contra los teólogos y contra las constituciones» y reclama «La hora de escapar, de decir la declaración del corazón», no hace diferencias entre la sumisión impuesta «por la policía, por los anarquistas, por la costumbre, por lo cotidiano y por la dignidad». Todos ellos son igualmente culpables de impedir al hombre conseguir su auténtica libertad, que incluye también el rechazo del esquematismo lógico: «Ramón, el anarquismo es una conformidad... No es absurdo...»

Al igual que en otros aspectos de la ideología de Ramón también es posible ver aquí la influencia de su amigo Silverio Lanza. A pesar de que Baroja lo calificara como «el más anarquista de todos los escritores españoles contemporáneos»[136] él mismo procuró en diversos trabajos dejar claro el cariz personal y particular de su concepción del anarquismo, considerándose un «anarquista circunstancial» que nada quería tener que ver con los «anarquistas de acción» y los «anarquistas pasivos» que son «mayores monstruos que los precedentes, a quienes inducen al crimen»[137]. Lanza propugna un anarquismo que sea el producto de la previa perfección de todos los miembros de la comunidad y, mientras tanto, su escepticismo político, en el que no falta su innato individualismo, se manifiesta en un rechazo, tanto del orden establecido, como de los profesionales de la subversión. En *Nuevos revolucionarios,* publicado en *Prometeo,* se refiere a ellos en un tono muy semejante al que veíamos en Ramón: «demagogos pensionados como reptiles, cabezas visibles de partidos abúlicos y de asalariados que residencia

---

[135] «Una palabra apenas, por Tristán», en *Prometeo,* núm. 28, 1911.
[136] Pío Baroja, *El tablado de Arlequín,* en *Obras Completas,* Madrid, 1948, tomo V, págs. 54 y 55.
[137] Esta distinción la establece en «Lo que se llama anarquía», incluido en *La rendición de Santiago,* Madrid, 1907.

la policía; ignorantes de quienes nunca se vio una obra cultural, y que sólo saben de Aritmética las artes de la sustracción (...); traicionadores de las revoluciones...»[138].

Es evidente, por tanto, que ni Silverio Lanza ni Gómez de la Serna se identificaban con esa forma de anarquismo que defendía la actuación violenta como medio para cambiar la sociedad. Para Ramón ese tipo de reforma no significaría más que la sustitución de un orden por otro y no afectaría a la sustancial transformación de la realidad desde la que sería posible crear una nueva convivencia. En *Los Unánimes,* El flemático expresa su escepticismo por el resultado de esa renovación parcial: «Después de la catástrofe de la ciudad, la ciudad persistirá, en el sitio que acamparan, con su necedad y su fecundidad (...). La fábrica, la moral, el estado, son él, uno solo cualquiera...» Y El de rostro de salvador comprende que una auténtica transformación sólo es posible si parte del propio individuo y no de una colectiva reivindicación que sólo persigue la sustitución de unas estructuras sociales por otras.

A partir de este individualismo sí es posible establecer el sentido con el que el término anarquismo debe emplearse con respecto a la ideología de las obras del primer periodo de Ramón. No hace referencia a un concreto programa de actuación política, sino a la plena liberación de los instintos del ser humano en concordancia con la naturaleza que, como vimos anteriormente, en las obras de Ramón se refleja principalmente en el impulso erótico.

La segunda *Utopía* es el drama en el que esta concepción aparece más claramente expuesta. El personaje llamado El de la corbata roja opone a los ideales de revolución social de sus antiguos compañeros la fuerza de su pasión. Esa pasión, el libre desarrollo de los instintos, de la sensualidad, es lo que le da la fuerza para oponerse a los que considera potenciales censores del futuro: «Todos pensáis llenarlo todo de policía, de secretos privados, de recelos mutuos y resguardar la vida a costa de leyes y de moral... No tenéis pasiones que os reúnan, sino esas divisiones con que os mal-

---

[138] En el núm. 30 de 1991.

tratáis entre vosotros mismos...» A pesar de que se consideren a sí mismos revolucionarios no se atreven a llevar hasta sus últimas consecuencias una auténtica transformación de todo lo establecido: «No sois capaces de nada porque no lo traicionáis todo, porque no lo pensáis todo (...). Tenéis miedo de llenaros de todas las pasiones porque os harían demasiado impulsivos y no os podríais ya dejar engañar de amores fáciles...»

Esta relación entre el libre desarrollo del impulso erótico y la transformación de la sociedad se asociaba, como señala Inman Fox, «con el anarquismo, cuya meta principal fue la destrucción de las convenciones y las reglas de la sociedad (...). Proviene del deseo de chocar, de rebelarse contra las costumbres sociales aceptadas»[139]. Lily Litvak precisa con más claridad el carácter de este acercamiento de Ramón al anarquismo a través de su concepción vitalista de la existencia: «Los postulados naturalistas libertarios se identificaban a menudo con una actividad vitalista y hasta nietzscheana y se oponían a las restricciones impuestas por el Estado y la Iglesia. De allí se partía para la exaltación de la vida y los sentidos. Se mezcla en ello una fuerte influencia de Nietzsche, de Stirner, y la de obras como "Esbozo de una moral sin obligación ni sanción", de Guyau, traducida al castellano en 1903. Ciertos intelectuales se identificaron con el anarquismo a través de estas tendencias (...) es indudable que en esa corriente está el acercamiento libertario de Rusiñol, Corominas, Maragall, Benavente, Gómez de la Serna»[140].

En los dramas de Ramón no son frecuentes las alusiones a situaciones concretas de injusticia social: el temor de los personajes de la segunda *Utopía* a ser asesinados por el simple hecho de su marginalidad o la hipocresía de la madre y la hija de la primera *Utopía* al pretender convertir en objeto de adorno figuras sagradas que en su origen representaron el sufrimiento y el sacrificio. Pero son aspectos que preocu-

---

[139] E. Inman Fox, «Dos periódicos anarquistas del 98», en *La crisis intelectual del 98,* Madrid, Cuadernos para el Diálogo, 1976, pág. 25.
[140] Lily Litvak, *Musa Libertaria,* Barcelona, Antoni Bosch, 1981, pág. 16.

paron al autor, como lo prueba el hecho de que los tratara también en sus obras teóricas. Así, en *El Concepto de la nueva literatura* y en un artículo aparecido en *Prometeo* se refiere a la cárcel como institución intrínsecamente injusta[141] y la actuación de las dos mujeres de *La Utopía* parece calcada de una situación similar que relata también en su «Memoria»[142].

Lo que sí es reiteradamente señalado en los dramas es el negativo papel de la religión en la vida social: en la primera *Utopía*, El señor obeso pone de relieve la estrecha relación entre sumisión religiosa y caciquismo. Y el Cura que entra en la tienda compra santos «de lujo» por encargo de los nobles a quienes sirve sin preocuparse en absoluto de su valor religioso; en *El drama del palacio deshabitado* el Bufón, ante la amenaza de El viejo marqués que le increpa por su desprecio a toda autoridad, «Insolente, aún queda Dios», le contesta: «¡En vano queréis imponerle, después de esta quiebra!»; en *Los Sonámbulos*, La vieja pintada confunde la marcha real con el «himno de Dios» y El prestamista está convencido de que su actividad está de acuerdo con los preceptos divinos: «¡Y decían los calumniadores que yo no iba

---

[141] En el núm. 9 de *Prometeo,* 1909, publica un artículo titulado «La cárcel. Miserere» cuyo tono es similar a las siguientes palabras de *El Concepto de la nueva literatura:* «La nueva literatura no puede olvidar que existe la cárcel, terribles trabajos forzados que no parecen forzados sino ciudadanos, gentes que hambrean, y diría con indignación que no puede olvidar que existen otras muchas cosas si no hubiera ley de jurisdicciones y otras leyes por el estilo» (pág. 70). Esta alusión irónica a la falta de libertad de expresión es semejante a la que aparece en *Mis siete palabras,* al referirse al ejército: «El soldado... (Chist... No se puede hablar del soldado)» (pág. 87).

[142] En *El Concepto de la nueva literatura,* relata cómo en el escaparate de una tienda ha visto una figura de cerámica que representaba a una niña «menesterosa, remendada, de las que han hambre y sed, de las angulosas, pero en el modelado estaba tan buida, tan cuidadosamente hecha, se había metido tanto la agresividad de lo real, que daba gusto verla aun siendo una miserable. El orfebre había involucrado su concepto. Dos señoras que al pasar se miraron de reojo en el contraluz de la luna del escaparate, la sorprendieron. Mirándola, tan suavemente conmovedora —suavemente y no terriblemente, cruentamente, blasfemamente— se las ocurrió decir: "¡Qué bonita haría en la sala!"» (pág. 77).

a ganar el cielo... Yo he hecho mucha caridad (...). Vos, Señor, sabéis que mi negocio era digno y oficial...»

Tanto la Iglesia como institución como el sistema de falsas creencias que la sustentan aparecen como culpables de impedir el desarrollo del ser humano, su realización como parte integrante de la Naturaleza, al frenar sus impulsos y coartar la libre manifestación de su sensualidad. Ramón recalca la extrema frustración a que puede llevar tal coacción en obras como *El drama del palacio deshabitado* y *Los Unánimes*.

La influencia de la religión ha desvirtuado, incluso, doctrinas como el anarquismo que teóricamente se presentan como liberadoras del hombre.

Inman Fox señala cómo el anarquismo reivindicó en cierto momento la figura de un Cristo primitivo, defensor de los pobres y los oprimidos y cita como ejemplo las palabras de un artículo de Azorín: «Cristo es anarquista, partidario del amor universal, destructor de todo poder, perseguidor de toda ley. Dice a los obreros: ¡Levántate y lucha!»[143]. En la primera *Utopía*, Alberto constata cómo ese Cristo ha sido sustituido por una simple figura de adorno para las casas de los ricos: «Quieren el dolor teatral de los Cristos artificiosos, ese dolor suave, difuminado y limpio... Un dolor que no recuerde el de los hospitales, ni el de los miserables... un dolor inhumano, un dolor baldío... sin dentar.»

En sus dramas, y en general en toda la obra de este periodo, no hay condescendencia alguna con los símbolos más sagrados de la religión, que son presentados con una marcada intención transgresora: el «Cristo feo» del escenario de *El drama del palacio deshabitado*.

Para el protagonista de la primera *Utopía* su hipócrita su misión religiosa es la mejor prueba de que ha renunciado amargamente a sus ideales de liberación humana, es la constatación de su fracaso tanto artístico como vital: «¡Y

---

[143] E. Inman Fox, «Dos periódicos anarquistas del 98», en *La crisis intelectual del 98*, ed. cit., pág. 22.

me reconvienes aún! Voy todos los domingos a misa, me arrodillo cuando los demás y me persigno a su vez...» Espera apagar su inquietud logrando la falsa tranquilidad de los cristianos, su conformismo: «Todos imploran, se angustian, se olvidan... ¿Cómo podríamos suspender nuestra vida como los galileos?...», pero al enfrentarse de nuevo con sus antiguos ideales y comprobar que incluso ellos se han corrompido, se suicida tras un despectivo y decepcionado «¡Todo es cristiano!» dirigido a un ciego que le ha agradecido una limosna diciéndole: «¡Dios se lo pague!»

Como dice uno de los personajes de *Los Unánimes*, el hombre debe asumir su condición de soledad en el mundo y descubrir en sí mismo esa idea de Dios que le hace dueño exclusivo de su propio destino: «O los hombres se hacen Dios y se encuentran con todas las facultades el día de su comprensión, y ese día se guardan para sí porque por algo Dios no les hace presente, o no han perfeccionado lo bastante su idea de Dios...» Y cuando llegue ese momento, señala El cetrino en el mismo drama: «Ni la belleza, ni la buena conducta, ni el sentido común, podrán encubrir la paradoja el día de la disidencia de los grandes hombres, de los que encontrarán el secreto expresivo de la vida, el secreto de Dios...»

I. Soldevila-Durante pone de relieve que, al igual que en el tema de su compromiso político, es preciso prescindir de las ideas que sobre la obra inicial de Gómez de la Serna se han expuesto partiendo de la concepción existencial del autor en sus últimos años: «De la conversión religiosa del escritor no hay ninguna duda. Basta leer *Automoribundia* y los demás textos posteriores, incluyendo la breve introducción de 1956 a sus *Obras Completas*. Pero resulta lamentable que, frente a esta sinceridad de Ramón sobre su tardía religiosidad, sus biógrafos, con la excepción de Luis S. Granjel, atacados de prurito hagiográfico hayan querido transmitir una imagen inmóvil del escritor»[144]. Lo que para Soldevila resulta indudable es que «toda la obra de Ramón, con rara viru-

_____

[144] I. Soldevila-Durante, «Para la recuperación de una prehistoria embarazosa», en *Studies on Ramón Gómez de la Serna,* ed. cit., pág. 25.

lencia hasta 1909, pero persistentemente hasta mediada la década del 20, está sembrada de ateísmo, insultos a la iglesia y al clero, a los que juzga responsables de muchos males de España, y a la religión en general a la cual achaca la explotación de los temores humanos frente a la muerte, desviándoles de sus auténticos intereses vitales y terrestres»[145].

Al final del drama *Los Unánimes,* El cetrino parece anunciar el advenimiento de una nueva sociedad, la renovación de los valores establecidos sin revoluciones sangrientas ni cataclismos espectaculares. Lo interesante de sus palabras es comprobar la estrecha relación que establece entre principios morales y símbolos de la tradición, dando a entender que una auténtica transformación sólo es posible si la autoridad, la moral y la tradición son suprimidos conjuntamente: «¿Sabéis lo que ha sucedido en la ciudad?... Inaudito... Todas las vírgenes han padecido, se han rasgado, como entretejidas, cual el velo del templo... Las esposas han flaqueado... La paternidad ha quedado deshecha... Los museos se han llenado de desesperanza y se ha quebrado el color en los cuadros, y los rostros admirables han tomado muecas admirables y grotescas... Las estatuas de las plazas han perdido la nariz, y se han quedado romas sus aristas por una pedrada insospechable... En todos se ha hecho muy saliente la expresión y están irresistibles y despavoridos. Sólo parece que se ha escapado una niebla que flotaba sobre todo, porque nada ha parecido demasiado ilógico ni descomunal...»

La paradoja es que, de los dramas de Ramón en que más claramente se expresa la necesidad de renovación radical de las convenciones morales y sociales (las dos *Utopías* y *Los Unánimes)* no se deduce un optimismo esperanzado en conseguir una próxima transformación. Si en sus obras teóricas hay auténticas proclamas de rebeldía, los personajes de estos dramas únicamente pueden oponer a las estructuras convencionales el testimonio de su marginalidad voluntariamente asumida. En la segunda *Utopía,* el defensor de esa

---

[145] Ídem, pág. 26.

revolución pasional que debe transformar el mundo, satisface sus deseos gracias a la ayuda de una alcahueta y busca refugio a su inquietud espiritual en el alcohol: «No sabéis lo que dice la última copa todos los días... Siempre añade algo. Algo terrible que merece saberse...»

Los «Unánimes», «Son gentes todas ellas que saben cómo el valor de la libertad no es de definición sino de adopción, y en las adopciones está la del oportunismo, la de la utopía o la de la miseria». Mas en su elección de la utopía no pueden escapar de la miseria que les hace depender del refugio de beneficencia en cuya puerta exponen las razones de su desarraigo de la sociedad. Ellos son «los miserables de excepción, no los miserables asiduos y cuotidianos de la cristiandad». Son personajes semejantes a los que en la segunda *Utopía* se refugian en una taberna para defenderse de una sociedad de la que se han marginado para vivir fuera de sus normas: «La taberna de la excomunión de Dios y del diablo, las dos excomuniones que hacen bastante al hombre.»

En los dramas se reflejan las ideas acerca de la transformación de la sociedad que el autor expone en sus obras teóricas, pero lo que llama la atención es que los personajes que las encarnan y proclaman son auténticos marginados sociales incapaces de afrontar esa transformación. Si, por un lado, Ramón propone una forma de redención del ser humano fuera de la coacción de la moral y el orden establecidos, por otro, en el teatro, en la más cercana aproximación artística a la vida real, parece concluir que esa transformación no es posible desde una marginación que termina destruyendo a los que están en ella, la hayan elegido voluntariamente o no. Descartada la acción violenta y la de los grupos políticos organizados y, por tanto, regulados al igual que la sociedad que pretenden superficialmente modificar, a Ramón sólo le quedaba la posibilidad de recurrir al mundo de la absoluta marginación para representar su proyecto de hacer tabla rasa y construir una nueva relación entre el hombre y la realidad. Sin embargo, en los dramas vemos cómo esa marginación es un camino sin salida, autodestructivo, que no se proyecta más allá de sí mismo.

Tal vez Ramón, al escribir sus dramas y tener que construir una realidad concreta en la que situar a unos personajes que serían los portavoces de sus ideas, se dio cuenta de la imposibilidad de hallar ese lazo de unión auténtico entre los hombres que permitiría construir otra sociedad. El teatro significó entonces para el autor el descubrir que la única liberación posible es la que comienza y termina en el propio individuo y que intentar una proyección social sólo conduce al fracaso. Alan Hoyle señala que «This Kind of radical individualism critique of society obviously can have little to do with collective forms of social change; it usually opposes them»[146]. En el caso concreto de Ramón esa liberación se realizó a través de una literatura capaz de subvertir por sí misma la realidad al establecer nuevas formas de relación entre los seres y las cosas. César Nicolás advierte que «La experiencia creadora de Gómez de la Serna surge inicialmente de una visión radicalmente crítica de la realidad convencional e histórica que le rodean y, sobre todo, del código literario anterior e inmediato. Pero su actitud ante el mundo no es la del revolucionario, sino la del artista rebelde. Frente al realismo al uso, frente a la linealidad y coherencia decimonónicas, frente a la "alienación" de la historia, su obra emerge con una voluntad de contestación y ruptura»[147].

3.5. *Aspectos de la construcción de los dramas*

Desde el punto de vista formal, la mayoría de las obras teatrales de Ramón son dramas, más o menos breves, en un acto. Rita Mazzatti encuentra una sencilla explicación: «Ramón did not have the patience for a gradual building up of plot, he preferred to write short plays and even pantomi-

---

[146] Alan Hoyle, «The politics of a batless revolutionary. Ramón Gómez de la Serna», en *Studies in Modern Spanish Literature and Art*, Tamesis Book Limited, Londres, 1972, pág. 80.

[147] César Nicolás, «Imagen y estilo en Ramón Gómez de la Serna», en *Studies on Ramón Gómez de la Serna*, ed. cit., pág 131.

mes, concentrating on the dramatic moment of truth, revelation or decision that intrigued him. Consequently most of his dramatizations are imaginative one-act pieces»[148]. No obstante, no hay que olvidar que Ramón estaba por esos años interesado en los movimientos de renovación teatral en los que él mismo participó y dio a conocer desde *Prometeo*[149] y en ellos son habituales las piezas en un acto.

En cuanto a la nomenclatura con que tituló sus obras, Ramón utiliza el término «drama» en todas ellas, excepto en *Los Sonámbulos*, «Comedia en un acto», y en *Beatriz,* que es denominada «Evocación mística en un acto», con evidente influencia de los autores simbolistas. En las restantes no parece que el autor haya pretendido dotar a la terminología que utiliza de un significado preciso. Compuso también dramas en tres actos, *La casa nueva, La corona de hierro* y *El teatro en soledad,* en los que la mayor complejidad estructural únicamente se justifica por el cambio de escenario entre los actos así como dos dramas, *Utopia (I)* y *Siempreviva,* divididos en dos actos con el propósito de marcar cierto espacio temporal entre ambos para dilatar el desenlace.

Es interesante comprobar cómo en las cuatro primeras obras, el autor especifica la división en escenas, como si tuviera especial interés en cuidar aspectos concretos que ayudarían a una posible puesta en escena. A partir del *El drama del palacio deshabitado* prescinde de ello e incluso descuida en algún caso la indicación de la entrada o salida de los personajes en las acotaciones. La explicación más simple sería atribuir tal imprecisión a desinterés por la posible representación de unas obras que estarían destinadas primordialmente a la lectura. Sin embargo, es posible descubrir en cada una de ellas una cuidada construcción dramática enmascarada tras los, a veces, extensos parlamentos de los personajes y la mínima acción.

El propio autor, en 1926, explicaba cómo construía estos

---

[148] Rita Mazzatti Gardiol, *Ramón Gómez de la Serna,* Twayne Publishers, Inc., Nueva York, 1974, pág. 37.

[149] En un apartado anterior de esta Introducción nos hemos detenido en este aspecto.

dramas en torno a un momento clave: «En casi todos estos dramas intento pintar a una figura puesta en cierto momento de la obra en ciertas circunstancias emocionantes y con cierta originalidad. Hay un momento en estas obras, que no es precisamente el del desenlace, que es el que más me ha atraído al componer toda la obra teatral. Con que se encuentre destacado y visible ese momento en la visión que todos tengan de estos dramas, yo espero cierta condescendencia en el lector. Yo, en vez de hacer que todo el drama dé fuerza al latiguillo final, yo me muero por encontrar el momento central o lateral, pero mediano, al que deben servir el principio y el final del drama; pero sin amanerar al personaje que sostiene el drama»[150]. Gaspar Gómez de la Serna, comentando estas palabras señala que «lo que verdaderamente muere en sus manos apenas nacida es la preparación escénica y gradual de la tragedia, el crecimiento pautado de temas y personajes ante los ojos del espectador»[151] y Ramón parece querer justificarse de una posible censura por su arbitrariedad en la construcción dramática de sus obras cuando afirma: «Lo que puedo decir es que nunca he apelado a los trucos del ingenio y a las bravatas de la imaginación, desechando esos mismos efectismos de arte que dan un pseudomisterio a muchos dramas modernos. Yo he escogido una hora un poco profunda y humana y he procurado aislarla y destacarla en medio de todo el ritual indispensable del arte dramático. He situado una escena, un conjunto en cierto momento del drama, y después me he puesto a huir todo el resto de la obra y con precipitación y con una gran desafección he procurado cumplir con las proporciones que se me exigían»[152].

No es del todo cierto el desapego del autor por la técnica de construcción escénica. Una prueba de que no dese-

---

[150] En la «Advertencia» al final de *Beatriz* en *Obras completas,* Barcelona, AHR, 1956, tomo I, pág. 358. También se encuentran estas palabras en *El drama del palacio deshabitado,* Ed. América, 1926, págs. 175-180.

[151] Gaspar Gómez de la Serna, *Ramón,* ed. cit., pág. 53.

[152] En la «Advertencia» al final de *Beatriz,* en *Obras Completas,* ed. cit., pág. 358.

chó la viabilidad de poder representar cualquiera de sus dramas es el recurso de situar fuera de escena aquellas situaciones que, o bien implicarían complicados problemas de escenificación o perderían fuerza dramática de cara al espectador; en la primera *Utopía* el suicidio de Alberto es presentado como un disparo que resuena en el escenario vacío; el jardín donde luce el sol purificador y el acto de amor final de *El Drama del palacio deshabitado* sólo son sugeridos por las anhelantes exclamaciones de las sombras que no han logrado morir, y el mundo exterior a la taberna de la *Utopía (II);* el mundo de la autoridad y las convenciones sociales, sólo aparecen en la obra a través de las referencias de los personajes.

A pesar de que, como vimos en una cita anterior, Ramón hace referencia «al personaje que sostiene el drama», son numerosas las obras en las que no se puede encontrar tal personaje central. Si en dramas como *Beatriz, Utopía (I)* o *El Lunático* está claro que la acción gira en torno a una figura que mueve los resortes de la acción, en otros como *El drama del palacio deshabitado,* la segunda *Utopía, Los Unánimes* o *El teatro en soledad,* habría que hablar de personaje colectivo. Son personajes generalmente denominados por apelativos que los caracterizan individualizándolos en acotaciones que matizan las sugerencias que de ellos se desprenden y en cuya adjetivación ve Cansinos-Assens la influencia de Rachilde y E. Sue[153].

Como señala Gaspar Gómez de la Serna, «no son personajes que "se presenten" y se vayan cuajando a lo largo del drama, sino que salen ya anunciando a voces desde el principio lo que son, como en busca de un cierto efecto previo panorámico y tácito, que anticipe al espectador lo que cada uno va a decir»[154]. Participan en una acción cuyo último sentido no depende del conflicto que entre ellos se establece, sino más bien de la complementación de sus diferentes puntos de vista. El desenlace no supone una modificación

---

[153] Rafael Cansinos Asséns, *Poetas y prosistas del novecientos,* ed. cit., pág. 253.
[154] Gaspar Gómez de la Serna, *Ramón,* ed. cit., pág. 54.

sustancial de su personalidad y la tensión dramática surge en el momento en que descubren ante sí mismos, gracias a los interlocutores que los complementan, lo que desconocían de sí mismos, la razón y la esencia de su existencia. Tal como dice Torrente Ballester, «los personajes se mueven, no por una ley mecánica de entradas y salidas, ni tampoco por una ley psicológica o moral que determinen los actos por sus causas, sino por la ley de su modo de ser, por una ley ontológica (¿no estriba en esto una de las anticipaciones de Ramón; no está aquí una de las raíces del más arriesgado teatro contemporáneo)»[155].

Según Marta Palenque, «no son personajes realistas, son símbolos. Los rasgos físicos o gestuales que se ofrecen de ellos siempre implican una valoración moral y poseen, a su vez, caracter simbólico: su ropa, sus ojos, sus gestos; Ramón adjetiva en todo momento de manera que no nos podemos inventar a un personaje»[156].

4. LOS DRAMAS

Los dramas de Ramón presentan, a veces, una aparente confusión conceptual y un informalismo constructivo que esconde una trabada estructura dramática. El presente apartado pretende facilitar la lectura de las obras aportando una guía argumental de los dramas seleccionados en esta edición.

4.1. *La Utopía (I)*

Es la primera obra teatral que publicó Ramón en *Prometeo*, en 1909. Utilizará el mismo título dos años más tarde para otro drama totalmente distinto en cuya dedicatoria a

[155] Gonzalo Torrente Ballester, «Teatro de Ramón», en *Ínsula*, núm. 196, 1963, pág. 15.
[156] Marta Palenque, *El teatro de Gómez de la Serna. Estética de una crisis*, Universidad de Sevilla, Alfar, 1992, pág. 14.

Julio Antonio recordará esta primera *Utopía* como «drama un poco equívoco». Tal vez como autocrítica ante su planteamiento ideológico resignadamente nihilista.

El drama es el último día de la vida de un escultor fracasado que sobrevive realizando vulgares imágenes religiosas bajo la atenta vigilancia de una mujer despótica. Al final se suicidará cuando comprenda que nunca podrá realizar «La Utopía», la obra sublime que le hubiera podido redimir de su sórdida existencia. El título alude, pues, tanto a un mundo de libertad que el protagonista anhela recuperar como a la obra artística que lo representa y que se describe minuciosamente en una de las escenas de la obra.

Todo el drama se desarrolla en una tienda atiborrada de insulsas estatuas de santos que irán creando una atmósfera insoportable para el protagonista.

Tras un prólogo, que anuncia el desenlace argumental, se desarrollan los dos actos de la obra, divididos en once y cinco escenas.

Al iniciarse el primer acto, Alberto, el escultor protagonista, «solo, sentado sobre un cajón de embalar mira alucinado el más allá». Se trata de una escena «inanimada y silenciosa» que presenta los dos elementos principales del drama: la atmósfera agobiante y grotesca de la tienda de santos y la amargura y derrota de su creador. La aparición de María, su mujer, lo retrata como una persona débil, sin carácter, que ha renunciado a su personalidad y a sus propias ideas de librepensador por satisfacerla y no perjudicar el negocio.

A continuación entran dos mujeres, madre e hija, «empaquetadas y lujosísimas», para encargar dos figuras de santos con las que llenar unos retablos de su «capillita» y presumir ante las amistades. Buscan figuras vulgares y no muestran ningún tipo de sensibilidad ni artística ni religiosa. El escultor, ante este tipo de gente hace gala de un agrio humor que trasluce su decepción por haber tenido que traicionar así su arte y falsear la verdad. Llega después Dorestes, un hombre joven vestido de artista y se abrazan como viejos amigos. Viene de París, donde no ha conseguido el triunfo, pero aún mantiene sus sublimes proyectos artísticos y Alberto se emociona ante ese mundo puro del arte que ha tenido que abandonar. La presencia de Dorestes ha despertado de nuevo sus esperanzas y piensa recoger sus antiguos ideales y darles nueva vida en la figura escultórica llamada «La Utopía», que representa todos sus anhelos artísticos y de libertad: «Resumía toda nuestra visión anarquista, ¿te acuerdas de la bandera roja que teníamos en nuestro estudio?...» El nuevo cliente es un cura que busca una figura para la capilla del palacio de unos marqueses y Alberto «mira aterrorizado a Dorestes» porque ha de representar el papel de tendero, de artista que ha prostituido su arte por debilidad. Cuando se quedan de nuevo a solas, el escultor manifiesta el sufrimiento que para él supone realizar esas obras llenas de falsedad. Dorestes se muestra compadecido de la suerte de su amigo, como si él estuviera al margen de esa sordidez y aún tuviera el secreto del arte. Llega otro comprador, el «señor obeso», que encarga una pareja de sagrados corazones para que formen parte de una campaña de propaganda contra la influencia de socialistas y republicanos. De nuevo a solas «sienten el paludismo del ambiente». Unos golpes en la puerta anuncian la llegada de Estrella, la antigua amante y modelo para esa «Utopía» soñada. Su visita ha conseguido que Alberto cambie de actitud: «Se ha transformado de improviso, y es radiante, y gallardo y violento.» Si la presencia de Dorestes trajo el recuerdo de un mundo que creía definitivamente perdido, la de Estrella ha servido para que se decida a recuperar su ideal artístico y su dignidad personal: «El drama de no tener drama va a concluir... Me siento con ánimos de dar un salto mortal.» Pero esta nueva actitud de Alberto se viene abajo cuando descubre que lo que realmente quería su amigo era pedirle dinero. Sólo de Estrella, confundida ya con la «Utopía» de su proyectada obra, parece esperar algún rasgo de autenticidad.

Las cinco escenas del segundo acto se inician con una extensa acotación que describe la atmósfera de amargo pesimismo que dominará en el final de la obra: la angustia de vivir, el sinsentido que descubrimos en la vida al anochecer, cuando no nos protegen las distracciones cotidianas que la hacen soportable. La nueva presencia de su mujer y su hermana frente a un Alberto que parece un «náufrago» ponen de manifiesto su imposibilidad de salir de una situación de absoluto fracaso.

En el monólogo con el que comienza la última escena expresa su decepción por la actitud de Dorestes y Estrella, que no han respondido a sus esperanzas y han resultado ser «Todos lo mismo» y su definitiva determinación: «soy dueño de una llave falsa... sin obstáculos... Sé la puerta de escape y me iré al descampado...». Hasta entonces ha estado solo pero, de pronto, la vida del exterior entra en la tienda; se oye a los vendedores de periódicos, a un niño que golpea en el escaparate, a un ciego que toca la guitarra... Como señala una acotación, «parece que entra la serenidad y el burguesismo de lo de fuera a disuadir de su sentimentalismo y de sus exabruptos a Alberto». Sin embargo, esta presencia de vida cotidiana no significa su salvación: «¡Si yo pudiera tener esa inconsciencia!...» Suenan unos golpes en la puerta y se escucha a Estrella que intenta hacerle desistir de su fatal determinación. La voz de Estrella se escucha en la escena vacía. De repente, «En la paz del momento, extremadamente arbitrario suena un tiro» y «Todo se turba, se confunde». La escena se llena de las voces de Estrella, María, Amparo, y de «la canalla». Cada uno a su manera comenta la desgracia en un tono distante y trivial y la obra termina con la siguiente acotación: «Aterida, espeluznada la muchedumbre por el éxodo, musita silenciosamente sus comadrerías.»

Como ya hemos señalado, la obra está precedida de un prólogo cuyo contenido hace referencia al tema principal del drama y a los acontecimientos posteriores a la caída del telón. El autor, en primera persona, se dirige a los posibles espectadores y les explica que la mediocridad, la sordidez, la pérdida de ilusión en un ideal, es lo que ha intentado mostrar como auténticamente trágico. Ésa es la fuerza negativa que conduce al desastre. La obra ha terminado, pero el autor nos cuenta qué ha pasado posteriormente con la tienda de Alberto y con su mujer, que ha encontrado a un «cualquiera que se ofreció, se conoce, a continuar el negocio» y lo han hecho prosperar. El «desastre» afecta, únicamente, a los que se han planteado la vida como la consecución de un ideal y no han sabido adaptarse al fracaso. Por el contrario, los que no perciben «lo trágico abúlico, lo trágico mediocre, lo trágico cretino, lóbrego...» viven a sus anchas en ese ambiente y continúan su vida sin plantearse el sentido de su propia existencia.

En la edición de las *Obras Completas* de 1956, el autor redujo a uno los dos actos del drama y suprimió algunos de los pasajes más explícitamente antirreligiosos.

4.2. *Beatriz*

En este drama, al igual que en el anterior, Ramón presenta en un prólogo algunas de sus claves significativas y, en primer lugar, su relación con la *Salomé* de Oscar Wilde. Ambas obras se centran en la pasión de una mujer por San Juan Bautista, pasión que alcanza su punto culminante cuando se manifiesta ante la cabeza cercenada del profeta. Coinciden en la estructuración en un acto y en el empleo del nombre hebreo de Yo'Kanaán para referirse a Juan Bautista, pero el autor insiste en destacar que la atmósfera, los personajes y el sentido final son totalmente distintos. La «Evocación mística en un acto» de Ramón es fruto de «un estado de ánimo recogido y religioso» inspirado por una vara de nardo que ha tardado dos días y medio en abrir sus catorce flores, el tiempo que ha necesitado para componer su «evocación santa». Esa influencia del nardo, «medianero de la gracia», es lo único que puede explicar que, de la inspiración de la que han nacido numerosas obras sobre mujeres «excesivas y perversas» (*Salomé, Madame Bovary, Salambó, El primo Basilio...*) haya podido surgir Beatriz, «esta pureza, con aires de trisagio». Si *Beatriz* se representara después de *Salomé*, dice el autor, sería un fracaso porque no contaría con la belleza y atractivo de la protagonista. Sin embargo, Ramón prefiere Beatriz a Salomé porque piensa que «es más perdurable lo que hay de maternal en lo humano que lo que hay de sexual».

En la primera de las tres escenas de que consta la obra, un grupo de discípulos del profeta, entre los que se encuentra Beatriz, aguarda en una lóbrega cripta la entrega de sus restos.

En la siguiente escena, Beatriz aparece con la cabeza de Yo'Kanaan entre los brazos. Diversas acotaciones se recrean en su morbosa descripción mientras Beatriz la limpia amorosamente e implora por su resurrección en esta escena que Ruiz Ramón llega a considerar que «tiene un valor pre-valleinclanesco». Beatriz empieza a sentir una extraña comprensión de Salomé, de la que exclama: «¡¡Cómo le amaría esa mujer!!» y evoca la vida del maestro, la suprema lección de su amor, que incluso alcanza a sus verdugos.

La llegada de su hermana Agar inicia la última parte de la obra. Su reacción cuando descubre la cabeza del profeta es especialmente dolorosa para Beatriz, porque significa que Yo'Kanaán vuelve a morir en el dolor de los que asumen su muerte, que sus intentos por mantener la esperanza en su resurrección siempre resultarán vanos. Las sombras que pueblan la cripta reiteran sus bíblicas imprecaciones contra Herodes, mientras Beatriz invoca la bondad y el perdón. Las sombras van repitiendo monótonamente una larga letanía en la que no participa Beatriz porque «Algo repentino, azul y cambiante ha distraído sus pupilas» y la ha hecho permanecer en silencio. De repente, Beatriz, rompiendo la solemnidad que ha seguido a la oración fúnebre, exclama: «Yo quisiera tener la belleza de Salomé» y con exaltada sensualidad describe el hermoso cuerpo que quisiera poseer para que Herodes la mandara matar por su resistencia a entregarse a él. La confesión ha cogido a todos por sorpresa. Dor «la mira desorientado y enternecido» y Levi la increpa y la acusa de haber caído en las redes de la sensualidad aunque quiera disfrazarla con palabras que hablen de sacrificio. Beatriz, como si despertara, comprende el significado de sus propias palabras y para expiar su pecado se abalanza sobre el leproso que durante toda la obra ha permanecido oculto en un rincón y queda irremediablemente contagiada al besar sus llagas. «Al huir grita la exclamación usual a los apestados en Jerusalem: "Cuidado... ¡Llevo la peste!... ¡Contagio!..."»

Para Granjel, la trama se centra «en la contraposición de dos figuras femeninas: Salomé y Beatriz, símbolos respectivamente de la sensualidad y la pureza, si bien en Beatriz su castidad, que le lleva al sacrificio, es sólo inconsciente imposición sobre soterradas apetencias instintivas»[157]. En torno a ella se estructura realmente toda la obra. Los restantes personajes se agrupan en torno suyo y a menudo se comportan como meros espectadores de sus actos. Entre ellos habría que destacar a las Sombras, que actúan a modo de coro trágico que va matizando con sus breves intervenciones el desarrollo de toda la acción y va creando una atmósfera cada vez más agobiante. Respecto a Beatriz, la extensa acotación inicial la describe con morosidad, insistiendo en su compleja y sensual espiritualidad que refleja un físico que ha sabido captar para la portada de la separata de la obra el ilustrador Julio Antonio, «célebre artista de su época». Frente a ella, la figura de Salomé, que no aparece en escena, irá paulatinamente definiéndose como su anhelo imposible. Y esa relación conflictiva define lo que Granjel también destaca como «influjo modernista con el voluntario emparejamiento de misticismo y sensualismo»[158].

Al igual que ocurrirá con otras obras de esta primera época, Ramón cuidará posteriormente de que las explícitas alusiones devaluadoras de la ortodoxia religiosa queden mitigadas en ediciones posteriores y, así, en la recopilación de 1926, *El drama del palacio deshabitado*, eliminó gran parte del prólogo, conservando únicamente la descripción de la protagonista y del decorado en un «Preliminar nuevo a su antigua Beatriz».

---

[157] Luis S. Granjel, *Retrato de Ramón,* ed. cit., pág. 156.
[158] Luis S. Granjel, «Ramón en Prometeo», art. cit.

4.3. *El drama del palacio deshabitado*

El drama es presentado por el autor en el prólogo como una «síntesis gráfica» de su concepción «monística, anti-pragmática y decadente de la vida». Se trata de una obra «impura en una concepción deificada del adjetivo», una crítica de las convenciones que impiden al hombre desarrollar libremente sus sentidos y una proclamación de la necesidad de romper con las creencias caducas, basadas e impuestas «por ciega continuidad tan sólo...».

Esta introducción al sentido de la obra continúa con unas palabras que «El hombre anónimo» dirige a los espectadores antes de que se levante el telón. En un tono declamatorio se refiere al efecto desconsolador que, supone, provocará en los que esperan del porvenir un «lirismo sobrehumano» esta «historia lamentable y sin pundonor» en la que se incita al «jolgorio por más intempestivo y voraz que sea», al disfrute pleno de la vida como única forma de enfrentarse a la muerte; la atmósfera de sueño y vaguedad en que se desarrollará toda la obra y la naturaleza de los personajes, sombras que «viven como emanación de sus sepulcros» y a los que no veremos bien si no nos sometemos, bajo su indicación, «a actuar de mediums en estas carnestolendas macabras». Al final de su intervención «El hombre anónimo» promete reaparecer «en la hora de los comentarios». Sin embargo, no existen estos «comentarios» y en el Epílogo, que de alguna forma cumple esta función, no hay referencia alguna a tal figura.

El autor especifica que la acción se desarrolla «en nuestros días» lo que acentúa el anacronismo del escenario y los personajes. En la Introducción, el Hombre Anónimo precisa que el drama tendrá lugar en un «palacio abandonado, de balcones velados, de jardín centenario, de piedras pardas, de largos corredores y de puertas secretas, en el que muy rara vez se abren las maderas internando la luz». Pero toda la obra se desarrolla en un «Cuadro único», un salón de ese palacio que es descrito en la acotación inicial con precisión y gran cantidad de detalles. Se trata de un escenario representativo de una nobleza decadente, de una sociedad ya desaparecida al igual que los personajes que por allí pasean su inquietud. A lo largo de la obra hay continuas referencias al «exterior» al jardín en el que brilla un sol que hace mucho tiempo que no ha entrado en el palacio. Aunque la acción que allí se desarrolla es conocida únicamente por referencias indirectas de los personajes el autor le dedica una acotación: «Se presiente un jardín autumnal, ciego, abandonado como el palacio, de bojes sin recortar, de cipreses ladeados, de estatuas romas y caídas...» En cuanto a la atmósfera en que se desenvuelve la acción, se destaca reiteradamente la inevitable decadencia que ha provocado el paso del tiempo. En la acotación inicial hay concretas referencias ambientales: «Todo en el amplio salón de alto techo está encubierto y refriado de sombra y de inanidad y de luto.» Incluso se presta atención a la impresión que el escenario deberá producir en los espectadores: «Un amplio salón obscuro que el espectador obtiene como el magnesio de un modo inaudito y extremo.» Al final de la obra aparecen los dos únicos personajes «vivos» y ésto se refleja también en el ambiente de esas escenas, como se ocupa de señalar el Hombre anónimo: «Todo sucede en una atmósfera de sueño, de cámara obscura, con excepción del éxodo, que es a la vez que el éxodo —asombráos— un epitalamio.»

En ese escenario y en ese ambiente pululan los espectros que se lamentan de su vida desaprovechada por acatar prejuicios y convenciones que han resultado ser inconsistentes, fundados en un más allá que no ofrece respuestas.

Irán cruzando la escena con sus antiguas obsesiones y arrepentimientos por los momentos de placer desaprovechados y los proyectos vitales a los que renunciaron. Anhelantes por lograr una muerte definitiva que los libere de una vez de su insoportable impotencia, no se atreven a salir al jardín, al sol purificador, porque temen perder lo único que les queda: sus recuerdos. Será el bufón, que ya no siente ningún respeto por sus antiguos amos, quien finalmente los convenza, pero antes tendrán que sufrir una última frustración: la contemplación del placer de dos jóvenes campesinos que representan la vida auténtica a la que ellos renunciaron.

El epílogo vuelve a retomar el comentario sobre el sentido de la obra. Se trata del relato de una visita al depósito de cadáveres de San Carlos. Si en el drama la inquietud de la muerte era únicamente «léxica», ahora quiere dar otra visión del tema: «El normal», es decir, la visión realista, sin idealizaciones filosóficas o literarias. Se enfrenta con la muerte concreta, con un cadáver de verdad, en su búsqueda de experiencias que se aparten de lo cotidiano y le proporcionen respuestas tras «asomarse sobre el abismo». Sin embargo, lo que finalmente encuentra es de una gran sencillez: no hay tal abismo, la naturaleza, simplemente, sigue su curso.

4.4. *Los Sonámbulos*

El drama consta de un solo acto, pero presenta dos partes claramente diferenciadas. En la primera, una serie de personajes va entrando paulatinamente en el «salón de actos de un hotel de Venecia», único lugar de la acción. Se trata de seres semiinconscientes, «sonámbulos» que creen estar muertos y encontrarse en el paraíso donde piensan satisfacer, al fin, las ocultas apetencias que reprimieron en vida. Dirigiéndose a un ser invisible que sólo ellos escuchan le expresan sus más íntimos anhelos. El deseo de goce y la sensualidad insatisfecha se manifiesta en las invocaciones de personajes como «La vieja pintada», «La inconsolable», «La virgen» o «El justo», mientras otros como «El jugador» o «El prestamista» se reafirman en un radical egoísmo. Sólo «El extraviado» tiene un objetivo concreto: encontrar a la mujer que encarna su ideal y a la que no puede sustituir ninguna otra cosa.

La llegada de un nuevo personaje, «La mujer de la bata roja», significa un cambio en el desarrollo de la acción. Los «sonámbulos», menos «El extraviado» que ya no está en escena, pretenden encontrar «El árbol de la ciencia del Bien y del Mal», símbolo de sus anhelos insatisfechos. Pero «La mujer de la bata roja», que no participa de esa frustración vital que manifiesta el sonambulismo, los va despertando uno a uno. Su primera reacción al darse cuenta de que lo que habían creído distinta realidad no era más que producto del sueño, es de vergüenza y justificación por haber mostrado públicamente sus más ocultos deseos. Es cuando se manifiesta claramente la tensión del drama, el choque entre esos dos planos de realidad que confluyen en el escenario: el imaginado por los «sonámbulos» y el «real» de una vigilia insatisfactoria por la falsedad con que impregnan sus propias vidas. Aparece de nuevo «El extraviado» preguntando ansiosamente por una mujer que resulta ser «La mujer de la bata roja». Su sonambulismo no es como el de los otros porque ellos «no tienen su fruto» y él encuentra en la realidad todo lo que puede necesitar para ser feliz. La obra termina con estas esclarecedoras palabras: «¿De qué les sirve su paraíso, su sueño y su Dios? (...). No me dejes soñar, prefiero estar en vela... Estaré menos solo...»

Su sentido vuelve a reiterarse en el Epílogo, firmado por Tristán, donde explícitamente se reafirma la significación del drama: «Gómez de la Serna en "Los Sonámbulos", coloca frente a Dios y en su paraíso, a todas esas gentes flácidas, fofas, para las que se hacen esos insoportables dulces de encargo de las dulcerías (...). Hacen un *vomitorium* del Paraíso, y todos por humanidad, desean el árbol de la Ciencia del Bien y del Mal, ese árbol en el que se repudió todo lo humano, con precipitación, firmando en blanco el repudio...»

4.5. *La Utopía (II)*

Como ya señalamos al resumir el anterior drama del mismo título y, como recuerda el propio autor en la dedicatoria a Julio Antonio, esta otra «Utopía» es «menos sedicente, más mate, menos digna y más trotacalles». Y promete, aún, otras obras del mismo título «porque bien vale cosa tan vasta como una palabra, toda una constancia y toda una vida».

En el único acto de la obra se precisa con claridad la entrada y salida de los personajes, lo que permite establecer hasta once escenas en el desarrollo del drama, que se reduce a los diálogos que mantienen un grupo de inadaptados que se van reuniendo en una sórdida taberna llamada «El caballo verde», único lugar de la acción.

No hay en el drama un conflicto definido, pero sí es posible encontrar el fundamento estructural que da coherencia a la obra. En las primeras escenas se presenta el ambiente de la taberna y sus habituales parroquianos. La presencia de una extraña mujer, La Incógnita, que soporta en silencio los insultos y las soeces alusiones que le dirigen los hombres, es el aliciente de sus lamentos y protestas por la injusta situación social que padecen. En la escena quinta, la más extensa, El de la corbata roja opone a los proyectos revolucionarios de los otros su norma vital de absoluta libertad de los instintos. La obra alcanza en este enfrentamiento un momento de relativa tensión que no se traduce, sin embargo, en un conflicto asumido por los personajes. La recreación ambiental de las primeras escenas se enriquece en las restantes con la aparición de nuevos personajes y cuando La Incógnita se marcha los marginados descubren en la solidaridad una posible esperanza.

Para Ruiz Ramón es el ejemplo más claro de la unión de los dos temas centrales del teatro juvenil de Ramón, el erotismo y la crítica social, con destacado predominio del primero sobre el segundo: «En la segunda Utopía, como panacea para los males de los personajes desclasados, todos ellos al margen de la sociedad, se propone la vuelta al instinto. La única revolución consistiría, como exclama uno de los personajes, en resistirse a las ideas y no a las pasiones»[159] y Granjel también cita la obra como muestra del «desorbitado pansexualismo» de esta etapa

[159] Francisco Ruiz Ramón, *Historia del Teatro español*, ed. cit., pág. 159.
[160] Luis S. Granjel, «Ramón en Prometeo», art. cit.

de su producción[160]. Este último sintetiza el significado de los personajes que intervienen en el drama: «son hombres y mujeres rechazados por la sociedad, seres a quienes aúna el desamparo y la rebeldía»; y su propósito: «se recusan en un solo anatema cuantos credos han sido formulados para gobernar la existencia comunitaria, pues ninguno en opinión de Gómez de la Serna es válido para devolver a los habitantes de la simbólica ciudad la vida libre, paradisíaca diríase, de total entrega a las exigencias del instinto»[161].

En la obra aparecen catorce personajes, diez hombres y cuatro mujeres, a los que se cita con un apelativo y sin que a ninguno de ellos se le pueda atribuir la función de protagonista del drama. Todos forman el grupo de los «miserables genuinos, temibles y perdularios, llenos de la enfermedad de sus fuerzas, no como el burgués lleno y panzudo de la enfermedad de sus debilidades». En las acotaciones se los describe partiendo de apelativos que definen vagamente su carácter o actitud con expresiones y términos marcadamente peyorativos que, en ocasiones, alcanzan matices expresionistas.

En la extensa acotación inicial se describe la taberna, siempre en penumbra, en que transcurre toda la obra. Una descripción en la que los detalles concretos del lugar se entremezclan con las múltiples sugerencias y matices con que el autor pretende individualizar esa «taberna ideal» a la que «nunca irá esa tertulia de café, de jovencitos o de viejos artistas». Pero lo que convierte a la taberna en un sitio distinto a otros de la misma naturaleza es que allí se puede ir «cuando nos quedemos sin nombre, sin familia y sin ideas...». Es el lugar en que se encuentra refugio cuando se ha elegido la marginación como proyecto vital, y el autor se recrea en las sugerencias que ofrecen los rincones y hasta la suciedad de esa taberna «de la excomunión de Dios y del diablo».

Mientras cae lentamente el telón, «se escucha la fluidez

---

[161] Luis S. Granjel, *Retrato de Ramón*, ed. cit., pág. 160.

de una flauta lejana e inconsolable en el descrecendo de la sinfonía en do menor de Beethoven» anunciando que los miserables de la ciudad vuelven a arrastrar su penuria por las calles.

4.6. *Los Unánimes*

La obra se presenta como «Drama en un acto». Su estructura dramática es muy simple y se reduce a los diálogos que, alternativamente, mantienen catorce mendigos que aguardan, al anochecer, que abran la puerta del refugio en el que pasarán la noche. La llegada de un nuevo personaje, «El cetrino», casi al final de la obra, provocará que los demás se agrupen a su alrededor e intervengan con mayor fluidez. Esta aparición permite establecer una división del drama en dos partes.

La primera parte está formada exclusivamente por una sucesión de parlamentos sin indicación alguna de acción. Los personajes forman parejas y se van explicando mutuamente las razones que les han llevado a su voluntaria marginación de la sociedad y a buscar, como única compañía, a los que, como ellos, han renunciado a los convencionalismos impuestos por una moral que consideran caduca y falsa. Entre ellos hay también artistas como «El flemático» o «El del traje pardo», que han alcanzado en sus obras una autenticidad tan extremada que les ha apartado de la sociedad. Su arte nunca podrá ser compartido por los demás porque han alcanzado la verdad y ésta no es compartible: «Compañeros de vagabundaje sí podemos ser, pero correligionarios ni aun nosotros.»

La segunda parte está centrada en las noticias que trae un nuevo personaje que se incorpora al grupo. Congregados a su alrededor escuchan cómo en la ciudad ha tenido lugar una subversión total de valores: «Todas las vírgenes han padecido, se han rasgado, como entretejidas, cual el velo del templo... Las esposas han flaqueado... La paternidad ha quedado deshecha... Los museos se han llenado de desesperanza...» y todo ello ha ocurrido de un modo «silencioso y mate». De algún modo eran conscientes de que ese cambio era inevitable: «Después de veinte siglos de conservación, día por día, tenía que llegar un día como éste... En que todo más que demolerse y ensangrentarse, resultase estupendo e irresistible...». Un cambio que para «El de la frente formidable» no es más que la consecuencia de la absoluta caducidad de esos valores que hipócritamente decían defender: «¿Sostenían ellos su solidaridad, los museos, las virginidades, la fidelidad y la falsa bondad de los rostros?», y a los que se puede cuestionar desde su mismo origen: «¡Quién sabe hasta qué punto fue absurda la consagración de la nariz griega, una fórmula de transacción en una humanidad en que desapareció otra forma de nariz más admirable y más representativa.» Pero a fin de cuentas, todo volverá a ser institucionalizado porque las transformaciones colectivas no implican la transformación individual, única que cuenta de verdad porque permite alcanzar la verdad de cada uno. Las últimas palabras son las de «El Cetrino», que anuncia el «día de la disidencia de los grandes hombres, de los que encontrarán el secreto expresivo de la vida, el secreto de Dios...». Puestos en fila entran en el gran portalón del refugio que acaba de abrirse.

Luis S. Granjel considera que en esta obra se «predica el derrocamiento de toda norma convivencial y el primado de una egoísta satisfacción instintiva»[162]. Sin embargo, es el propio autor quien, en un extenso epílogo al que titula «Estrago final», precisa el sentido de la obra que no es otro que la proclamación del azar como guía de la vida, elección que conlleva inevitablemente la marginación que encarnan los personajes del drama. Estos personajes son los miserables de la ciudad que se han rendido al azar en su búsqueda de la auténtica libertad personal: «en su disidencia, llena de negaciones, está un poco sádicamente, pero está, el placer de las afirmaciones imposibles, porque en la vida lo que se ne-

---

[162] Ídem, pág. 161.

cesita es un *máximun* de decisión y el único *máximun* está en este vagabundo recalcitrante...».

El escenario, una calle oscura descrita en la acotación inicial, es, según el autor, real, pero, a pesar de que ha vuelto a recorrer las calles en su busca nunca ha conseguido encontrarlo de nuevo: «Un día vi el escenario de este drama en un barrio extremo. Y me ha resultado incomprensible no volverlo a encontrar, habiendo ido varias veces en su busca. Se confunden las calles a su alrededor, todas como en su proximidad, todas como conducentes a ese rincón, pero con la desembocadura en una plaza vulgar, frente a otra iglesia que aquélla o en una calle con tranvías.» No es, sin embargo, la concreción del escenario un aspecto esencial del drama y al comienzo se destaca la intemporalidad de la acción y lo esencial que para su representación tiene la actualización escénica: «La acción en la ciudad en que se represente este drama, en que se haya representado, o en el que se esté representando, porque sólo por coincidencia con la vida, su miseria y sus piedras, se puede estrenar este drama.»

La acción se desarrolla al anochecer y un charco «es en la noche el reverbero saturniano del único farol de la calle». El ambiente es frío y desapacible, y al final «La luna es más la luna del Polo...».

Y, al igual que el escenario, el autor también da fe de la real existencia de los personajes, a los que vio en cierta ocasión que se ha hecho irrepetible: «Allí vi unos miserables extraños, los miserables de excepción, no los miserables asiduos y cuotidianos de la cristiandad, los miserables que, como no sucede con el cabecilla revolucionario siquiera, dan la sensación sin menoscabo, sin angostura y sin lirismo de la impavidez y la disidencia.» Estos miserables, a los que Ramón llama «hombres empedernidos» no responden a los modelos usuales, son diferentes y superiores a los demás hombres porque han llegado a descubrir por sí mismos el verdadero sentido de la vida: el azar. «El miserable, sin ser un enciclopédico, es un sabio, seguro de cómo el azar conmueve todo lo institucional de la vida.» Y este descubrimiento y convicción impide cualquier posibilidad de integración en el vivir comunitario. No son tampoco modelos

111

de conducta que puedan ser asimilables fácilmente. Los hombres «No son símbolos aproximados del grande hombre usual, del Dante, de Cervantes, de Kant» y «Las mujeres del mismo modo no son Salomé, ni la Virgen María, ni Cleopatra, ni Julieta, sino otras mujeres enemigas del resobeo público, más inaccesibles a un momento histórico y a una popularidad».

4.7. *El teatro en soledad*

Gaspar Gómez de la Serna utiliza el título de la obra para encabezar el apartado de su libro dedicado al teatro de Ramón porque, a su parecer, sintetiza mejor que cualquier otra denominación su desinterés por las formas dramáticas tradicionales[163]. Pero «Teatro en soledad» también alude directamente al marco en el que la obra se desarrolla y a su propia significación global.

Los más de veinte personajes que intervienen en el drama se mueven en un escenario vacío, símbolo tanto de la estrechez vital en que transcurre la existencia de los que escogen como norma de vida los convencionalismos morales y sociales cuyo paródico reflejo aparece en las vulgares obras teatrales al uso, como del estrecho marco en el que se ven obligados a imponer sus convicciones los que pretenden vivir de forma auténtica. Los que buscan en la unión sincera con otro ser su propia plenitud y pretenden superar con el amor y el deseo el drama real que el paso inevitable del tiempo interpone entre hombre y mujer. Esta doble significación se refleja también en los personajes, entre los cuales se pueden establecer dos grupos: los cómicos y tramoyistas, que encarnan la primera actitud, y los que aparecen cuando el falso decorado teatral pasa a convertirse en el acotado recinto donde sobrevienen los dramas reales de la vida.

---

[163] Gaspar Gómez de la Serna, *Ramón*, ed. cit., pág. 50.

Con el título de «Depuración preliminar», el drama está precedido de un extenso prólogo en el que, además de glosar la concepción de la literatura que expresa en otras obras teóricas de este periodo, critica ferozmente a algunos de los escritores más representativos de su tiempo: Mariano de Cavia, Azorín, Valle-Inclán, Baroja, Unamuno, Martínez Sierra...

En el drama, dividido en tres actos, intervienen más de veinte personajes, que en la lista inicial se dividen en «Accidentales» y «Protagonistas», división que es consustancial al propio desarrollo de la obra.

El primer grupo está formado por aquellos personajes que pertenecen al mundo teatral. Únicamente intervienen en la primera parte del primer acto y la falsedad y pobreza de las obras que representan en su vida profesional se refleja en su propia existencia, como si la inautenticidad de los papeles que encarnan en cada actuación se adueñara de ellos hasta convertirlos en títeres incapaces de afrontar sus propias relaciones humanas. Los primeros en aparecer son los tramoyistas, unas voces sin determinar que son presentados conjuntamente en una acotación, casi formando parte del decorado que se afanan en desmontar. Junto a éstos, un grupo de actores comenta la función que han interpretado. Son once personajes brevemente caracterizados en una acotación que los presenta individualizándolos con un apelativo matizado con breves notas que acentúan las sugerencias que de él se desprenden. Así, El del makferlán es «calificado de espíritu estrecho y fanático por su makferlán de ala color de mosca muerta»; La delgadita tiene «la ropa ceñida a sus caderas, ostensiblemente desgraciada, dolida de trasnochar». El guapo es «de esos cómicos con los pantalones muy ajustados a sus piernas en comba, que por no tener voz no es el perfecto cómico de ópera y sólo vivirá de su guapeza en los teatros de verso...». Los demás (El de la nariz vinosa, El de la charliña, La de los guiños, El de las gafas, La del gran boa, La rubia lasciva, El de la chistera) están también brevemente caracterizados con notas que acentúan el rasgo que los designa. El breve escarceo amoroso entre La del gran boa y El de la chistera es interrumpido por la intervención de un nuevo personaje, La vieja amarilla, en cuya caracterización se reitera la deformación expresionista común a todos los del grupo: «el rostro amarillento, iluminado de luz de petróleo, con los ojos mirones y los labios blancos y con un diente».

Cuando desaparecen todos los anteriores, la escena la ocupa otro grupo de personajes que el autor presenta, al igual que al grupo anterior, en una única acotación: «Sólo se les reconoce por lo que más brilla en ellos o lo que más negrea, y sólo eso se basta de carácter y de decisión.» Son también seis hombres y cinco mujeres, lo que puede llevar a pensar en algún tipo de equivalencia entre los dos grupos; sin embargo, ésta no se da de una forma clara e individualizada y únicamente se puede establecer una contraposición global entre las dos concepciones vitales que representan. En la extensa acotación que los presenta y que está precedida por la indicación «Así son por la pinta», se los nombra con un apelativo que se glosa a continuación deduciendo alguna nota de carácter a partir de los rasgos físicos que los individualizan. Es el mismo procedimiento caracterizador utilizado con el grupo anterior pero con mayor detenimiento, lo que permite que esa caracterización deje entrever entre las sutiles vaguedades del lenguaje del autor rasgos más o menos precisos que denotan el carácter de los personajes. La falta de público y la ausencia de personajes directamente relacionados con el mundo teatral convierte el marco en que, a partir de ahora, se desarrolla la obra en un elemento significativo en sí mismo, cuya interpretación está íntimamente relacionada con el significado global del drama. El más evidente es el simbolismo que identifica el «Teatro» con el mundo en el que cada hombre desempeña su papel; sin embargo, la intención del autor no parece ser el intentar un nuevo «auto sacramental» y en la obra no hay pretensiones de trascendencia. Si los personajes se mueven en ese «Teatro en soledad» es porque su deseo de libertad y radical independencia nunca podrá encontrar plena satisfacción ya que el fundamento de su felicidad se encuentra fuera de sí mismos, en una persona del sexo opuesto y esa unión siempre está amenazada por un drama: la incomunicación que se interpone entre hombre y mujer. Ése es el drama cuya aparición conlleva la soledad y la imposibilidad de alcanzar la plenitud.

En el segundo acto, estos personajes se agrupan formando cinco parejas, ya que uno de ellos, El del pelo crespo, aunque caracterizado en la acotación que los presenta, tiene una mínima intervención. Tal vez su papel sea el del cadáver que está presente en todo el acto, pero no hay ninguna referencia explícita al respecto.

La de la frente lunar .... El descarnado
La mórbida .... El alto
La de los aretes de oro ...... El recio de pómulos
La descotada .... El de la barba nazarena
La de la boca violeta ...... El de los ojos blancos

De las cinco parejas, es la primera la que desempeña el papel principal. Su relación sustenta lo que estos personajes representan en la obra: el deseo y el ansia de plenitud vital, el rechazo de los convencionalismos que reprimen la obtención del placer, fin último que sólo es posible hallar en la total compenetración con la persona del otro sexo.

En el acto tercero cambia la decoración y adquiere un carácter simplemente funcional, sin connotaciones que vayan más allá de la sencilla y mera recreación de un ambiente cotidano y doméstico: hay «un solo diván de media herradura en un rincón y un puf amplio y remansado en el centro...». Tanto la vida como el teatro se desarrollan en un «escenario», pero el drama que allí acontece es real cuando los personajes encargados de representarlo no repiten el papel que el público espera escuchar, sino que se enfrentan a su propia vida, y el drama llega tan inevitablemente como el paso del tiempo, destruyendo las ilusiones y poniendo un muro de incomprensión entre el hombre y la mujer que sólo la voluntad de seguir adelante en la búsqueda de la común felicidad puede hacer superar. El marco teatral ya no es el escenario de burdas mixtificaciones de la vida, sino

115

que representa el estrecho recinto entre cuyos límites el hombre y la mujer deben superar el hastío y el cansancio que el paso del tiempo interpone entre ellos. El drama que inevitablemente llega y que sólo el amor y el deseo pueden vencer.

4.8. *El Lunático*

Ruiz Ramón, que considera esta obra como ejemplo de la importancia que en el teatro del autor adquiere el tema erótico, sintetiza brevemente la acción: «En *El Lunático* el protagonista es un auténtico enfermo de insatisfacción sexual que acaba estrangulando a la "jovencita mística" que lo quiere salvar»[164]. O en palabras del propio autor, se trata de un «drama en el que acaba trágicamente el deseo de sacar del cuerpo y de hacer que salga de la vida de un poseso la máscara que le tiene obsesionado»[165]. Es la intensidad con que se manifiesta esa «insatisfacción sexual» lo que convierte la obra en el drama de una obsesión erótica, en vez de ser, como en las otras producciones de Ramón, el drama de la represión que las convenciones y los prejuicios sociales imponen sobre los impulsos elementales del ser humano. El propio título recalca el rasgo de transitoria demencia que caracteriza al protagonista y, en gran medida, atenúa la amplitud significativa con que el autor trata en otras obras las relaciones entre hombre y mujer.

La obra tiene un extenso prólogo en el que, aunque comienza refiriéndose al drama, sobre lo que se divaga es acerca del objeto en torno al cual la obra se desarrolla: el antifaz, que «está siempre sobre un rostro de mujer que oculta, y al que da toda la fatalidad inhumana y cordial». Recordando una conversación con Bartolozzi, Ramón explica y

---

[164] Francisco Ruiz Ramón, *Historia del teatro español,* ed. cit., pág. 159.
[165] Ramón Gómez de la Serna, *La sagrada Cripta de Pombo,* Madrid, 1924, pág. 537.

116

se recrea en las múltiples sutilezas que una mujer con antifaz puede sugerir a una personalidad como la que se refleja en el protagonista del drama.

La obra, en un acto, se organiza dramáticamente en tres partes. En la primera, se presenta al Lunático, protagonista de la obra, y su obsesión erótica por los antifaces, que en estas primeras escenas se manifiesta ante el «Busto de la bella de las manos del Verrocchio».

En la segunda parte de la obra un nuevo personaje, «La Jovencita mística», encarnará voluntariamente las fantasías del Lunático, dando vida a su obsesión con el propósito de intentar curar sus desvaríos. Pero este interés caritativo va transformándose en el morboso atractivo de poder convertirse en una mujer deseada. La Jovencita se queda a solas con el busto de Verrocchio y en una extensa acotación se describe la fascinación que también ejerce sobre ella: se pone el antifaz y «saca sus senos más sobre la taza del corsé, alisa y socava su cintura...». La escena séptima es la de la completa transformación de La Jovencita que, al irse poniendo el vestido y las joyas, se va convirtiendo en otra mujer: «¡Oh, con el antifaz no es mía la frente, ni mi boca, ni mi cuerpo y las manos siento que quedan libres sobre mi voluntad...» En la escena octava, una acotación recalca la intensidad con que el nuevo aspecto se refleja en la personalidad de La Jovencita, cuyo misticismo ha dado paso a una exacerbada sensualidad.

El desenlace de la obra tiene lugar en las dos últimas escenas. La Jovencita oculta su verdadera identidad y se ofrece como la encarnación real de las fantasías del Lunático, que rechaza todos los antifaces que tenía guardados porque cree haber encontrado al fin el verdadero. Pero la espontaneidad de la Jovencita mística se retrae ante sus arrebatos pasionales. El exaltado erotismo del Lunático encuentra la resistencia asustada de la joven: «Sí, traigo la flor, pero es la flor del azahar... En mí no puede ser otra la flor.» Lo que El Lunático quiere no es una auténtica mujer, sino la encarnación de su enfermiza sensualidad que ve realzada por el antifaz: «Tu antifaz evita que la luz rapte tu belleza y la vulgarice como está en todas las mujeres...» Sin embargo, La Jovencita no se da cuenta de lo que significan esas palabras y piensa que podrían ser un hombre y una mujer unidos por el amor. Pero al Lunático no le satisface esa vulgar relación: «No flaquees, no tengas la desidia y la prostitución de todas las mujeres que no pueden con esa belleza que tú tienes y se arrancan el antifaz.» Cuando decide marcharse «porque es preferible la soltería en que la flor de azahar no se aja nunca a este asalto sin amor», el hombre, simulando que le ayuda a ponerse el abrigo, la estrangula y «La Jovencita mística cae, enseñando las piernas como en los crímenes verdaderamente trágicos de lujuria y de muerte...». En una extensa acotación se describe con morosidad cómo va adquiriendo el aspecto de la muerte y perdiendo todo su encanto. Incluso el antifaz que la cubre, «parece haber muerto también, del único modo que puede morir un antifaz y quedarse sin vista...». Al descubrir a quién ha matado «se muestra en su gesto toda la contrariedad de quien ha matado a otra mujer...» y llama a su madre con «lucidez y violencia». La Anciana acepta la versión de su hijo de que La Jovencita se ha desnucado y la obra termina con la fría sensatez del Lunático: «Vete a llamar a nuestro médico... ¡Oh, él lo justificará todo y demostrará que sólo ha sido una desgracia!...»

Para Camón Aznar, «Hay en esta obra algo de sensibilidad modernista, de estética quintaesenciada y decadente. Es la obra de Ramón de mayores condescendencias con la literatura de su tiempo»[166], lo cual es notorio en el ambiente decadente en que se desarrolla la acción y en la caracterización de los personajes, pero el morboso emparejamiento entre sensualidad y muerte característico de parte de esa estética modernista está resuelto al final del drama con tal distanciamiento que lo desvirtúa totalmente.

---

[166] José Camón Aznar, *Ramón Gómez de la Serna en sus obras,* ob. cit., pág. 277.

5. PANTOMIMAS Y DANZAS

El agotamiento de las fórmulas teatrales miméticas decimonónicas hizo que artes con frecuencia consideradas menores o marginales adquirieran en el cambio de siglo una relevancia notable. Entre ellas figuran la danza y la pantomina o en muchos casos una mixtura de ambas: las danzas pantomímicas.

La danza contaba con una tradición suficiente en España a comienzos de siglo. La pantomima, por contra, no había alcanzado el éxito y la proyección de otros países. En ambos campos, sin embargo, no faltaron propuestas de interés en aquellos años, por sus propios valores unas veces y otras dentro del debate más amplio sobre la teatralidad que tuvo lugar. Si antes los esfuerzos convergían hacia la producción de un efecto de realidad sobre la escena, hacia una ilusión de la realidad, ahora cada vez más se acentuó la conciencia de las inevitables convenciones que rigen el teatro como cualquier otro arte, orientándose las búsquedas en una profundización en esta convencionalidad.

La pantomima y la danza se beneficiaron del descrédito de la palabra, que el drama burgués había banalizado. Ofrecían unas alternativas a este predominio de lo verbal, que tan fácilmente se convertía en banal. El interés por la gestualidad y el movimiento favoreció el cultivo de estas artes así como las derivaciones de la reflexión sobre la convergencia de las distintas artes en el espectáculo teatral, que dio toda su relevancia a la música. Ramón, en su deseo de volver a formas artísticas primitivas donde la palabra era cuestionada y aun desplazada, iba a encontrar en estas artes un terreno propicio para sus experimentaciones[167].

---

[167] Sobre la pantomima en aquellos años y su tradición cercana: Paul Hugonet, *Mimes et Pierrots*, París, Librairie Fischbacher, 1889. Marie-Françoise Christout, *Le merveilleux et le «Théâtre du silence»*, París, Editions Mouton, 1965. Etienne Decroux, *Paroles sur le mime*, París, Librairie Théâtrale, 1963. Jean de Palacio, *Pierrot fin-de-siècle*, París, Seguier, 1990.

Sobre la danza una visión sintética en Adolfo Salazar, *La danza y el ballet*, México, Fondo de Cultura Económica, 1949 (8ª reimpresión, 1989).

Las formas de sociabilidad burguesa, además, habían creado una demanda importante de espectáculos en la que era importante la variedad, la novedad de lo ofrecido, que también favorecía búsquedas y la reconsideración de ciertas artes. Es pues todo un conjunto de causas lo que contribuyó a un renacimiento del cultivo de estas artes más allá de que a Ramón le impresionaran en los meses en que vivió en París los bailes pantomímicos de Colette Willy y La Polaire —a quienes evocará luego en «La bailarina», «Accesos del silencio» o en «La danza de los Apaches»—, que supusieron para él un acicate inmediato que le llevó a la escritura de sus pantomimas y a su interés por las danzas pantomímicas. Las páginas que preceden a las tres pantomimas cobijadas bajo el título común de *Accesos del silencio* dan cuenta de la «Revelación» que supuso para el joven escritor asistir a espectáculos de estas actrices de fuerte personalidad.

A Colette Willy —uno de los centros de atención de la vida literaria y social parisiense en esos momentos por su vida provocadora tanto como por su literatura— la vio en un teatro de arrabal, quedando fascinado por sus sugestivos movimientos en las danzas pantomímicas que bailaba. La danza la transformaba para él en una Bilitis, por la agilidad de sus piernas; su rostro se transformaba en misteriosa «cerámica de máscara japonesa». Su pecho desnudo en el momento culminante de la pantomima la convertía a sus ojos en una divinidad pagana y fatal, conmoviéndole profundamente el momento en que era asesinada por un gaucho celoso. La breve descripción de este baile pantomímico no permite precisar mucho cuál pudo ser; en cualquier caso, es un esquema coincidente con gran cantidad de bailes pantomímicos de los inspirados por los bajos fondos parisienses —los bailes protagonizados por *apaches*— no muy diferentes en ocasiones de ciertos bailes y danzas que ofrecían los teatros populares madrileños también en aquellos años en que la *musa canalla* del momento se manifiesta en todo su esplendor[168].

---

[168] Sobre teatros populares contiene abundante información la obra de Nancy Membrez, ya citada.

El *apachismo* fue un fenómeno social de amplia resonancia en los prime-

No muy distinta es la impresión recibida de La Polaire, de «su cara larga, aguda como trabajada en madera con el primitivismo de las cabezas reliquiarias», de sus ojos que «eran como esos de las pinturas murales del Egipto, ojos siempre de frente», trágica.

Ramón quedó profundamente impresionado por estas inquietantes encarnaciones de lo femenino misterioso y trágico y por la gran plasticidad de las danzas, que intentará conseguir también él en sus propuestas.

Llama la atención en sus reflexiones el doble nivel en que son consideradas Colette Willy o La Polaire. De una parte, como mujeres de fuerte personalidad, capaces de elegir y defender su propio camino, sobre todo la primera. De otro, durante sus danzas, la transformación que se opera en ellas, que las convierte momentáneamente en seres con resonancias culturales que las sitúan más allá de sí mismas, encarnando lo primordial femenino.

Similares son las ideas mantenidas en «Las danzas de la pasión», ensayo previo a otros en que se refiere a bailes y danzas concretos, pero que tienen en común su primitivismo, la «simplicidad de la tabla primitiva» donde la pareja de bailarines son un nuevo Adán y Eva, el mundo masculino frente al femenino con sus pasiones a flor de piel, sobre todo las femeninas , ya que Ramón —como de costumbre obsesionado por el mundo femenino— tiende a analizar ante todo los movimientos y comportamiento de las distintas bailarinas. En «El garrotín», que según él «es el baile de la mujer», ésta revela sus pasiones más íntimas, se desnuda. En «La danza de los Apaches» evidenciando la imposibilidad de escapar a su trágico destino que la atenaza a su *apache*. En «La danza oriental» afirmándose insinuante.

---

ros decenios del siglo desde que el término *apache* se generalizó en París para denominar a grupos de delincuentes marginales. Se fue extendiendo a otros lugares y países. Sobre su difusión y repercusión estética en España: Jesús Rubio, «Una de apaches: *La hija del capitán*», Anthropos, 158-159, julio-agosto 1994, págs. 104-109.

En estos escritos se anudan tendencias y referentes muy diversos, ya que, si de un lado apuntan hacia la literatura decadente y algunos de sus mitos finiseculares más obsesivos, relacionados con el mundo femenino, por otro miran a formas artísticas populares que tuvieron igualmente un gran auge en aquel momento. Esta mixtura es determinante. El París finisecular ofrece en muchas ocasiones un ambiente artístico de fuertes contrastes y, junto a obras de un extraordinario refinamiento, otras en que se produce un acercamiento a lo popular ciudadano como fuente de inspiración y de nuevas savias. No era sólo, además, literatura todo ello, sino que la gran ciudad adquiere una complejidad y variedad de modos de vida enorme. Colette Willy frecuenta los salones más aristócratas, pero también los teatros de arrabal y los tugurios. Escribe literatura refinada, pero osa también bailar estas danzas de apaches, cuyo sustrato último —o primero, según se mire— es el mundo de la delincuencia barriobajera parisiense en el que cofradías de apaches mantenían en jaque permanente a la policía.

Con la mezcla de referentes culturales diversos que Gómez de la Serna va realizando, vuelve a situarse dentro de la tradición de la creación basada en transposiciones artísticas a que nos hemos referido antes. La escritura aérea de las danzarinas —que tanto atrajo a poetas simbolistas como Mallarmé— fascina y pone en marcha las ensoñaciones del joven Ramón. Cuentan para él sobre todo como fuentes de sugerencias y al amparo de éstas procederá a escribir sus textos, que bien pudieran servir de punto de partida para nuevas creaciones y ensoñaciones.

El joven Ramón tuvo ocasión de vivir a su aire y un tiempo suficiente en ese magma en el que —como queda dicho— algunas actuaciones le resultaron reveladoras y activadoras de sus deseos de escribir pantomimas. Su fascinación, con todo, por gentes como Colette Willy va más lejos: representaba una actitud de inconformismo y rebeldía que admiraba, más aún proviniendo de una mujer. Y de aquí, que además de estas menciones entusiasmadas, en la revista *Prometeo* se recojan algunos escritos suyos: «Sentimentalismos», «Intervalo», «Otoño», que figuran en el sumario de la revista[169].

Y no menos sugestiva resulta la presencia en las páginas de la revista de los escritos de Rachilde, otra mujer y escritora de atractiva personalidad, casada además con Alfred Vallette, propietario del *Mercure de France,* una de las revistas elegidas como modelo por los promotores de *Prometeo.* Se incluyen de ella algunos relatos de evidente aire decadente: «En la corte de Cleopatra», verdadera hijuela del Flaubert de *Salambó,* relato inspirador de esta literatura[170]; «Para impía» y «Del demonio de lo absurdo»[171] son nuevas muestras de su narrativa, que Ricardo Baeza puso al alcance de los lectores, precedido este último de una semblanza de «Rachilde» donde destacaba su carácter misterioso, que la llevaba a escribir una peculiar literatura erótica:

> Es un erotismo cerebral y perfectamente estético, una lujuria mística, que la aparta de toda pornografía asalariada. (...) Reflorecen en ella las rosas rojas de Sade, —que pocos hemos leído y todos adivinamos—, y la lava de Swinburne atraviesa una región tenebrosa en que Poe, Hoffmann y Villiers dejaron su huella.
>
> Sólo la excepción la atrae; así, jamás aborda el adulterio, tópico de la bestia burguesa. Todos los casos de complicación amorosa que analiza, con cierto regocijo patológico, son casos en singular, aislados; no obstante genéricos, como toda verdadera creación. Su curiosidad inquieta le hace quemar incienso ante el hijo de Hermes y Afrodita, y se complace en disecar bastantes equívocos *urningi*. A menudo se entrevé la silueta de la señorita Maupin, y se escucha un eco de los sonetos a W. H. Barrés la llama *Mademoiselle Baudelaire,* comprendiendo hay en ella algo que no es sólo el vértigo de la carne...
>
> (...) ¿Escuela? No la tiene. Romántica, naturalista, simbolista; todo ello a la vez, y nada determinadamente. «Yo no tengo estética», ha declarado ella misma. Hay en toda su obra una sinceridad tan violenta, tan instintiva, que no admite filiación.

---

[169] *Prometeo,* 18, 30 y 35 respectivamente.
[170] *Prometeo,* 16, 1910.
[171] *Prometeo,* 21 y 24, 1910.

Su estilo, como su espíritu, es único, complejísimo. Hay de todo en él: fuerza viril, que a veces llega hasta el atletismo, y coquetería femenina, que en ocasiones asume un Fragonard; lirismo e ironía; claridad, precisión, y sombra, incoherencia; a veces sobrio, justísimo, a veces recargado, denso, retorcido; y siempre tan matizado, tan original, tan febril que es inconfundible. Con una maravillosa agudeza de visión nos evoca paisajes y figuras, que ya no podemos olvidar, que durante largo tiempo han de alucinarnos, como ya ciertos dibujos de Beardsley y algunas aguas fuertes de Rops, cuya esencia parece tener algo.

Clamemos con Saint-Pol-Roux, en loa de esta mujer dionisiaca: «¡Evohé, Rachilde, Evohé!»[172].

Si hemos transcrito este texto con cierta extensión es porque es una prueba excelente, no sólo de cómo era la literatura de Rachilde, sino del aire que respiraba Ramón en el momento de escribir sus danzas y pantomimas. A la pluma de Ricardo Baeza —que salpicó las páginas de *Prometeo* con traducciones de esta literatura— acude sin proponérselo una nómina representativa de lo mejor de la tradición literaria simbolista y decadente en la que se inserta Rachilde, pero también la revista *Prometeo* en tanto en cuanto esta tradición inmediata, estas señas de identidad estética, es reinvindicada con reiteración.

Tenidas en cuenta las precisiones realizadas y la peculiar textura del discurso ramoniano, se entienden bien estos tapices pantomímicos, concebidos abiertos como todo texto pantomímico, es decir, como propuestas que músicos, coreógrafos y actores deben después poner en pie, puesto que el texto pantomímico no se cierra sobre sí mismo, sino que reclama la participación de otros artistas que conviertan en espectáculo su virtual teatralidad esquemática. O si esto no se produce, dirigidos al menos a un lector dispuesto a la ensoñación simbolista, y que a tal fin presta el *teatro ideal* de su mente para su puesta en escena como sugirió Mallarmé. Un breve repaso de los textos ratifica lo dicho.

---

[172] Ricardo Baeza, «Rachilde», *Prometeo*, 24, 1910.

Las rosas rojas

Una joven religiosa carmelita sola en su austera celda. Contempla un Cristo crucificado a cuyos pies hay un búcaro con «un gran manojo de rosas rojas admirables y fragantes». La religiosa se va transformando a medida que se desviste y se va haciendo patente su feminidad. Su largos cabellos, ahora sueltos, la convierten en una nueva María Magdalena. La fuerza de sus instintos se va apoderando de ella, llevándola a abrazar afanosa las rosas, a hacerse «oruga de rosal», «serpiente» que se desliza entre ellas, que «se deshuesa y se ductiliza» para fundirse más y más con ellas en sus voluptuosos movimientos, hiriéndose con sus espinas. La sangre la saca de su éxtasis y el temor se apodera de ella cuando ve a Satanás, iniciando en ese momento la danza del miedo, para después salir huyendo de la celda.

Vuelve un poco más tarde acompañada por otras monjas de la comunidad, que recogen las rosas desparramadas. La religiosa queda después sola, ya tranquilizada, esperando «extasiada y temerosa algo tan indefinido, que quizá sólo sea el temor, de que sus cabellos caigan sobre su frente y la cieguen con su miedo y su fantasía y su lumbre».

La pantomima, al incluir en su interior la danza del miedo, se aproxima al género mixto de las danzas pantomímicas sin que, con todo, se proporcionen más datos sobre las características de esta danza más allá de unas indicaciones de cómo son los movimientos y la gestualidad de la danzarina: «una danza isocrona, sinuosa, pavorosa, retorcida, garrotinesca»; datos todos ellos que hubieran podido servir de pauta para una hipotética composición y representación de esta danza. Y si se tiene en cuenta, además, lo que dirá sobre «El garrotín» se puede afirmar que esta joven monja se encuentra a sí misma como mujer de intensas pasiones eróticas que en vano intenta sublimar con sus creencias religiosas. La contemplación de Cristo crucificado —su desnudez lacerada— enciende en ella el deseo de forma incontenible. Su huida de la celda sólo en parte resuelve su conflicto. Su temerosa actitud del final confirma que ha descubierto un mundo del que le resultará difícil librarse.

Esta pantomima tiene no poco de rito iniciático o de ceremonia perversa con su mezcla de erotismo y misticismo decadentes. La celda conventual se revela como lugar idóneo para experiencias voluptuosas y perversas. Lo «sagrado» del lugar le otorga un carácter aún más morboso.

Ramón, en su discurso, se desliza de unos niveles a otros, dotándolo de capacidad sugestiva y llenándolo de indicios asociativos que el lector desarrolla en su mente, teatro ideal para esta ensoñación simbolista.

La fluidez del discurso se acompasa en ocasiones a la fluidez de la propia monja durante la danza, cuyos movimientos la van transformando. Ramón intenta captar y transmitir ese momento balbuceante, de iniciación de algo que apenas concretado tiende de nuevo a difuminarse sustituido por otras sugerencias.

El nuevo amor

Los dos personajes de esta pantomima —El Transportado y La Inmolada— viven una experiencia conmovedora. Son seres desarraigados hasta el punto de que en el caso de El Transportado sólo sus ojos inquisidores animan su figura gris y estática. En vano La Inmolada intentará conmoverlo con sus caricias hasta que cansada

> se sienta detrás de él, no queriendo ver la mirada infiel, huida con otra mujer o con otro ideal. Tiene la expresión que se elige cuando ya es inútil el llanto y las voces, porque hay demasiada tierra por medio y demasiado tiempo entre la ignominia y quien la sufre y quisiera clamar.

En un arranque instintivo iniciará una inútil *danza de amor* hasta quedar exhausta, para después —una vez recuperada— y en un esfuerzo también inútil herirse en la mano, quedando desmayada y sangrando sobre una mesa, mientras

Él persiste en su contemplación, ya ciego después de haber perdido tanto la mirada, ciego hasta que se la devuelva el límite en ese nuevo destino de amor y amancebamiento que ve...

El tema central de esta pantomima es la falta de comunicación entre la pareja, víctima inmolada ella en este caso y transportado a otro amor él. La tensión deriva de esa imposibilidad de encontrarse porque El Transportado está sin estar en la escena y de nada sirve el cortejo de La Inmolada. El estatismo de El Transportado y su mirada perdida a la espera de algo que tardamos en saber exactamente qué es, lo acercan a los personajes maeterlinckianos y a su *teatro estático* donde la falta de acción y movimiento puede ser tan relevante y comunicativa como su presencia, como sucede en esta ocasión. La pantomima completa ha sido concebida basada en un contraste: el formado entre la pasividad de este personaje y la acción tan constante como inútil de La Inmolada, incluida su danza.

De nuevo la tensión entre falta de movimiento y movimiento rítmico y expresivo es determinante. Con intervalos de movimiento incipiente en el que se objetiva plásticamente la desgana vital de El Transportado o el sacrificio inútil de La Inmolada.

Los dos espejos

Más enigmática es la trama insinuada en *Los dos espejos* donde se mima la imposible relación amorosa entre La Iluminada y El Trágico. Un espejo —al que se da la categoría de personaje— es testigo privilegiado de las tensiones entre los dos personajes, ya que conoce la interioridad de quienes se miran en él.

Los caprichosos devaneos de La Iluminada desquician al inestable Trágico que tan pronto ama como odia, se crece o se apaga, la besa o la asesinará en un arranque de celos.

El espejo —o sus trozos una vez roto— van guardando memoria de lo acontecido, convirtiéndolo en patético confidente de la trágica historia.

127

Alterando toda lógica, resucita al final La Iluminada que observa cómo en un trozo de espejo, un hombre imaginario —acaso personificación del remordimiento— va tras El Trágico, su esposo, acosándolo.

La dificultad para comunicarse vuelve a ser, pues, motivo recurrente en esta pantomina. Las pulsiones pasionales mueven o paralizan a los personajes, reducidos a gesto incompleto e interrogante.

Estos tres *Accesos del silencio* arrancan de una idea común: la fascinación de Ramón ante el mundo del sexo, complejo y conflictivo casi siempre; la dificultad de una relación normal que no se irise de insatisfacción o perversidad.

Son virtuales guiones a partir de los cuales unos mimos pueden iniciar su trabajo expresivo con los medios que el arte de la pantomima ofrece y en dos casos con una colaboración de la danza; pero son también guiones que contienen indicios sobre cómo la escritura ramoniana desborda fácilmente el género elegido para sugerir otras dimensiones, proporcionándoles una peculiar textura lírica. Son, al cabo, tres pantomimas simbolistas, que se ofrecen como teatro para lectura, cuyo escenario fundamental será la mente del lector, piezas de *teatro ideal* como el soñado por Mallarmé según he indicado más arriba.

Pantomimas simbolistas porque trascienden lo anecdótico para remitir a temas más generales como la incomunicación, que objetivan las acciones de los personajes —y aun su ausencia—, pero también ciertos objetos cargados de significación por el uso que se hace de ellos —las rosas— o el peso de la tradición: el crucifijo. O los siempre inquietantes espejos en la última de ellas, a la vez ojos inquisidores que penetran en el interior de quien se mira y puertas abiertas a mundos incontrolables.

Fiesta de Dolores

Si ya en las pantomimas anteriores la gestualidad de los actores deriva en dos ocasiones a la danza, en *Fiesta de dolores* —«drama pantomímico y bailable»— ésta pasa a ocupar su centro.

Una bailadora, tras recitar unas coplas donde manifiesta que su cruz es bailar totalmente enlutada —lo cual destaca más la blancura lunar de su cuerpo— inicia un garrotín, transformándose hasta adquirir unas dimensiones trágicas:

> Baila una tragedia de Eschylo y tiene gestos orantes, vidriosos, clamorosos, suspirantes, como lanceada en los costados... En los claros en que el garrotín se parte y se entrecorta muy pánico y perplejo, ella se cae de golpe sobre una rodilla, con la cabeza colgante como en los cristos de los crucifijos (...) Así cae la bailadora hasta siete veces... Después de su séptima caída, alguien la tira unos claveles de un rojo de sangre y manantial... Ella al verlos se descompone, agrava el ritmo, dilata sus brazos trágicamente, baila aún pero ya en un traspiés y sugestionada por los claveles...

Como en otras danzas —o en escritos donde se describen— cuando la danza concluye se deshace su encanto y huye como intimidada hacia los bastidores. Y es que el garrotín como lo definió Ramón es

> La danza que divulga el secreto de la mujer, todo lo que corre por ella y la inflama, todo lo que se alumbra cuando es más ígnea en su recinto cerrado y subterráneo... La que es su revelación, la que ella no presentía y ahora más que saberla la dice con inocencia; lo que la había florecido hacia adentro y ella ha desviado haciéndolo flor en vez de fruto...

Hay que destacar de esta pantomima no sólo la referencia al garrotín —«la danza que divulga el secreto de la mujer»—, sino las muchas analogías que tiene con «Las rosas rojas», ya comentada. Sus situaciones básicas no difieren mucho. Esta danza no es muy distinta a la de la joven religiosa y a las dos danzantes se les revela su destino, relacionado con la sangre que en el primer caso evidencian las rosas rojas del comienzo y las heridas causadas por sus espinas después, y ahora esos «claveles de un rojo sangre y manantial» que alguien le arroja y que la conmueven profundamente.

La bailarina

Su estudio nos lleva de nuevo al comienzo del teatro ramoniano, ya que como manifiesta en su «Prólogo» esta «pantomima en un acto y dos cuadros» la compuso durante su estancia parisiense, a la sombra de los recuerdos de Colette Willy cuyas ideas evoca con admiración. Dice ésta que «en la escena es donde me siento más sola y más defendida de mis semejantes». Se evade y se encuentra a sí misma dejándose llevar por el encanto de la danza.

En el cuadro primero describirá los bastidores de un teatro de ópera rancio y opresivo. Entre las vaporosas bailarinas destaca La Bailarina leve. Su baile se acompasa maravillosamente con la música, haciéndose progresivamente ingrávida, alcanzando cumbres de perfección, mientras es observada con curiosidad por el barítono Hamlet que al terminar, no obstante, tendrá para con ella un trato poco deferente.

En el segundo cuadro, la acción transcurre en la penumbra del pasillo que conduce a los camerinos. La Bailarina leve ya no es tal, sino mujer común, del mundo del que se sacan las actrices. Aguarda en vano que Hamlet le preste alguna atención. Ni siquiera con su disfraz de Ofelia —que ha cogido en el camerino de otra actriz— logra conmover al cantante. El camino de la degradación se acentúa cuando un obeso empresario vence su resistencia con una sortija.

La pantomima concluye con Hamlet convenciendo a la actriz que representa a Ofelia de que sus vestidos no han sido robados realmente, sino que los recuperará cuando retorne La bailarina, cuyo vestido le muestra.

Ramón intenta mostrar de nuevo en esta pantomima mundos contrastados entre los que no parece posible establecer puentes y de aquí la insistencia en la incomunicación como tema central. En cada uno de los cuadros presenta por ello una imagen distinta de la mujer; en el primero, la mujer capaz de rozar lo ideal, arrastrada y conmovida por su propia danza; en el segundo, la mujer carnal, una vez concluido el baile y protagonista de una historia vulgar.

En el primer caso, La Bailarina leve, mediante su arte, es como un ave que se remonta de la realidad cotidiana y vulgar; y trata con él de cautivar al experimentado barítono que la ve volar indiferente, esperando a que cese la danza y el vuelo. Desdeña el ofrecimiento que le hace porque tiene una amante mejor.

Fracasada esta posibilidad de comunicación pasional a la que el baile daba una espiritualidad y una elevación, la carnalidad y lo material se imponen.

La bailarina, en realidad, es texto con muchos meandros, ejemplo de la escritura torrencial de Ramón en aquel momento; hasta tal punto que en determinados pasajes más que un guión para una pantomima semeja el comentario de una pantomima que se está contemplando, con todo su entorno y las reflexiones que provoca en el escritor. Carece de la concisión que logró en otras pantomimas comentadas y la utilización de Hamlet y Ofelia se malogra al no tener mayor desarrollo. Queda apenas como una posible duplicación de la trama principal: todo lo referido a relaciones ideales son papeles que se interpretan. Acabada la representación no queda más que la pura carnalidad. Hamlet no es la encarnación de la duda, sino apenas un hombre de mundo que elige o desdeña según sus apetencias del momento.

Las danzas

Como ya ha quedado apuntado, el primitivismo de las pantomimas y de las danzas está en el origen del interés de Ramón por estas artes. En estas danzas, lo que halla son

> Todos los problemas humanos retrotraídos a Adán y Eva, en una inefable evocación de tabla primitiva, conmovedoras sus flaquezas, necesitada la mano del uno de la del otro, solos y neófitos en un mundo antidiluviano, espacioso, sin ciencia, sin edificaciones, sin filosofía, sin palabra...

Esta simplicidad es la clave de su éxito y atractivo, remitiendo a un mundo previo a la palabra y sus complejidades, a un mundo de pasiones primarias, elementales. La propia

131

falta de palabra se convierte entonces en especialmente significativa, ya que se trata de presentar las relaciones humanas reducidas a las pulsiones instintivas primarias. Estas danzas enfrentan a Adán y Eva —y lo que representan: la humanidad reducida a lo más elemental— expulsados del paraíso, confundido arte y vida en sus intérpretes, que sobreviven en modestos teatros que, a pesar de sus pocos medios, ofrecen unas representaciones más auténticas y vivas que los grandes teatros. Y de aquí su interés para Ramón que busca donde late la vida primitiva, para intentar definirlo líricamente.

«El garrotín» —danza muy popular en aquellos años— se le ofrece como baile propicio para que la mujer muestre, hecha movimiento expresivo, sus pulsiones interiores más intensas, que la hacen ondulante un tiempo, pero después provocan en ella movimientos convulsos, afirmándose sobre la escena con sus potentes piernas, que hacen vibrar intensamente sus pechos. Las partes donde la sexualidad de la mujer se evidencia son las que atraen la atención de Ramón como tantas veces, concluyendo que ésta es la verdadera danza de la mujer, puesto que en ella manifiesta por completo sus impulsos primeros, a diferencia de «La danza de los Apaches», que considera el baile donde se ostenta mejor la masculinidad.

Algo de arbitrario hay, sin duda, en esta distinción, pero también una cierta justificación si se siguen sus razonamientos, que le llevan a considerar que en «La danza de los Apaches», el apache tiene ocasión de mostrar su doble dominio sobre la hembra: el resultante de la pasión que los une, pero también el de su violento carácter que le lleva a mostrarse amenazador, teniendo siempre a mano su navaja. La relación entre los *apaches* tiene un trasfondo de primitiva perversidad.

Pero tal vez, de la contemplación del baile de esta danza, lo que más llama la atención es que se convierte para Ramón en el punto de partida para una evocación de su estancia parisiense donde tuvo ocasión de ver cómo la bailaba La Polaire, enigmática y pasional, grabada intensamente en su cerebro hasta el punto de que los nuevos bailarines no logran superar ni con mucho aquella danza que lo fascinó.

A Ramón, interesado como vamos viendo en descubrir las pulsiones eróticas primeras y más profundas que se manifiestan en las «danzas de la pasión», no le interesan tanto otras danzas en las que no se produce esa explosión orgiástica que cree descubrir en el garrotín o en la danza de los apaches, centrándose por ello al comentarlas en otros aspectos.

«La danza oriental» suscita en él reflexiones plásticas, sin duda influido por el fuerte impacto visual que conllevaban estas danzas en aquellos años, popularizadas tanto por los ballets rusos como por una retahíla de bailarinas orientales —o sus imitadoras occidentales como la española Tórtola Valencia— que recorrían los teatros europeos entonces. No es extraño por ello que acuda para su descripción, una vez más, a la idea de contemplación de la danza como se contempla un vistoso tapiz:

> Así el adjetivo en esta danza es un adjetivo de color, turbados y ciegos los otros adjetivos cerebrales, inquietantes y occidentales. Por eso el tapiz de esta danza es un tapiz sin reverso y sin figuras humanas... Es un tapiz de colores, casados como sólo se casan los colores en los tapices orientales y de una geometría extraña y simple en la que se descompone la flora en unidades...

Al realizar estas reflexiones operaban en él sin duda los recuerdos de las imágenes de fuerte impacto visual orientalizante que los ballets rusos y las danzarinas citadas estaban difundiendo en Europa occidental; pero también las de exposiciones de piezas de artes decorativas, que no tardarían en remover profundamente las raíces de las artes plásticas.

A esta estampa lírica siguen «Los otros bailes», breve serie de apuntes impresionistas sobre diversos bailes en los que no encuentra el misterio de los anteriores y por lo tanto atraen mucho menos su atención. Son breves flashes, casi greguerías en las que se reitera la carnalidad de estos bailes, manifestaciones de la vida ciudadana moderna.

En definitiva, a Ramón le atraen las danzas en las que se

muestra más directamente el conflicto que era más frecuente también en sus pantomimas: la confrontación entre el hombre y la mujer elementales, sus formas de comunicación o la constatación de la frecuencia con que ésta resulta fallida, originándose entonces situaciones de complejas frustraciones.

Estas pantomimas y danzas manifiestan así algunas de las preocupaciones más permanentes de la literatura ramoniana, que no eran muy distintas —dicho sea de paso— de las que aparecen en gran parte del arte de aquellos años. Basta recorrer las páginas de *Prometeo* para comprobar en multitud de los textos traducidos o de los creados por escritores españoles la frecuencia de estos temas, que llegan a ser obsesivos. Eran ramificaciones, en muchos casos, de la estética decadente y simbolista en fase de descomposición. Sobre este *humus* comenzaban a germinar las semillas de las vanguardias, que en *Prometeo* son, ante todo, programa y promesa. El propio Ramón se encuentra cruzando sus umbrales, equipado con el utillaje necesario con el que iba a fabricar su literatura posterior más característica, nacida de una visión del mundo múltiple, fragmentada y contradictoria.

Esta edición

El fin que persigue esta edición es poner al alcance de los lectores una amplia selección de los primeros textos dramáticos de Ramón Gómez de la Serna tal como fueron publicados en las páginas de la revista *Prometeo.*

La espontaneidad y el carácter en muchos casos de provocación de la escritura ramoniana, se traducen en los textos en un aparente descuido, llegando a la incorrección léxica y ortográfica con frecuencia, pero también da origen esta libertad de escritura a numerosas creaciones léxicas y sorprendentes asociaciones.

Si se añade que los editores de *Prometeo* no mostraron especial interés por el cuidado tipográfico de la publicación o en la corrección de sus pruebas, se deduce fácilmente cuántas dudas y problemas plantea editar hoy estos textos sin traicionar el espíritu con que fueron escritos y publicados.

Finalmente hemos optado por los siguientes criterios:

1. Se reproducen los textos de *Prometeo* sin considerar enmiendas posteriores.

2. Ramón mostraba por entonces su desprecio por la ortografía como certifica una irónica «Fe de erratas-¿Free?... de EL LIBRO MUDO» *(Prometeo,* 23, 1910), donde se lee:

> La ortografía —de otro modo dicho para emplumarla— la hortografía y las otras incorreciones de imprenta para Gómez de la Serna, eran lo que eran...

135

Pero no vale hablar de esto, pues sería caer en el garlito, como pseudo-hortógrafos o pseudo-trascendentes por reacción...

Hay que acabar con la costumbre de dar explicaciones por muy rebeldes e incestuosos que sean los absurdos cometidos... La independencia, la separación, la exclusión, el natalicio, se hacen a la fuerza absurdos.

Aún sin olvidar la reflexión ramoniana, hemos optado por regularizar los textos en algunos aspectos:

—La acentuación en erratas o actualizando usos (se suprime por ello la acentuación sistemática de *á, ó, fué*).

—Los errores ortográficos y otras erratas que parecen obedecer más a descuido que a intencionalidad creativa; su corrección no afecta —pensamos— al sentido de los textos, cuya riqueza creativa se manifiesta mucho más en las creaciones léxicas, que hemos respetado.

En cuanto a las anotaciones se ha procurado comentar brevemente aquellos nombres que ayudan a contextualizar los textos en su momento, referencias culturales y términos poco frecuentes. Una futura edición crítica deberá abordar el intrincado problema de la lengua de Ramón, cuyos múltiples registros ya entonces anunciaban un escritor de prodigiosa capacidad verbal.

Bibliografía

A. Obras de Ramón Gómez de la Serna

1. *Obras teatrales*

«Desolación», en *Ateneo,* t. VIII, Madrid, 1909.
«La Utopía», en *Prometeo,* núm. 8, Madrid, 1909. Separata con portada de Julio Antonio.
«Beatriz», en *Prometeo,* núm. 10, Madrid, 1909. Separata con portada de Julio Antonio.
«Cuento de Calleja», en *Prometeo,* núm. 11, Madrid, 1909. Separata con portada de Julio Antonio.
«El drama del palacio deshabitado», en *Prometeo,* núm. 12, Madrid, 1909. Separata con portada de Julio Antonio.
«El Laberinto», en *Prometeo,* núm. 15, Madrid, 1910. Separata con portada de Bartolozzi.
«La Bailarina», en *Prometeo,* núm. 24, Madrid, 1910. Separata con portada de Bartolozzi.
«Los Sonámbulos», en *Prometeo,* núm. 28, Madrid, 1911.
«Siempreviva», en *Prometeo,* núm. 28, Madrid, 1911.
«La Utopía», en *Prometeo,* núm. 29, Madrid, 1911.
«Accesos del silencio: Revelación. Las rosas rojas. El nuevo amor. Los dos espejos», en *Prometeo,* núm. 29, Madrid, 1911.
«Las danzas de pasión. El Garrotín», en *Prometeo,* núm. 30, Madrid, 1911.
«La casa nueva», en *Prometeo,* núms. 30 y 31, Madrid, 1911.
«Los Unánimes», en *Prometeo,* núm. 32, Madrid, 1911.
«La danza de los Apaches. La danza oriental. Los otros bailes», en *Prometeo,* núm. 32, Madrid, 1911.

137

«Fiesta de Dolores», en *Prometeo,* núm. 33, Madrid, 1911.

«Tránsito», en *Prometeo,* núm. 33, Madrid, 1911.

«La corona de hierro», en *Prometeo,* núm. 34, Madrid, 1911.

«El Teatro en Soledad», en *Prometeo,* núms. 36 y 37, Madrid, 1912. Separata con portada de Rafael Smith.

«El Lunático», en *Prometeo,* núm. 38, Madrid, 1912. Separata con portada de Bartolozzi.

Ex-Votos, Madrid, Imprenta Aurora, 1912, contiene las siguientes obras: «Los Sonámbulos», «Siempreviva», «La casa nueva», «Los Unánimes», «Tránsito», «Fiesta de dolores», «La corona de hierro», «La Utopía» (el drama de 1911).

Tapices, Madrid, 1913, contiene las siguientes pantomimas: «Accesos del silencio. Revelación. Las rosas rojas. El nuevo amor. Los dos espejos». «Las danzas de pasión». «El garrotín». «La danza de los apaches». «La danza oriental». «Los otros bailes».

El drama del palacio deshabitado, Madrid, Edit. América, 1926, contiene los siguientes dramas: «El drama del palacio deshabitado». «La Utopía» (el drama de 1911). «Beatriz». «La corona de hierro». «El Lunático».

«Los Medios Seres», en *Revista de Occidente,* tomo 26, 1929 (número 76, octubre de 1929, págs. 87-120, núm. 78, octubre de 1929, págs. 348-349). También editada en: *Prensa Moderna, El Teatro Moderno,* núm. 226, Madrid, 21-XII-1929, Edit. Poseidón, Buenos Aires, 1943. *Obras Selectas* de Ramón Gómez de la Serna, Madrid, Plenitud, 1947, págs. 427-473. *Teatro inquieto español,* Madrid, Aguilar, 1967, edición de Antonio Espina.

«Escaleras», en *Cruz y Raya,* núm. 26, Madrid, mayo de 1935. Separata, también publicada en *Obras Selectas* de Ramón Gómez de la Serna, Madrid, Plenitud, 1947, págs. 457-496; *Ensayo sobre lo cursi y Escaleras,* Barcelona, Cruz del Sur, 1963.

Obras Completas, de Ramón Gómez de la Serna, Barcelona, AHR, 1956, tomo I, con el título de «Teatro Muerto», se incluyen los siguientes dramas: «El drama del palacio deshabitado» (páginas 257-290), «La Utopía» (págs. 291-234), «Beatriz» (págs. 325-358), «La corona de hierro» (págs. 359-409), «El Lunático» (págs. 410-444); son las mismas obras publicadas en la recopilación *El drama del palacio deshabitado,* ed. cit., con una excepción: «La Utopía» incluida es el drama de 1909 que sustituye al de 1911.

La revista *El Público*, núm. 56, Madrid, mayo de 1988, publicó en el suplemento «Cuadernos El Público», núm. 33, dos dramas: *La Utopía* (1909) (págs. 35-52) y *El Lunático* (págs. 53-70).

Charlot. Ópera en tres actos. Libreto de Ramón Gómez de la Serna, edición de Antonio Gallego, Centro de Documentación de la Música Contemporánea, Fundación Juan March, Madrid, 1988.

Charlot. Una ópera de Ramón Gómez de la Serna, introducción y edición crítica de Agustín Muñoz-Alonso López, *Barcarola,* números 42-43, julio 1993, págs. 201-244.

2. *Otras obras del autor relacionadas con su obra dramática*

Entrando en fuego, Segovia, Imprenta de «El Diario de avisos», 1905.

«Mariposeos. La acción literaria», en *La Región Extremeña,* 7 de noviembre de 1906,

«Diálogos. La opereta inglesa», en *La Región Extremeña,* 24 de junio de 1908.

Morbideces, Madrid, Imprenta El Trabajo, 1908.

«Opiniones sociales: la nueva exégesis (Introducción. Situación social de este momento)», en *Prometeo,* núm. 1, Madrid, 1908.

«Opiniones sociales: la nueva exégesis (La Utopía. Los escrúpulos literarios)», en *Prometeo,* núm. 2, Madrid, 1908.

«Arte: En un estudio (por Tristán)», en *Prometeo,* núm. 3, Madrid, 1909.

«Opiniones sociales: La nueva exégesis (Mecánica del pico. La aristocracia. El ejemplo de los arrivistas. La bazofia)», en *Prometeo,* núm. 4, Madrid, 1909.

«Discurso en el "Ágape organizado por Prometeo en honor de Fígaro"», en *Prometeo,* núm. 5, Madrid, 1909.

«El concepto de la nueva literatura», en *Prometeo,* núm. 6, Madrid, 1909.

«Traducción de "Fundación y manifiesto del futurismo" por F. T. Marinetti», en *Prometeo,* núm. 6, Madrid, 1909.

«Opiniones sociales: la nueva exégesis (Crítica del librepensamiento, El porvenir, Hacia un nuevo fanatismo», en *Prometeo,* número 7, Madrid, 1909.

«Colombine», en *Prometeo,* núm. 9, Madrid, 1909.

«La cárcel (miserere)» en *Prometeo*, núm. 9, Madrid, 1909.

«Arte: Miguel Viladrich. El III Salón de Humoristas», en *Prometeo*, núm. 11, Madrid, 1909.

El cofrecito encantado, Saturnino Calleja Editor, 1909.

«Mis siete palabras (pastoral)», en *Prometeo*, núm. 13, Madrid, 1910.

«Mi semitismo (por Tristán)», en *Prometeo*, núm. 13, Madrid, 1910.

«Post-scriptum (dos poemas): Al exquisito poeta Miguel Pelayo, Nieve tardía» en *Prometeo*, núm. 14, Madrid, 1910.

«Diálogos triviales (en el Café de Sevilla, abril de 1910)» en *Prometeo*, núm. 15, Madrid, 1910.

«Diálogos triviales», en *Prometeo*, núm. 16, Madrid, 1910.

«Diálogos triviales (en el Café de Sevilla, 6 de julio de 1910), en *Prometeo*, núm. 17, Madrid, 1910.

«Un manifiesto futurista sobre España por F. T. Marinetti», en *Prometeo*, núm. 19, Madrid, 1910.

«Introducción a la proclama futurista a los españoles de F. T. Marinetti», en *Prometeo*, núm. 20, Madrid, 1910.

«Arte: Salvador Bartolozzi», en *Prometeo*, núm. 21, Madrid, 1910.

El libro mudo, Madrid, Imprenta Aurora, 1911.

«Oscar Wilde», en *Prometeo*, núm. 26, Madrid, 1911.

«Desde París. Las mujeres que escriben», en *Prometeo*, núm. 27, Madrid, 1911.

«Una palabra apenas, por Tristán», en *Prometeo*, núm. 28, Madrid, 1911.

«Moguer (el pueblo pantomímico) por Tristán», en *Prometeo*, número 33, Madrid, 1911.

«Diálogos Triviales (Hotel Cervantes)», en *Prometeo*, núm. 35, Madrid, 1911.

«El misterio de la encarnación (por Tristán)», en *Prometeo*, número 35, Madrid, 1911.

«Palabras en la rueca», en *Prometeo*, núm. 35, Madrid, 1911.

«Sur del renacimiento escultórico español», extracto de conferencia en la exposición de pintura y escultura del Retiro, en 1910.

«Diálogos Triviales», en *Prometeo*, núm. 37, Madrid, 1912.

«Alma (por Tristán)», en *Prometeo*, núm. 37, Madrid, 1912.

«Tristán (propaganda al libro Tapices)», en *Prometeo*, núm. 38, Madrid, 1912.

«Primera proclama de Pombo», pliego suelto, 1915.

El Rastro, Valencia, Sociedad Editorial, Prometeo, 1915.

Senos, Madrid, Imprenta Latina, 1917.

El Circo, Madrid, Imprenta Latina, 1917.

Greguerías, Valencia, Edit. Prometeo, 1917.

«In memoriam y Epílogo», en *Páginas escogidas e inéditas de Silverio Lanza,* Madrid, Biblioteca Nueva, 1918.

Pombo, Madrid, Imprenta de Mesón de Paños, 1918.

«Remy de Gourmont, el obispo espúreo», prólogo a *Una noche en el Luxemburgo,* Madrid, Biblioteca Nueva, 1920.

Libro Nuevo, Madrid, 1920.

«La Tormenta», en *La Novela Corta,* núm. 291, Madrid, julio de 1921.

El secreto del acueducto, Madrid, Biblioteca Nueva, 1922.

El Incongruente, Madrid, Calpe, 1922.

«La Saturada» en *La Novela Corta,* núm. 399, Madrid, julio de 1923.

Ramonismo, Madrid, Calpe, 1923.

La Quinta de Palmyra, Madrid, Biblioteca Nueva, 1923.

Cinelandia, Valencia, Edit. Sempere, 1923.

La Sagrada Cripta de Pombo, Madrid, 1924.

«Colette la confidicial», prólogo a *Querido,* Madrid, Biblioteca Nueva, 1924.

«Apollinaire el precursor», prólogo a *El poeta asesinado,* Madrid, Biblioteca Nueva, 1924.

«Azorín», en *Revista de Occidente,* tomo 22, Madrid, 1928.

Efigies, Madrid, Ediciones Oriente, 1929.

«Bontempelli y Pitigrilli», en *El Sol,* 1 de mayo de 1930.

Azorín, Edit. La Nave, 1930.

Ismos, Madrid, Biblioteca Nueva, 1931.

«Las cosas y el ello», en *Revista de Occidente,* tomo 45, Madrid, 1934.

Rebeca, Santiago de Chile, Ercilla, 1936.

«Las palabras y lo indecible», en *Revista de Occidente,* tomo 51, Madrid, 1936.

Retratos Contemporáneos, Buenos Aires, Edit. Sudamericana, 1941.

Azorín, Buenos Aires, Losada, 1942.

Don Ramón María del Valle-Inclán, Buenos Aires, Espasa-Calpe, 1944.

Nuevos retratos contemporáneos, Buenos Aires, Edit. Sudamericana, 1945.

Efigies, Madrid, Aguilar, 1947.
Automoribundia, Buenos Aires, Edit. Sudamericana, 1948.
Nuevas páginas de mi vida, Alcoy, Edit. Marfil, 1957.

B. ESTUDIOS CRÍTICOS RELACIONADOS CON EL TEATRO
  DE RAMÓN GÓMEZ DE LA SERNA

ADRIO, Manuel, «Crítica al estreno de *La Corona de hierro*», en
    ABC, 11 de junio de 1963.
ÁLVAREZ, Julio, «Salvador Bacarisse y su ópera *Charlot*», en *Alfoz,*
    núm. 52, 1988.
— «Recóndito Ramón», en *Alfoz,* núm. 60, 1989.
ANÓNIMO, «Vasconia. Una conferencia de Ramón», en *La Gaceta
    Literaria,* núm. 75, 1 de febrero de 1930.
— «Información teatral. Sobre *Los medios seres*», en *El Sol,* 7 de di-
    ciembre de 1929.
— «Camino de París. Una conferencia de Ramón Gómez de la
    Serna», en *El Sol,* 15 de enero de 1930.
BARÓ QUESADA, José, «Crítica al estreno de *Escaleras* de Gómez de
    la Serna», en *ABC,* 28 de junio de 1963.
BEGOÑA RUEDA, José, «Evaluación y contraste dentro de una de las
    constantes de Ramón Gómez de la Serna», en *Actas del Sexto Con-
    greso Internacional de Hispanistas,* University of Toronto, 1980.
— *El tema de la muerte en la obra de Ramón Gómez de la Serna,* Uni-
    versidad de Salamanca, 1974.
BERGAMÍN, José, «¿Teatro en Soledad?», en *Ramón en cuatro entregas,*
    Madrid, Museo Municipal, 1980, t. I, págs. 71-72.
BONET, Juan Manuel (ed.), *Ramón en cuatro entregas,* Madrid, Mu-
    seo Municipal, 1980, 4 vols.
— «Ramón y los cubistas», en *Diario 16,* Culturas, 2 de julio de
    1988, pág. 17.
CALVO, L., «Los medios seres», en *ABC,* 8 de diciembre de 1929.
CAMÓN AZNAR, José, *Ramón Gómez de la Serna en sus obras,* Madrid,
    Espasa-Calpe, 1972.
— «Ramón en las cosas y en el arte», en *Revista de Ideas Estéticas,*
    XXI, 81, 1963, págs. 9-15.
CANSINOS-ASSENS, Rafael, *Poetas y prosistas del novecientos,* Madrid,
    Edit. América, 1919.

— «El Arte Nuevo», en *Cosmópolis,* núm. 2, Madrid, febrero de 1919.

CARDONA, Rodolfo, *Ramón, A study of Ramón Gómez de la Serna and his works,* Nueva York, Eliseo Torres and Sons, 1957.

CERNUDA, Luis, «Gómez de la Serna y la generación poética de 1925», en *Estudios sobre poesía contemporánea,* Madrid, Guadarrama, 1957.

DAUS, Ronald, *Der Avantguardismus Ramón Gómez de la Serna,* Frankfurt, Vittorio Klosterman, 1971.

DENNIS, Nigel, «El ir y venir de Ramón Gómez de la Serna», Prólogo a *París,* Valencia, Pre-Textos, 1986.

— (Ed.), *Studies on Ramón Gómez de la Serna»,* Ottawa, Dovehouse Editions, Ottawa Hispanic Studies, 2, 1988.

DIEGO, Gerardo, *Lope y Ramón,* Madrid, Ed. Nacional, 1964.

DÍEZ-CANEDO, E., «Los Medios Seres de Ramón Gómez de la Serna», en *El Sol,* 8 de diciembre de 1929.

DOMÉNECH, Ricardo, «Crítica al estreno de *La Corona de hierro»,* en *Primer Acto,* núm. 43, 1963, pág. 50.

DURÁN, Manuel, «Origen y función de la greguería», en *Studies on Ramón Gómez de la Serna,* ed. Nigel Dennis, Ottawa, Dowehouse Editions, 1988, págs. 113-127.

ESPINA, Antonio, «Ramón, genio y figura», en *Revista de Occidente,* núm. 1, Madrid, abril de 1963.

FERNÁNDEZ ALMAGRO, Melchor, «La generación unipersonal de Gómez de la Serna», en *España,* 362, 24 de marzo de 1923.

FERNÁNDEZ-CID, Antonio, «*Charlot,* en ópera de Gómez de la Serna y Bacarisse», en *ABC,* 7 de octubre de 1988.

FLÓREZ, Rafael, «Crónica de una batalla anunciada (el estreno de *Los Medios Seres)»,* en *Cuadernos de El Público,* núm. 33, Madrid, Ministerio de Cultura, mayo de 1988, págs. 20-21.

— *Ramón de Ramones,* Madrid, Bitácora, 1988.

FRANCO, Enrique, «La ópera *Charlot* tras medio siglo», en *El País,* 7 de octubre de 1988.

GARCÍA DE LA CONCHA, Víctor, «La generación unipersonal de Gómez de la Serna», en *Cuadernos de Investigación Filológica,* III, 1977.

— «Ramón y la Vanguardia», en *Historia y Crítica de la Literatura Española,* Barcelona, Crítica, 1984, tomo VII, pág. 205-218.

GARCÍA-NIETO, Mª Luisa y GONZÁLEZ COBOS, Carmen, «Miguel

Mihura: una deuda con Gómez de la Serna», en *Revista de Literatura,* XLI, 1979, págs. 175-184.

GARCÍA PAVÓN, Francisco, *La Corona de hierro,* en el María Guerrero» en *Arriba,* 11 de junio de 1963.

GARCÍA PINTADO, Angel, «El eslabón perdido (... y hallado fuera del templo)» en *Cuadernos El Público,* núm. 33, Madrid, mayo de 1988, pág. 5-8.

GARDIOL, R. M., *Ramón Gómez de la Serna,* Nueva York, Tweyne, 1974.

GÓMEZ DE LA SERNA, Gaspar, *Entrerramones y otros ensayos,* Madrid, Ed. Nacional, 1969.

— *Ramón,* Madrid, Taurus, 1963.

GÓMEZ DE LA SERNA, Julio, «En busca del recuerdo», prólogo a la obra de J. Camón Aznar, *Ramón Gómez de la Serna en sus obras,* Madrid, Espasa-Calpe, 1972.

GONZÁLEZ LÓPEZ, E., «El drama social contemporáneo: Pérez Galdós y Gómez de la Serna», en *Estudios Escénicos. Cuadernos del Instituto de Teatro,* núm. 18, Barcelona, septiembre de 1974, págs. 131-137.

GONZÁLEZ OLMEDILLA, J., «Impresiones de Ramón en el último estreno de *Los medios seres*» en *Heraldo de Madrid,* 7 de diciembre de 1929.

— «El discutido estreno de *Los medios Seres*», en *Heraldo de Madrid,* 9 de diciembre de 1929.

GRANJEL, Luis S., *Retrato de Ramón,* Madrid, Guadarrama, 1963.

— «Prometeo (1908-1912). Biografía de Prometeo», en *Ínsula,* 195, 1963, págs. 6 y 10.

— «Ramón en Prometeo», en *Ínsula,* núm. 196, Madrid, 1963, págs. 3 y 10.

HARO TECGLEN, Eduardo, «Ramón, su tiempo y el nuestro», en *Cuadernos de Música y Teatro,* E.H.T.A, noviembre de 1988.

HODDIE, James, H., «El programa solipsista de Ramón Gómez de la Serna», en *Revista de Literatura,* XLI, 82, 1979, págs. 131-148.

HOYLE, Alan, «The politics of a batless revolutionary. Ramón Gómez de la Serna», en *Studies in Modern Spanish Literature and Art,* Londres, Tamesis Book Limited, 1972.

LAVAUD, JEAN MARIE, «El Teatro de los Niños: 1909-1910», en *Hommage des hispanistes français a Nöel Salomón,* Barcelona, Laia, 1979, págs. 499-507.

LLANOS ÁLVAREZ, Teodoro, *Aportación al estudio de las greguerías de*

Ramón Gómez de la Serna, Madrid, Universidad Complutense, 1980.

López Criado, Fidel, *El erotismo en la novela ramoniana,* Madrid, Fundamentos, 1988.

López Sancho, Lorenzo, «El Lunático, museo vanguardista de Ramón», en *ABC,* 13 de enero de 1992, pág. 86.

Mainer, José Carlos, «Ensayo sobre lo cursi. Escaleras» (Reseña), en *Ínsula,* 224-225, 1965.

— Prólogo, a *El Incongruente,* Barcelona, Picazo, 1972.

Marco, Tomás, «Charlot», en *Diario 16,* 7 de octubre de 1988.

Marqueríe, Alfredo, «Ramón, el teatro y el circo» *Pueblo,* 14 de enero de 1963.

Marquina, Rafael, «Los Medios Seres» en *La Gaceta Literaria,* núm. 72, 15 de diciembre de 1929.

Martínez Cachero, José María, «Ramón Gómez de la Serna», en *Historia General de las Literaturas Hispánicas,* Barcelona, Argos Vergara, 1967, tomo VI, págs. 408-416.

Martínez-Collado, Ana, «Modernidad y nostalgia en la reflexión estética de Gómez de la Serna», introducción a *Una teoría personal del arte,* Madrid, Tecnos, 1988.

Martínez Expósito, Alfredo, *La poética de lo nuevo en el teatro de Gómez de la Serna,* Universidad de Oviedo, 1994.

Muñoz-Alonso López, Agustín, «*Charlot:* la ópera de Ramón Gómez de la Serna», en *Anuario Brasileño de Estudios Hispánicos,* núm. 1, 1991, págs. 103-118.

— «Ramón y el teatro», en *Teatro. Revista de estudios teatrales,* Universidad de Alcalá de Henares, núm. 1, junio de 1992, páginas 115-122.

— *Ramón y el teatro. La obra dramática de Ramón Gómez de la Serna,* Ediciones de la Universidad de Castilla-La Mancha, 1993.

— «*Charlot.* Una ópera de Ramón Gómez de la Serna» (Introducción y edición crítica), en *Barcarola,* núm. 42-43, julio 1993, págs. 210-244.

Newberry, Wilma, *The Pirandellian Mode in Spanish Literature. From Cervantes to Sastre,* State University of New York Press, Albany.

— «Cubism and Pre-Pirandellianism in Gómez de la Serna» en *Comparative Literature,* XXI, 1969, págs. 47-62.

Nicolás, César, *Ramón Gómez de la Serna y la generación del 27,* Cáceres, Universidad de Extremadura, 1983.

145

— *Ramón y la greguería. Morfología de un género nuevo,* Cáceres, Universidad de Extremadura, 1988.
— «Imagen y estilo en Ramón Gómez de la Serna», en *Studies on Ramón Gómez de la Serna,* Ed. Nigel Dennis, Ottawa Hispanic Studies, 2, Dovehouse Editions Canada, 1988, páginas 129-151.

NIEVA, Francisco, «La inclemente modernidad de Ramón», en *ABC,* 26 de enero de 1992.

PALENQUE, Marta, *El teatro de Ramón Gómez de la Serna. Estética de una crisis,* Sevilla, Alfar, 1992.
— «Ramón Gómez de la Serna y la renovación por el drama. Estudio de *El Teatro en Soledad*», en *Teatro. Siglo XX,* J. Mª Aguirre, M. Arizmendi y A. Ubach (eds.), Universidad Complutense de Madrid, 1994, págs. 265-277.

PONCE, Fernando, *Ramón Gómez de la Serna,* Madrid, Unión Editorial, 1968.

RICHMOND, Carolyn, «La Castilla de Gómez de la Serna», en *Studies on Ramón Gómez de la Serna,* Edited by Nigel Dennis, Ottawa Hispanic Studies 2, Dovehouse Editions Canada, 1988, págs. 89-112.
— Introducción a *El secreto del acueducto,* Madrid, Cátedra, 1986.
— «Una sinfonía portuguesa ramoniana», Introducción a *La Quinta de Palmyra,* Madrid, Espasa-Calpe, 1982.

RUBIO JIMÉNEZ, Jesús, *Ideología y teatro en España, 1890-1900,* Zaragoza, Pórtico, 1982.
— «El "Teatro de Arte" (1908-1911): Un eslabón necesario entre el Modernismo y las Vanguardias» en *Siglo XX / 20th Century,* vol. 5, 1-2, 1987-1988, págs. 25-33.
— «Valle-Inclán y los teatros independientes de su tiempo», en *Letras de Deusto,* vol. 20, núm. 48, sept.-dic. de 1990.
— *El teatro poético en España. Del Modernismo a las Vanguardias,* Universidad de Murcia, 1993.

RUIZ RAMÓN, Francisco, *Historia del teatro español. Siglo XX,* Madrid, Cátedra, 1975.

RUIZ SALVADOR, Antonio, «Recuerdo y realidad: Gómez de la Serna y Ramón en el Ateneo», en *Studies on Ramón Gómez de la Serna,* Ed. Nigel Dennis, Ottawa Hispanic Studies 2, Dovehouse Editions Canada, 1988, págs. 71-87.

146

SALADO, José Luis, «García Lorca, el jersey de Margarita Robles, el diálogo de Benavente y los seis medios trajes de Fanny Brena», en *Heraldo de Madrid,* 9 de diciembre de 1929.

SALAVERRÍA, J. Mª, «Ramón Gómez de la Serna y el vanguardismo», en *Nuevos retratos,* Madrid, 1930, págs. 99-158.

SALINAS, Pedro, «Escorzo de Ramón», en *Literatura española. Siglo XX,* Madrid, Alianza, 1983.

SIMON-PIERRET, Jean Pierre, *Maeterlinck y España,* Madrid, Universidad Complutense, 1982.

SOBEJANO, Gonzalo, *Nietzsche en España,* Madrid, Gredos, 1967.

SOLDEVILLA-DURANTE, Ignacio, «El gato encerrado (Contribución al estudio de la génesis de los procedimientos creadores en la prosa ramoniana)» en *Revista de Occidente,* núm. 80, Madrid, enero de 1988, págs 31-62.

— «Para la recuperación de la prehistoria embarazosa (Una etapa marxista de Gómez de la Serna)», en *Studies on Ramón Gómez de la Serna,* Ed. Nigel Dennis, Ottawa Hispanic Studies 2, Dovehouse Editions Canada, 1988, págs. 23-43.

— «Ramón Gómez de la Serna entre la tradición y la vanguardia», en *El teatro en España. Entre la tradición y la vanguardia,* Madrid, 1992, págs. 69-78.

TORRE, Guillermo de, «Picasso y Ramón», en *Doctrina y estética literaria,* Madrid, Guadarrama, 1970, págs. 753-757.

— «Ramón Gómez de la Serna. Medio siglo de literatura», en *Las metamorfosis de Proteo,* Madrid, Revista de Occidente, 1967, págs. 58-75.

TORRENTE BALLESTER, Gonzalo, «Teatro de Ramón», en *Ínsula,* núm. 196, Madrid, 1963.

TRENAS, Julio, «Los Medios Seres. Escaleras», en *Índice,* núm. 76, Madrid, enero de 1955, pág. 12.

TUDELA, Mariano, *Ramón Gómez de la Serna. Vida y gloria,* Madrid, Hathor editorial, 1988.

UMBRAL, Francisco, *Ramón y las vanguardias,* Madrid, Espasa-Calpe, 1978.

URRUTIA, Jorge, «De la posible imposibilidad de la crítica teatral y de la reivindicación del texto literario» en *Semiología del Teatro,* Barcelona, Planeta, 1975.

VENTIN PEREIRA, J. Augusto, *Radiorramonismo,* Universidad Complutense de Madrid, 1987.

YNDURAIN, Francisco, «Sobre el arte de Ramón» en *Revista de Ideas Estétitas,* núm. 81, tomo XXI, 1963, págs. 37-45.

YVIRICU, J., *Del vanguardismo en el teatro de Ramón Gómez de la Serna,* Tesis doctoral, University of Iowa, Xerox University Microfilms, Ann Arbor, Michigan, 1977.

ZLOTESCU, Ioanna, «El Libro Mudo, luz en los orígenes de Ramón Gómez de la Serna», prólogo a su edición de *El Libro Mudo,* Madrid, F.C.E., 1987.

— «*Morbideces,* autorretrato de Ramón Gómez de la Serna», en *L'autobiographie en Espagne,* Université de Aix-en-Provence, 1982, págs. 149-164.

Dramas

Portada de Julio-Antonio para la separata de *La Utopía*.

La utopía (I)

(Drama en dos actos)

Al quimérico y genial escultor, Julio-
Antonio, camarada de Alberto, que él
ha reconquistado a la muerte reconstru-
yendo inefablemente su *Utopía* que
arrollada por la catástrofe, creímos no
volver a ver.[1]

---

[1] La dedicatoria se refiere a la escultura que representa los ideales del
protagonista del drama y que el escultor, y amigo de Ramón, Julio-Antonio, reproduce en la portada de la separata. A este artista se deben también
las portadas de otras separatas de dramas de Ramón: *Beatriz, Cuento de Calleja* (no incluido en esta antología), y *El drama del palacio deshabitado*. Téngase en cuenta lo señalado en la introducción respecto a las relaciones del
autor con los artistas que colaboran en *Prometeo*.

PERSONAJES

ALBERTO   *Escultor*
MARÍA   *Su mujer*
AMPARO   *Su cuñada*
DORESTES   *Su amigo antiguo*
ESTRELLA   *Su modelo de antaño.*
LA MAMÁ
LA HIJA   *Visitantes de la tienda*
UN SEÑOR CURA
UN SEÑOR OBESO
LA CANALLA

Prólogo

Dispensen. Es sólo un momento.

Les voy a decir que sigo inquieto después de haber visto desenlazarse aquello.

¡Si vieran cómo era de sórdido, de renunciador y de pantanoso aquel ambiente, ustedes no se explicarían como yo esa resolución violenta que llega a poder con él!

Por esto siento que no van a ver el personaje capital, el traidor, el canalla del drama. Porque, ¡saben lo que es, lo *trágico* abúlico, lo trágico mediocre, lo trágico cretino, lóbrego, lo trágico inexpreso, nublado, ajeno a las palabras y a las violencias, lo trágico que no es trágico, y que, sin embargo, es trágico!

Pues ese trágico, contra el que no cabía revolverse (¿contra quién se van a revolver si les nace una joroba?) era el que embotaba aquel ambiente, y sin demostrarse en contusiones, desmigajaba y deshacía.

¡Si vieran!

Pero no tengo derecho a intervenir en el drama. Ustedes dirían que abuso. Soy un extraño, si no, yo les diría cosas que vi y cosas que sentí en esa tienda de la calle de... y les diría también el nombre, si no siguiera habitada la tienda. ¡Y por quién!... Me embrollo al pensar cómo ha podido volver allí la normalidad después de aquello, pero *ellas* la gozan. Enterraron pronto el fracaso. Y llegaron a arreglarse con un cualquiera que se ofreció, se conoce, a continuar el negocio. Con él ha llegado a *amontonarse* María. El establecimiento prospera, se ha repintado la tienda, se la ha adornado de tallas, tiene dos grandes focos, se ha desorbitado una ventana del piso bajo adjunto para ensanchar el escaparate, y redondeada la plaza fronteriza que allí hacía un recodo, debe haber mucha más luz. ¡Lástima que no la soleara entonces, quizás eso hubiera favorecido su convalecencia y acaso le hubiera conseguido adaptar.

Acto primero

Es una tienda de imágenes sagradas, capacitada en un rincón, el de más luz —luz como toda la de la tienda, entumecida y escasa— para taller. Al fondo la puerta de la calle y el escaparate, lleno de santos, que vuelven la espalda al espectador. Sobre los caballetes, dispersos por la tienda, hay santos de todos los tamaños, muy pulcros, recamados y relumbrantes. Unos extienden las alas, pisan un endriago y esgrimen una espada contorsionada, otros llevan un pez, una llave, un rejón; se apoyan sobre una parrilla sobrenatural o en un varal del que cuelgan dos calabazas, o en el que florece el azahar; algunos, los más vistosos, los que logran quebrar la sombra, llevan un báculo áureo, soportan una alta mitra y visten una amplia y rica capa pluvial; otros sufren atados a un arbusto, asaetados; y los menos, que sólo tienen de fastuoso la aureola, visten su cogulla de estameña y llevan una cruz. Las santas, vestidas de trinitarias, de pastoras o sólo envueltas en un plisado manto celeste alumbrado de estrellas o de flores, llevan clavados en el corazón siete puñales relucientes, escuchan una palomita y escriben sobre un infolio, se apoyan en el costado un convento, aparecen en una gruta de estalactitas, apacentan un solo cordero blanco, llevan sus dos ojos en una bandeja argentea, sufren una espina en la frente, o no hacen nada en actitud seráfica.

ESCENA I

ALBERTO, *solo, sentado sobre un cajón de embalar, mira aluci-*
nado el más allá. Un rato permanece la escena inanimada y silen-
ciosa. En su silencio y en su soledad, es macabra la inmovilidad y
el empaque de todas las imágenes, y es grotesca.

ESCENA II

MARÍA y ALBERTO

(Aparece MARÍA *recelando, y al ver a* ALBERTO *arregostado,*
puesta en jarras, caramillosa, le interpela.)

MARÍA.—¿Ya estás dormido?... Te caes sobre cualquier sitio, y no eres gotoso, ni padeces colapsos... ¡Así echaremos
buen pelo!

ALBERTO.—Mujer, estaba cansado...

MARÍA.—Sí. Lo que te sucede, bien lo sé yo... Ayer volvie-
ron a venir por el San Juan, que es lo único que impide la
inauguración del oratorio... Ya sabes que estoy invitada.
Bien puedes esmerarte... sería bochornoso estar entre gentes
a las que no gustase tu obra... Además urge, porque necesito un abrigo y espero comprármelo en el momento que co-
bres...

ALBERTO.—Pasado mañana estará acabado... y tendrás tu
abrigo... ¡Pero es un trabajo tan pesado!...

MARÍA.—Siempre quejoso... Pesado porque no lo haces
con fe, porque no los veneras... Y por cierto, tú vendrás
conmigo a la inauguración.

ALBERTO.—Mujer, no es necesario.

MARÍA.—Lo es. Has de exhibirte más en las fiestas religiosas. Eso traerá más encargos... Es mi pesadilla tu descrei-
miento... Si no llega a ser por mí, perdemos toda la cliente-
la. Ya decía la gente, asustada de la profanación: «Un ateo
que hace Santos.»

ALBERTO.—¡Y me reconvienes aún! Voy todos los domingos a misa, me arrodillo cuando los demás y me persigno a su vez...

MARÍA.—Sí, pero... Vamos. No quiero hablar de eso... reñiríamos como siempre... *(Iluminada):* Con tal que trabajes mucho, mucho. ¡El dinero hace al hombre entero!...

ALBERTO.—Trabajaré... *(Se levanta, relajado de abatimiento, y se pone a trabajar.)*

MARÍA.—Desecha tus ideas... No sé qué maginas[2] siempre... Con las glorias se te van las memorias...

ALBERTO.—Ya estás con tus refranes... No hay nada más horroroso que un refrán... Lo prefiero todo a un refrán... Si yo alguna vez enfermo de gravedad, he enfermado por tus refranes.

MARÍA.—Mala hierba nunca muere...

ALBERTO.—Si tú vieras cómo me dan en la cabeza...

MARÍA.—Manías tuyas... Además los digo sin darme cuenta... Refrán que se ha escuchado nunca más olvidado...

ALBERTO.—Eso es lo peor, que cantan como un estribillo cicateramente, y no lo dejan... No los digas más... Sobre todo no traigas uno nuevo...

MARÍA.—Bueno, pero echa tú del magín todas esas cosas que te hacen triste, reservado, y poco fino con tu esposa... Se te ocurrirían más cosas de no ser así. Te hubieras fijado en mis manos sin sortijas.

ALBERTO.—¿Pues y el anillo de boda?

MARÍA.—De no ser sujetador de una lanzadera no es nada... ¡Qué bonita haría una lanzadera en mi mano!... He visto ayer una en una casa de préstamos, que ni de encargo.

ALBERTO.—Tú eres, después de todo, la que manejas el dinero. ¿Por qué no te la has comprado?

MARÍA.—Porque hubiera querido que hubieras sido tú el de la iniciativa... Además no quiero que me digas que despilfarro... Pero te estoy distrayendo como tus sueños... A ver si concluyes eso.

ALBERTO.—Sí, mujer, te comprarás el abrigo y hasta iré contigo... *(Vase MARÍA.)*

---

[2] «maginar»: imaginar *(DRAE).*

(ALBERTO, solo, trabaja en silencio un momento, pero pronto abandona los bártulos y se vuelve a caer sobre el cajón.)

ALBERTO.—*(Hablando con quebraduras)...* Verdad... Será inútil... ¡Esta mujer! *(Pasándose la mano por el cuello.)* ¡La bola pegadiza... glutinosa... de todos los días!...

ESCENA III

ALBERTO, LA MAMA Y LA HIJA

(Forcejean la puerta del fondo, se resiste un momento —como todas las de las tiendas—, se abre y suena con impertinencia el timbre de aviso. ALBERTO revive y se pone en pie. Aparecen con pasos cortos dos señoras empaquetadas y lujosísimas. A las claras, madre e hija, aunque la mamá no quiera ser la mamá, sino la hermana.)

LA MAMÁ.—Muy buenos días... ¿Es usted el maestro?

ALBERTO.—Para servir a ustedes.

LA MAMÁ.—*(Muy ceremoniosa.)* Tanto gusto... No sé qué tienen ustedes los artistas que no se despintan... Venimos a elegir dos santos para nuestra capillita... *(humildosa).* No se vaya usted a creer... es una cosa modesta... La niña *(señalando a su hija, tipo de solterona, con los dientes muy crecidos)* lo ha arreglado todo... Ha quedado preciosa, pero nos quedan dos retablitos sin santo...

LA HIJA.—Sabe usted, regalamos los que tenían antes... Eran unos santos muy anticuados y muy feos...

ALBERTO.—Señorita, los santos primitivos eran deformes, horribles, y bajo su invocación fue cuando hubo más fe.

LA HIJA.—En Burgos, en la Catedral, los hemos visto, ¿te acuerdas, mamá?... Pero yo no me puedo explicar cómo pudieron adorar a aquellos santos contrahechos. ¿Qué idea tenían de sí mismos aquellos hombres para hacer cuerpos tan raros?

LA MAMÁ.—Aquellos artistas no eran tan consumados como lo son ustedes.

ALBERTO.—Muchas gracias

La hija.—Además, ¿quién conoce ya a San Cástulo y Santa Cipriana[3]?... En tiempo de mis abuelos, quién sabe, quizás eran los santos de éxito...

Alberto.—No en balde pasa el tiempo.

La mamá.—Tiene usted razón. ¿A que no hace usted San Cástulos ni Santas Ciprianas? Quizá ni tiene uno para muestra.

Alberto.—Ninguno... No se venden... La corte celestial, que según los Florilegios es tan extensa, para mí es bien reducida.

La mamá.—Enrique, un amigo nuestro que tiene mucha gracia.

La hija.—¡Oh! saladísimo.

La mamá.—Dice que en el cielo impera también el caciquismo y que el que no bate el agua a los caciques se ahoga... *(Riendo con la panza).* También dice que eso le permitirá dar un pucherazo, porque la corte celestial es conservadora como él.

La hija.—*(Con un golpe de risa histérico.)* ¿Usted sabe cuál es, según él, el colmo del ladrón?... Entrar en el cielo con ganzúa.

Alberto.—Si San Pedro usa las llaves con que le pintan en las estampas, es posible, pero es seguro que ha adoptado, escarmentado por alguno que se le entró de rondón, como el colmo de las cerraduras, la cerradura inglesa.

La mamá.—Tiene gracia... Se lo diremos para estropearle el chiste... Usted nos consentirá que le plagiemos.

La hija.—Pero mamá, al grano... Que quizá estamos distrayendo.

Alberto.—De ningún modo, señorita.

La mamá.—Pues yo quisiera dos santos baratitos... Que la pareja no suba de unos diez duros...

Alberto.—*(Señalando.)* Mire usted aquella purísima, vale treinta pesetas y aquel...

La hija.—*(Que inspecciona el taller a través de sus impertinen-*

---

[3] La referencia a estos y otros santos a lo largo de la obra únicamente tiene una función ambiental sin que su caracterización individualizadora tenga relevancia para el significado de la acción.

161

tes, interrumpe desde un extremo de la tienda.) ¡Mira, mamá, qué santo más bonito!

LA MAMÁ.—Sí que es bonito... ¡Qué perfección de facciones!

LA HIJA.—¿Quién es, maestro?

ALBERTO.—San Damián... El santo de este invierno —el que según malas lenguas— ha venido en el mismo paquete de modas, junto al traje imperio y el sombrero Renier[4].

LA MAMÁ.—Malas lenguas... *(Madre e hija continúan su revista.)* ¡Qué cara más llena tiene este San Antonio! ¡Qué hoyuelos!

LA HIJA.—¡Qué nariz! ¡Qué distinción!

LA MAMÁ.—¡Qué colores!

ALBERTO.—Es la buena salud que les da mi pincel... En vida fueron lívidos, demacrados, hasta cetrinos, pero hoy no se venderían sin que les repusiéramos nosotros... Yo he descubierto en un viejo libro que San Antonio de Padua era jorobado ¡pero figúrense ustedes que le pongo la joroba!

LA MAMÁ.—Yo no tendría devoción a un santo fenomenal.

LA HIJA.—Yo es una cosa que miro mucho en los Santos, la belleza...

ALBERTO.—Sabido eso el otro día me detuve indeciso al hacerle los bigotes a San José y estuve por peinárselos a lo Kaiser.

LA HIJA.—Tiene usted muy buen humor...

LA MAMÁ.—Mira este niño Jesús, qué regordete... Mírale desnudito... ¡Qué mono!... Es que lo tiene todo... Hasta sus uñitas... ¡Está diciendo comedme!

LA HIJA.—¡Qué muslines!

LA MAMÁ.—Entre tanta imagen se irá usted haciendo un Santo... ¡El divino ejemplo!

---

[4] «La silueta femenina empezó a modificarse ligeramente en 1908. El busto ya no se echaba tanto hacia adelante ni las caderas tanto hacia atrás (...). El vestido a la moda Imperio, que tenía muy poco que ver con los de la época de Napoleón I, hacía que las caderas pareciesen más estrechas, como puede apreciarse fácilmente en los anuncios de corsés de este periodo. Las alas de los sombreros, al ensancharse, contribuyeron a que las caderas pareciesen más estrechas todavía» (James Laver, *Breve historia del traje y la moda,* Madrid, Cátedra, 1990, pág. 224).

ALBERTO.—*(Quejoso.)* Señora, me dan demasiado que hacer... Hay maderas nudosas... Además me siento el padre de sus reverencias.

LA MAMÁ.—Es usted un poco burlón... Eso no está bien.

LA HIJA.—Mira este santo rubio. ¡Qué finura! ¡Qué manos más bonitas!

LA MAMÁ.—¡Y éste, qué caída de ojos!

ALBERTO.—Se olvidan ustedes de las Santas.

LA MAMÁ.—No, no. Las hay también muy hermosas.

LA HIJA.—Pero decídete, mamá.

LA MAMÁ.— Por mi gusto San Damián y el rubio ése... ¿Qué santo es el rubio?...

ALBERTO.—San Julián... Un santo que se vende mucho, un buen santo.

LA MAMÁ.—*(Maliciosa.)* ¿Porque se vende?

ALBERTO.—Sí. Yo hablo un poco materializado... Santo que no se vende es un mal santo. Arrinconado tengo un San Críspulo, completamente malo pues ya tiene hasta carcoma... Nunca acabo de venderle.

LA MAMÁ.—¿Y en cuánto me deja usted los dos? Hay que ver que me los llevo emparejados.

ALBERTO.—Setenta y cinco pesetas...

LA MAMÁ.—Pero...

LA HIJA.—*(Aparte a su madre.)* Mamá, que es cursi regatear.

LA MAMÁ.—Pero... *(Se reprime a un tirón de la manga que le da la hija.)* Mi devoción no me consiente regatear... *(Paga y alarga una tarjeta.)* Aquí están mis señas...

LA HIJA.—*(En plena hilaridad.)* ¡Le va a dar una envidia a Dorotea!

LA MAMÁ.—Y a las de Gálvez.

LA HIJA.—A Enrique se le ocurrirá algún chiste...

LA MAMÁ.—Maestro, buenas tardes.

LA HIJA.—Adiós.

ALBERTO.—A los pies de ustedes.

ESCENA IV

(ALBERTO *solo, otra vez destruido, yacente sobre el cajón de embalar*) —Bien podía creerme un Judas Iscariote vendiendo a Dios a los fariseos. *(Se vuelve a perder. Pausa.)*

ESCENA V

(Se vuelve a abrir la puerta del fondo y aparece DORESTES, *un hombre joven, en* menage[5] *de artista.* ALBERTO *tiene el primer impulso lacayesco del menestral ante el cliente, a ras del que lo reconoce. Se abrazan.)*

ALBERTO.—¡Tú!
DORESTES.—¡Yo!
ALBERTO.—*(Irónico.)* Nosotros...
DORESTES.—*(Irónico.)* Ellos... Las efusiones entontecen.
ALBERTO.—Agolpan la sangre en el corazón y deshabitan la cabeza... ¡Tú!
DORESTES.—Sí; yo...
ALBERTO.—Siéntate... ¿De dónde sales?
DORESTES.—Vengo de París.
ALBERTO.—*(Con seguridad.)* Victorioso.
DORESTES.—No, fracasado... En París se triunfa magníficamente como en ninguna parte, pero también se fracasa inauditamente, como en ningún otro sitio... Se piensa en L'Opera, en lo *fasihonable*[6], pero no se piensa en *La Morgue*, ni en los albañales.
ALBERTO.—Pero si te han derrotado no ha sido por falta de talento.

---

[5] «menage»: del fr. «ménage», con el sentido de vestimenta caracterizadora de alguna actividad, en este caso la de artista.

[6] «fashionable»: a la moda. Éste y otros términos caracterizan el esnobismo del personaje.

DORESTES.—Sin que pueda dejar de haber sido por eso, en este caso todo lo ha hecho la falta de exhibición... He fracasado en la puerta de las exposiciones y de las tiendas de venta, no después del *barnisage*[7], ni en los escaparates... ¡Cuestión de los empresarios, no del público!... ¡Bah! ¡Nada! Soy indomable. ¿Y tú?

ALBERTO.—Me empolvo, ya lo ves, y me arrastro...

DORESTES.—Hombre, a esto llamas arrastrarte, tú que escalas los cielos muy a menudo, por lo visto y vas desalquilando el cielo.

ALBERTO.—No te burles, has entrado en pleno drama.

DORESTES.—¿Drama?... ¿Desgracias de familia?...

ALBERTO.—No.

DORESTES.—¿Entonces?... Como esto tiene un aire envidiable de confort, creí que se podría ser jovial.

ALBERTO.—Cuando esto se ha dedicado a lo lucrativo, es que el lucro es su ideal, y consumada su ambición, consumada su felicidad. ¿Qué? ¿No ha sido ésta tu lógica?... Pues eso es falso, mi ideal es otro, el tuyo, y huelo a corrupción... y peno, porque lo sacrifiqué y porque soy la víctima...

DORESTES.—*(Se desconcierta un momento, pero como la pausa es horrible, hace un loco esfuerzo y dice):* Olvida... y mira... *(Desatando un cartapacio y acercándose a la escasa luz de una ventana.)* Éstos son los bocetos de mi obra en preparación... Mi suntuosa obra... De un genio negro... La definitiva... Esta mujer, muy blanca, toda desnuda, da un beso a Don Juan dormido en su féretro... Será de una belleza violenta esa desnudez sobre el negro del túmulo en alto... ¿Qué te parece?

ALBERTO.—*(Asombrado como un beduino[8].)* ¿Yo puedo decir, todavía una palabra sobre esas cosas? ¿Me concedes beligerancia?...

DORESTES.—¿A qué hablas tan apesadumbrado?

ALBERTO.—Con más pesadumbre que nunca. Hacía mucho que no hablaba con el artista que me hablara de sus entusiasmos, echándome en cara los míos.

[7] «barnisage»: seguramente del fr. «vernissage» que, además de «barnizado», tiene el sentido figurado de inauguración de una exposición de arte.
[8] «beduino»: en el sentido de «hombre bárbaro y desaforado» *(DRAE).*

DORESTES.—¿No es más que eso lo que te entristece?

ALBERTO.—¡Son tantas cosas!... Ya te he dicho que has entrado aquí en pleno drama...

DORESTES.—Me vas preocupando, ¿dónde está el drama?

ALBERTO.—Tú no lo ves, eres visita en este ambiente... No notas el horror de esas imágenes. Tienen todas una cara desprovista, la que ellas quieren. ¡Me he amanerado! Y es siniestro mi amaneramiento... Has hecho bien en venir a esta hora, no se les ve ya y no encenderé la luz... Yo te quisiera hablar de la enemistad de todo esto, pero tú no entenderías... Eres aquí un transeúnte, vives aún de la luz que has traído de la calle, del oropel que has traído de tu estudio, de la jovialidad de tu vida.

DORESTES.—Sí. Yo no sé entenderte, si no te explicas más.

ALBERTO.—Por desgracia, lo más dramático de mi vida, es que es una vida sin drama... Mi drama es el drama de no tener drama... Si viniera el drama traería la solución... Lo deseo... Quizá tú has venido a precipitarlo... Habla... Dime de tu vida en París... de tus sueños... de tus locuras.

DORESTES.—No me atrevo... Me escuchas muy aquejado y son cosas radiantes...

ALBERTO.—Me alegraré contigo.

DORESTES.—Mira, allí se olvida uno de trabajar por reír... Pero cuando se trabaja se nota que todas las risas le han sobrepujado, le han acrecido y trabaja mejor, y hasta genializa... He hecho cuadros fantásticos, influidos por las conversaciones de café con los poetas... He hecho portadas «feeriques»[9] como se dice por allí, destornilladas como se dice por aquí... y he estudiado al desnudo, desnudos deshechos por el placer, los de mis queridas... y otros hechos para él, pero abstemios, los de las modelos... Éstos, cuando tenía di-

---

[9] «feeriques»: del fr. «féerique»: fantástico, maravilloso. En español, «feérico» alude a lo relativo a las hadas, así como «destornillado» significa inconsiderado, precipitado y sin seso *(DRAE)*. Forma parte de la estética de la ilustración en el fin de siglo y tiene bastante que ver con las propias portadas de las separatas de Prometeo, tal como se estudia en la introducción.

nero... Además, traigo el *Louvre* cromolitografiado en la cabeza y en el corazón... ¡Si tú vieras!... He expuesto en las exposiciones de artistas libertarios... En una de ellas una cosa española, de navaja y trapío... ¡Un éxito! Hasta he hecho caricaturas, y a la hora en que abren el «boureau» le *Rire* y le *Journal amusent*[10], he formado en la larga hilera de los que esperaban antesala y he vuelto a esperar para recoger mis caricaturas las más de las veces... *(Pausa. Mirando de pronto a* ALBERTO.) Me desconciertas. No te iluminas...

ALBERTO.—Me ha desconsolado violentamente y eso es lo que necesitaba para reaccionar... Tu boceto me ha recordado el mío... Mira, un día al llevar a una tienda de molduras el retrato de mi único hijo malogrado, el tendero me dijo mirándole: —Que niño más inteligente. Yo tengo uno parecido... Lo llamó y entonces yo lloré a mi hijo como no lo había llorado nunca... Así tu obra me ha recordado la que me ha destruido a mí el destino.

DORESTES.—¿Qué obra es ésa? Sincérate.

ALBERTO.—Lo necesito... Tú me aconsejarás... Después de marcharte tú, cuando me rechazaron en la Nacional[11], aquellos dos hermanos que se abrazaban en la desdicha, envuelta la desnudez del uno en la del otro, porque la mirada incestuosa del jurado los creyó amantes; entonces planeé soliviantado por el desaire un grupo escultórico: «La Utopía»... Mi obsesión es volverle a ver, crearlo de nuevo tal cual fue. *(Modula las palabras pasionalmente.)* «Una mujercita, impúber, de una belleza imposible, conduce de la mano, a un hombre, musculoso y recio, que arrastra su herramienta de martirio, envolviendo como en una caricia, con una tersura de su antebrazo, el de él, nervudo y fuerte, propio de un hombre de brega al destajo, y lo conduce con esa filantropía a la ciudad perfecta, la soñada, hacia la "Utopía"»... Date cuenta... Resumía toda nuestra visión anarquista, ¿te acuerdas de la bandera roja que teníamos en nuestro estudio?... Le hice ciego... Era ciego simbólicamente, era ciego

---

[10] Se refiere a la redacción de magazines ilustrados dedicados al humor.
[11] Las Exposiciones Nacionales de Bellas Artes que se celebraron anualmente en España desde 1856.

porque no había visto más que la ciudad, una ciudad como lo son ya todas las ciudades, americanizada. No obstante tenía abiertos los ojos, sobre sí, donde llevaba el barrunto de la ciudad deseada... frente a ELLA se le abrirían los ojos en esa primera comunión con la «utopía»[12]... Era como nosotros... ¿No, Paco?... ¿Si nos ofrecieran una ladera florecida que mirara al Norte ¿no desparramaríamos con magnanimidad sobre su lomo, la gran ciudad, la ideal, que llevamos dentro?

DORESTES.—*(Meridionalmente.)* ¡Bravo! ¡Bravo! Y ¿dónde está esa obra maestra?

ALBERTO.—¿No has oído que te he hablado de ella sombríamente?... No pude concluirla, nos acosaba la miseria, ellas dos clamaban... Mi mujer y su hermana *(en voz baja)*, un ser contrahecho, rabioso, enfermo al que no se puede abandonar... Tuve que cejar... Es mi crimen, del que conservaré la mancha eterna en las manos, y al que he de vengar... Abandoné el estudio, invalidé la estatua que se llevaron, como un montón de barro sin importancia... Desde entonces vivo desarticulado, esperando el día de resarcirme y no esperándolo porque no sé ir a él... Me cura la pereza, la renunciación y el aspecto de rincón de los muertos que tiene esto, la trastienda sobre todo, siempre oscura... húmeda... cenagosa... Así parece que me escapo a no sé qué, despierto sobre mí a ciertas horas... fumo mucho, mucho y tengo siempre un sueño horrible... Me duermo en los rincones, hasta de pie... Tengo ratos de neurastenia... Así me desoriento... Hoy me he levantado entristecido ante la imposibilidad de tener una musulmana de ésas que cuentan sus años por Lunas... Ya ves qué incongruencia. Así paso ratos inefables de pobre hombre... ¿Si pudiera prohijar a algún niño?... Pero todos o los quieren o los explotan... Tengo un gato y tengo una *urraca*... Pero te estoy contando mis miserias, todo lo que para ti es grotesco y que cuando a ratos me

---

[12] Es la imagen que reproduce la portada de la separata de Julio-Antonio y que responde a la estética anarquista de la época, estudiada, entre otros, por Lily Litvak en obras como *Musa libertaria*, Barcelona, Antoni Bosch, 1981, y *La mirada roja*, Barcelona, Ediciones del Serbal, 1988.

pongo frente a mí como tú lo estás ahora, para mí es trágico...

ESCENA VI

*Vuelve otra vez a resistirse la puerta, suena el timbre y aparece
un cura rollizo y encarado.*

EL CURA.—¿El dueño?

ALBERTO.—Servidor.

EL CURA.—*(Disculpando su pregunta.)* Como no hay luz.

ALBERTO.—*(Enciende y mira aterrorizado a Dorestes, cuya presencia ha olvidado al encender movido por hábito servicialísimo de
tendero.)* Usted dirá.

EL CURA.—Yo quería un San Pascual por encargo de la
Señora Marquesa de Allende, de quien soy el capellán.

ALBERTO.—*(Cogiendo de encima de una mesa un libro.)* Aquí
tiene usted un florilegio gráfico... ¿San Pascual?... *(Hojea un
momento.)* Nunca lo he hecho... De estos encargos especiales
rara vez viene alguno... Aquí casi siempre se hacen asidua-
mente los mismos Santos sobre poco más o menos... No se
sale de la docena... *(ALBERTO se detiene en su hojeo.)* Mire...
Aquí está San Pascual... En ese lado en sus tiempos de predicación y de abstinencia, pobre, roto, y aquí, ya victorioso
y regalado... resplandeciente, lujoso, trajeado de obispo...
¿Cuál hago?...

EL CURA.—Ni que decir tiene... Considere usted que es
para la capilla del palacio de los señores Marqueses de
Allende... De obispo y recargue el lujo de la casulla... La señora Marquesa las tiene en su ropero riquísimas... Tiene un
gran criterio para todo eso.

DORESTES.—*(Aparte.)* Claro, es probable que astroso no
le dejaran entrar los porteros de sus excelencias, obedecien-
do siempre órdenes terminantes... ¡La buena gente!

ALBERTO.—Así se hará.

EL CURA.—¿Y en cuánto precio?

ALBERTO.—Si ha de tener todo el lujo que usted desea,
doscientas pesetas, de ese tamaño. *(Señalando uno de los que
hay en el taller.)*

169

EL CURA.—Yo nunca he comprado Santos, pero me parece un poco caro.

ALBERTO.—En menos es imposible, a no ser que le vistamos de harapos.

EL CURA.—De ningún modo... Hágalo, hágalo lujoso... y envíemelo al palacio cuanto antes. *(Entregándole una tarjeta.)* Aquí tiene usted las señas... Vaya, usted siga bien.

ALBERTO.—Felicidad. *(Se aleja el cura.)*

EL CURA.—*(Volviendo sobre sus pasos.)* ¡Ah! Se me olvidaba, no omita la amatista de la sortija, ni la cruz del pectoral y si se le ve alguna sandalia, que sea de oro la hebilla...

ALBERTO.—Eso fuera de cuenta.

EL CURA.—Sí... Con Dios... *(Vase. ALBERTO apaga las luces.)*

ESCENA VII

ALBERTO y DORESTES

DORESTES.—Me sorprende que puedas resistir a esta gente, yo no serviría.

ALBERTO.—Cuantas veces se me ha ocurrido vengar el fracaso de mi *Utopía,* la tragedia de haberla dejado sacar en angarillas como un muerto, y vengarla en estas gentes sin desprendimiento, que son el motivo de todos los estragos sordos, sin responsable. *(Como infamado; recordando de pronto.)* ¡¿Ah?! ¡Lo has visto todo!... ¡Qué estéril... y qué estúpido! ¿Eh? Todos imploran, se angustian, se olvidan... ¿Cómo podríamos suspender nuestra vida como los galileos?... Todos de caramelo... Y yo los hago. ¿Comprendes esta paradoja?... Si vieras la aridez y la aspereza y el esfuerzo del escoplo y de las herramientas sobre la madera... ¿Y el dorado?... ¡Qué ofensivo! ¿Eh?... ¿Y sus colores de cromo? colores sin verdad, decorativos a su capricho. ¿Y los ojos de cristal?... ¿Y la monotonía de hacer uno... y otro... y otro?... Y siempre los mismos. ¿Y los diez duros usuales?... ¿Y la colaboración de mi mujer y mi cuñada que hacen y bordan hopalandas y trajes talares, cosas de muñecos?...

DORESTES.—¿Y cómo trabajas en madera?

ALBERTO.—Porque sólo en madera se puede bendecir... Y si vieras, como sobre la madera no se ve nada, todo es mediocre, todo es de juguete, muerto... Ni se consigue la *carnalidad*... no se logra la sensualidad... La Venus de Milo[13], interpretada en madera, perdería su valor... es de una apariencia ingrata y desolada... Y yo estoy envuelto ya en el hábito de todas estas cosas... y sé hacérselas simpáticas y sé conquistar su ¡bonito! y su ¡encantador!... Y en mi silencio, en mi soledad junto a ellos he llegado a temerlos, me imponen, y en la oscuridad me persigue una mirada bizca... fíjate: bizca, fea. ¿No es que estaré loco?... Me inquietan como esos hombres de los que sólo sabemos que tienen una tribu innúmera de vasallos o de admiradores; me imponen por el número de adeptos que tienen y porque son como el yodoformo, fecundos en pesadillas. A veces surge en este remanso una horrorosa evocación de estragos, de lenocinio y de monstruosidad.

DORESTES.—De tanto preocuparte, te trastornarás... A otra cosa... *(Vigorosamente, iracundo, mordiendo las palabras.)* ¿En todo este tiempo, no se te ha ocurrido hacer en vez de una de esas vírgenes ñoñas y pacatas, un desnudo magnífico de cortesana o de virgen destinada al amor... Algo artístico, grande, humano, poseído de sensualidad y de vigor.

ALBERTO.—¡Cómo no!... Pienso mucho en Afrodita, en Hermes, en Dionisos[14]... Además ahí tengo arrinconado en el sótano porque no se vende, un Cristo en la cruz que a ninguno de mis parroquianos le ha gustado. ¡Les hacía mal efecto!... Quise hacer en él, algo más que un Cristo... Nosotros los artistas, como somos sentimentales y primitivos somos apostólicos y místicos... ¿Eh? Y lo somos, porque sí, sin credo y sin equilibrio... Estamos enterados de que hay gentes que sufren, que desfallecen, que se van deshaciendo,

---

[13] Esta estatua de Afrodita en mármol fue encontrada en la isla griega de Melos en 1820 y se conserva en el Louvre. Como es de sobra conocido, le faltan los brazos.
[14] Dentro del contexto significativo del drama, representan la exaltación de la belleza y el humanismo pagano frente a la falsedad de la religiosidad cristiana que reflejan las esculturas de santos que se ve obligado a realizar.

desmoronando a fuerza de hambre, por la labor a destajo, y lo sabemos porque nos hemos sentado una vez a su mesa en su callejón y sabemos lo que es la sopa con sebo y el bacalao negro y el pan sin sal... sabemos que hay tuberculosos incurables, que un día se hinchan y revientan... ¡Qué cosas más horribles hemos visto! ¡Te acuerdas de nuestras excursiones a los ranchos y a los tugurios?... Uno de esos hombres me sirvió de modelo para mi Cristo: era greñudo, flaco, asimétrico, tenía deformados el pecho y la espalda por una pleuresía mal curada en la prisa de trabajar para comer; los pies eran informes, las manos callosas, el pecho peludo, las orejas sucias, la boca torcida, descompuesta, la carne con rodilleras, pellejosa, los tejidos anémicos, extenuados... Casi resultó una obra pictórica también, porque tú no te puedes suponer con qué tenacidad busqué en la paleta el color de la extenuación hasta que lo encontré... Lo expuse y nadie ofreció nada por él... Todos protestaron... Quieren Cristos guapos... sin éxodo, perfilados, que les sugieran el hombre de sus sueños a ellas, y a ellos yo no sé que sodomitismos... Quieren Cristos afeminados, tersos, sonrosados, lechosos, lamidos de formas, de una frágil delicadeza, ensortijado el pelo, recortada y rizosa la barba... Me esforcé por encontrar el gesto más doloroso del dolor... quise conmoverles entrañablemente, contagiarles, desgarrarles, y así hacerles buenos... En balde... Quieren el dolor teatral de los Cristos artificiosos, ese dolor suave, difuminado y limpio... Un dolor que no recuerde el de los hospitales, ni el de los miserables... un dolor inhumano, un dolor baldío, sin dentar... sin escoriaduras violentas... cosquilloso... la herida del costado empequeñecida, sin labios casi, sin coagulaciones, sin sordidez y la sangre escasa y la boca normal, sin torcérseles y... todo curado de su crueldad... Un dolor que no les inmute con su verismo, un dolor excepcional para que no les recuerde su responsabilidad en los dolores comunes[15].

---

[15] Tal como se comenta en la introducción, la ideología anarquista reivindicó la figura de un Cristo defensor de los oprimidos que es la que defiende aquí Alberto.

DORESTES.—Me van ahogando estas cosas. Distingo ya la razón de tus quejas y tu drama...

ALBERTO.—En el principio de mi carrera quise hacer también vírgenes, como yo las sentía... Las hice frente al modelo, pasando insomne algunas noches... pero su aspecto humano, inevitablemente sugería la noción de su sexo... ¡Mi equivocación!... Arrinconadas las tengo... Cumplí en ellas el precepto de *Fidias*[16] de que bajo el traje se debe transparentar el desnudo, pero me olvidé que Fidias había nacido muchos años antes que Jesucristo... No tenía ese ansia que va contra naturaleza y que esconde el desnudo y lo soterra... Nadie las quiso, ellas temieron el qué dirán y la competencia y ellos no se atrevieron a proponer... Les vi esconderse en sí mismos, huyendo el desnudo...

DORESTES.—Me vas haciendo tener ganas de blasfemar, de ser iconoclasta de acción... Y eso no te conviene... Todo eso es deplorable... increíble.

ALBERTO.—Cuando quieren un niño Jesús, le quieren perfecto, proporcionado, volviéndose contra la naturaleza, que hace al niño chato y de cabeza grande y de piernas cortas para que pueda llegar a ser proporcionado... No hay cosa que me duela más que hacer estas cosas de bazar, estas virguerías ridículas y lindas... Yo hasta haría mejor que esto, Dioses Aztecas, esos diosas abracadabrantes, intensos, desmedidos y sanguíneos.

ESCENA VIII

DICHOS y UN SEÑOR OBESO

(El señor obeso entra en escena precipitadamente, fuma un puro enorme y lleva un dije terrible sobre el chaleco.)

EL SEÑOR OBESO.—¿El comerciante?
ALBERTO.—Servidor.

---

[16] Fidias (m. h. 432 a.C.) fue el artista más famoso del mundo antiguo. Su estilo lo reflejan las esculturas del Partenón. Fue un «creador de dioses» que resaltó, sin embargo, su lado humano.

EL SEÑOR OBESO.—Quisiera una pareja de sagrados corazones.

ALBERTO.—*(Encendiendo la luz otra vez y volviendo a mirar horrorizado a* DORESTES.*)* En el escaparate tengo dos que le gustarán. *(Descorre la cortina que respalda el escaparate.)*

EL SEÑOR OBESO.—Bien, bien. ¿Podría usted embalarlos mañana mismo y enviarlos a... Espere usted. No me acuerdo, pero... *(Saca una carta buscando las direcciones; lee entrecortadamente, salteando.)* «Los republicanos gri... Combataaa... aaa...» *(Moscardeando sobre la carta.)* «...es necesario que envíe...», eee... así contrarrees... eees... *(Interrumpiendo el moscardeo.)* Aquí está. Apunte. Santa María del Mar, Oviedo, y San Clemente, Oviedo también, a ambos alcaldes... Con sólo eso basta... Se trata de reaccionar contra los socialistas y los republicanos, y es urgente... Lo que hay que hacer es alhajarlos... A la Virgen un collar de perlas falsas de muchas vueltas y un corazón de pedrería, y a Jesús, en lugar de esa aureola, cómprele otra más vistosa, las dos cosas en los *Cien mil brillantes.* ¡Usted sabe dónde está eso!

ALBERTO.—Sí, señor.

EL SEÑOR OBESO.—Espérese, porque si arrecia la propaganda quizá envíe a todos los pueblos del distrito sagrados corazones... *(Dando una tarjeta.)* Mis señas para la factura... Seguir bien.

ALBERTO.—Felicidad, señor *(Vase el señor obeso.)*

ESCENA IX

(La escena está sobrecargada por toda la jaqueca de las confidencias y del cotidianismo de lo que sucede. Hay una larga pausa en que los dos, pesados, abúlicos, sienten el paludismo del ambiente y su tragedia bien católica, educada, redicha y dulzona.)

ALBERTO.—Ya ves, todo es ofensivo... *(Pausa, en que sienten como si hubieran naufragado en una albufera.)*

(Al cabo suenan unos golpecitos en la puerta.)

DORESTES.—*(Recobrada su jovialidad.)* Mujer tenemos.

174

Sólo a una mujer se le ocurre anunciarse antes de entrar en una tienda.

ALBERTO.—Adelante.

ESCENA X

DICHOS y ESTRELLA

ESTRELLA.—Muy buenas noches.

DORESTES.—Muy buenas.

ALBERTO.—*(Aplanado.)* ¡Hola!

ESTRELLA.—¡Caray! ¿Ha sucedido alguna desgracia de familia? Vaya, lo siento...

DORESTES.—*(A ALBERTO aparte.)* ¿Quién es?

ALBERTO.—*(Dentro del aparte.)* Una modelo... Viene mucho a verme. Pero me recuerda deplorablemente mi obra... Ella era la «Utopía», la que llevaba al obrero hacia la ciudad maravillosa.

ESTRELLA.—¿Secretos?... Mis señas con seguridad... Cava Baja, 12... segundo, interior... letra A...

ALBERTO.—Presumida.

ESTRELLA.—*(Mirando a su alrededor.)* Tú siempre lo mismo... Tú no te revelarás.

ALBERTO.—¡Caramba!... No en balde pasas por los talleres hace mucho tiempo... Los artistas son épicos. ¿Cuántas veces sirviéndoles de modelo les has oído decir ante su obra en camino: «Ésta será mi revelación»? Son buenas gentes.

DORESTES.—¡Lo único malo son los jurados!

ALBERTO.—*(Poniéndose en pie, inaudito).* Yo también me revelaré, mi hermosa utopía... Tú lo vas a ver. *(Se ha transformado de improviso, y es radiante, y gallardo, y violento.)*

DORESTES.—Tengo fe en que serás digno de ti. Aquí tienes para ello a tu bella modelo.

ESTRELLA.—*(Sentándose con toda displicencia, como sólo saben hacerlo las modelos.)* Gracias...

ALBERTO.—Tú no sabes lo que vale... Odio sus ropas... Tiene uno de los más bellos desnudos que he conocido.

DORESTES.—Será verdad, creo en ti... Los hombres guber-

namentales han empañado el sol al perseguir el desnudo...
No seríamos tan sombríos si el desnudo se reivindicase.

ALBERTO.—Tú lo has dicho, seríamos más efusivos, mejores, más abnegados, más místicos. *(Dorestes se pone en pie como para irse.)* ¿Te marchas?

DORESTES.—He de hacer una cosa ahora... Hasta mañana. Vendré con frecuencia... Tengo fe en tu resurrección de entre los... santos.

ALBERTO.—Has hecho bien en venir... Has sido providencial... El drama de no tener drama va a concluir... Me siento con ánimos de dar un salto mortal.

DORESTES.—Tú sabrás lo que haces... Yo soy el hombre de las locuras y no sabría aconsejarte prudencia... Escucha. *(Le lleva aparte a un rincón.)* Me podrías dar unas pesetas... No he comido hoy.

ALBERTO.—Toma.

DORESTES.—Gracias. No sabes cuánto te lo agradezco. Adiós.

ESTRELLA.—Con Dios.

(ALBERTO no le despide. Vase DORESTE.)

ESCENA XI

ESTRELLA Y ALBERTO

(ALBERTO cae abatido de nuevo en el cajón. La petición de dinero de su amigo, le ha vuelto a hundir.)

ALBERTO.—*(Hablando solo.)* ¡El dinero!... ¡Si me lo hubiera escamoteado!... Lo hubiera preferido.

ESTRELLA.—Muy serio te pones... Te vas haciendo un Santo entre tanto Santo... Dime con quién andas y te diré quién eres.

ALBERTO.—Era el Iscariote y me voy a hacer Dios... Este amigo me ha descubierto el cielo y lo voy a alquilar para mí solo.

ESTRELLA.—¿Y yo?

ALBERTO.—Para ti también.

176

ESTRELLA.—Magnífico... Vámonos.

ALBERTO.—¡Chist! *(Se asoma receloso a la puerta de la izquierda y escucha un momento. Nada. Vuelve otra vez junto a Estrella.)* Pero dame primero un beso mi «Utopía».

ESTRELLA.—Siempre empeñado en llamarme como a tu estatua... Yo me llamo Estrella... Aun delante de los amigos eres así... Ahora delante de éste... Figúrate que se les ocurre buscarme; pues tú les has desorientado. ¡Qué sabe mi portera de esa Utopía!... Me llamo Estrella.

ALBERTO.—No, Utopía... Pero dame el beso.

ESTRELLA.—Aquí no... Estos santos imponen... Esta tienda sobrecoge como una iglesia.

ALBERTO.—¡Oh!, los creadores de remordimientos... Escardan los labios... Pero no les tengas miedo mujer... Los he hecho yo, y sé lo que pueden dar de sí...

ESTRELLA.—*(Le da el beso y dice tirando de él.)* Vámonos.

ALBERTO.—Chist. *(Desmonta el timbre y salen.)*

TELÓN

Acto segundo

La misma decoración del acto anterior, en una oscuridad cerrada. Han transcurrido dos horas.

(La vida en serio, lívida, la vida padrastra, bisoja, la vida sordo-muda y ciega, la vida artrítica, la vida que valiendo la pena de renunciarse no se deja renunciar, la vida oxidada, derrengada, sin sol por las mañanas, sin luna y sin constelar por las noches —a esta hora— sin frivolidad, sin galantería, sin arlequinismo, canosa, sin horizontes, sin campitos, sin agüita, sin pajaritos, sin amapolitas, sin campesinismo, sin todo eso que es tan inefable, tan propio, tan benigno, la vida opilada[17], en plena veda siempre, una vida hecha de cuatro cosas mates, de cuatro siluetas, de cuatro costumbres y de cuatro palabras, es decir, cuatro veces cuatro cosas, y ninguna vez, ninguna, porque la monotonía las ha distraído y ya ni se ven, ni se escuchan, ni se entienden —por eso es una vida sordo-muda y ciega— y sin embargo se atienden, porque esa vida viciada y sofística, sobre carga, hiende el pecho y derrenga... Es la dolorosa camisa de fuerza que ni hiere, ni desgarra, ni es cruenta, ni azota, ni injuria, ni acardenala, ni hace daño y es holgada y es confortable y apaga y anula como una caperuza la llama. Una vida neumática, desconceptuada, descerebrada, en fin, una vida... es la que llena este remanso de sombra y paz. Se la nota más a esta hora, después de todo lo sucedido en el día. Todo en este ambiente es fatal, imparadojable, irrisible y asexual. Sin embargo —imagina-

---

[17] «opilada»: de «opilar», obstruir, cerrar el paso *(DRAE).*

blemente siendo asexual— se ayunta con uno, violándole con una concupiscencia inhumana, turbia, pederasta, horrible, irresistible, trasverberadora, y así, preña, abotarga e hincha de sus cosas, de sus aberraciones y de su sentido común. LUCRECIA[18], *esposa de* LUCIO TARQUINO COLATINO, *violentada con horror por* TARQUINO, *no pudiendo sobrevivir a su afrenta, después de hacerla pública, se quitó la vida por su propia mano.)*

ESCENA I

MARÍA *sola*

(Buscando en la sombra, toda sorprendida.) ¿Eh? A oscuras... ¡Alberto! *(Elevando la voz.)* ¡Alberto!... Es increíble... *(Asomándose a la puerta por que ha entrado y encendiendo la luz.)* ¡Amparo!

AMPARO *(desde dentro.).*—¡Voy!... *(Pausa.)*

ESCENA II

MARÍA y AMPARO *la deforme, que aparece renqueando.*

MARÍA.—Mira, mujer... Por habernos entretenido... ¡No se le puede abandonar!... Me he asomado dos veces y estaba con un amigo sospechoso... de los de entonces... Aquel que iba con él a la kermesse[19]... ¡Es incorregible!... Ha dejado la tienda sola, sin avisarme.

AMPARO.—¡Es increíble! Han podido robarlo todo...

MARÍA.—¡Es increíble! ¡Como si pusiera en las puertas *cerrada por defunción!*... El escaparate sin encender... Todo abandonado. *(Se acerca a encenderlo.)*

---

[18] Según la tradición, Lucrecia fue violada por Sexto, hijo de Tarquino el Soberbio, y se suicidó después de confesárselo a su marido. El suceso dio lugar al advenimiento de la República.

[19] Del fr. «kermesse»: fiesta popular, al aire libre, con bailes, rifas, concursos, etc... *(DRAE)*. María se refiere, evidentemente, a las que considera juergas de su marido con amigos como Dorestes.

AMPARO.—Siempre desidioso... No se entera de que tenemos que prosperar... ¡Parece tonto!

MARÍA.—Le sermoneé ya esta tarde... ¡No tiene voluntad!

AMPARO.—Es un holgazán... Si yo estuviera en tu sitio más activo iba a ser... En una casa alguien ha de saber ponerse los pantalones... Si no ya ves tú lo que sucede.

MARÍA.—Anda, tú sigue friendo que yo le esperaré...

AMPARO.—Regáñale... Si no cumple esos encargos según tus cuentas no podrás comprarte el abrigo... ni yo la nutria.

MARÍA.—Y que no quiero un abrigo como el del año pasado... Todos los días olla, amarga el caldo... Hay que salir de esto. Una no está sólo para abrigarse, sino para lucir el abrigo. Si no mejor me hubiera ido siendo cualquier cosa.

AMPARO.—Tú lo has dicho. *(Vase.)*

ESCENA II

MARÍA

(Observando en silencio el taller, va al cajón de la mesa para cerciorarse de que está el dinero, que suena al recontarlo. Al acercarse a la puerta ve que el timbre está desmontado y lo arregla.) ¡Había tomado todas las precauciones para que robaran con tranquilidad!... ¡Se necesita!... *(Mirando la obra comenzada.)* ¡Sin tocar!... ¡Está como estaba!... ¡Y son cuarenta duros! *(Larga pausa, durante la que le espera sentada en un rincón.)*

ESCENA IV

(Se abre la puerta y aparece ALBERTO desencajado, lívido, el sombrero echado atrás y las manos en los bolsillos de la americana, con el gesto evidente y lamentable del fracaso. Parece un náufrago.)

MARÍA.—¿Dónde has estado todo este tiempo?

ALBERTO.—Negociando.

MARÍA.—Mentira... Ha sido ese amiguito... Pero parece que vienes malo... ¡Qué mala cara traes! ¡Sería una triste gracia! Estaría bueno que ahora, con los encargos que tienes, cayeras en cama.

180

ALBERTO.—No te preocupes mujer... Los cumpliré todos con entusiasmo... Hay que repoblar la vida de Santos y yo la repoblaré... Es la gran misión que me incumbe y de que estoy orgulloso.

MARÍA.—¿Por qué hablas así esta noche? ¿Qué es lo que te sucede?... Pareces desolado...

ALBERTO.—No. ¿Por qué? ¿No vamos bien?

MARÍA.—Sí. Y por eso me extraña, debías estar contento... *(Entre reconviniéndole y jaleándole.)* ¡Si tú no olvidaras que el tiempo es oro!

ALBERTO.—No lo olvido, mujer... Mira, con el oro del tiempo haré tu lanzadera... ¡Así que no es una cosa poco agradable colocar a la esposa en el dedo de corazón, una lanzadera de oro y brillantes!...

MARÍA.—¡Podríamos sacar tantas cosas del tiempo si tú no lo despilfarraras en balde!... Mira, Don Paco el de los relojes, ha hecho una fortuna, y éste... es mejor negocio... Ya ves, han tomado una casa en el Escorial para los veranos... ¿Trabajarás esta noche?

ALBERTO.—Trabajaré hasta el amanecer... Entonces cuando ya me venza el trabajo, me iré a acostar. «Ya he alcanzado tu gabán y tu lanzadera», te diré si despiertas.

MARÍA.—*(Secamente.)* Trabaja... pero no me despiertes. Me desvelo.

ALBERTO.—*(Deshecho.)* Cierra. Ya es tarde.

MARÍA.—*(Comenzando a cerrar.)* Acabo de encender... Pero, está bien. Así se ahorra... Después de todo, a esta hora nunca vienen encargos... Los señores ya están recogidos...

ALBERTO.—Prepárame el café... No tengo ganas de cenar. *(Pausa. MARÍA apaga todo, menos la luz que cae sobre el rincón de trabajo, una luz opaca y empantallada. Se escucha el ruido de la hojadelata al desenrollarse sobre el escaparate.)*

MARÍA.—Ésta no la echo, después tengo que bajar a por el *Heraldo*[20] para ver la lista.

---

[20] Fundado en 1890, el *Heraldo* fue, junto con *El Imparcial, El Liberal* y *La Correspondencia*, uno de los periódicos de mayor difusión, tanto por la orientación de su línea informativa como por lo ameno de sus secciones ligeras.

ALBERTO.—No hay necesidad. Yo te lo subiré. Da una vuelta a la llave...

MARÍA.—Ahora a trabajar... *(Vase.)*

ESCENA V

ALBERTO *solo*

(Desvencijado sobre el cajón de embalar, se va diciendo con toda desventura y toda incoherencia.) Después de él, ella... Todos lo mismo... La utopía no se puede hacer utópicamente... *(Con alucinación.)* ¡El dinero!... Ella no podía ayudarme tampoco... Me olvidé del pasado al huir y he vuelto a tropezar con él, por pasar por el mismo sitio de antes... ¡Consejos!... ¡Cuánto sentido común tienen las gentes!... Yo soy el culpable... He hecho inaccesible el ideal... Ellos se lo saben poner al alcance de la mano y les sacia... Soy el culpable *(con ira)*, pero no sé convencerme... *(Pausa.)* No quiero seguir achicado... *(Vomita en cuatro arcadas intermitentes estas cuatro palabras...)* acoquinado... contrito... pillado... en este remanso... No quiero ser el portamonedas de mi mujer... *(Pausa.)* Pero mi calma está junto a mí... soy dueño de una llave falsa... sin obstáculos... Sé la puerta de escape y me iré al descampado... *(Con una efusión macabra.)* Un descampado... Un descampado... *(Pausa.)* Y volveré a alentar... *(Pausa. Fuera se escucha los vendedores del* ¡Heraldooo!... *y parece que entra la serenidad y el burguesismo de lo de fuera a disuadir de su sentimentalismo y de sus exabruptos a* ALBERTO. *«Vivamos en el aduar²¹ conforme a él», dice el arabismo, el sedentarismo, la pusilanimidad y la temperancia aplacada y ramplona de lo de fuera.)* ¡La noche de todas las noches! *(Un chicuelo pasa rascando, punteando como un salterio el metal rizado del escaparate. Estrépito inaudito.)* ¡Si yo pudiera tener esa inconsciencia!... *(Un ciego toca en la guitarra el couplet de moda, nueva coacción de la frivolidad sobre*

---

²¹ «aduar»: pequeña población de beduinos, formada de tiendas, chozas o cabañas *(DRAE).*

182

ALBERTO; *pero* ALBERTO, *temiendo secretamente en su instinto contagiarse, se levanta, da una limosna al ciego y le despacha.)* Son las nueve de la noche... Están ya las tiendas cerradas...

EL CIEGO.—*(Con una voz ciega.)* ¿Pero y las tabernas, señor?... Es donde dan más limosnas. ¿Y los cafés, señor?... Hay mucha gente en los cafés, señor, y siempre hay alguien que se levanta... Buscándolos, a veces me equivoco... Soy ciego, señor, y no tengo lazarillo...

ALBERTO.—*(Orientándole.)* Por aquí en la esquina hay un café... Adiós...

EL CIEGO.—Adiós y Dios se lo pague...

(Vuelve a cerrar y al hundirse de nuevo dice un poco iracundo): ¡Todo es cristiano!... *(Suenan en la puerta unos golpecitos.)*

ALBERTO.—¿Quién?

ESTRELLA.—Soy yo, Alberto... Eres muy resabiado... muy desigual... ¿Sigues furioso?... Ponte en razón... Ábreme... No tenías tu capital encima... Abre hombre: lo desenterraremos juntos... Nadie está obligado a vivir como un avaricioso con su capital cosido al forro del chaleco... Abre. *(Golpea nerviosamente.* ALBERTO *se va sigiloso por la puerta de la izquierda, la que da al cuarto cegado, que hace de almacén. Cierra. La escena, se debilita, se efusiona al son leve y dulce de esa voz de mujer que habla sola, escuchándose.)* Nos volveremos a marchar... Anda Alberto... No seas pesado... La *Utopía,* tu *Utopía* te llama... Tú no la abandonarás... ¿Tampoco haces caso a la Utopía?... Te llevará al país que sueñas, a ese mundo que deseas... más perfecto... más dichoso... menos... *(En la paz del momento, extremosamente arbitrario suena un tiro, que no se puede creer en el primer instante.)*

(ESTRELLA grita desde fuera y golpea la puerta, histéricamente. Casi paralelos se escuchan otros gritos en las habitaciones de la derecha. Todo se turba, se confunde. María aparece asustada y junto a ella, su hermana la fea.)

AMPARO.—¿Un tiro?

MARÍA.—En la calle.

ESTRELLA.—*(Desde fuera, haciendo por abrir la puerta.)* ¡Socorro!... ¡Socorro!... ¡Aquí!... ¡Abran! ¡Socorro!

AMPARO.—*(Silenciosamente.)* No abras, podría ser el criminal... Lo arrollarían todo.

MARÍA.—Ha debido ser junto a la puerta... ¡Será horroroso!

ESTRELLA.—*(Unida su voz a la de una muchedumbre indignada que golpea la puerta.)* ¡Aquí ha sido!... ¡Aquí adentro!... ¡Una tienda de Santos!... ¡Abran!

UNA VOZ.—¡Un asesinato!...

(MARÍA *abre instantáneamente, y al ver a* ESTRELLA *entrar corriendo por la puerta de la izquierda, comprendiéndolo todo de proviso*[22], *al olor de la pólvora por la puerta entreabierta grita espantada:)* ¡¡Alberto!!

ESTRELLA.—*(Desde dentro.)* ¡Se ha matado! *(Se oye sollozar dentro, envallada la puerta que da al drama por la muchedumbre que se aglomera y se empina por ver.)*

TRANSEUNTE 1.º.—Un crimen por lo visto.

TRANSEUNTE 2.º.—Por lo visto no, que yo no he podido ver nada.

TRANSEUNTE 1.º.—Dicen que vivía con dos mujeres... Un crimen pasional.

UN GOLFO.—*(Aparte, mirando con descaro por debajo de la túnica morada a un Cristo.)* ¡Perdona, Jesús!

DOS PILLETES.—*(Aparte uno a otro haciéndose un gesto de rapiña.)*

—¡No hay nada!

—Todo es *enmueble*[23]... porque cualquiera carga con un pelma de estos.

—Husmea.

UNA COMADRE.—Ha sido por celos.

OTRA.—¡El gran tunante!

OTRA.—Iban mal de cuartos. Éste es mal negocio.

(Uno que sale del cuarto de la sangre remolinándolos a todos a su alrededor, contesta a sus preguntas):

---

[22] «de proviso» (loc. adv.): al instante *(DRAE)*.
[23] Del fr. «meuble», con el sentido de mobiliario fijo o pesado.

—Se ha suicidado... *(Un vendedor de periódicos a otro, esqui-
vándose del grupo sin dejar de doblar una mano de* Heraldos...)

—¡Qué lástima que no haya sido crimen! ¡Mañana la
venta!...

EL OTRO.—No seas bárbaro...

*(Aterida, espeluznada la muchedumbre por el éxodo, musita si-
lenciosamente sus comadrerías.)*

TELÓN

FIN DEL DRAMA

Beatriz

(Evocación mística en un acto)[24]

---

[24] «Beatriz. Evocación mística en un acto.» Tal como se comenta en la introducción, este drama de Ramón conecta directamente con la atracción finisecular por el tema de «Salomé», pero, además, su propio título remite a la estética prerrafaelita, a las «Beata Beatrix» herederas de la imagen de Dante Gabriel Rossetti. Maeterlinck es autor de una *Sor Beatriz* y, por poner otro ejemplo, Valle-Inclán incluye un relato con este título en el *Jardín umbrío*. Hans Hinterhauser habla, incluso, de un «campo de fuerzas» en torno a esta «Beatriz» prerrafaelita (Hans Hinterhauser, *Fin de siglo. Figuras y mitos,* Madrid, Taurus, 1980, pág. 119). Un rasgo característico del teatro simbolista que muestra su afán de renovación son las nuevas denominaciones con las que se designan las obras.

A María del Rosario Catalina

MARÍA DEL ROSARIO: Para ti que te quejas de no poder leerme, he hecho esta evocación mística e ingenua. Como te he ofrecido madreselvas, azucenas silvestres y libélulas, en los campos, otras veces, con ese ademán desapercibido y humilde de quien no da nada y no pide más que se prendan sobre el seno, te ofrezco ahora estas sencillas melancolías que te prenderás también, esta vez en el corazón.

Prólogo

Tengo una vara de nardo en mi *búcaro* entallado y gallardo de bohemia. Embriaga, ciega, asordece...

Me reduce a mi interior —a lo más subterráneo de mi interior— y me lo angeliza, y lo engolosina, y lo enguirnalda...

¿Qué luz es ésta?... ¡Cuánta!... ¿Y esta maravilla tan leve, tan suave y tan musicalina?...

El nardo tiene un perfume de esos que también saben, de esos en los que se paladea una indeterminada afrodisia, y tiene un dilatado espacio fecundo en visiones y en cosas...

El nardo me ha sugerido una pregunta un poco audaz, con audacia a la que disculpan un tanto las interrogaciones adjuntas: ¡Entró el arcángel San Gabriel en el oratorio de Nuestra Señora la Virgen María o fue el nardo que los primitivos pintan a su vera, sumiso y en alabanza, quien lo anunció todo y arcangelizó la hora!...[25]

Este nardo mío tiene catorce flores, blancas, amarfiladas... Es muy alto...

Cuando lo sumergí en el *búcaro*, recién lleno de agua cristalina, tenía sólo tres flores abiertas, coritas con discreción, porque el nardo es casto y siempre con un pudor virginal encubre sus reconditeces...

---

[25] Alusión al cuadro de Dante Gabriel Rossetti: «Ecce Ancilla Domini!».

Dos días y medio, sin brusquedad, silencioso, lento, sin dejar ver sus movimientos, como quien no hace nada, pero delatando una fuerza íntima, intelectual y diligente, tardó en abrir sus once capullos restantes...

Cuando resplandeciente y afiligranado, hecho una bendición, llegó a su apoteosis, después de haberle cortado el tallo tres veces y haberle renovado otras muchas el agua, cuando todo *maestoso*[26], en pleno *si bemol* de fragancia se dio entero, terminé precisamente esta evocación santa. Después, cumplido ya su destino, comenzó todo trémulo a extenuarse...

Es indudable, pues, que de él procede la confidencia, y que él fue el medianero de la Gracia.

¡Oh! ¡El buen nardo!... ¡Mi vara de nardo de las catorce flores!...

Porque no puede ser de otro modo, que yo que he escrito *Salomé, La Utopía, La Hetaira y el Ciego, Madame Bovary, Salambó, Afrodita, Mademoiselle Maupin, La Hermética, Claudina, El lirio rojo, El primo Basilio,* y tantos otros libros profanos alrededor de mujeres excesivas y perversas, haya podido escribir BEATRIZ, esta pureza lauda, con aires de trisagio, que sería bueno «representar después de *Salomé*[27]»...

¿Después de *Salomé*?

Me imagino el fracaso.

El escenario, que necesitaría aniñarse para el caso, no viene a la figura menuda y abnegada de Beatriz... A la primera actriz, exuberante y de una belleza demasiado *teatral* para que encaje en este papel delicado; a la *diva* que llevó gente a las butacas y a las plateas para verla hacer *Salomé*, medio desnuda, con dos pezoneras incrustadas de pedrería sobre

---

[26] «maestoso»: término musical que significa majestuoso, lo que alude, tanto al tiempo lento como al carácter de la interpretación.

[27] El autor alude a los títulos de diversas obras literarias, como la *Salomé*, de Oscar Wilde (1854-1900); *Madame Bovary* y *Salambó*, de Flaubert (1821-1880); *Afrodita*, de Pierre Louÿs (1870-1925), *Mademoiselle Maupin*, de Théophile Gautier (1811-1872); *Claudina*, de Colette (1873-1954); *El lirio rojo*, de Anatole France (1844-1924); *El primo Basilio*, de Eça de Queiroz (1846-1950), y dos obras del propio Ramón: *La Utopía* y uno de los cuentos incluidos en *Morbideces* (Madrid, 1908): «La hetaira y el ciego.»

los pechos desnudos, y una faldilla de abalorios sobre las caderas hasta los hijares, en el papel de Beatriz no se la ve (¡!) dada la obscuridad de la catacumba y la cerrazón de las ropas talares... El olor acre, formidable, olor a sexo, de que está llena la escena, agría el delicado perfume de Beatriz... Y en el oído las frases cálidas, recias, pasionales de Salomé, queriendo como mujer y como amante a Yo'Kanaán (San Juan Bautista), no dejan oír el hilo que se devana sin ruido del llanto de Beatriz y la voz sutil, recia en otro sentido, que se aqueja toda, ante la cabeza que ha desgarrado *Salomé* y que ha manoseado también, antes, leonina y cruenta.

Y no obstante todo esto, prefiero este fracaso de *Beatriz* al triunfo de mi *Salomé* —sin que esto sea repudiarlo— porque es más perdurable lo que hay de maternal en lo humano que lo que hay de sexual. No excluyo, sin embargo, ninguno de los dos agentes, ya que admito la esposa —maternal y apasionada— y esa amante que puesta en un caso como el de *Salomé,* sinónimo al de aquellas dos mujeres ante el niño que manda degollar Salomón, pide con espontaneidad que se aleje el amante y consiente en perderle para su regazo antes de verle morir.

¡Oh BEATRIZ!...

¡Oh buen NARDO místico!... ¡Mi vara de NARDO de las catorce flores!...

¡Salve!... ¡Deo gracias!...

PERSONAJES

BEATRIZ
LEVI   *El venerable*
MARÍA   *La neófita*
DOR   *El ingenuo*
NOAR   *El leproso*
AGAR   *Hermana menor de Beatriz*

LA CABEZA MUDA, MALTRECHA, PILTRAFOSA Y LÍVIDA DE YO'KA-
NAÁN (SAN JUAN BAUTISTA)
SOMBRAS INDISTINTAS

(BEATRIZ es joven y es bella, con una belleza de sagrario,
de baptisterio, invisible en las fiestas profanas y en la calle...
BEATRIZ tiene unos ojos infinitos, y unas suaves ojeras sobre una palidez nívea y trágica de hambrienta... Es rubia
pero desapercibe la riqueza aurífera de su pelo la torpe sencillez de su peinado... Un peinado alisado y prieto, que es
un escondrijo... Se nota en sus ojos blandos un piélago, movible y fantasioso y el fragor que la consume y la ahila por
momentos... Espera degustando la *menta* de sus esperanzas
el día de las vendimias allá en el cielo... Viste con pobreza,
pues es hija de unos mercaderes de los arrabales que la mal-
tratan y la hacen ir con las banastas atestadas gritando la
mercancía... Puede con ella ese trabajo... Sus padres no lo
comprenden y se enfurecen porque no se la oye. ¡Pero es
que no puede más!... Todo en ella es infantil, impúber
—siendo ya una mujer—. Sus facciones no tienen apenas
relieve, sus ojos no se han rasgado aún, su voz es tímida, es-

194

condida, musita sólo, y su boca es aún nueva, niña, limpia de durezas y resabios... En un minuto bíblico la sorprendió Julio-Antonio[28], célebre artista de su época... Suponed el halo de su aureola, de una luz vivísima imposible de interpretar... ¡Nada de purpurina! ¡Nada de pan de oro!... ¡Era ya imposible su rubiez dotada de un *resol* irresistible!... ¡Cuánto más no lo iba a ser su aureola!...

Así es ella tal como el retrato. Por eso conservaré este original como se conserva la efigie de Dios recogida por la Verónica en el blanco lino...

La lepra, complicada con la viruela, la destruyó después. Perdió los ojos y sufrió la vida peregrina de los apestados. Así se invalidó. ¿Se invalidó? Ha sido repentino y pecador el epíteto. Así se *divinizó*. Eso la hizo inmensa. Perdió la cabeza —o fue como si la perdiera—, pero la nacieron las alas, conservado en sus vestigios de *Victoria*, la belleza suficiente, de esa manera plena de indicios conque la *Victoria de Samotracia*[29], también alada, sin cabeza, sin brazos y toda desportillada, se muestra a los siglos imperecedera, ideal y *victoriosa...*)

---

[28] Al igual que en *La Utopía*, Ramón se refiere a la portada de la separata, debida a Julio-Antonio. Por supuesto, la alusión temporal forma parte de la ficción de la obra.

[29] La «Victoria de Samotracia»: estatua de mármol, mayor que el natural, descubierta en la isla de Samotracia en 1863. Representa a una Victoria alada posándose en la proa de una galera. Marinetti la elegirá como representación de lo que el futurismo entendía como arte caduco en su famoso exabrupto: «Un coche de carreras es más bello que la Victoria de Samotracia.» Ramón afirma en «Movimiento intelectual. El Futurismo» *(Prometeo,* núm. 6, 1909): «Lo que él dice (Marinetti) de la Victoria de Samotracia lo habíamos dicho ya nosotros, no ante un automóvil, sino ante una maquinilla de afeitar.»

Acto único

Como si no hubiera decorado... Sólo se columbra que la escena está dividida en dos compartimentos: el de la izquierda insignificante y negro. En él está Noar el leproso, que se queja por intervalos... La cripta sombría y desolada se alarga en la sombra, se abisma... ¿Hasta dónde?... —Una lucerna de barro luce, en su punta, mortecina y guiñosa... El silencio que es imperturbable y solemne añade sordidez y sordera al espacio, lo embrea y lo adensa más... Una penetrante emanación de humedad traspasa la carne y enfría la nuca... Sobre una repisa de piedra junto a la pared, a ras del suelo se adivina, gracias a algunas turbias salpicaduras de luz, una hilera ambigua de hombres y mujeres, como participantes de una tragedia incógnita.

ESCENA I

BEATRIZ, MARÍA LA NEÓFITA, DOR EL INGENUO, LEVI
EL VENERABLE y LAS SOMBRAS

(Todo inmóvil, tácito, un buen rato. Las sombras revelan de pronto en un relámpago una inquietud. A veces se las oye suspirar desde una profundidad incalculable que hace más profunda la resonancia de la cripta...
—¡Ay, Señor!
—¡Ay!
—¡Piedad!...

—¡Salvadnos!...

—¡Yo os imploro, Señor!

—¡Loado seais!...

—¡Yo pequé! ¡Pequé!...

—¡Señor!...

—¡Ay!

Alguien llora sin continencia, como si tuviese más de dos ojos o unos ojos infinitos. Es un llanto de niño que llorara una mujer. Así parece que tiene en brazos a la criaturita que llora, y sin embargo, es ella misma. Es BEATRIZ... *Todos se sinceran de este modo desvestido y casto, porque viven del olvido de los otros y de su soledad... A veces son sólo bostezos que invocan a Dios... Es la madrugada... En las sombras se esponja la conciencia y se agudiza... Todo sugiere un olor fantástico a cadáver... ¿No habrá alguien de cuerpo presente sobre un catafalco o sencillamente sobre el enlosado?)*

BEATRIZ.—*(Adolorida, desnuda y desfondada en su voz.)* ¡La reconquistarán, padre?... Y perdonadme. No sé ya cuántas veces os he hecho la misma pregunta.

LEVÍ, el venerable.—El Señor lo quiera.

BEATRIZ.—¡Tiene tantas puertas el palacio!... ¿Me dejáis que yo vaya a espiar?... ¡Ellos son muy pocos! No la traerán... Ya lo veréis, padre, ya lo veréis...

DOR, el ingenuo.—*(Un hombre piramidal que se porta como un párvulo.)* Voy yo, Beatriz. Basta que quieras.

LEVÍ, el venerable.—Quédate, hija... Reposa... Procura dormir... Te está permitido... No será negligencia... Tu desmayo te ha postrado... Y el golpe en la cabeza...

MARÍA, la neófita.—Nos asustaste.

DOR, el ingenuo.—*(Haciendo una alusión a su lealtad y a su musculatura.)* No pude prevenir tu caída... Si no... ¿Padre, me dejáis ir?... Beatriz está inquieta.

LEVÍ, el venerable.—Se alarmaría la guardia... No vayas.

BEATRIZ.—¡Es horroroso! De pronto... ¡Así!...

MARÍA, la neófita.—*(Inefablemente.)* ¡Pero ya ríe en el cielo!... Piénsalo...

BEATRIZ.—Si hubieran anunciado su peligro, o su agonía... ¡Pero su muerte consumada!... ¡Consumada!

MARÍA, la neófita.—*(Inefablemente.)* ¡Piensa en su ascensión!...

Dor, el ingenuo.—*(Balbuceante, persuasivo, como quien consuela a un niño.)* No desesperes Beatriz... ¡Quieres la reliquia que tanto te gusta...! Es mi único tesoro pero te la doy... Anda... He llorado más de lo que sabía llorar porque tú llorabas... Lloras un Jordán... Debían bautizar con lágrimas como las tuyas. *(Ingenuamente escéptico.)* Porque el agua corriente... el agua corriente... el agua vulgar... *(Se interrumpe.)* Beatriz... ¿Di? ¿Quieres mi reliquia?... Está bendita y tienes sus virtudes... Si no te la daba era para que me tuvieras algo que pedir... Sin ella ya no te fijarás en mí... Pero, de todos modos, tómala...

Beatriz.—*(Dulcemente incomodada.)* Calla... *(Se siente toda la desolación de los congregados.)*

Una sombra indignada.—¡Herodes Antipas!... *(Resuena la ira en las sombras y alguien repite:)*—¡Herodes!

Leví, el venerable.—Mansedumbre... *(Pausa.)*

Beatriz.—¿Quién lo diría?... Le logré ver en Macherunte y a través de su reja me gritó que volvería entre nosotros... ¡Volvería!... ¡Padrino!

María, la neófita.—¡Piensa en que se libertó!

Beatriz.—No puedo, no puedo... Tengo en los ojos unas manchas rojas como las que quedan de mirar fijamente el Sol... Se posan sobre todo lo que miro y aún si cierro los ojos persisten... No puedo levantar el pensamiento de la tierra... Le veo caído, descabezado... Y enloquezco viendo que place su cabeza sobre una bandeja... ¡Estando muerta! ¡Sin habla, sin vista, sin pensamiento!... ¡Tan indefensa!... ¡Tan apiadable!

Una sombra, acogotada en un rincón, tartamuda por el miedo.—¡Así me lo han contado! *(Pausa.)*

Beatriz.—*(Llena de abnegación.)* ¡Hago voto ante el Señor, de cortarme los cabellos si te traen!

Dor, el ingenuo.—*(Horrorizado.)* ¡Oh! ¡Tus cabellos!... Beatriz. Deja. En vez de ellos, ofrece como exvoto mi reliquia... ¡Pero tus cabellos!...

Beatriz.—¡Hago voto de cortármelos de raíz, Señor!... *(Es todo un nuevo drama central, que monta la corriente del drama, padre, que lo eclipsa un momento y marcha sobre él a la deriva —y marchará sobrenadando todo el drama hasta el éxodo y*

199

más allá del éxodo como en palankin— el de la condenación de sus
admirables cabellos rubios. *La fe y la renunciación con que ha pronunciado el voto, ha sonado a irreparable, y ha adelantado la escena de su pérdida. Ha dado la sensación de habérselos cortado.
Como ha tenido que despeinárselos, han cundido sobrenaturalmente, insuperables. Han recobrado esa gracia repentina que lucen las
fuentes taponadas, el día de su apertura. Se les ha visto caer en
grandes matas irreparables, reverberando en la caída, una caída
angustiosa, con cien gestos. Porque ha habido cabellos que han caído en trenzas, otros que al caer se han anillado, o que esfumándose
han hecho esas aguas, esos bajo-relieves de plisado natural. Muertos, al caer y caídos han reconquistado su belleza rizosa y su espon-
josidad, que evitaba antes de eso la tirantez del moño vulgar y pusilánime. Se han descubierto en toda su extensión y toda su densidad. ¡La hermosa guirnalda de la virgen ha conseguido al morir su
apoteosis... Todo eso se ha visto y no se ha visto, hollado e inválido... ¡Drama entre paréntesis! ¡Gran pena!)*

DOR, el ingenuo.—*(Reanudando su lamentación.)* ¡Tus cabellos!... *(Un poco doblegado.)* Pero al menos ¿me los dejarás
coger?...

BEATRIZ.—*(Lejana a todo.)* ¡Tan bueno! ¡Tan bueno! bauti-
zaba a todos paternalmente, como dotándoles, como vis-
tiéndoles de púrpura... Decía fascinado: —¡Cómo les enri-
quezco!... Le parecía haberles concedido un reino y un tesoro ímprobo...

LEVÍ, el venerable.—Y en verdad se los concedía.

UNA SOMBRA.—¡En verdad!...

UNA SOMBRA senil.—Yo llegué a conocer a Beatriz, su madre... ¡Si ella viera esto!...

UNA SOMBRA amenazante.—¡Ah, Herodes Antipas!...
¡Herodes!...

UNA SOMBRA exaltada.—¡Herodes!

OTRA SOMBRA prendida de cólera por las demás.—¡Salomé! ¡Salomé!

OTRA.—¡Herodias!... ¡Herodias![30]

---

[30] Estas réplicas y repeticiones son ecos evidentes de Maeterlinck, que
también estará muy presente en la ambientación de las acotaciones.

OTRA.—¡Familia incestuosa y pecadora! *(El surtidor que mana lágrimas en silencio, sigue borboteando. Llanto de niña que llora una mujer. Pausa.)*

UNA SOMBRA.—El último día que vino hasta aquí trajo a Noar el leproso... Le habló de Dios y le bautizó... Después le asignó el rincón de al lado... ¡Nadie hasta él se había atrevido a recoger a un leproso!...

OTRA.—¡Tenía manchas de viruela!

DOR, el ingenuo.—¡Y la tiene!...

OTRA sombra.—¡Qué hermosa fue esa acogida!... La fortuna que concedía a todos nunca se había hecho tan valiosa, porque nunca agració a un miserable tan mísero... ¡¡Un leproso!!

LA SOMBRA de antes.—Fue una gran lección de Santidad... Habló con tal amor de él que nos hizo olvidar el contagio...

DOR, el ingenuo.—Yo no presentía que un leproso fuera un hombre... ¡Mis padres, gentiles, me enseñaron a huirles como al estigma... Como todo Jerusalén les huye... Además estoy acostumbrado a verles pasar cumpliendo las órdenes del Tetrarca, voceando su mal al paso por la ciudad para que se apárten las gentes... Yo no había podido pensar que fueran personas como nosotros porque entonces hubiera tenido que dudar lo fueran las gentes faltas de bondad que los dejan ir a morirse al descampado sin auxilio alguno... ¡Qué sé yo!... Yo creía que eran... Qué sé yo...

UNA SOMBRA.—¿Se habrá muerto?... ¿Entráis alguien a verle?...

DOR, el ingenuo.—Yo le alargo a su hora una lechuga silvestre y un pan de ácimo... Y tiene un cántaro con agua... Ahora ya sé que es nuestro hermano...

LEVÍ, el venerable.—¡Fue una lección de bondad que sobrepasó mi experiencia!... ¡Un apestado!... Nunca vi que se les alargara una mano; a lo más he visto tirarles a distancia las sobras... Les he visto pasar corriendo siempre por la ciudad... He visto muchas veces maltratarlos como a los perros... Y conozco la orden grabada en la puerta de Damasco y en la de Betlehen que les prohibe entrar en la ciudad...

BEATRIZ.—¡Yo'Kanaán! ¡Yo'Kanaán! ¡Hago voto ante el Señor, de andar sin sandalias, si te traen!

DOR, el ingenuo.—*(Crispándose, todo sobresaltado:)* ¡Descalza! ¡Pobres pies! No, no... *(Se amansa, se detiene y dice para sí)...* Pero yo alfombraré su camino... ¡Si no pobres pies!... Se desgarrarían... *(Pausa. La escena está inundada. En el silencio vuelven a surgir las exclamaciones constantes:)*

—¡Señor! ¡Señor!

—¡Misericordia!

....

(Una voz que es como un puño crispado): —¡Herodes! *(Repentinamente, se escuchan sutiles pasos en el fondo... Todos se ponen en pie, inquietos, ávidos... Se presiente algo formidable y crudo... BEATRIZ que estaba de hinojos, se levanta y vuela como un tenue vilano, hacia allá... Llegan a la escena sus gritos):* —¡Dádmele! ¡Dádmele!... *(Horrorizada desde el allende sin puntuación de las sombras)* ¡Maestro! ¡Maestro! ¡Yo'Kanaán! ¡Yo'Kanaán!

UNA SOMBRA A OTRA.—¡¿Lo traerán?!... ¡¿Lo traerán?!...

MARÍA, la neófita, a DOR, el ingenuo.—*(Toda cerrada de pronto como una pasionaria.)* ¡Yo nunca he visto sangre, hermano...! ¿Sangrará mucho?... Protégeme, Dor...

DOR, el ingenuo.—Estaré a tu lado... A mí que he visto en las batallas todos los horrores, me conmueve esto por ella... Le quiere demasiado... No la han debido dejar frente a frente con tan gran violencia... Va a sucederle algo...

ESCENA II

LOS MISMOS, DOS SOMBRAS MÁS Y LA CABEZA DE YO'KANAÁN

(Se produce un murmullo macabro entre los fieles. BEATRIZ solemne, fantástica, soporta la cabeza de YO'KANAÁN.)

UNA SOMBRA.—¡Bendito sea Dios!

OTRA.—¡Alabado sea!...

BEATRIZ.—¡Avivad la lucerna!

(DOR, el ingenuo, cumple la orden. La luz apenas revive, pero

202

DOR *la desenclava y la trae junto a* BEATRIZ. *La ilumina. Tiene las cuencas azules de llorar, los ojos anublados —con un resplandor lunar lleno de saudade bajo la bruma—; la cara enflaquecida por el dolor, la túnica blanca ensangrentada, y en las manos cándidas y afiladas, sobre el regazo, en una angarilla de esparto, la cabeza de Yo'Kanaán. En su actitud inverosímil, parece más alta, más esbelta, como si la situación la hubiera calzado el coturno. La cabeza del maestro, pesada y hermética, tiene la hermosura ruda, guerrera y varonil del árabe. Una hermosura que ha exaltado la muerte, dotándola de severidad, de suscitaciones y de interés. Sigue siendo indómita. Sus luengas barbas, anilladas y endrinas, cortadas a escuadra, esconden la herida del degüello. Sus cejas enarcadas en alto, y su frente desplegada como queriendo ascender más allá de lo posible, en un gesto de volador, le dan un aspecto de visionario, que transparenta en el fondo un gesto candoroso de niño mayor.)*

BEATRIZ.—¡Pobre maestro!... ¡Mi santo padrino!... ¡Ya has vuelto!... ¡Pero cómo!... ¡Si el Señor me permitiera precederte!... *(Llora como desgarrada por una herida tan amplia y tan mortal como la del ancho cuello del maestro.)*

LEVÍ, el venerable.—Beatriz, reposa... El señor ha enseñado la continencia en las desgracias...

MARÍA, la neófita.—Ved que era su predilecta... Le seguía a todas partes... Hasta Kunt llegó a ir con él...

BEATRIZ.—¡Pero esta vez se ha ido solo!... ¡Solo!...

MARÍA, la neófita.—Pero te espera allí... Será tu intercesor...

BEATRIZ.—¡Es él!... Yo esperaba que hubiese perdido el parecido... Esperaba no conocerle del todo... ¡Pero es él!... Sereno, con su mansa bondad de siempre... ¡Es él! ¡Pero sólo su cabeza!... ¡Era tan importante como su cabeza, su corazón!

UNA SOMBRA.—*(Compasiva y maternal.)* ¡Era como su hija!...

OTRA.—Sus hijos lo éramos todos... Porque ninguno, ni Leví, llegaba a ser su hermano...

OTRA.—¡Alzaba mucho sobre todos!

OTRA.—Parecía llevar sobre su cabeza el triángulo con la sabia pupila providencial...

LA SOMBRA DE ANTES.—Tenía que ser un gran ejemplo para todos. ¿Quién sabe si el Señor le habrá concedido esa misión?...

BEATRIZ.—¡Santo! ¡Santo! ¡Santo!... Mirad... Está aquí, tiene su cara cuotidiana y ya no habla... ¿No será esto un simulacro?... ¿No será una cabeza[31] de barro que se le parece?... Entiende alguien el misterio... ¿No es un simulacro?... ¡Un milagro, Señor! Dejadle que me hable, que accionen en el espacio las manos que lo bendecían todo... Bendecía los campos para abonarlos, bendecía a la embarazada para asegurarla un buen alumbramiento... Bendecía las pequeñas banastas de los mercaderes para asegurar su venta... Bendecía a los rebaños para que no les atacara la enagra... Que hable, Señor, que vuelva a decirme todas las cosas alucinantes y seguras con que me abría el paraíso... Señor, si no, torpe como soy, no sabré ser tuya... *(Solloza. Pausa. Todas las sombras se han arrodillado alrededor del ampo[32] de la luz en que sufre* BEATRIZ *con la cabeza en el regazo.)* ¡Señor!... ¡No sé si se han cegado sus ojos o los míos!... ¡Son los míos, los míos, porque él verá del otro lado la otra vida y yo no veo nada!... Señor... Señor... ¡Que me he llenado de ignorancia y ceguera! ¡Señor!... *(Todos meditan replegados sobre sí. Silencio. Y en el silencio una pantomima[33].* BEATRIZ *se desclava de los cabellos la larga aguja que los prende y hace ademán de clavársela.* DOR *sorprende el gesto y detiene la mano con un esfuerzo que sin querer ser brusco, lo es.)*

---

[31] El resto del drama desarrolla un motivo peculiar del arte decadente: la fascinación por los miembros separados del cuerpo humano (véase J. P. Reverseau, «Pour un étude du theme de la tête coupée dans la littérature et la peinture dans la seconde partie du XIX siècle», *Gazette des Beaux-Arts*, LXXX, septiembre de 1972, págs. 173-184. y J. Palacio, «Motif privilégié au jardin des supplices: Le mythe de la décollation et le décadentisme», *Revue des Sciences Humaines*, 153, enero-marzo de 1974, págs. 39-62).

[32] Ramón escribe «hampo», pero es, evidentemente, «ampo»: blancura resplandeciente *(DRAE)*.

[33] El interés de Ramón por el género de la pantomima queda reflejado en las obras de este tipo que escribió en esta época y que se recogen en esta edición, pero en algunos dramas también especifica, como aquí, ese carácter de la acción, lo cual demuestra la atención que Ramón concedía a aspectos concretos de la representación.

Dor, el ingenuo.—¿Qué ibas a hacer?

Beatriz.—*(Despertando resentida.)* ¡Ah!...

Dor, el ingenuo.—¿Te he hecho daño?... ¿Qué ibas a hacer?

Beatriz.—Ver si soñaba. *(Viendo el gesto horrorizado de Dor, sonriendo.)* Sólo iba a punzarme.

Leví, el venerable.—Resígnate, pequeña... Lo ha querido Dios... Acata sus designios... Vela su espíritu sobre el sueño de sus párpados.

Beatriz.—¡Señor! ¡Señor!... No encuentro mi alma ni mi virtud... Haced el milagro de resucitarle... Dejad que comience como todos los días «Ahijada Beatriz, a quien no pierde de vista nuestro Señor...» Sin yo saberlo hasta ahora que falta, noto que había aprendido a creer por él, en vez de por mí... ¡Señor, soy huérfana y parece que no tengo creencias. No las encuentro!... Sin el fallo de su gracia me creeré en pecado mortal siempre... ¡Señor, creeré que te has olvidado de tu pequeña!

Dor, el ingenuo a una sombra.—¡Cuánta bondad! ¡Lástima que esto esté tan obscuro!

La sombra.—Cuidado con lo que deseas, repórtate, que me parece como si hubieras pedido ver su belleza...

Dor, el ingenuo.—*(Asombrado.)* ¡¿Sí?!...

Leví, el venerable.—Hermanos Diodimo y Anteo. ¿Cómo os lo encontrasteis?

Uno de ellos.—Veréis, padre; veréis, hermanos... Había amanecido ya, y desconfiábamos de las puertas que no podíamos ver... Nos inquietaba el presentimiento de que le hubieran arrojado a la piscina de los ajusticiados... Los centinelas nos amenazaban y al hermano Lucio lo apresó uno de ellos... Desconfiábamos... Cuando se abrió un balcón... Una cabeza desencajada por el espanto... *(Una sombra interrumpiendo: —Salomé tal vez...)* Tal vez... Se asomó con violencia, miró hacia abajo y como huyendo, temerosa de lo que tenía entre manos, arrojó algo a la calle... Lo adivinamos... Aquí, el hermano, dice que resplandeció... Hay que creerlo... Era la del Precursor... Ella cerró después despavorida y nosotros huimos... Allí quedaron los otros, esperando que salgan a enterrar su cuerpo... *(Pausa.)*

Dor, el ingenuo, a los recién llegados, dando una importancia cerval a la noticia:—¡Ha hecho voto de cortarse los cabellos y de andar sin sandalias!

Uno de ellos.—¿Quién?

Dor, el ingenuo.—¡Quién ha de ser: Beatriz!... *(Las sombras se van escabullendo a los rincones para estar a solas con su pena, algunas que están arodilladas se echan de bruces sobre tierra y así se eternizan.)*

Beatriz.—*(Con una ignorancia infinita.)* ¡¿Cómo le amaría esa mujer?!... *(Pausa.)* Mirad, tiene rota la quijada del golpe... Le sangra la mejilla, sangra por la boca y le sangra aún el cuello. *(Rasgando su túnica.)* María. Trae agua en una gamella, trae vinagre... *(Dor adelantándose va a por ella.)* Entonces, ayúdame a hacer hilas... *(Recogimiento. Las dos hacen hilas en silencio. Beatriz, doblada sobre la labor, absorta, en una actitud de Madrecita que prepara los cuidados para el niño —exquisitos cuidados de los que ha de provenir su salvación—, deshilacha su pedazo de túnica. Se muestra celosa y apresurada. Parece que van a ser las hilas una panacea. A veces se enreda, coge tres hilos en su premura o coge el que no es el primero, y se la resiste el tejido, entonces se contraría y sin querer, toda impaciente, se queja. Después, resignada, se detiene, hace un gracioso esfuerzo con los ojos que casi no ven, ordena los hilos con cuidado y busca hasta encontrarlo el primero. A veces el hilo de turno se rompe antes de salir cabal. Ella se desorienta, hace un alto, pero enseguida toda llena de paciencia, lentamente, busca el cabo perdido... El hipo irresistible, aquejado y hondo —sobre todo en las niñas— deja el llanto de pecho y de entrañas, la interrumpe y la conmueve con intermitencia... Y persiste, persiste en su labor. Lo hace con tal abnegación que parece va a resucitar la pobre cabeza deslabazada y perdida. Durante un gran rato, bajo la mirada de Dor el ingenuo, condescendiente, apasionada y servil —teniendo oculta y en la intimidad toda la fuerza de una protección— cura en silencio Beatriz la santa cabeza destrozada y tumefacta, olvidándose un poco con esas puerilidades de su dolor.)*

Beatriz.—*(Que ha tropezado con la piel)...* Está frío, tócale María. *(Hace posar la mano a la neófita sobre la mejilla del muerto.)*

María, la neófita.—Una frialdad que quema... ¿Quema o hiere?... ¿No has sentido tú eso?

BEATRIZ.—Sí. Es ofensiva... *(Tapona la herida de la mejilla y hace un amplio vendaje con el linón de su cubrecabeza que recorta en tiras.)*

BEATRIZ.—Nos lo agradecerá el maestro... Yo no sé por qué, hermana, me imagino que le duelen mucho y le escuecen y le laten las heridas.

MARÍA, la neófita.—No me había atrevido a decirlo... Debe sufrir horriblemente aunque se nos muestre con su serenidad de siempre... Parece como si restañara su dolor orando... ¿Por qué no parece Beatriz, que ora y medita en Dios?... Si no se nota a las claras que le duelen, es porque le falta con qué hacer gestos... La quietud del rostro es inmutable siempre en él... Pero si tuviera manos y pecho notaríamos más su dolor... No lo podría reprimir...

BEATRIZ.—¡Si no hubieras hablado!... Se me había llegado a olvidar que no era más que la cabeza... Ya ves... Se me niegan las manos a seguir... Me tiemblan... Ya no tengo lágrimas.

MARÍA, la neófita.—Y es peor que si lloraras.

DOR, el ingenuo.—Llora. Te hará bien.

BEATRIZ, en voz baja a la neófita.—No ha expirado... Restan en su cabeza cosas infinitas... Estoy segura... Ábrele los ojos.

MARÍA, la neófita.—¿Para qué?... ¿Y si los tiene vivos?...

BEATRIZ.—*(Desconcertada...)* ¿Si los tiene vivos?... *(Reponiéndose.)* Eso es lo que quiero saber... Quién sabe si sólo medita en Dios todo absorto...

MARÍA, la neófita.—Entonces será una impertinencia y nos mirará quejoso...

BEATRIZ.—¿Y si le hablaras al oído?

MARÍA, la neófita.—Es lo mismo... Le interrumpiríamos...

BEATRIZ.—Sí. Mejor es no hacer nada... Porque ¿y si tiene la mirada perdida y muerta?... ¿Y si no contesta?... Lo sentiríamos más muerto que ahora sin prueba ninguna... *(Sigue su cura maravillosa, que la consuela al consolar las heridas del maestro —mejor dicho—, las erosiones, porque no se ha atrevido a levantar la barba veneranda y luenga, por no ver la herida inverosímil del cuello. La ha olvidado por horror. La cabeza adquiere un aspecto más desastroso, más exangüe, más inválido con los vendajes que la cruzan.)* ¿Me das tu cinta del pelo? (MARÍA *se la entrega y* BEATRIZ *ata con ella la venda, de la que queda un cabo suelto.)* ¿Tienes un alfiler?

MARÍA, la neófita.—El de la esmeralda...

BEATRIZ.—Dámele. *(Lo clava en la venda. El grupo de sombras persiste en sus oraciones. Algunos continúan con la cabeza abatida sobre la tierra y los brazos alargados junto a la cabeza, en un gesto supremo de desolación y de lealtad... El leproso en la sombra tupida de la habitación adlátere, se queja con monotonía. A veces implora con la pronunciación enferma de una boca desdentada y escocida:* ¡YO'KANAÁN! ¡YO'KANAÁN! DOR *se levanta, se aventura en las sombras, se pierde y torna.)*

DOR, el ingenuo.—El leproso llama al maestro.

BEATRIZ.—¡Qué violento!... Para él aún vive... Lo espera... Aún vive... Si no me lo hubieran dicho, viviría para mí... Viviría... *(Vuelve a acordarse de todo, en toda la extensión nociva y trágica. Vuelve a ver la cabeza cortada, paradójica... Y llora, llora...)*

DOR, el ingenuo.—*(Lleno de dolor ante el dolor de* BEATRIZ.*)* Lo he dicho sin pensar... *(Torpemente.)* Quizás no era el maestro a quien llamaba... *(Silencio. Pausa. Se ha turbado la paz de las curanderas.)*

MARÍA, la neófita.—Te has manchado de sangre...

BEATRIZ.—*(Distinguiendo las huellas extrañas y elegiacas sobre la albura de su túnica, que las hace más rojas.)* ¡Serán mi reliquia!

MARÍA, la neófita.—Yo quisiera tener tu espontaneidad... Todo brota de ti virtuoso... Yo estoy resabiada aún... Yo necesito contradecirme en muchas ocasiones, necesito hacer virtuoso lo que hago... En ti brota hecho... Mis primeros impulsos son torpes... Antes cuando me pediste la cinta del pelo y el alfiler, me irrité y estuve por negártelos...

BEATRIZ.—Eres neófita aún, pero no envidies mi virtud... Ensaya la tuya... Ama al Señor... *(Silencio. La recia atención de* DOR, *pendiente y aplicada, en espera de las palabras y los gestos de* BEATRIZ —*atención de apologista— aviva y repone la escena llena de figuras, meditativas, encubiertas y plegadas...* BEATRIZ, *que ha dejado a* YO'KANAÁN *sobre un sillar, le mira angustiada, llena de pensamientos y entrevisiones, infinita... Y en el silencio los mismos suspiros de siempre, que se desgranan y gotean:*

—¡Señor!...

—¡Señor!

—¡Acógenos!

—¡Ay!

Y todo se vuelve a encapuchar. Junto a la luz BEATRIZ, MARÍA *y* DOR. *Todo está agotado menos la mirada encendida y fija de* DOR, *mirada de un ingenuo, sabio, sin ventaja, poblada de todas las fuerzas y de todos los allendes... El leproso se mueve arrastrándose y supura su queja aciaga, intercadente, queja de hospital...)*

UNA VOZ GUERRERA.—¡Herodías! ¡Herodías!...

UNA VOZ de mujer que surge por primera vez alisada y suave como se alisan y pulen las voces de quien ha llorado un aluvión.—¡Antipas! ¡Herodes Antipas!...

EL LEPROSO.—Yo'Kanaán... Yo'Kanaán...

BEATRIZ.—¡No hay cura!... Ahora sangra por la nariz.

DOR, el ingenuo.—Es por donde sangran todos los muertos...

BEATRIZ.—¡No hay cura!

LEVÍ, el venerable.—Pequeña, al maestro se le conforta orando.

BEATRIZ.—He orado al hacer las hilas y al vendarle, padre... *(A las sombras arrinconadas.)* No le veis... Acercáos, hermanos... Porque padre ¿no enseña, no *sé qué*, inolvidable y alto?... Acercaos... Os afirmará en la fe de Dios... ¿No tiene en su falta de expresión todas las expresiones?... Tan lamentable y tan maltratado... tan indefenso... tan pobrecito ¿no tiene el poder de todas las apologías?... ¿Quién nos conducirá tan allá? *(Vidente y boreal.)* Derrotado enseña el triunfo...

DOR, el ingenuo.—*(Aparte a una sombra cualquiera.)* Ved, ha recobrado la palabra del maestro, la palabra del maestro interpretada por un sistro... Está diciendo su mejor parábola... Ahora le escucho... Le creí perdido para siempre porque me desconcertó... ¡Pero como orienta, bien mirado, hacia Dios!... ¿No lo sentís, hermanos? Se cierne sobre nosotros todos, la concepción más espaciosa y más convincente del cielo... Aviva en mí, en todos ¿no? las mejores palabras y los mejores sentimientos... No me hubiera creído capaz...

Miradle y os llenaréis de bondad y de grandes móviles... No siento ninguna indecisión... Y es que veo su frente desarrugada, plácida, de una extensión desusada y su boca que no se ha torcido como la de los muertos y después de las violencias que le han perdido, perdona y es toda paz... Excede en este momento a la fascinación de todas sus predicaciones... Yo no imaginaba que iba a tener un silencio tan inmenso, mayor que todas sus palabras... ¿Quién se desviará después de haber visto su cabeza martirizada y quieta con esta quietud amable y seráfica?... Yo ya no necesito breviario... Hermanos; ¿no parece como si nos hubiera dado Dios más de cerca que nunca las tablas de la ley?... ¿Podremos renunciar después de esta hora el decálogo y todos nuestros deberes?... ¿No estáis llenos de afecto?... Nos ha hecho sencillos, inmaculados y seguros... ¡Qué gran seguridad!...

Dor, el ingenuo.—*(Aparte a la sombra de al lado.)* Igual, igual al maestro... Es su heredera... No logro entender muchas cosas... Si me las explicaras...

La sombra.—Calla. Después...

Beatriz.—¿No nos ha trazado hermanos, una línea recta y decisiva?... ¡Cuánto no nos ha hecho adelantar!... Si miro hacia atrás, antes de esta hora de Anunciación y de desvelo me veo, tímida, ignorante y floja... Padre Leví, ¿no nos ha traído la sabiduría?

Leví, el venerable.—Tú lo demuestras... Te oímos...

Beatriz.—No me oigan... Miremos su cabeza rota y desperdiciada... Notad que no está en él el corazón, y, sin embargo, notad que lo tiene en la boca bondadosa y abnegada... Notad su fisonomía que ya refleja lo que ven sus ojos cerrados... ¡Oh su visión interior!... Miradle y diréis a coro mis cosas sin notar quién las dice primero, quién inicia y asume los solos... Después de haber visto esto y de haber estado en contacto con tan suntuosa emulación ¿quién sentirá la lujuria, la envidia, ni el odio? Este ejemplo hará fatal nuestra templanza y nuestra frugalidad...

Dor, el ingenuo.—*(Volviéndose contra sí.)* Soy torpe, torpe, torpe... Se me aparta...

Beatriz.—¿Qué niño pasará por nuestro lado sin que le aupemos para darle un beso, qué pobre sin que le consolemos?... ¿No nos prestaremos a todos los auxilios...? Su espíritu, roto lo que le contenía, se ha desparramado y lo hemos respirado para bien... Tan amplio debía ser que ¿habrá mañana en la ciudad algún gentil, algún fariseo o algún pecador?... ¿O sólo habrá venido a velar en este rincón junto a sus discípulos?... ¡Qué grandes cosas dice!... Miremos atentos su cabeza. Y nos sugerirá más arduas cosas... El silencio va a estallar... ¿No esperáis hermanos un milagro?...

UNA SOMBRA arrepentida, desforrada en esta hora de lo *irresistible.*—¡He robado a mi amo cinco dracmas!...

OTRA.—¡He faltado a...!

BEATRIZ.—*(Interrumpiendo.)* Callad... No lo digáis, pensadlo todo, sólo pensadlo, y os será perdonado... En esta hora superior de contrición, tenéis facultad de confesores... ¿No; Padre Leví? Os ha ablucionado la hora que está dotada de las mismas virtudes que la piscina de Samaria. Ya lo veis, no habéis tenido que hacer esa larga peregrinación, que resisten muy pocos, y sin embargo como si os hubierais bañado en su pilón y en sus aguas... (BEATRIZ, *afectada, superabundante, besa queda, ebria, la blanda faz de* MARÍA *que se inclina sobre su hombro sin poder con besos tan copiosos y tan altos de significado, un poco desfallecida y abrumada, desconfiando poderlos pagar, contestándolos apenas con otros más tímidos y más menudos. Así* BEATRIZ *evoca esa figura de la madre —trágica sobre todo lo trágico— la cual, muerto el hijo que amamantaba, a solas con sus senos ubérrimos, henchidos, se atarea en vaciar de cualquier modo su miel lechosa, ya sin objeto, sin su predilección maternal... ¡Santa figura de madre dolorosa!...)*

BEATRIZ.—Estamos en el mejor momento de sementera, hermanos... ¿Queréis que le recordemos?... Cada ejemplo suyo nos prodigará... Recordándoles, también ayudaremos su resurrección... ¿Os acordáis? Jugaba con los niños al kop o a juegos más infantiles, y el barbado y solemne era, se aniñaba y era imberbe de pronto... Quiso la felicidad de todos los hombres... Pasaba hambre, pero parecía vivir en la suntuosidad... Nos recordaba que hasta en las cortesanas había una pepita de oro, un grano de Dios y nos las enseñaba a amar... —No vilipendies nunca a nadie sino por desinterés y para alabar su modificación —nos decía...—. Y nos lo decía amándonos con su mirada que cuando se fijaba en nosotros parecía ser la palma de una mano gigantesca y venerable que nos recorriera por entero en una amplia caricia... Yo que sumaba el pago que recibía en amor, creía posible verle languidecer por falta de compensación y me esforzaba y me esforzaba y... no podía... Estaba siempre triste... Lloraba todas las maldades...

María, la neófita.—Cuando yo hice después de catecúmena mi primera confesión con él, noté que lloraba en silencio y sin compresas... Yo le pregunté:

—¿Por qué lloráis, padre?...

—¡Ah! —me contestó—. ¿No eras tú la que llorabas? ¿Era yo? Creí que eras tú...

Me desolé entonces... Así me enseñó contrición.

Beatriz.—En mí lo lloraba todo... Así me modificó... ¿Recordáis su parábola «La curación del cojo»? «Una vez —solía decir— Moisés vio pasar un cojo, que cojeaba balanceándose por entero pareciendo irse a caer en cada paso que daba... Moisés lloró desconsoladamente aquella cojera, y el cojo anduvo bien, sanó de repente... Entonces se le acercó el cojo admirado como pidiendo la receta, asombrado de no andar mal... —¿No habéis llorado nunca vuestra cojera? —le preguntó el profeta. —No; me hice a ella... —¡Ésa fue vuestra torpeza! —le respondió Moisés. —¡Ah, si la hubieseis llorado!»

Era su parábola predilecta, queriendo decir que el llanto contrito cura todas las imperfecciones del alma.

María, la neófita.—Hermanos, le veo acercarse a mí, y como aquel día, con fastuosidad, anunciarme un regalo... Creí que era una de esas cosas de similor[34] que venden los armenios ambulantes... Eran unas conchas cogidas en la playa marfil en el Acre... Me las traía para que reconociera en ellas a Dios... ¡Mira —me dijo— cómo trabaja el Señor en el Mediterráneo!

---

[34] «similor»: de símil y oro. Aleación que se hace fundiendo con cinc, con tres, cuatro o más partes de cobre, y que tiene el color y el brillo del oro *(DRAE)*.

BEATRIZ.—Acostumbraba a ver a Dios en lo más simple... A veces cazaba mariposas para ver a Dios, según decía, con solemnidad... Y una vez se hirió la mano por coger una flor cardosa en que quería ver al Señor...

DOR, el ingenuo, a una sombra.—No se cansa en sus alabanzas... ¡Lástima que no haya más luz!...

LA SOMBRA.—¿Para qué, profano?

DOR, el ingenuo.—*(Ignorante en el fondo de lo que quiere.)* ¡Oh! Para nada... Para ver tanta bondad... *(Silencio.)*

UNA VIEJA SOMBRA.—De pequeño anduvo mucho tiempo perdido de su casa, sirviendo de lazarillo a un ciego...

BEATRIZ.—Y ninguno hemos pensado en su último amor... ¿Qué no habrá sido el mayor?... Grande ha debido ser su filantropía para con ella. ¡En qué gran amor ha debido envolver a Herodías y a Salomé, cuando ya las vio desahuciadas, sordas a sus gritos! ¡En qué gran amor! *(Inquieta.)* Repito la alabanza pero yo no la siento... ¡No puedo! ¡No puedo!... Tampoco les odio, pero amarles no puedo... ¡Peco!... ¡Peco! Perdón, Señor. *(Se echa de bruces sobre el embaldosado, cuando se escucha la entrada de alguien. Todo se suspende.)*

LEVÍ, el venerable.—¿Quién va?...

UNA VOZ.—Soy yo. Agar.

BEATRIZ.—*(Toda trémula, llena de miedo.)* Mi hermana que me busca... Callad. Por favor, que nadie diga lo que sucede. No debe saberlo *(Se pone en pie ocultando la cabeza de Yo'Kanaán.)*

ESCENA III

LOS MISMOS, y AGAR

AGAR.—*(A* BEATRIZ.*)* Padre te busca por la ciudad... ¿Qué ha sucedido para que no fueras?

BEATRIZ.—*(Mordiendo el pañuelo para no sollozar.)* Nada.

AGAR.—*(Inquieta.)* Algo ha sucedido... Nada pero tiemblas... ¿Has llorado?... ¡Vas manchada!... ¿Manchada de qué? ¿De...? ¿De sangre?... Sí... ¡Herida...! *(Se vuelve a las sombras.)* Decídmelo... ¿Padre Leví? ¡Soy su hermana!... ¿Qué sucede?

Dor, el ingenuo.—Nada... No le han matado.

Agar.—¿Qué has querido no decir?

Beatriz.—¡Dor!... *(Se teme la proximidad de todo lo que no se ha visto. Porque el espectáculo de Agar al recién enterarse va a parecer dar el espectáculo gráfico y aciago de la degollación.)*

Beatriz.—Podéis marchar, hermana... Decid a padre...

Agar.—*(Presintiendo el secreto y esperándolo ver.)* No me voy. *(Silencio embarazado por lo irreparable.)*

Agar.—*(Orientada de pronto.)* ¿Qué ocultas? *(Se echa sobre ella y ve el desecho.)* ¡Ah! *(Se desarticula y cae. Llora. Ha parecido sonar un golpe de hacha y como si hubiese rodado una cabeza recién tajada... Un coro de sollozos... Todo se recrudece y se agrava.)*

Beatriz.—*(Inaudita.)* ¡No quería!... ¡Lo preví!... ¡Como si nos hubiera cogido de nuevas la noticia!... Ha muerto de nuevo... ¡Dor, prohibe la entrada a los que lleguen!... Se renovaría el martirio... ¡Ha vuelto a morir!

Una sombra.—Yo he sentido lo mismo...

Otra.—Todos.

Agar.—*(Salida de madre.)* ¡Yo'Kanaán!... ¡Yo'Kanaán!

Beatriz.—¡Le habíamos resucitado de su resto!

Leví, el venerable.—¡Es verdad! Parecía haber resucitado.

Agar.—¡Señor! ¡Señor!

Beatriz.—*(Recayendo)* ¡Ha muerto! ¡Es irreparable... irreparable! *(Vuelve la lobreguez.)*

La voz guerrera.—Herodes, Arelas el caudillo enemigo derrotará tus ejércitos. *(Las sombras se irritan.)*

Una sombra.—El Dios del Sinaí, surgirá en los vientos, envenenará las aguas y desencadenará la tempestad. ¡Teme su castigo!

Otra.—*(Con un tono de música llana.)* Teme el día de cólera y de venganza en que el mundo será reducido a cenizas según el oráculo de David y las predicciones de la Sybila... ¡Témelo!

Otra.—¡No olvides que ha sido tu cautivo y después tu víctima Yo'Kanaán! ¡No olvides todos tus pecados, tus incestos!...

BEATRIZ.—¡Bondad!... ¡Bondad, más que nada!

LEVÍ, el venerable.—Paz, hermanos... Ya que no hemos podido signar sus manos y sus pies como se hace con los difuntos... Le debemos la velación que a todos. Yo recitaré la oración de los muertos. (LEVÍ, *junto a la luz, va leyendo, con un tono lamentable. Se nota que algo espectral preside la ceremonia. Se nota el tránsito de algo indefinible. No hay túmulo ni cirios y sin embargo en su sencillez la ceremonia es más augusta y terrible. Falta el cuerpo del santo, y sin embargo no falta. El coro de sombras repite la primera parte, frase a frase.)*

—A ti, ¡oh Dios!, alabamos.

—A ti, eterno padre, adora toda la tierra.

—A ti todos los ángeles, a ti los cielos y todas las potestades.

—A ti los querubines y los serafines proclaman Santo, Santo, Santo.

—A ti, Señor, de los ejércitos gloria.

—A ti el glorioso coro de los apóstoles.

—A ti la venerable multitud de los profetas.

—A ti el generoso ejército de los mártires.

—Y al final después de los elementos y las cosas y los esclavos, nosotros.

(LEVÍ, *solo, haciendo puntos apartes en toda ocasión.)* Dios verdadero, Señor de todos, después de invocarte ante el misterio de la muerte, a ti Dios de paciencia, consolación y esperanza, pedimos por el alma de tu siervo...

—Dios que estás con los hombres en la hora atribulada escuchamos...

—Yo enseñaré a los inicuos tus caminos, haré por ti oblaciones y holocaustos y anunciaré que como la de la aurora está preparada tu salida; pero escúchame:

—Ante el sacrificio vespertino de su vida rogamos señor, que concedáis la remisión de todos sus pecados a vuestro siervo...

—Dejad Señor que engrose el coro de los que os alaban.

—No lo rehuséis, Señor. (DOR, *el ingenuo aparte mientras a* AGAR, *dando una importancia inaudita a la confidencia:* —¡Tu hermana, ha hecho voto de cortarse los cabellos! ¡Los cabe-

215

llos!... y de andar descalza... ¡¡Sus cabellos!! ¡¡Sus pobres pies!!)

—Dadle, Señor, el reposo eterno.

—Señor, que la luz eterna lo esclarezca.

—Tened piedad de él, Señor, según vuestra gran misericordia...

—Escuchadnos Señor. Dice la escritura, que estáis muy cerca del corazón afligido. Oidnos pues, ¡rogad a la vez por nosotros! Salvadnos de una muerte repentina, de los hechos sanguinarios...

—Nuestra lengua ensalzará tu justicia... Bendícenos con tu diestra Señor y así exaltarás nuestra vida...

—Rocíanos con el hisopo para purificarnos...

—Líbranos de la tribulación, si es que quieres probarnos...

—Acompáñanos en la hora negra...

—Señor del cielo y de la tierra, que él obtenga la indulgencia que pedimos...

—Que debido a vuestra misericordia descanse en paz...

—Y en el día deplorable en que el pecador resucite para ser juzgado, perdonadle, Señor. Amén. *(De todos lados:)* Amén. *(*Beatriz *no ha rezado: Ha permanecido absorta. Algo serpentino, azul y cambiante ha distraído sus pupilas. Silencio.* Agar *llora. El leproso se queja.)*

Beatriz.—*(De pronto, incongruente, hablándose a sí misma, con una mirada de fiesta, con delirio)*... Yo quisiera tener la belleza de Salomé...

Una sombra.—¡¿Ha dicho Salomé?!

Leví, el venerable.—¡Beatriz!

Beatriz.—Una belleza vistosa y audaz. Que atrajera... Con más pecho... Quisiera tener ajorcas de oro y dos discos de oro también por pendientes y una culebrilla de metal para encaperuzar un moño alto y atractivo... Daría carmín a mis labios, violeta en mis orejas y rosa a mis mejillas, y rasgaría con negrillo mis ojos... Al fin se fijaría en mí el Tetrarca Herodes, y al ver que me resistía me mandaría matar... Yo quisiera ser suntuosa como Salomé... *(Quejosa.)* ¡Pero yo no tengo joyas ni esa hermosura! *(*Dor *la mira desorientado y enternecido.)*

Leví, el venerable.—Beatriz... Pecas... Pecas... Satanás te ha tentado envolviendo en una apariencia engañosa de sacrificio, un deseo torpe y una queja contra Dios por la humildad y la hechura que él te dio... Ha sido Satanás... ¡Por el Señor y por la memoria de tu padrino te pido te retractes. Beatriz!... Pequeña... ¡Es una mala asechanza!

Agar.—Sí, Beatriz...

Una sombra.—¡También a ella!...

(Beatriz *desorbitada comprende al fin... Nacen en sus ojos los vislumbres de algo estupendo... Se levanta en un vuelo, coge la luz, se pierde en un pasadizo. Se lleva detrás las sombras irresolutas como al pie de una catástrofe irreparable... Reaparece rauda en el habitáculo de al lado. Lo ilumina. Se ve al leproso misérrimo y destruido, con los vestidos descosidos, la cabeza rapada y costrosa y la boca vendada, como todos los leprosos de Jerusalén.* Beatriz *abandona la lucerna y arrojada sobre él le besa en las úlceras negras y profundas y en las viruelas... Se ha roto... Todo es una exhalación... ¿Hibridez o excelsitud?... Excelsitud. Es una apoteosis y una reivindicación... Ha vuelto a ganar a Dios. Parece como si se hubiera hecho pedazos de un solo golpe su belleza lilial y exquisita... Ha sido el espectáculo de una mutilación... La misma sensación de otro descabezamiento como el de* Yo'Ka-naán... *Porque perderá su parecido, corroída la delicadeza como impronunciada de su rostro, por la terrible lepra oriental y la viruela... El sacrificio es digno de ser el comienzo de los martirologios... Ser su página más excelsa y comenzar con una letra miniada y cuidadosa... No ha sido un sacrificio sangriento pero lo ha aventajado, y no habiendo sido tampoco una muerte lo ha sido... El leproso que la ha mirado con sus ojos medio ciegos por el mal, sin comprender el alcance de aquellos besos santos ha querido besarla como a una hetaira... La quiere coger todo jadeante de lujuria, pero* Dor *que ha ido todo lo allá del sacrificio propiciatorio, del exvoto, cae sobre él y lo abate sobre el suelo... Ella recompuesta huye. Todos la dejan paso. Están cegados por la maravilla y están exánimes... Al huir grita la exclamación usual a los apestados en Jerusalén:* —«¡Cuidado!... ¡Llevo la peste!... ¡Contagio!...» Dor, *que en esta escena repentina se ha portado a saltos la sigue; pero abatido y cegado como los otros, sollozante como un niño, se echa de bruces sobre el enlosado sin fuerzas para retener-*

la, inerme, y grita: —«¡Destruida!... ¡Contagiada!» *Todos permanecen en pie mudos y desmayados. El esfuerzo de admiración les ha agotado.*

Sobre la escena parece quedar, demolido, hecho añicos, trizas, irreconstruible, un modelado formidable...

TELÓN

¡Y ACABÓ DE ABRIRSE EN MI BÚCARO
LA ÚLTIMA FLOR DE NARDO, VÉRTICE
Y CAMPANIL DE LA VARA SANTA!

El drama del palacio deshabitado

... El mundo ha sido creado para tener por resultado un libro capital y
único.

MALLARMÉ[35]

A mis amigos Silverio Lanza, Juan
R. Jiménez, Ruiz Contreras, Alejandro
Miquis, Eduardo Díaz-Canedo, Julio-
Antonio, Emiliano Ramírez-Ángel,
Francisco Gómez-Hidalgo, Fernando
Fortún, Edmundo, Pedro y Andrés
González-Blanco, Benito Buylia, Pedro
Farreras, Leonardo Cherif, Ricardo
Baeza, Miguel Viladrich, Vicente Al-
mela, Eugenio Noel, Emilio Carrere,
Robledano, Leocadio Martín Ruiz,
José María Aguinaga, Juan Díez-Cane-
ja, Prudencio Iglesias, Juan Pujol, Gar-
cía Sanchiz, Selma, Lasso de la Vega,
«Cerrillo» y Antonio de Hoyos[36].

---

[35] Stéphane Mallarmé (1842-1898), el maestro del simbolismo. Ya en
«El concepto de la nueva literatura» (*Prometeo*, núm. 6, 1909) afirma Ramón: «(La nueva literatura) no debe olvidar tampoco el incremento de
aquel estrambote de Mallarmé: "El mundo ha sido creado para tener por
resultado un hermoso libro." Ese libro será la paráfrasis de todos los libros,
venidos y por venir. Pensad en él al numerar la primera cuartilla de todas
vuestras cosas.»

[36] Como señala Luis S. Granjel, la dedicatoria de este drama reúne «a
quienes en tal fecha componían el grupo de sus amistades literarias», en su
mayor parte colaboradores de *Prometeo* (Luis S. Granjel, *Retrato de Ramón*,
Madrid, Labor, 1963, pág. 158).

EL DRAMA DEL
    PALACIO DESHABITADO
        POR
RAMÓN GÓMEZ DE LA SERNA

Portada de Julio-Antonio para la separata de *El drama
del palacio deshabitado*.

Prólogo

> ... Hicieron un libro voluminoso
> porque no tuvieron tiempo de hacer
> uno pequeño.
>
> PASCAL[37]

«Para poder escribir la obra literaria pura —ha dicho Gustavo Khan[38]— es necesario explicarla en trabajos laterales». Yo que he escrito la más impura —impura en una acepción deificada del adjetivo— creo necesario un prólogo y un epílogo.

Yo necesitaba hacer una síntesis gráfica que redujera a su más mínima expresión mi concepción monística, antipragmática y decadente de la vida... La encontré.

Estoy cansado de frases, de veneraciones y de trascendencias, no con el *teadium vitae* de Lucrecio[39], sino con un formidable optimismo por exacerbación... Todos son excesos, claudicaciones y lujurias en la sombra... Todas son excepcio-

---

[37] Blaise Pascal (1623-1662), científico, escritor y filósofo francés, autor de los *Pensamientos*, colección de esbozos reflexivos en torno al ser del hombre y a su relación con el misterio de Dios. En el prólogo a la colección de *Greguerías* de 1917, Ramón cita a Pascal como uno de los autores que tuvieron la intuición del nuevo género.
[38] Gustave Khan (1859-1936): poeta menor del simbolismo francés, y uno de los instauradores del verso libre.
[39] Caro Tito Lucrecio, poeta latino del siglo I (a.C.) autor de *De rerum natura*, vasto poema en el que expone la filosofía natural epicúrea junto a un concepto ético basado en la liberación de las pasiones y cualquier forma de superstición. Ramón se refiere a la tradición que, desde San Jerónimo, le atribuye un pesimismo que le llevó al suicidio.

nes... Convenciones convencionales se han hecho músculos en la humanidad y lóbulos y nervios... Me pasma obser-
var a las gentes, todas ciegas, mancas, perniquebradas, viendo, accionando, y caminando con unos órganos sin ningún
requisito real, sin su sagacidad y su persuación neta. Porque
sus ojos son lo que ven sus ojos, no los ojos por sí inocentes y claros y sus brazos como sus piernas, son una volición
prejuzgada e invertida... Si el hombre no se vuelve pronto
insurgente, corruptor y maléfico, contra ese casuismo, procederá, ya no del mono, sino de la primera mentira, y eso
hará de él un ser espectral, flojo, tembloroso, linfático y obsesionado... Seamos una solución de continuidad en el proceso de las creencias, casi todas impuestas por ciega *continuidad* tan sólo...

PERSONAJES

INTRODUCTOR	*El hombre anónimo*
LETICIA	*Esposa de don Dámaso († 30 años)*
GLORIA, la profesa	*Marquesita tonsurada, que vivió en clausura y por gracia especial, fue enterrada en el palacio († 19)*
SARA	*Hija de los viejos Duques († 19)*
ROSA	*Campesina, hija de la portera del* Palacio deshabitado *(tiene 20 años y vive)*
LA VIEJA SEÑORA MARQUESA	*(† 72)*
LA VIEJA SEÑORA DUQUESA	*(† 65)*
DON PEDRÍN	*Vizconde († 35)*
DON DÁMASO	*Barón († 32)*
EL BUFÓN	*(† 38)*
EL SILENCIOSO	*Gran capitán († 40)*
EL AYUDA DE CÁMARA	*(† 50)*
EL VIEJO SEÑOR MARQUÉS	*(† 80)*
EL VIEJO SEÑOR CONDE	*(† 62)*
EL BASTARDO	*($ 38)*
JUAN	*Gañán, novio y después amante de Rosa (tiene 21 años y vive)*

... Y otros daguerrotipos, anacrónicos, indistintos, brumosos y tránsfugas, con casacón bordado y peluquín que cruzan la escena en silencio, se sientan o se acurrucan en la sombra.

La acción en nuestros días

(Dan todos la sensación plana de severos cuadros velados por la pátina. Tienen una mirada macilenta empalidecida, muerta, con la mancha de una catarata... Tienen ademanes delicados, nebulosos, quietos, convincentes, de una matemática precisión que excede todas las liberalidades, todos los libertinajes y todas las audacias, sin perder en suavidad y en temperancias... Son sumamente flexibles... Hablan sin gestos, como ventrílocuos, pero sacando la voz de otro sitio que no es el vientre, de su sombra —de eso que yo llamo su sombra— y que es como una sombra de su sombra... La fisonomía en ellos, es plana y no tiene apenas suscitaciones pues como está cansada de saberlo todo, no insinúa nada... En medio de sus sarcasmos y de sus más perfectas insensateces, hay una gran frivolidad que les justifica y les da fe... Desconciertan pero disciplinan al fin.)

Acto único

INTRODUCCIÓN

> Todo lo que es profundo
> ama la careta.
>
> NIETZSCHE[40]

(Frente al telón rojo corrido, aparece el hombre anónimo, cubierto el rostro con un antifaz y vestido de un traje incongruente y reservado como otro antifaz.)

EL HOMBRE ANÓNIMO

CAMARADAS:

He aquí una historia lamentable y sin pundonor. Viene a deciros de la muerte, otra cosa de la que habíais concebido, y de la vida, cosas absurdas, pero a las que responderá algo en vosotros por entre el fárrago de ideas de necesidad y de conservadurismo que mantenéis aún los más iconoclastas. Los personajes de esta historia mancillada son gentes de alcurnia, pálidas y como inexistentes. Observad bien esto: «son los habitantes del Palacio deshabitado». No les veréis bien, si no os sometéis bajo mi indicación a actuar de *me-*

---

[40] De la presencia e influencia de Nietzsche en la obra de Ramón se ha tratado en la introducción. La ha estudiado Gonzalo Sobejano en *Nietzsche en España*, Madrid, Gredos, 1967, págs. 505-510 y págs. 587-593.

diums en estas carnestolendas macabras. Todo sucede en una atmósfera de sueño, de cámara obscura, con excepción del éxodo, que es a la vez que el éxodo —asombráos— un epitalamio. Son gentes enterradas en un palacio abandonado, de balcones volados, de jardín centenario, de piedras pardas, de largos corredores y de puertas secretas, en el que muy rara vez se abren las maderas internando la luz... Viven como emanación de sus sepulcros, como fuegos fatuos no encendidos, y en las horas de recogimiento se albergan, en la larga caja —larga como un ataúd— de los relojes de péndola[41], en los que como la péndola no se mueve ya, hay sitio para ellos, en el fondo de los bargueños, bajo las aldas de algún bufete, en el rebuño que hacen los grandes cortinones recogidos, en los bustos relicarios, o en el seno de las anchas campanas de las chimeneas... ¿Quién sabe qué muebles o qué rincones no han habilitado para guarecerse? Son sombras (añoranzas carnales) que aluden a lo más instintivo y obligan violentamente a asentir. A vosotros que esperabais del porvenir un lirismo sobrehumano, esto os desconsolará, pero el autor quiere —y no me proceséis a mí, porque es el autor quien lo ha dispuesto— que matéis la muerte en vosotros arrancándoos su carátula, que prohibáis los *Misereres* y deis suelta a vuestro jolgorio por más intempestivo y voraz que sea.

Y por fin, camaradas, os dejo con la lógica inapelable y acoquinante de estas buenas gentes que consiguen invalidar la Esfinge, la última divinidad, la divinidad laica, tan atemorizante y tan trascendental como las otras, y tan próxima a nuevos sacerdotados que apuntalarían todas las viejas vergüenzas.

Hasta luego, camaradas; mi antifaz me permite quedar en todos vosotros, como vosotros mismos, y en la hora de los comentarios, reapareceré.

---

[41] «péndola»: varilla o varillas metálicas con una lenteja u otro adorno semejante en su parte inferior y que con sus oscilaciones regula el movimiento de los relojes finos, como los de pared o sobremesa *(DRAE).*

CUADRO ÚNICO

(Un amplio salón oscuro que el espectador obtiene como al mag-nesio de un modo inaudito y extraño. En las paredes, tapizadas de rojo, sórdidos retratos de desconocidos; ellas con pomposos trajes re-camados y ellos con vistosos trajes aristócratas y guerreros. Sobre los retratos, en lo alto, junto al artesonado, reposteros gualdos con ar-mas españolas. Al fondo una puerta con un portier[42] de terciopelo con dos hileras de escudos y flores de lis bordadas; le repliega un al-zapaños para dejar paso. En la misma disposición dos tapices fla-mencos en las puertas derecha e izquierda. A ambos lados de todas, como sostenidas por manos serviles y guardianas, por soportes de metal, fieras alabardas. Dos balcones cerrados a derecha e izquier-da y al fondo una ventana cerrada también. En profusión sillas de tijera, candelabros, anchos sillones de cuero trabajado, alguno in-fantesco y solemne con alto espaldar de labor y cretería ojival, espe-jos ciegos, armarios, arcones, bargueños, retablitos, bufetes, una ar-madura, cosas de loza y porcelana, sobre el lomo de una vasta chi-menea un reloj suizo, mudo, muerto en una hora lejana, en el centro de la habitación sobre un pie de fina talla una cruz procesio-nal con un Cristo feo, y a un lado un clavicordio primitivo, sobre-dorado y fastuoso, con un búcaro sin flores. En todo se presiente el polvo que desdora y desbarniza, la polilla y la carcoma que todo lo deshacen escondidamente y ese algo tácito que lo ha deslustrado todo y que prosigue.

Todo en el amplio salón de alto techo, está encubierto y refriado de sombra y de inanidad y de luto —un luto que conlleva, no sabe por qué, inexplicablemente. Y su silencio es un silencio completa-mente mudo sin agorerías ni suscitaciones.)

(EL SILENCIOSO, las piernas cruzadas con displicencia, derren-gado en un sillón abacial, tiene un gesto y un ademán calmado de saciedad y munificencia. Sobre un arcón, impolítica y descarada, una sombra con entorchados de oro viejo, las piernas en alto, enco-

---

[42] «portier»: (del fr. portière). Cortina de tejido grueso que se pone ante las puertas de habitaciones que dan a los pasillos, escaleras y otras partes menos interiores de las casas *(DRAE).*

gidas, sobre su asiento, y la cabeza entre las piernas reflexiona o ha desaparecido; en el suelo desarticulado, de bruces sobre el extremo de un sillón un ser de casaca, exangüe y desmayado, permanece todo el drama en esa postura sin anverso y sin expresión. DON DÁ-MASO y DON PEDRÍN repanchingados en sus butacones como hombres sin propósito, sin sensualidad y sin avaricias, hablan con toda sutilidad, parsimoniosamente, en completo acuerdo. Un acuerdo sin pactar, que la improvisación profiere y realiza. Sus opiniones son obvias y ni previenen la discusión, ni la conciben; son cosas pertrechadas de verdad y de convicción que decapitarían al que las oyera sin aseverarlas, obstaculizándolas.)

DON PEDRÍN.—Sólo queda en nosotros la inquietud del afán que no se tuvo. Es nuestro resentimiento.

DON DÁMASO.—Nuestra enfermedad crónica... Ahora comprendemos que nuestro afán del más allá era el afán que expoliábamos y no consentimos allí mismo...

DON PEDRÍN.—¡Si hubiésemos cumplido todos los afanes! Más allá del ocaso que deseábamos trascender nos hemos vuelto a encarar con la aurora.

DON DÁMASO.—Qué fácil sería la muerte, si la hubiésemos conseguido por entero, cumplidos todos los afanes, sin escatimaciones... ¡Sin el afán del pequeño afán que reprendimos!

DON PEDRÍN.—¡La moral!... ¡Nos hizo irreparables!

DON DÁMASO.—Desencajó la avidez, que desencajada y loca, apeló como solución a crear otros mundos donde hubiera consentimientos para las cosas que no fueron consentidas...

DON PEDRÍN.—Aun siendo volterianos[43] pedimos confesión al morir...

DON DÁMASO.—Porque tuvimos quince días de deseos incumplidos y nuestra esposa no se acostó con nosotros.

DON PEDRÍN.—Y nuestros amigos no se atrevieron a reír y nos asombraron con sus rezos y sus miradas con videncias

---

[43] «volteriano»: dícese del que, a la manera de Voltaire, afecta o manifiesta incredulidad o impiedad cínica y burlona *(DRAE)*.

de un paradisíaco jardín de las delicias... ¡Visión de sus concupiscencias!

Don Dámaso.—Y ninguna mujer entró en nuestra alcoba, porque no era el boscaje donde sin recato nos daban un beso y se nos entregaban.

Don Pedrín.—Y ya en la bancarrota creímos en el usurero y nos robó como todos los usureros, porque el último beso a la esposa fue santo y no matrimonial... ¡Perdimos los últimos besos!... *(Pausa. Silencio, un silencio neumático.)*

(Gloria la Profesa aparece distraída de sus pasos menudos y lentos. Es de una belleza languidesciente y apagada, de una belleza blanca, acariciante, es un ampo sin líneas que vuela a ras de la alfombra. Su traje de Trinitaria, blanco, y su toca sin vuelo, recogida, la hacen más fina y más frágil y más fugaz. En su extenuación hay una gran lujuria. Lleva las manos cruzadas en actitud cuitada bajo la cruz azul y roja de su peto, se habla con una voz perdida, voz de salterio.)

Gloria, la profesa.—¡Por qué llamé a la tornera! ¡Por qué grité!... *(Y en una transición que implora, interpolando a las sombras que no la ven ni la oyen.)* ¡Un beso!... ¡Uno solo! *(Vuelve con desolación al verse desairada, a sus pasos menudos y al silencio. Avanza hacia la puerta de la derecha, y torna a decir):* ¡Por qué llamé a la tornera! ¡Por qué grité aquella noche! *(Y se pierde con una cansada lentitud tras el tapiz flamenco, en que dos arcadienses se besan.)*

Don Dámaso.—Estaba todo el raudal en nosotros, y por buscarlo en otra parte, por todas las estepas, morimos con sed.

Don Pedrín.—Y, sin embargo, algunos viven de una nueva esperanza...

Don Dámaso.—La culpa la tienen los capellanes. Han creado la nueva fe y esperan un dios para después... Sin fijar fecha, claro está...

Don Pedrín.—La biblia tiene quince mil y pico de símbolos, y en tan gran variedad cogen todas las interpretaciones... Hasta que les coja el SOL, persistirán...

DON DÁMASO.—Porque fueron efímeros... Compensan así su abstinencia... Su vejez era ya difícil a toda conversión...

DON PEDRÍN.—Lejos ya su juventud, no supieron explicarse el por qué de muchas desazones que miraban al cielo...

DON DÁMASO.—Nuestra inquietud mira al pasado.

DON PEDRÍN.—La suya al porvenir. No es más que un cambio de posturas. Dos orientaciones y una sola carestía...

DON DÁMASO.—Inventarían otro Dios, si su muerte tuviera otra muerte y no lo encontrarán tampoco... Hay que esperar que un día salgan al SOL y se meteoricen y ganen la inconsistencia de cosas...

(Pasa el ayuda de cámara con sus solemnes patillas crespas, las manos cruzadas a la espalda, y su traje bastardo y empurpurinado.)

EL AYUDA DE CÁMARA.—*(Reanudando su monólogo)...* Y me sonrió la Condesa... ¿Por qué no pagué su sonrisa?... *(Camina pensativo hasta perderse por la puerta de la izquierda, en cuyo dintel se dice):* ¡Por qué las respeté!

DON DÁMASO.—Este «qué más da» tan sereno en que estamos muertos, no llega a la serenidad con que debe captar un rayo de SOL porque aún nos quedan nuestras inquietudes retrospectivas...

DON PEDRÍN.—¿Inquietudes?... Remembranzas que, apenas se piensan...

(Aparece el bastardo, un ser barbado, con chupa y unos anteojos quevedescos.)

EL BASTARDO.—*(Para sí, terminando su monólogo.)* ¡Se hubieran dejado!... *(Viendo a don Dámaso y a don Pedrín.)* ¿Qué hay?

DON PEDRÍN.—Nada.

DON DÁMASO.—Nada.

232

EL BASTARDO.—¿Nada?

DON DÁMASO.—Repetimos nuestra sempiterna escena de comentarios.

DON PEDRÍN.—Cada día los hacemos más precisos, eso sí...

DON DÁMASO.—Por hoy sabemos que no nos hemos meteorizado...

DON PEDRÍN.—A veces nos tenemos que dar cuenta de que no somos el rayo de luna, ni la ráfaga de viento, ni un mojón de esta tierra castellana, ni un retal de musgo...

DON DÁMASO.—Yo cuando no te oigo y miro por una rendija la hiedra que tapiza los tapiales que dan al jardín me creo una de sus crenchas y entonces asustado por ir a perder mis recuerdos te busco por todas partes...

DON PEDRÍN.—A mí, me sucede lo mismo. El otro día, al ver mi retrato de Pantoja, creí que no era más que el retrato... Hasta que encontré a Sarita y me saludó...

EL BASTARDO.—Yo tenía a mi niño. *(Recordándolo.)* Y se perdió en el JARDÍN... Por él sabía de mí. Fue desobediente como todos los niños que antes llenaban la sombra y se perdieron.

DON DÁMASO.—Y estuvo bien... Era un niño demasiado viejo ya... Un niño que no jugaba como todos los niños muertos... El último en desaparecer... Nos llegó a arredrar... Tan pálido, tan frustrado, tan absurdo, tan precoz... Estuvo bien que se perdiera...

EL BASTARDO.—No estuvo bien... Ya se lo decía, teme el JARDÍN que se come a los niños... *(Transición.)* ¿Pero de qué hablabais?

DON PEDRÍN.—Hablábamos por hablar, por notarnos...

DON DÁMASO.—¡Somos tan tenues, tan inconsutiles!...

EL BASTARDO.—¡Somos tan frugales! ¡Sin ningún pulso!

DON DÁMASO.—Sin ninguna ambición.

DON PEDRÍN.—Y llegaremos a amortizar estas inquietudes de no haber hecho... En la imposibilidad se comprende la imposibilidad... Allí siempre había justificación para intentarlo todo...

EL BASTARDO.—Aquí todo se ha evidenciado para inercia nuestra... Todo era en el fondo alegórico de lo que se esperaba... Intervenía la muerte en todos los pensamientos y todo lo hacía más serio y solemne... Hasta las risas más francas estaban contagiadas, ahora se ve... Reiríamos de otro modo, de comenzar otra vez.

DON DÁMASO.—Voy comprendiendo la alegría del rastrojo...

DON PEDRÍN.—Esto se va haciendo aburrido... No sabemos idealizar, y nos hemos quedado sin filosofía, todo esto cuando nos han faltado el hígado y el corazón y el estómago y toda nuestra anatomía... ¡Así hemos aprendido su valor!... Sólo hay en nosotros esta explicación tan llana de todo, que nos ha dejado sin explicaciones.

DON DÁMASO.—No sabíamos lo que era esta serenidad. ¡Qué doloroso era vivir! ¡Qué de esfuerzos!... La inercia de entonces contaba con el corazón y el estómago en perpetuo trabajo! ¡Ahora se ve cómo se preocupaban y se abatían aún en nuestros ratos de escépticos! ¡Era una labor de batanes la suya!

DON PEDRÍN.—Pero tenían una adaptación folgada y plácida que los hubiera compensado...

(Se escuchan voces fuera.)

DON DÁMASO.—Ya está ahí el grupo de ortodoxos.

DON PEDRÍN.—¡El día de todos los días!

DON DÁMASO.—Un día por no repetirlo, me perderé en el SOL.

DON PEDRÍN.—Avísame. Nos pondremos de acuerdo... No quiero quedarme solo con esta gente...

(Un momento frente al portier recogido, hay una escena cortesana y difícil. EL VIEJO MARQUÉS y EL VIEJO CONDE hacen un saludo a sus viejas esposas, dejándolas paso. EL BUFÓN, que viene detrás, les empuja, les descompone y echa la zancadilla al MARQUÉS, que cae sin ruido, sin hacerse daño, porque ya no pueden hacérselo, pero haciendo el paso. EL BUFÓN entra a la cabeza, va vestido de rojo, una blusa roja terminada en puntas y unos pantalones con espirales de diferente color; lleva un gorro de dos picos que se mecen sobre sus hombros. La animación de sus colores es desanimada, in-

234

*substancial, sólo queda de ellos su matemática. Los cascabeles que
le cuelgan con profusión son unos* cascabeles que no suenan.
*Dan una completa sensación trágica de irrealidad y de metafísica
esos* cascabeles que no suenan.)

EL BUFÓN.—*(Autoritario.)* Aquí el bufón es el primero...

EL VIEJO MARQUÉS.—*(Ya en pie.)* Barragán, ya no temes a
los alguaciles.

EL BUFÓN.—Antes decías «la santa justicia»... Aquí no
vale ahuecar la voz.

EL VIEJO MARQUÉS.—Insolente, aún queda Dios.

EL BUFÓN.—¡En vano queréis imponerle, después de esta
quiebra!

EL VIEJO MARQUÉS.—Recuerda los nuevos mandamien-
tos...

EL BUFÓN.—Soy ya un desmandado... Además se os entiende, comprendisteis las siete bellezas de la muerte e hicis-
teis los nuevos siete pecados mortales... Comprendisteis
vuestros diez peligros e inventasteis los nuevos diez manda-
mientos... Se os entiende... Lo ilustráis de igual manera, las
viejas hetairas esas.

EL VIEJO MARQUÉS.—*(Echándose mano a la espada.)* ¡Oh si
pudiera!

EL BUFÓN.—Nunca aludiste a tu espada... ¡Ahora que ya
no hay quien la desentumezca, sabes dónde la tienes!... Te
decía que esas viejas Venus lo ilustran con sus gestos de niñas y vosotros con las cándidas palabras y los eufemismos
de siempre.

LA MARQUESA.—Dejad al insolente... Ya no teme la pico-
ta... *(Reconstruyen sus gestos importantes, de estafermos con trajes
fanfarrones, auríferos y prendidos de grandes cruces. Ellas recarga-
das de preseas, con su media corona de brillantes sobre los cabellos,
andan afectadas arrastrando su gran cola. Todas sus brillanteces
las desluce la sombra. Se sientan en tertulia en un rincón, ellas hacen el gesto antiguo de recogerse el miriñaque para sentarse y ellos el
gesto pretensioso de levantarse los faldones.)*

EL VIEJO MARQUÉS.—Bribón. El cielo no puede estar vacío.

EL BUFÓN.—*(Asombrado.)* ¡¿Os atrevéis aún a simboli-

235

zar?!... ¡¿Es que hay algo en vosotros que no reclame la tierra?! Encararos con el pasado por lo que no os dio o no supisteis violar y no lo aduléis en el porvenir, que es el pasado del revés... ¡Sois malos fisonomistas!... *(Pausa.)*

Y quizás vive vuestra sucesión... ¡Quizás hay Marqueses aún!... ¡Pobres de ellos si pudieran irrumpir en la vida los de la fosa común ya tan evidenciados de muchas cosas! ¡Les darían a todos veinte puñaladas porque sí!

(Las sombras se han conmovido, ante esa evocación monstruosa y horripilante de la fosa común, ese spoliarium de gentes innúmeras irreparablemente fallidas.)

Don Pedrín.—*(Aparte a* Don Dámaso, *aterrorizado.)* ¿Te imaginas a los de la fosa común entrando de nuevo en la vida?

Don Dámaso.—¡La fosa común!... Su insensatez les conducía a una sensatez definitiva. La sensatez de nuestros tiempos fue una necesidad impuesta por nuestras insensateces privilegiadas, dejando fuera la insensatez de las muchedumbres.

El Bufón.—Reí para que rierais, y después de tantas risas resulta que no conocía yo mi risa... Me ha llegado la vez... Señora Marquesa hacéis un gesto demasiado fatuo... No hay por qué... ¿A qué son poner la boca chica? Y tú, Condesa ¿por qué juegas los ojos?... No es posible un amante ya. Se acabaron los placeres de alcoba... Y en vosotros, mis serenísimos señores, se disecaron los cuernos de vuestras venerables y augustas testas y ya no reflorecerán...

El Conde.—¿Qué te propones, barragán?

El Bufón.—No encontré a la Providencia y actúo yo de ella. Por indisposición del primer actor hago yo su papel.

Don Pedrín.—Si no crees ¿por qué te vales de sus creencias?

El Bufón.—Porque ellos creen y se atemorizan.

Don Dámaso.—La venganza perjudica tu estoicismo.

El Bufón.—No me descompone... Además la cólera no es posible ya sin anatomía, me falta entre otras cosas el hígado... Son cosas que pienso y digo sencillamente... Es mi bufonada, mi espectáculo. *(Transición.)* Señor Marqués te estiras demasiado... Eso es por demás... Ya no hay quien crea en tus blasones, y ahora son ya tan míos como tuyos.

La Marquesa.—¡Desagradecido, estás aquí porque te concedimos la gracia especial de enterrarte bajo el presbiterio!

El Marqués.—Yo me opuse... En el cementerio de la aldea nos hubiese dejado en paz...

El Bufón.—Pero transigiste con tu ayuda de cámara que durmió muchas noches con tu Marquesa...

El Conde.—Ya llegará el día...

Don Dámaso.—A la inconsciencia se la pueden achacar todas las posibilidades...

El Bufón.—Dejad que os coja el SOL o que al salir al JARDÍN os gane la tierra... ¡Se está necesitando aquí urgentemente una barredura de SOL o una ráfaga de aire puro!... ¡Aunque nos coma a todos la luz es preferible!... ¡Nos organizará y terminarán vuestras fealdades y nuestras triquiñuelas!

El Marqués.—Estaban equivocados los vivos, Dios estaba más lejos.

El Bufón.—En el rayo de SOL o en el semillar que seáis, no se consienten reflexiones... No se os podrá convencer...

(Habla en silencio en su rincón el grupo de los viejos estafermos, canijos y titulados.)

*(*Gloria *la profesa cruza la escena, despaciosa y absorta como siempre.)*

Gloria la profesa.—*(Monologueando.)* ¡¿Por qué llamé a la tornera?! ¡¿Por qué grité?!... ¡Fieros bigotes a la borgoñoña!... *(Desaparece en esa tesitura fantasmal y cansada de siempre por la puerta del fondo.)*

*(*Don Pedrín *y* Don Dámaso, *a media voz, señalando al* Silencioso *que resplandece colmado.)*
Don Pedrín.—¡Y se murió sin confesar!
Don Dámaso.—¡Y escandalizó su siglo!

237

Don Pedrín.—Suyas fueron todas las mujeres.

El Bufón.—*(A los ortodoxos.)* Aprended en el capitán... Vosotros que quisisteis desheredarle... por incestuoso y aventurero... No tiene ninguna inquietud... No le aqueja la muerte.

Don Dámaso.—Es el más orondo de todos... No cree en las palabras.

(Aparece Sara, en la actitud sonambulesca de todos, ingrávida, el pelo empolvado y artificialmente blanco, peinado en una gran trenza turbante. Su rostro es alabastrino. Tiene un amplio descote blanco y deprimido, con una sombra pasional en su depresión y la suave transparencia de sus senos núbiles, de lo que fueron de erectos, de duros, de palpitantes y de empezonados. Va toda empolvada. Sus manos embellecidas, sobrepujadas por la muerte como las de todas estas mujeres, son una linda aplicación sobre el tisú de plata, posadas una sobre otra. Deleitan. Como se ve obligada a llevar ella sola su larga cola que necesitaría un paje, la lleva plegada sobre el brazo. Eso da una tirantez a su traje que la dibuja y la desnuda de líneas. Anda sin sentírsela sobre unos zapatitos de altísimo tacón, altos como los coturnos. Suave, suave, suave toda. Nítida, nítida. Mira como esas cabezas nostálgicas, pensativas, que se inclinan con un desvanecimiento meloso y elevan los ojos para mirar a nivel. En la fase cuasi lunar de rostro, como traslucido, hay —como en todas esas mujeres— un gesto perverso, de una perversidad sin límites y sin temblores, firme, toda certeza.)

Sara.—*(Melifluamente, monologueando.)* ¡Porque fuera mi palafrenero!... Vanos repulgos... Era fuerte... Era falso su estigma.

El Bufón.—Mi Sara.

El Conde.—¡Ya es atrevimiento! ¡A nuestra hija!

El Bufón.—¿Tu hija? ¿No será tu bastarda?... Además ya mi traje de juglar puede ser el de un Rey... Se trabucaron los significados... *(Altisonante.)* ¿Quién niega que no sea el de un rey?... *(Amoroso.)* Mi Sara.

Sara.—*(Que estaba absorta.)* ¿Quién?

El Bufón.—Yo... ¡Qué buena boda hubiéramos hecho!

238

SARA.—Tantas hubiera yo hecho de saber esto... ¿Por qué no tú?... ¡Un hombre con cascabeles!

EL BUFÓN.—Y que hubiera sido la suya una música excelente, *di camera,* en nuestro epitalamio... No me hubiera desvestido...

SARA.—¿Quién pagará la quiebra?... Hubo tantas noches... Ahora son un infinito... Ya el infinito está del lado de allá, no de éste... *(Transición. Sigue su camino, plácida, con medios pasos, diciéndose sordinescamente:)* ¡Y porque fuera mi palafrenero!... Era un sitio tan hermoso... Escogió el mejor rincón del jardín... También aquel remero, en la fiesta sobre la ría... Me debí extraviar... ¡Y aquel beso!... ¡¿Por qué no di aquel beso?!... ¡Era un lindo efebo el paje!... *(Al pasar junto a Don Dámaso y Don Pedrín.)* ¿No hay quien abra un bargueño?... No tuve más que un novio... ¡Aquel paquete de cartas en la caja de sándalo!... Las reelería... Había alguna flor entre ellas...

(DON DÁMASO y DON PEDRÍN le responden encogiéndose de hombros, inútiles. Pausa. Silencio.)

EL BUFÓN.—Mucho silencio es éste... Contaré lo que vi debajo de la cama de la Marquesa una noche estival...

EL MARQUÉS.—*(Levantándose con precipitación.)* No se puede oír a estas gentes... Se están descalificando... Vámonos... *(Toda la vieja troupe se pone en pie.)*

EL BUFÓN.—Ha sido el gran triunfo de la muerte, a todos nos descalificó y a ninguno, porque donde no hay preminencias no hay ningún menestral... Se equilibró todo, señor golilla... Os sobran las palmas y los calzoncillos; y a vosotras, señoras mías, la camisa...

(Avanzan hacia la puerta apresurados. La escena de alta política de antes se reproduce al salir la corte, pero el bufón pasa por el centro de ellos gritando: —«Paso al Rey». Eso les desconcierta y pasan en masa. Pausa.)

(Entra LETICIA, es rubia, con un peinado de vuelo, con dos rizos caídos sobre los hombros y dos plumas blancas enhiestas. Es sen-

239

sual, con esa sensualidad de la madurez, una sensualidad estampada, sin pulso ni ardor, de cuerpo presente. Viste de rojo y es alta... En el descote hundido, ornado por una gargantilla de rubís, tiene una mancha sangrienta, disecada. Sus senos evocan una consumación a fuego lento, de carnes de hombre sobre su albura, entre un largo desvanecimiento, con la exquisita e imposible ampliación en espacios imaginarios de los granos mirra en los pebeteros[44] orientales. Es mórbida y carnal. Con una morbidez y una carnalidad de esas casi homicidas.)

LETICIA.—*(Que busca toda inquieta a alguien, saluda a* DON DÁMASO.*)* ¡Hola, esposo!... *(Viendo al* SILENCIOSO *y arrodillándosele.)* Mi Don Juan... ¿No podrá ser ya?... Te fui fiel...

(EL SILENCIOSO *perdura en su silencio.)*

Sabía todos tus desmanes y te seguí queriendo... Tuve celos, pero hoy ya no los tengo... Tampoco hoy te sería fiel... Pero lo fui... Sal de tu silencio... Todo te sobra por hartura... ¡Fuiste tan violento!

DON DÁMASO.—¡Y te maté por eso que es tan natural!... Te estropeé aquella cita... ¡Me arrepiento! *(Sarcástico.)* Pero el honor.

LETICIA.—El honor era que no tenías más que una mujer, que no supiste conservar y que las demás se recataban o no eran cuotidianas... Creías en las dominaciones.

DON DÁMASO.—Pobre Leticia... ¿Te hice daño?... Tienes razón, fui torpe, te maté por no saber conseguir a las otras... ¿Recuerdas? Fue en el pecho. ¿No?

LETICIA.—Sí, aquí... Mira la llaga... *(Señalando la mancha sangrienta sobre el descote.)* Sentí un gran dolor... Nada más, en seguida me repuse en la sombra...

DON DÁMASO.—Y te grité palabras honorables con el afán de un amante homicida que cubriera de rosas la faz de su víctima para ocultar su gesto fúnebre y su crimen... Hicimos muchas cosas en la vida por desorientarnos...

(EL SILENCIOSO *se levanta y se va.)*

---

[44] «pebeteros»: vaso para quemar perfumes y especialmente el que tiene cubierta agujereada *(DRAE).*

LETICIA.—*(Precediéndole.)* Falté a la cita por su venganza... Me mató... no pude ir... ¿Cómo reanudaríamos...?

(Se pierden tras el portier del fondo. Pausa. GLORIA *la profesa, reaparece, en su misma actitud vidente y hermética.)*

GLORIA, la profesa.—¿Por qué llamé a la tornera? *(Viendo a Don Dámaso.)* ¡Ah, eres tú!... Mira, atiende, yo tengo un bello desnudo todo blanco que no ha visto nadie, nadie...

DON DÁMASO.—Y que nadie podrá ver ya.

GLORIA, la profesa.—Tú si quieres... ¿No?... Mira, te lo diré... Mis senos...

DON DÁMASO.—Comprendo tu gran deseo, quieres revalidarte... Pero es inútil... Recordaría el de Leticia, el de la Marquesa o el de alguna de aquellas cortesanas que se me entregaron... No podemos ir más allá de como nos recordamos.

GLORIA, la profesa.—*(Alitonante.)* ¡¿Me perdí de verdad?! No... Mira... si no va a ser como si no lo hubiera tenido nunca... Nadie lo vio... Mira... Mis senos...

DON DÁMASO.—No es posible.

GLORIA, la profesa.—Soy tuya... Dame un beso.

DON DÁMASO.—Nuestros besos ya sólo ponen una sombra en la mejilla, que ni pesa ni impresiona... Somos baldíos... Has despertado a la fiebre sin pulso que la sienta...

GLORIA, la profesa.—Te sabría amar con la ansiedad del primer amor... Sería el primero...

DON DÁMASO.—Yo te amaría también.

GLORIA, la profesa.—¡Por qué me abstuve!... Mira, me someto con ceguera... No gritaré... Te diré con pasión el Cantar de los cantares...

DON DÁMASO.—Amargas mi serenidad... Eres una promesa imposible... Veo tus labios abultados de no haber roto nunca, pero no son más que un simulacro...

GLORIA, la profesa.—Es que estáis agotados... Ni el bufón que es tan procaz sabe hacer una procacidad...

DON DÁMASO.—Tu virginidad te inflama de palabras... Resolviste su cuestionario con el paraíso y ahora, sin paraíso que te colme, el cuestionario se recrudece...

GLORIA, la profesa.—¡¿Y cómo me repondré?!

241

Don Dámaso.—No hay reposición mi pobrecita ninfó-
mana que al fin te has visto de frente, porque te ha hecho
volver de espaldas la muerte...

Gloria, la profesa.—Me rechazas...

Don Dámaso.—Pobre máscara... Te lo explico todas las
tardes. Pero no te impondrás nunca... Estás demasiado necesitada para aquietarte... No hay en ti un buen recuerdo
carnal que te entretenga... En todos nosotros hay a lo menos un hueso que roer...

Gloria, la profesa.—El divino esposo faltó a la cita, sedlo vosotros... Mira... *(Sumisa y cariciosa, le habla en silencio.
Pausa.)*

Don Dámaso.—*(Reapareciendo en el silencio confidencial.)*
No podrías desabrocharte el corpiño...

Gloria, la profesa.—Porque quizás los corpiños habéis
de desabrocharlos vosotros...

Don Dámaso.—Creerás siempre que en nosotros está el
defecto... Esperarás siempre... Te recomiendo el SOL.

Gloria, la profesa.—*(Aterrorizada.)* No. El SOL no... No
me quieras perder...

Don Dámaso.—Sal al JARDÍN...

Gloria, la profesa.—*(Toda desolada.)* No... ¡Qué miedo!...
¡El JARDÍN!... ¡Es donde se pierden todos!... ¡El JARDÍN!... ¿Por
qué me quieres tan mal?...

Don Dámaso.—Porque has de soportar tu desierto, demasiado...

Gloria, la profesa.—Ya que no me inicies... Déjame...
Quizá venga el príncipe soñado que me comprenda...

Don Dámaso.—*(Sonriendo.)* Mi perversa... Eres ingenuamente perversa. No puedes y no sabes, y los demás que saben, tampoco pueden... Atormentas porque eres muy hermosa, y tienes unos grandes ojos y unos grandes labios y eres
virgen y hablas de tu desnudo blanco y de tus senos suaves...

Gloria, la profesa.—¿¡No será posible!?

(Entra Leticia en silencio alicaída y cerrada.)

Don Dámaso.—Todo esto es aberrado porque nuestro sitio está fuera en el SOL, en el JARDÍN... Somos algo que ni se

descompone, ni reencarna... ¡Que se alquile pronto esto!...

GLORIA, la profesa.—¡¿Y quién me resarcirá a mí?!

DON DÁMASO.—Todos llevan su cuenta en la mano pero se compensa lo que nos deben con lo que debemos... Y después de la compensación seguimos tan pobres...

GLORIA, la profesa.—¿Y entonces? ¿Quién nos ha hecho de menos?

DON DÁMASO.—Nadie. No somos unos poderosos que hayamos venido a menos... No ha sido nadie rico en la vida, nadie la explotó como ella se hubiera dejado explotar... Pero hemos hecho una quisicosa entre los pobres de la cuestión, creyendo que alguno era el rico y olvidando que la riqueza estaba en la incontinencia, fuera del pleito.

GLORIA, la profesa.—Sí, pero y mis besos...

DON DÁMASO.—No sabrías que los recibías... Eres inca paz...

GLORIA, la profesa.—Es que no sabéis darlos... Vuestras historias de amor son fanfarronadas... *(Señalando un portier.)* Aprended en los dos pastores del tapiz, ese beso que no sabéis... ¿No es un beso el que se dan?

DON DÁMASO.—*(Volviéndose a su esposa.)* Leticia... Habla de los besos que recibiste a Gloria... Muere de curiosidad.

LETICIA.—No sé ya cómo es un beso... Deseo uno más aunque sea el final para saber cómo fueron los otros... De los besos no queda más que la presunción de que nos hicieron felices... El último será mi primer beso... Parezco no haber recibido ninguno... Somos dos huérfanas gemelas...

GLORIA, la profesa.—¿Qué conmueve un beso?

LETICIA.—El beso nos crea, parece que nos hace de la nada.

GLORIA, la profesa.—¡Un beso! ¡Un beso!

LETICIA.—Pides la resurrección.

GLORIA, la profesa.—¡¿Es tanto un beso?!

LETICIA.—Sí... Por eso no me atrevo...

DON DÁMASO.—Deplorable juego de simulacros... ¿Por qué no os serenáis?... En las mujeres quedan los nervios en vez de los huesos como en nosotros...

LETICIA.—Sólo han quedado las palabras como en vosotros aunque las más nerviosas... Si nos vierais padecer un ataque de nervios es la palabra la histérica... Nuestros gestos son gestos de las palabras redivivas... Se han sutilizado más y nos sobrepujan... Teclean pero estamos descarnados...

DON DÁMASO.—Ya estamos en el estribillo de todas horas...

GLORIA, la profesa.—*(A Leticia.)* Bueno... Toca el clavicordio, olvidaremos...

LETICIA.—Se resiste... No ceden las teclas.

DON DÁMASO.—Además no le interpretaríamos, sin buenos ni malos humores... Nos hemos quedado sin melomanía al perderlos...

GLORIA, la profesa.—Voy amando el JARDÍN y el SOL...

LETICIA.—Todos llegan a esa conclusión y un día se pierden...

GLORIA, la profesa.—Da miedo... Pero ¿queréis que salgamos en corro para ayudarnos y darnos ánimos?

(Entra el bufón, en su actitud soberana de Providencia.)

LETICIA.—Bufón...

EL BUFÓN.—¿Cómo el bufón? *(Campanudo.)* El Rey...

LETICIA.—Bueno, mi rey... ¿Quieres enlazarte en el corro que vamos a armar para ayudarnos a salir al jardín...?

EL BUFÓN.—*(Con fanfarronería.)* Sí, contad con el rey.

LETICIA.—Yo cantaré aquella canción de los niños. *(Tarareando.)*

En un rayo de sol
aparecio el doncel.

DON DÁMASO.—*(al bufón.)* Llamad a Don Pedrín...

GLORIA, la profesa.—Y a Sara.

LETICIA.—Y a mi Don Juan... Haremos un corro muy grande y gritaremos mucho para aturdirnos...

EL BUFÓN.—Y cogeremos en el centro a los Marqueses y les llevaremos quieran o no...

(Váse. Al poco rato vuelve con DON PEDRÍN, SARA, EL SILENCIOSO, EL BASTARDO y dos daguerrotipos. Se cogen todos de la

mano en un amplio ruedo y comienzan a dar vueltas muy lentamente.)

EL BASTARDO.—Así encontraré a mi niño.

EL AYUDA DE CÁMARA.—Pero les arrastraremos a ellos ¿eh?

EL BUFÓN.—De sus casacones quieran o no...

DON DÁMASO.—Pero no pararse, vamos, no vayamos a desistir...

GLORIA, la profesa.—Quizá allí me espera mi prometido.

LETICIA.—*(Tarareando, mientras comienza la vorágine.)*

> En un rayo de sol
> apareció el doncel
> prendido en loco amor
> por la Infanta Isabel...
> por la Infanta Isabel.
> Rara, rara, rara, ra,
> ra, rara, rara, rara...

(ROSA la campesina garrida, fachendona, entra con un candil encendido... Las sombras se repliegan atemorizadas y encogidas en un rincón. Algunas se escabullen en la sombra. ROSA abre el balcón. Las sombras se compaginan unas con otras, un tanto ateridas, en tropel, en el extremo opuesto. El aire apaga el candil. ROSA, sin ver lo que buscaba, cierra las mamparas y espera.)

DON PEDRÍN.—*(Aparte.)* ¡Una mujer viva!

LETICIA.—La que oíamos cantar estos días.

EL BASTARDO.—¡Quién sabe si nos podrá reanimar!

(Todos quieren ir hacia ella, pero DON DÁMASO conviene en silencio con los otros en ser él quien se acerque.)

DON DÁMASO.—*(Apoyándose en una actitud galante y rendida sobre el clavicordio en que ella se reclina, habla instigadoramente como un irresistible, en un tono menor, muy leve.)* Mira... La promesa del amor no debe desatenderse... A veces no pasa más que una vez y con prisa... Y es irreparable dejarle pasar... Nos portamos juguetonamente como si tuviéramos

tres vidas... ¡o quién sabe cuántas! Y no es más que una...
Una... Insuperablemente... Deja hacer, que quien te requie-
ra sabrá hacerlo todo... Es fácil y encantador un desmayo...
y muy eficaz... ¡Quién sabe a qué alturas y a qué abismos
llegarás?... Te prometo una gran dulzura, porque tendré que
pagarte mucho, mucho... Anda... Será el tuyo si consientes
el papel de una emperatriz, te sentirás orgullosa del conside-
rable tesoro y de la felicidad que concedas desvaneciéndote
solo... Fácilmente... La sombra es silenciosa, es propicia y es
mullida... Conquistarás un mundo y reaparecerán en ti muchas cosas que desconocías... Nunca te hubieras creído capaz... Te sentirás nacer... Moza mía, te esterilizaré si temes a
los que ya han perdido su tiempo y quieren que lo pierdas
tú... Ten confianza en que sabré recomponerlo todo de manera que bajo tu aspecto acostumbrado se oculte la sombra
de lo inaudito, su nostalgia... No te robaré tu tesoro, pues
en la última entrega está inédita la primera... Mujercita,
mira... *(La habla en silencio.)*

EL BUFÓN.—*(Aparte.)* La convencerá, sabemos tantas evidencias...

LETICIA.—Ella calla y quien calla otorga...

SARA.—*(Nostálgica.)* ¡Mi palafrenero! ¡Porque fuera mi
palafrenero!...

DON DÁMASO.—Te agigantarás y sentirás un atlántico en
tus piernas... Mira... Al adivinar el secreto no perderás su encanto, pues el camino recién andado con los ojos vendados, lo desandarás después vendados los ojos también y
volverá a serte desconocido... Es lo que duele en el cuarto
de hora del amor... Pero si lo alargaras te atormentaría el dolor del Rey Midas... Sería demasiado... Serás como una reina, como ésas de estos retratos, más que ellas... Te nacerán
alas en los costados... El diablo que se ve en estos ratos es
una confusión de Dios, es decir, es la fascinación de tu vida
redoblada... Cundirás mucho, te ensancharás, te llenarás de
salud y de vigor... Presiento que hay en ti sinsabores que no
compensa nada... Déjame y habrá en ti algo que los com-
pense sobre manera... Hay en ti cosas inenarrables... Ten la
curiosidad de descubrirte, sin que me descubras a mí, que
ésa será una sorpresa por añadidura tan sorprendente como

la otra... No pienses en la quiebra; es magnífica la quiebra de una gran fortuna, y bien vale el alegrón de los dispendios que se hicieron... Sé rica para quebrar, mejor que ser pobre y mantenerte al día es la más pobre quiebra... Además, moza mía, la vida es corta, y sus dolores y sus quiebras fáciles, por lo cerca que está de todos los términos, pero es irreparable y trascendental por lo lejos que puede estar de todas las adquisiciones, de todos los descubrimientos y de la felicidad... Anda...

(ROSA *que ha escuchado sumisa, los ojos bajos, sumergida, avanza con decisión y abre las vidrieras febrilmente.*)

ROSA.—*(En la sombra de la noche.)* Juan... Juan...
(Un voz varonil desde las sombras): —¿Qué?
ROSA.—¡¡Ya estás ahí!?... Sube... Entra por el portillo, cruza el jardín... Después la escalinata... Está abierta la puerta... Que no te vean...

(LETICIA *corre, recogiéndose la cola con las dos manos, a reunirse con el hombre que ha presentido. Don Dámaso se ha arrinconado detrás del portier al ver abrir el balcón. Tiene una actitud desolada, pero avanza de nuevo y prosigue.*)

DON DÁMASO.—Anda... La sombra es mullida y opaca, salva de las represalias... Hay tiempo para todos...

(Sigue hablándola en silencio. Entra LETICIA *abrazada al gañán que aparece irresoluto y absorto.)*

LETICIA.—¿Me has oído?... Esto está obscuro y permite nuestra complicidad... En la obscuridad nos parecemos todas las mujeres, nos identificamos, y por muy hermoso que sea el ideal nos podemos confundir cualquiera con él, podemos hacer sus veces... No le menoscabaré... No temas abusar... En nosotras hay una rogativa que debéis interpretar porque se nos ha prohibido decirla... Tened la seguridad de que todo lo hicimos antes que lo hicierais... Nos consumamos muchas veces nosotras mismas... No seáis pusilánimes. Nosotras terminamos por la timidez y vosotros comenzáis por ella para terminar requiriéndonos cuando nos habéis dado tiempo a comenzarla... Los silencios y las reservas nos hacen dogmáticas y morales... La moralidad es la interpretación de muchas medias palabras y muchas indeterminaciones; no está hecha por nada positivo y a derechas... Lo directriz está hecho de flojedades y cobardías... Anda, es una mujer quien se esfuerza por darte ánimos... Anda... Decídete...

JUAN.—*(Jadeante.)* Rosa...
ROSA.—*(Jadeante.)* ¿Qué?... Aquí.

(LETICIA se desprende del gañán desolada, los brazos desnudos y blancos caídos como dos exvotos. DON DÁMASO se levanta en el otro extremo de junto a ROSA.) (Las dos parejas, la de las sombras y la de los vivos, se encuentran al mismo tiempo.) (JUAN abraza a ROSA con un amplio abrazo.)

JUAN.—Un beso...
ROSA.—Todos... *(Le besa.)*
(El bufón se ríe locamente, cogiéndose el vientre para no estallar.) ¡¡Ja!! ¡¡Ja!! ¡¡Ja!!
GLORIA, la profesa.—*(A don Pedrín.)* Aprende en sus besos uno para mí... Mira... es tan fácil...

(DON DÁMASO y LETICIA, reunidos, en completo ridículo, irritados por su tercería, se dan la mano, asumiendo una misma decisión.)

LETICIA.—Ha sido la última prueba... Ni el azogue de los espejos nos retiene, ni la pupila de los vivos...
DON DÁMASO.—Ni es posible un beso más.
LETICIA.—Es amarga esta sabiduría... ¿Vamos al JARDÍN?
DON DÁMASO.—Esta lección, nos ayudará a bajar la escalinata, de donde nos hemos vuelto siempre...
LETICIA.—Dame el brazo...
DON DÁMASO.—Quién sabe si sabrá a besos ser un rayo de luna o un plantel de Rosas...

248

(Se pierden dulcemente, con una parsimonia melancólica por la puerta del fondo hacia el suave maremagnum *de los campos y del descampado.* ROSA, *caída sobre el diván, desvanecida:)*

ROSA.—No sé qué voluntad me ha dado por ti esta noche...

JUAN.—Y a mí por ti, mi rapaza. *(Le besa y se envuelven el uno en el otro. Las sombras, sobrecogidas por la decisión, se arremolinan pegadas al viejo ventanón del fondo desajustado por el tiempo. Miran todos por las rendijas.)*

EL BUFÓN.—Mirad... Mirad... Han salido al rellano...

DON PEDRÍN.—Yo no sé si hacen bien...

GLORIA, la profesa.—Pobre Leticia... Las rosas de noche aspiran con más frenesí... ¡Y están cargados los rosales!...

(Se presiente un jardín autumnal, ciego, abandonado como el palacio, de bojes sin recortar, de cipreses ladeados, de estatuas romas y caídas, jarrones con hierbas en su cuévano, de bancos medio hundidos, de árboles sin soporte, de maleza en los caminos, y agua estancada, verde veneno, en las fuentes de orinienta piedra.)

SARA.—La luna cae como una ventosa sobre el jardín...

EL BUFÓN.—Han salido al camino de los mirtos... Pugnan por volver... El aire debe ser fuerte, porque mece los cipreses...

(Silencio durante el que las sombras absortas miran pegadas a la ventana el jardín blanco de luna.)

JUAN.—*(En el otro extremo de la sombra, a boca llena y belfuda.)* Te querré siempre...

ROSA.—¿Siempre? *(Se besan.)*

GLORIA, la profesa.—*(De proviso, desorientada.)* ¡Ah!... ¿Les veis? ¿Les veis?

SARA.—*(Horrorizada.)* No... ya no...

DON PEDRÍN.—Se perdieron...

EL BUFÓN.—*(Lamentable y apoteósico.)* Les recuperó...

ROSA.—Así te quería, mi Juanón...

(Han llegado al apasionamiento culminante... Se necesita un biombo... Y el telón cae rápidamente, ocultando el Himeneo.)

FIN

EPÍLOGO AL DRAMA
DEL PALACIO DESHABITADO

Ya escrito este drama, en el que la muerte tiene ciertas inquietudes —inquietudes *léxicas* no más— porque aún no ha llegado a la transición que ayuda el SOL y los aires sanos, quise dar el último concepto de la muerte: El normal. Escogí la otra mañana. Una mañana tediosa, de ésas que atosigan los omoplatos, y ciertos días nos hacen aparecer lamentablemente *cargados de espaldas.*

Se anunció en mi espíritu la cerrazón consabida.

La parálisis parcial de otras veces, me anestesiaba.

Mis dos eternas compañeras, las interrogaciones, arrojaban tedio sobre mi tedio. Su antropofagia y su deofagia estaban ahítas.

Los últimos libros habían sido ya leídos.

Necesitaba asomarme a algo no cotidiano, *epatante*[45].

Oportuno sería asomarse sobre el abismo. Y como todos los días sinónimos emprendí el camino de San Carlos[46].

En París hubiera emprendido el de *la Morgue.*

Las inquietudes dialécticas comienzan a no inquietarme, pero la inquietud de la muerte es la más *dura*, y siempre nos

---

[45] «epatante»: del fr. «épater», asombrar, sorprender.

[46] «El hospital de San Carlos, fundado para que los señores catedráticos de Patología y Clínica dispusieran de enfermerías en las que explicar las clases prácticas, situado hoy en la calle de Atocha 104 y 106, dando una de sus fachadas a la gran plaza del Hospital (...). Como la enseñanza se hizo desde el principio sobre el cadáver, además de los alumnos matriculados acudía un número grande de asistentes a las disecciones» (J. Alvarez Sierra, *Los hospitales de Madrid de ayer y de hoy,* Madrid, 1952, págs. 125 y 126).

traspasa. Ocupa el grado extremo de intensidad en la escala que con las impresiones se pudiera formar del mismo modo que en cristalografía atendiendo a su facultad de rayar. Tiene la supremacía del diamante, y raja a los seres ocasionándoles algo así como un raro y recóndito traumatismo.

Las calles eran cotidianas, la animación de los aledaños de San Carlos cotidiana, los grupos, los estudiantes cotidianos... Todo, hasta llegar a la puerta de la sala de disección.

Un momento me detuve en el dintel. Me asaltó una prohibición turbadora, la misma que detuvo a Arianna con su llave áurea en la mano, ante la única puerta que su viejo esposo Barba Azul[47] la había mandado no abrir...

Pero yo había ido a asomarme al abismo.

Abrí la puerta.

La sala estaba sola, con una soledad bien paradójica.

Mi sensación ya dentro fue desorganizadora. Me pareció haber entrado por escotillón en la campana de cristal de una máquina neumática, después de hecho el vacío.

Yo soy un hombre reflexivo, cuya mirada no polariza las cosas artísticamente. Por esto la vida se me ofrece tan específica como ella es. Esto me hace trágico en estos momentos, trágico de una manera distinta de la de los románticos y de los fantasistas, a los que se les ofrece la vida y la muerte movibles, elecubrantes y caleidoscópicas. Así ante ellos la muerte dejaba de ser algo comprimido, estreñido, monístico forjando en ellos sin mesura una borrachera monstruosa, que en el fondo era una exaltación voluptuosa, histérica, de la vida.

Por los anchos ventanales abiertos entraba demasiada luz, una luz artificial, destemplada, fu... *fuliginosa.* —¿Por qué no decir la paradoja si la ha enunciado un calofrío de las entrañas?— Fuliginosa, porque había pasado antes por la soledad del patio, taciturno, oriniento, *sin acacias,* con dos depósitos de cadáveres, en cuyo duelo recóndito se había tintado también de pasada...

---

[47] Ramón se refiere al famoso cuento de Perrault, al que también alude en la pantomima «Las rosas rojas». Pero, tal vez, tuviera presente la obra de Maeterlinck titulada *Ariana y Barba Azul* que, con música de Paul Dukas, se estrenó en el teatro de la Ópera Cómica en 1907.

Las mesas de disección se alargaban en hilera hasta el confín lejano de la sala.

Sólo una a lo lejos denunciaba un cadáver arropado en una sábana.

Sentí la necesidad de que hubiera alguien en la sala, alguien, aunque no fuera más que uno de estos porteros de San Carlos, que se han pertrechado de una indiferencia cloroformizada y pasean por la necrópolis desenterrada, con la mirada prudentemente dormida.

Me hubiese hecho el efecto su palabra de ese cordón que, sostenido por los guías, garantiza la exploración de los alpinistas sobre el abismo. Me hubiera ayudado a acercarme al muerto.

Unas moscardas negras, vampirizadas, revoleteaban junto a mí, mascullando el rum rum de su calentura.

El cuervo de Poe[48] graznaba en un rincón «Never more» «Never more» «Never more», sin la gracia artística, defensiva, cauterizante de las estrofas junto a las que oyó el «Never more» angustioso aquel magnífico borracho...

Con ingenuidad se me ocurrió, al poner la mano sobre una de las mesas de mármol:

—¡Qué frío debe tener!...

Un sarcasmo corrigió en seguida, lanceolándome ese estrambote un poco femenino.

—¡Ah! Sí —debí exclamar sonriendo a la ingenuidad.

Avancé.

Sentí la necesidad de saber quién era. En mi indecisión, estacionado, había esbozado cien rostros diferentes bajo el enigma del embozo. Esto me dio ilusión de estar entre numerosos muertos. Era necesario salvarse de tan deplorable compañía. Había que despejar tal aglomeración. Sería más leve quedarse con uno solo.

---

[48] Referencia al famoso poema de Edgar Allan Poe titulado «El cuervo», cuyo estribillo es ese obsesivo «nunca más» que martiriza al desesperado amante que ya no podrá estar jamás con su amada muerta. En 1919, Ramón escribirá una semblanza del gran escritor americano, modelo de escritor maldito admirado por Baudelaire y los poetas simbolistas.

Y levanté un ángulo del sudario con un ademán supremo, el de César al pasar el Estilicón[49].

La cabeza afeitada, monda y el rostro demacrado, le daban un aspecto andrógino. ¿Era un efebo o una mujer?

Levanté un poco más la sábana. Era una mujer insexuada, pues hasta los pechos, secos, sin plasticidad, chupados por la tierra, se habían adaptado al tórax y no tenían más relieve que él.

Me fasciné. Me comencé a disociar. No tuve esa malicia que permite a los sentimentales despistar la franca impresión *química*, arredradora, que fuerza, que anguliza y que amorata las orejas del que observa brutalmente...

Por eso todos los comentarios que se han hecho sobre la muerte la han prejuzgado, todos han sido desviados, literarios. Si se les estudia, se observa que sólo sirvieron para huir de su concepto específico, naturista, sin blandura y sin belleza; pero sereno.

Así San Francisco de Borja[50] pensó en Dios y en el Monasterio, dos bonitos caminos para huir. Bossuet[51], en sus oraciones fúnebres, hizo lo propio, y con ellos otros muchos huyeron con una frase, y algunos pocos, los escogidos, con una ironía.

Ninguno se quiso adaptar, ofreciendo su maleabilidad al troquel.

Yo no quise imitarlos, porque sólo, sin conceptismos y con sensatez es como se reconquista la verdad de la vida. El amaneramiento íntimo de los corazones es lo que ha amanerado la existencia...

---

[49] Ramón se refiere, evidentemente, al río Rubicón y no al general romano Estilicón.

[50] S. Francisco de Borja, que había sido marqués de Lombay y duque de Gandía, cambió de vida cuando, encargado por el emperador Carlos V de trasladar los restos de la emperatriz Isabel, comprobó la terrible acción de la muerte sobre la que había sido una joven admirada por su belleza.

[51] Jacques-Benigne Bossuet (1627-1704) fue autor de obras como el *Discurso sobre la historia universal* o las *Oraciones fúnebres* que cita Ramón. En ellas busca la presencia de la intervención divina en el curso de las acciones humanas.

Ante mí, a lo largo de la mesa, estaba tendido el muerto, con la cabeza desnucada, empotrada sobre una dura cuña de madera.

Abierta, hocicada, la boca; las narices flacas, ya un poco despuntadas; los ojos fundidos, de un azul viscoso sin allende... En uno de ellos un tábano enorme, pardo y una moscarda negra se abrevan en silencio, inmóviles... Las sentí como si picaran rejoneadoramente mis lagrimales...

Necesitaba yo mirar a la muerte de este modo, sin los parientes del difunto alrededor, sin hábito ninguno ni cruz entre las manos, sin coronas, sin rezos, sin tener que refrendar una sentencia o una compunción.

La miraba con ahínco, con extrañeza, frente a frente, sin frases, sin simbolismos, plasmándola por sugestión en mi arcilla, queriendo asimilar su verdad adlátere.

En mi serenidad de miras ni me hacía señas el muerto ni suscitaba nada quimérico, ni luctuoso, porque mi serenidad no lo suscitaba como los Churrigueras.

Nada de homilías perorativas. La moscarda y el tábano, inexorables, seguían succionando.

Seguían lacerando, aguijoneantes, mis lagrimales; pero temía su runruneo colérico si les hacía huir para que hambrearan inquietantes, sinuosos, por el ámbito...

El pecho del muerto se había hinchado. Era pergaminoso y tenía arrugas a trechos.

Los brazos, aserrados, enseñaban un poco de carne amoratada, glutinosa en los extremos...

Las manos desprendidas, descabaladas, gesticulantes, tenían largas las uñas, y las tenían sucias...

La sábana cubría las piernas larguiruchas, yacentes...

Completamente ajustado a la idea de la muerte, sin la rebeldía, de los místicos que se llaman renunciadores y que, por falta de renunciación, reaccionando, enrabietados, se atormentan e idealizan, había resultado que al echarme de bruces sobre el abismo me había quedado suspendido a flor de tierra. Luego ¿no había tal abismo?

No, no lo hay; sólo por sugestión magnética han dado esa sensación ateriendo todos los egoísmos, con un pasmo artificial, hombres tan estragadamente insensatos, como los

255

encapuchados del cuadro del Greco *Meditación sobre la muerte*[52].

Seguí mirando desorbitadamente al muerto.

....

....

El cancerbero, el de los ojos dormidos, apareció de pronto y me hizo una advertencia.

Yo sentí el halagoso fenómeno de la reorganización.

En el último cuarto de hora de fascinación ante el muerto me había incinerado. En ese momento me pareció que todos los libros de filosofía sobre el yo, de la personalidad y todos los otros, desde la Iliada hasta EL DRAMA DEL PALACIO DESHABITADO del que había corregido ya las primeras galeradas, todos se habían *empastelado*. Mi filosofía, mis páginas publicadas, también, hasta el universo había sufrido el empastelamiento asolador. La laminación de mi pecho había sido la laminación de las montañas más altas.

A estas *conclusiones* llegué por *pseudo-morfosis* la otra mañana. Fui a asomarme al abismo y me encontré con algo que si era el abismo, era un abismo cegado...

Llegué a ellas sin que la Naturaleza, consultada sin frases, con *bonhomie,* con sensatez, pensara, ni mística ni fastuosa, ni lagrimeantemente. Obró con sencillez.

Me vio sometido, serenado y me *acordó* con el muerto —con tan sencilla carbonización.

El cancerbero cubrió con la sábana el cadáver.

Y yo, en aquel momento de resurrección, con la espalda fría —como si me acabara de bajar de una de aquellas mesas de mármol, donde hubiera yacido exánime—, en aquel momento de la vida, los libros y mi filosofía *empastelados* no hacía mucho, se recompusieron, me encontré torpe, con la torpeza de un recién nacido de veintiún años, y me tuve que detener, irresoluto, sin saber con qué pie entrar en la vida... También es, que era por primera vez el primer paso.

---

[52] Ramón se refiere, seguramente, a las figuras que aparecen en el extremo izquierdo del «Entierro del conde de Orgaz» (Iglesia de Santo Tomé de Toledo). El Greco no tiene ningún cuadro con el título de *Meditación sobre la muerte.*

Los sonámbulos

Comedia en un acto (Segunda parte de la *Trilogía*[53] *máxima* de la que el *Drama del palacio deshabitado,* editado ya, es la primera), por Ramón Gómez de la Serna. Epilogada por Tristán[54]

---

[53] A pesar de que, tanto aquí como en el epílogo, aluda a una hipotética «trilogía», no vuelve a hacer mención de ello en las obras siguientes y no hay ningún otro drama que, explícitamente, complete la «trilogía máxima».

[54] «Tristán» es un seudónimo de Ramón. Aparece por primera vez en el tercer número de *Prometeo* (1909) y con él firma, además de diversas colaboraciones en su revista y el prólogo de *El libro mudo,* el libro *Tapices,* de 1913. Años después, en 1920, aparecerá de forma explícita como seudónimo del autor en el *Libro Nuevo.*

Dedico esta comedia al extraño pintor Miguel Viladrich[55] —que no pinta BURGUESES ni YANKEES— porque ha puesto a mi alcance la ambrosía del árbol de la Ciencia del Bien y del Mal, concediéndome su Dafne corita arborecida y frutal, plantada y enhiesta frente a mí en esta cañada en que muero tan cuotidianamente.

---

[55] Sobre Miguel Viladrich y otros artistas relacionados con Ramón y *Prometeo* se ha tratado en la introducción. Datos concretos y bibliografía sobre este pintor se pueden encontrar en la nota 74.

PERSONAJES

«La despierta»
La de la bata roja
«Los sonámbulos»

La vieja pintada	El jugador
La inconsolable	El extraviado
La virgen	El prestamista
	El justo

(Los sonámbulos son insólitamente carnales y el contraste de sus sueños, empurpura y muestra más a lo vivo su carnalidad y su vida... En los sueños tiene que desaparecer el que los sueña. Si no son sueños que muestran demasiado las piernas... y eso les despluma... Casi es más soñadora una figura real que no sueña, que una figura francamente real que sueña... Todos viven su sueño, ¡demasiado presentes para que no se vea formidablemente que viven como nunca su carne! Van un poco desarropados, el cuello entreabierto y la corbata suelta, ellos, y ellas las blusas abiertas y el pelo casi destrenzado y con ese ladeo de acabar de levantarse... Son febriles sus movimientos pero de una gran precisión, tienen simpatías repentinas y recelos sórdidos. A veces éxtasis... A veces dan un salto sobre la máscara del cutis los tendones, los nervios, todos al aire contorsionados... Muestra el gesto, crispado y sin cautela, sus jarretes. Pero lo general es una gran imbecilidad de la fisonomía sin responder a sus locuacidades, más que a ratos, trásfugamente. Han perdido su *temor de hablar,* su pánico temor de hablar, y les pierde su lengua, desatada en su sonambulismo. Llevan cerrados los ojos, pero se ve su pupila, histérica por las cosas que ve, incluso el salón, y contorsionada por lo sensible que es a ellas... Deja de ser biselado el párpado para ser transparente y deja ver el punto oscuro de la pupila que en algunos es azul y en alguno verde y en todos aguzada y áspid... Hablan monologueando con voz de falsete, dándose con toda franqueza y todo descoco... Se teme lo que puedan decir, pues ya en esa tesitura puede comprometer al mundo lo que digan, y lanzarle al adulterio o a la perdición... Porque a las almas simples que mantienen la sensatez, las está todo confiado... Como intercalación a sus palabras, hay otras palabras supuestas, que escuchan atentamente moviendo los labios, y con movimientos fibrilares en todo el rostro...)

Acto único

CUADRO PRIMERO

El salón de actos de un hotel en Venecia, ya en la madrugada...
Todo oscuro y solo, las cosas parece que son más inertes y más inser-
vibles que a otra hora... Los espejos —que bordean todo el ámbi-
to— han cerrado su ojo y viven de su interior —ese interior con ho-
rizontes y largos caminos, de los espejos, con hora de amanecer, hora
de ocaso sobre todo, y hora de noche sin luna, en su plenilunio opa-
co... Sueñan con todo, pero no ven nada... Se teme perderse en el
descampado de los espejos, en las habitaciones oscuras. Hay algo lu-
nático en la luna de los espejos... Es por donde se van los muertos y
vienen las apariciones. El decorado es barroco porque quiere tener
todas las coqueterías ante las grandes inquietudes de todos los tou-
ristas que son o quieren ser neurasténicos a su paso por la vieja ciu-
dad... Para estas almas ciegas y sordomudas, en las que sólo hay un
barrunto, dentro de toda su apatía de inválidos, hay una pianola
en un rincón, ese ser ciego y sordomudo, hijo del americanismo, que
toca sin sensibilidad, con esa gracia obscura y fría y desgraciada de
los sordo-mudos, en un pentagrama ramerado como el de ellos.
¿Qué sabe del color y de la expresión su alma nonnata, en lo opaco
de su sordomudez y su ceguera? Le queda la mano no más, con su
habilidad de extremidad abandonada.

Silencio.
Por la puerta del fondo llega una sombra, que entra en la obscu-
ridad con una decisión como de quien encuentra el salón con su

263

gran araña *encendida o como quien se guía de una luz al frente, demasiado lejos o demasiado cerca, con un abismo entremedias o con un puente de un solo ojo, entre el que la busca y su alcance. De esto nada se sabe. Porque las luces en la oscuridad son un gran enigma... Es una vieja en la que cuelgan los postizos con descuido y en cuya faz el colorete es rancio ya, a tan alta hora...*

LA VIEJA PINTADA *(haciendo una brusca inclinación de marioneta).*—¡Oh! Me trajo tu luz, Señor. (—¿...) No. Vine sola... Si queréis voy por la niña... Tiene diez y seis años... (—...) ¿Que qué os digo, Señor?... Creí que iba a tener más palabras, pero por más esfuerzos que hago no logro... Jesús ¡Adorabilísimo mío!... Tenéis, señor, una barba rubia rizada que os cae muy bien... Allí no me miraban ya con vuestra fijeza y con vuestra amabilidad los jóvenes de barba rubia como la Suya... Aquí podré descansar... Aquí ya al descansar no se llama holganza, ¿eh? (—...) ¿Bienaventuranza decís, Señor? ¡Qué hermosa palabra!... (—...) ¿Tutearte yo? Bueno, Señor... Ya no necesitaré componerme porque estoy arreglada para siempre... ¡Qué horrible el tener que entrar a todas horas en el tocador!... *(Arreglándose los cabellos.)* ¿Qué tal este rizo sobre la frente? Este rizo moreno... Yo quería ser morena.... Ya no tendré que pintarme los labios... ¡Qué rojos!... Ya ninguna avería... ¡Qué envidia las que me creían inválida!... (—...) Bueno, bueno, lo haré, si aquí se usa el peinado en trenzas *(con coquetería)*... Y las trenzas recogiendo el rostro, caídas delante de los hombros... No lo sabía... ¡Oyes, Señor, la música!... Recuerdo una cosa así... *(Tararea la marcha real)*... (—...) ¡Ah!... Sí... Sí... Es el himno de Dios... ¿Cómo iba a haberlo oído? ¡Como no haya sido en sueños!... (—¿...) ¿Las de enfrente? Eran unos malos bichos... La mayor con el flequillo hasta la nariz... Entraban y salían hombres de su casa muy a deshora... Su loro era un mal hablado... (—¿...) ¿La del principal!?... Sacudía cuando ya no era hora... Aquí no lloverá nunca... El reuma me dejará en paz... ¿Y los regalos, Señor?... *(Sonriendo.)* En algún sitio están... (—¿...) *(Contentísima.)* ¡Ah! ¿Sí?... ¡Qué de mimos! ¡Con lo que me gustan a mí las diademas de brillantes!... ¿Tendrá también algún zafiro?... ¡¡Lo que me da el ol-

fato...!! ¡Con lo que me gusta a mí la carne de membrillo!...
Yo me imaginaba una carne de membrillo que no fuera carne de membrillo... Algo mejor ¡como plato del cielo!... Pero
allí todo era confuso... Es muy distinto pensar las cosas a
olerlas... (—...) ¡Ah! ¡Oh! Un palanquín llevado por dos ángeles y unas bridas de seda... para que yo guíe *(mirándose el
traje.)* ¿Quién ha bordado mi traje? ¡Cuidado que reluce!...
¿Se me verá desde allá abajo?... ¿Y qué programa hay para
hoy?... (—...) ¡Qué grandes diversiones!... Madame Inés con
su elefante blanco... Lo hará bien la Santa... Después habrá
dulces y santas caricias... ¿Llevaré mi diadema ya...? *(Sigue
hablando con esa luz que ve, en un tono menor; a veces realza alguna palabra... Otras se cuida el talle. Otras se inclina y habla más
melifluamente. Tiene un aire inefable.)*

(Aparece LA INCONSOLABLE... *Su traje de luto repuja su carne
blanca... Lleva la blusa a medio poner... Un brazo completamente
al aire... Tiene esa belleza con que se reaparece de nuevo sobre las
grandes tristezas, esa belleza que los dolores lavaron y lustraron
muy bien y que la hacen más original que nunca... Tiene un valor
como de arco iris su belleza, en la que aún todo no es cerúleo...)*

LA INCONSOLABLE *(después de un momento de violencia y de
andanzas inciertas).*—¡Ah! ¿Estabas ahí?... Mi rubio... Siempre me decía: «Cuando vaya allá...» Los parientes de mi difunto y las cosas de la casa vacía, me daban miedo... Todo
era dominador más que amoroso... Pero a nosotras las mujeres nos placen como el amor las dominaciones... Pero si
logramos escapar como yo, ya sólo el amor es verdaderamente el amor. Y se nota bien la diferencia... ¡Oh mi rubio!
¡Qué bien te está tu negra dalmática y esa sortija de la esmeralda!... Eso me ha hecho que te reconociera en cuanto entré... Mi dolor de viuda era el dolor de no tenerte... En los
grandes dolores, sabes tú, se llora más que lo que se pierde
lo que en ellos se descubre que no se tiene y que ni se
tuvo... Es un momento en que se queda una sola frente a
todo lo que se pudiera tener... ¡Mi rubio!... Siempre me había dicho ante mi marido: ¿Por qué no será rubio?... ¡Pero
ah!, era mucho más lo que yo echaba de menos, era tu figu-

265

ra, tu espíritu, tus ojos... ¡Sólo que una no se atreve a pensar muchas cosas, por no quedarse sin ninguna! ¿Porque y si no te encuentro?... (—...) Sí. Pero ¿y si no acierto?, ¿hubieras tú ido a buscarme?... (—...) Lo creo... (—...) No... Todavía no... (—...) Puede ser... Un beso en los labios hace amantes... *(Como defendiéndose.)* Aún no... Me voy a tener que enfadar... *(Resistiéndose anhelante.)* En la frente... En la boca no... No es superstición... Mira que es verdad... *(Echándose hacia atrás.)* No... No seas caprichoso... *(Pausa en que aún se resiste.)* Bésame donde quieras... Ese beso debe ser imposible... ¡Aún no hace el año!...*(Tiene el gesto de recibir el beso al fin.)* ¡Está bien! Eres irresistible... (—...) Eso no... No estoy dispuesta... Fijemos nuestras bodas... Me perfumaré y me vestiré para ti... Porque no sólo hay que desnudarse para el que se ama, sino: hay que vestirse... Aquí ya nada impone el luto... Me pondré un traje fresa... (—...) Bueno. Si te gusta más de blanco, me pondré de blanco... (—...) Ésta me la regaló él, con el anillo de boda... (—...) ¡Mira que las tiro!... (—...) Bueno *(Tirando sus sortijas)* ya me regalarás tú otras... Dame ahora esa tuya que me mira con su piedra, como una pupila, y que es quizás la que me ha hecho mal de ojo (—...) ¿Que cómo me llamaba él?... Me llamaba Encarna... Ninguno de los que me han amado me llamaba por mi nombre... Nadie dudaba de el nombre que inventaban y que han repetido todos... Parecía que Encarnación te estaba reservado y lo habías pronunciado ya alguna vez... y por eso su consigna unánime. Siempre que te he oído hablarme, me has llamado por ese nombre... Yo que con los otros no me cuidé de que se confundiesen o no, en ti no hubiera resistido ninguna promiscuación. (—...) ¿Él?... Era como todos los de allí... Sólo tú eres tú... Ya detrás de ti, no hay nadie... Y detrás de todos, estabas tú... Siempre amamos nosotras al hombre que tiene a su espalda el hombre sobre que caemos... Ellos dicen aún, simplemente, que es una mirada perdida, nuestra mejor mirada, la que ponemos en lo alto cuando se nos hiela la lengua... ¡Mentira!... Es la mirada que más te veía a ti y que te clavaba y con la que te he conquistado al fin. (—...) ¡Me ha vestido mi cuñada y ella me desnuda!... Tiene muchos alfileres este traje y los alfileres sólo las mujeres los saben poner... (—...) ¡Ah! Pero si no volvemos allí... Entonces... *(en una brusca transición, poniéndose de pie)*... ¿Pero y Dios? ¡Hay que contar con Dios! ¡Déjame besar antes mi escapulario... Allí toda la vida... Entraremos por la puerta de oro... Se ve allí... Allí se podrá estar desnuda y entonaremos alabanzas juntos... Entraremos los dos del bracete... Besa mi escapulario... Pero espera que lleguemos allí... Ves, no es lejos, es allí... Si no estuviéramos tan cerca... A ver si encontramos el árbol... No te digo qué árbol... Maliciarías mi deseo... Sería exquisito!... Dios no prohibió coger sus flores y olerlas... ¡Y olerán tan bien!... ¡Porque debe tener flores!... Vamos... *(Se va lentamente, como inclinada en un hombro y enlazada su cintura por un tercer brazo de su tronco —brazo ideal de varón— en esa postura que se recorta siempre sobre una luna creciente, descomunal que la escena sugiere realmente.)*

(Entra el JUGADOR. *Trae fiebre en sus cabellos medusanos. Se acerca a una mesa de tresillo y se complace extendiendo sobre ella las cartas.)*

EL JUGADOR *(interpelando a la sombra).*—Al «dos» treinta mil francos y... mi alfiler de corbata... ¿Hace?... ¿Contra cuánto?... (—...) Bien... Parece que no se atreve usted a decir el «Va más?» definitivo... Peor señor banquero... Me ha dado usted tiempo a madurar una cosa que dudaba hacer... Juego mi mujer... Ustedes la conocen... Es bellísima... ¡Ah! Y tiene una muela con empaste de oro... Eso no lo habían podido apreciar ustedes... Empaste de oro: «veinticinco quilates»... Y como el secreto de su empaste, hay en ella magníficos secretos... ¿Va Dora, con todos sus secretos? Me ha sido fiel siempre... Lo digo porque bien sé que lo que queréis es una perfecta viuda que sólo os haya faltado con su marido y aún esto os molesta. (—...) ¿Que si en serio? ¡Y tan en serio!... Los brillantes y las joyas desprendibles son cosa aparte... El tasador dirá... (—...) ¿No van?... Bueno. No... Pero sus blondos cabellos son una joya sin precio... Considere usted que me sería fácil cortárselos... Téngalo en cuenta al valuarla... ¿Entendido? ¿Cuánto?... (—...) ¿Doscientos mil? Bien... Al fin, es tanto como ganar una suma imposible, el exponer tamaña fortuna... ¿Ha visto usted más atestado el salón que ahora? Esto está bien. Así hay más testigos... Pero señores, no sonreír, ni ser procaces: «Del rey abajo ninguno...» Del banquero abajo, nadie... (—...) ¡Ah! ¡Al fin «no va más»! Ahora nada de timidez, ni ninguna pausa frente a las cartas que ha de dar... Dora vale más que lo ofrecido... Siempre lleva usted las de ganar, sólo por estar en tan admirable alternativa... ¡Mi Dora que dice encantadoramente Rafael! ¿Cómo dirá otro nombre? Se acrece su encanto al pensar eso... Todo el ansia de venganza que hay en los hombres engañados la alienta un amor, violento como nunca... El engañado siente ansias de ser además el engañador y como eso es imposible surge un conflicto insoluble que termina sangrientamente... Señores, sólo es la irritación de un inaudito encanto imposible... Sea usted sereno... Lujuria antes de ganarme sería adulterio... Me fascinaría la demasía de encanto. Piense usted que hay un cheque de doscientos mil francos en el «dos»... *(Levanta su carta y mira con la trágica incertidumbre con que en los dramas se va como a sorprender el delito infraganti... Hace el gesto de guardarse otro gesto extemporáneo.)*... Pido... *(Mira la carta y levanta ambas.)* Abato con nueve. (—...) ¡Ah! ¡Usted bacarrat!... ¿Pero ha pedido usted con seis?... (—...) ¿Sí? Pues eso no lo hace un buen banquero... Eso ha sido ser un enamorado y usted no lo podía ser. Ha sido perder la serenidad... Pero le dispensó su torpe deseo, porque hubiera sido inútil... Mi insolvencia hubiera sido completa esta misma noche. (—...) ¿Que si la hubiera hecho huir? Eso hubiera sido innoble y fraudulento... Las deudas del juego son sagradas; o se cumplen o no se pueden cumplir por causa de fuerza mayor, el suicidio, el asesinato, la quiebra fortuita... Y mi quiebra hubiera sido franca y sin lucro... Ante una compensación definitiva, que nos vengue cumplidamente, no se puede gritar: «¡Engaño!» «¡Estafa!» «¡Canallada!»... La hubiera matado... (—...) ¡¿Cómo?! ¿Que era indigno el propósito? Es propósito prescripto puesto que os he ganado... ¿Sé yo si pensabais asesinarme al perder? Ahí tenéis; ésa es la posibilidad que no ha prescripto aún... ¡Pero había grandes luminarias y

grandes gallardetes! ¡Todo ha sido para mí!... Todo hasta mi
mujer de nuevo virgen, recién pedida, llena de azahar, ingenua y adolescente... Nuevos desposorios... Toda vestida de
un traje blanco recién hecho y en el que han puesto sus manos tus hermanas, gran banquero... Botín de guerra. ¡Oh
aquellas mujeres de los botines de guerra! ¡Qué enteras y
qué peregrinas de sorpresas y de decisión!... Hasta el dinero
que se juega, cuando vuelve a uno, ya no es dinero de
uno... Es dinero nuevo, recién acuñado, lustroso y con una
fecha reciente... Se tiene la pobreza de él al exponerlo. Se
siente uno advenedizo aun cuando quede en paz... El que
se acostumbra a ser rico, nunca se siente rico... Todo hombre rico ha de jugar, para enriquecer su pobreza de hombre
rico... El que tiene una esposa demasiado sabida, debe ju-
garla para tener siquiera una novia y no ser tan solitario...
Jueguen, señores, jueguen... ¡Todo ha sido mío! Yo tallo...
(—...) ¿Cómo? ¿Mi mujer? No. Ya no tengo derecho sobre
ella: es mi novia... Esta noche será el epitalamio... Iba enve-
jeciendo mi amor y no veía su hermosura... Necesitaba haberla perdido para reconocerla... Pero como es dinero que
he sacado a relucir, figura en la talla... Jueguen... ¿Va más?
(—...) ¡Oh, una amante no la admito por muy versada que
esté... Siempre llevaría las de perder... Me costaría lo mismo,
de ganarla... ¡Hagan juego, señores!... ¿No va más? (—...)
Carta... (—...) Otra carta... Yo una... Abato, con nueve...
¡Todo! ¡Todo para mí! *(Sigue su juego... Ya no se le oye en el concierto sonambulesco, más que gritar de vez en cuando todo radiante después de muchas interpelaciones y de extender y retirar las cartas: «¡Abato!» ¡Todo! ¡Todo!...)*

(Atraviesa la escena EL EXTRAVIADO, *buscando una orientación, y se encara con la sombra deshabitada.)*

EL EXTRAVIADO.—¿Qué? ¿No la habéis visto?... Lleva una
bata roja con volantes de encaje blanco... Ella está por aquí,
la noto en la sombra. ¿Cómo, si no viviera su luz cerca, se
vería la sombra? Nadie vería la sombra, hasta los muy lejanos, sin la luz lejana de ella... No habría sin ella sombra...
Habría otra cosa... ¿Qué sé yo? ¡Algo más invisible!... Usted

con ser tan hermosa, tanto como lo es un sueño, no la aventaja, porque ella es un sueño más alto... ¡Oh! Aquí todas estáis descotadas... Pues si ella lo estaba, la recordaréis... Tiene un descote en el que hay como un *pendantif* un lunar... ¿La visteis? Calláis de envidia. Todas vuestras joyas serían joyas con herrumbre, negras joyas inútiles sobre su belleza... Vuestra garantía resiste vuestras gargantillas; en ella se harían fea roña... Sobre ella saltan, se desmontan las piedras, se mustian y se deshojan todas las joyas... Hay que tener pechos fríos para llevar las tales joyas... ¿La habéis visto? A los hombres no se lo pregunto porque la habrán deseado y me contestarían hipócritamente como quienes no han hecho más que verla pasar. Mejor es no saberlo... *(Recorre la habitación apresurado, inquieto, como haciendo con sus zigzags, que se enmadejan, un camino largo. Encarándose con otro pedazo de sombra deshabitada.)* ¡La habéis visto!... ¿Lleva una bata roja... ¿La habéis visto? Es descuidada en el vestir... ¿Quizás eso os ha molestado, hetairas caras? Como no se preocupa del vestido va mucho más vestida que vosotras... Eso es lo que os avergüenza... Lo que odiáis en las buenas mujeres sencillas, como en las pobres mujeres públicas, es que no os secundan, es que no se desnudan tan radicalmente como vosotras, tan vestidas y tan magníficas... ¡Hacéis valer más vuestro desnudo, sois más pecadoras porque sois una tentación más fuerte, más continua, más fatal, más inconfesable... Herís con vuestro desnudo por como va de recamado, cuando el de ellas acaricia... Ellas, a lo menos, se ponen al cabo del perdón... Vosotras nunca, no confesáis, y si confesáis, todas vuestras confesiones son sacrílegas... El desnudo que se desenvicia de su castidad y se da naturalmente, es la más grande y la más contrita confesión... ¿No queréis decir que la habéis visto?... Pues tenéis que oírme; estáis furiosas porque ellas os hacen una competencia de lealtad... Comprometéis al justo porque no sabrá que ha pecado, y le hacéis pesar baldíamente, eternamente, inconfesablemente... Esa gran lealtad que tienen las que se desnudan «treinta veces treinta» en la noche, y que están más vestidas que vosotras. *(Se adelanta y se dirige a otro rincón.)* ¿La habéis visto? Quizás sepáis quién digo viéndome a mi... ¿Vosotras os reconocéis más que nada por el hombre o el sueño que lleváis en las pupilas?... Ésa es toda vuestra luz. Si no, no sabría diferenciaros... Vuestra luz es luz lunar. ¿Era yo el de sus ojos?... Siempre permanezco en ellos... Estamos los dos muy altos para perder nuestra luz... Vosotros no veis al sol desde el atardecer, ni a la luna en la mañana, pero ellos se ven... ¿Tampoco vosotras? *(Se pierde en lo oscuro de una puerta.)*

EL JUGADOR.—Me conviene el «uno» que es el más cargado... Carta... Carta... Pido... Pago ahí, pero todo, todo esto, es mío...

LA VIEJA PINTADA.—¡Oh! ¡Nada que zurcir!... Y ya no me dolerá la matriz... Señor, Jesús... Esto es muy bonito, me recuerda la estampa del comedor... Yo tenía una estampa con angelitos y árboles de éstos y nubes y fuentecitas y palomas y todo blanco como esto... ¡Pero no sospechaba que aquí había tan buen tiempo! Quizás esto lo templa el infierno, ¿eh? (...—) Sí; yo ya lo decía: el infierno no puede ser inútil para los justos... Es admirable su calefacción... ¡Y durará siempre! ¡Qué bien!

(Aparece la virgen. Se nota su doncellez en sus ojos sin desflorar, enigmáticos por «el enigma de su enigma», no por «su enigma» como los ojos perversos, en sus ojos de virgen, sin ahondar, sin ese negro de una profundidad infinita con que se exploraron a sí mismos los ojos femeninos el día epitalámico, y ante el que se sabe a dónde llega su gracia. Como las mujeres de Tintoretto enseña un seno, y eso hace más irresistible el otro y redobla así el misterio y la tentación de sus senos. Su rostro tiene la expresión distendida y plenilunia, terso el gesto, que tiene el rostro de los ciegos que esconden media pupila en lo alto del cuenco de su ojo abierto. Porque aunque no se ve ese gesto, es el gesto de su ojo bajo el párpado echado.)

EL JUGADOR.—La suerte está conmigo porque ha visto lucir mi esposa sobre el tapete, y ella, que siempre es neutral frente al oro de vuestros luises, ante el oro de su pelo, demasiado excepcional, ha perdido su imparcialidad... No es feo mi papel, porque su estancia es ideal... Verán ustedes cómo no se aparta de mí, porque mi esposa no sabe y no dice más que mi nombre, y ella que ya es muy corrida para compla-cerse en los amores correspondidos, se interesa en el des-vío... Jueguen... Todo será mío...

LA VIRGEN *(que ha mirado por doquier, muy suspensa, y que ha oído y ha asentido continuamente en silencio a no se sabe qué pala-bras maravillosas).*—Señor, no es mérito... Todos me han de-mostrado eso... Heme aquí, cogida de tu brazo al fin, sólo porque lo aprendí... ¡Aquel amor no era tan intenso como éste!... Después de haber sido virgen tanto tiempo, ya tenía que llegarme la hora de serlo de otro modo, como si dejara de serlo, pero no malamente por pasiones del hombre, sino santamente, sin romperme ni mancharme... Me siento tras-puesta, Señor... Es un perfume el de todo esto que la atra-viesa a una por entero... Fue este perfume lo que te formó en el vientre de la Virgen María... Se abraza fuertemente a una... ¡Oh, aprieta demasiado!... Todos desnudos. ¿Quizás es su desnudo el que lanza este olor que puede tan dulce-mente con una? ¿Quizás yo soy perfume de este perfume, hecho carne?... Yo deseaba estar desnuda, pero lo esperaba estar en el paraíso, que es donde únicamente se puede estar así, sin pecar... libremente... Ni rubor tengo, porque sé que no está prohibido y que se me despojó al entrar... Qué her-mosa estoy... Mis pezones son de oro... En el cielo no po-dían ser pecadoramente rojos... Todo lo rojo tenía que ser aquí místicamente de oro... (—...) Ya sé... Ya sé... Aquí no puede haber pecado... (—...) ¿Sí? Se reirá mucho... ¿Habrá couplets en esas fiestas? Yo esperaba no sé qué para poder oírlos... Esperaba quizás entrar en esta incontinencia... Y hablando de otra cosa, hay algún espejo por ahí... Quisie-ra peinarme bien y empolvarme un poco... (—...) Ahora iré por él... Antes, Señor, quiero ver una cosa... No me atrevo a pedirlo... ¿Dónde está el árbol de la Ciencia del Bien y del Mal?... Tendría curiosidad por verlo... No creas, Señor, que voy a comer de la fruta prohibida. ¡Jamás!... ¿Dónde está el árbol de la Ciencia, del Bien y del Mal? (—...) ¡Ah! ¿Ahora es el granado el árbol prohibido?... ¿Pero aquél, dónde está?... (—...) Iré. Todo seguido. ¿No?... *(Se va lentamente, toda extasiada en el perfume lejano, y tirada hacia atrás por la luz que viene de ese oriente.)*

(Entra EL PRESTAMISTA, *obeso, con un gesto de recién comido.)*

EL PRESTAMISTA.—¡Oh Señor! Esto es como hacer bien una digestión interminable... que no acabará... ¡No acabará!... ¿Hay un buen puro?... ¡Y decían los calumniadores que yo no iba a ganar el cielo... Yo he hecho mucha caridad... Verdad es que a lo último andaban los hombres macilentos y lastimosos... Pero también es verdad que yo admití todo lo que me llevaron, a veces cosas inservibles... ¡Cómo se hubieran puesto si no se lo admito...! Y al fin se quedaron sin nada. ¿Pero quién tuvo la culpa?... Vos, Señor, sabéis que mi negocio era digno y oficial... Además, como llevo en orden mis papeletas de comunión, llevo de un modo intachable el libro mayor, el diario y el de balances... Ni una tachadura... Después de las digestiones es bueno darse un paseíto... Allí iba al café... Voy a ver esto. ¡¡Cuántos miles de «luises» vale!! ¿Y es oro macizo todo?... (—...) Perdóname, Señor, ha sido la sorpresa... Y ahora dispensadme una pregunta: ¿El árbol de la Ciencia del Bien y del Mal, dónde está? ¿Es de él este perfume que me marea tanto, como una mala mujer?... He oído hablar tanto de él... Quisiera desflorarle, en venganza de todos sus perjuicios... Dar el viento todas sus frutas y que se pudran sobre tierra... ¿Dónde está el árbol de la Ciencia del Bien y del Mal?... No creáis, Señor, que pienso negociar sus frutos, ni probarlos tampoco... (—...) Creí que desconfiabais... (—...) ¿Por ahí?... (—...) Ya sé... *(Jadeante, mientras camina...)* ¡¡Desflorarle!!

(Aparece de nuevo EL EXTRAVIADO, *buscando en la sombra a su querida.)*

EL EXTRAVIADO.—Si la visteis por la espalda, lo mismo da, tiene dos rostros como Jano... ¿Jano o Juno... o Jono?... Dos rostros... Y todas no tenéis más que uno... Es inconfundible... Yo soy Darío... Porque seguramente os lo habrá preguntado. ¿No? Si no recordáis si fue este nombre el que os dijo, recordad el tono... Un tono inolvidable, amplio de alas, alas abiertas en cruz... Un tono que por lo bueno, por lo fuerte, y por lo deseoso os habrá cortado la cabeza a cer-

cén, al tropezar con vuestro mal pensamiento sobre Darío...
¿O quizás ante su modulación irresistiblemente pensasteis,
confusas, si era su hijo, su padre o su hermano, más que su
amante?... *(Se va persiguiendo una nueva pista.)*

(Aparece EL JUSTO. *Es enjuto y lívido... Tiene coronilla, pero viste de seglar como todos los párrocos* touristas... *Está consumido,
como una calavera, por su misticismo... Parece tener el gesto fascinado de San Antonio frente a sus tentaciones, si se hubiera fascinado por ellas.)*

EL JUGADOR.—Recuerdo cómo se mofaban los escépticos
de mi abstinencia. ¡Si se supiera a qué hartura he llegado!...
¡Qué hermosa es aquella mujer con su desnudo santo y virgen!... Virgen de otro modo que allá... Aquí todo se reúne,
todo se... se... Aquí no hay palabras malas... Lo diré... Aquí
todo se amanceba... Es su espíritu y no su carne, ¡claro está!,
el que se abre y se deja penetrar y viene hacia uno y le posee... Esto es hermoso, infundido sin violencia, loco de fiebre en estos espíritus tan anchos de caderas... Todos los espíritus de mujer hacen aquí un gesto de Frinés[56]... pero de
buenas Frinés. Los desnudos se envuelven y se traspasan...
Ante la mujer que se tiene, se quisiera pasar como «aire colado» a través de su belleza, y sacar la figura como la punta
de un pañal por detrás... Es el deseo de los místicos... Una
verdadera fraternidad, Señor... ¿No es verdad? Y aquí se
cumple ese deseo. Bien bueno es pasar así, hecho todo entrañas, porque en los esqueletos mismos todo lo que guarda el esqueleto es su entraña santa, su espíritu... Aire que
cruzar un encanto... ¿Qué nombre tiene esto, Señor?...
(—...) Sí. Es verdad. Aquí, como no hay más que lanzarse,
nada debe tener nombre y nada lo tiene... Todo se acepta.
¿No es verdad, Jesús?... (—...) Ya lo suponía; yo esperaba gozarlo todo en esta confusión... ¿Se sabe de qué está hecho?... Nada importa... ¡Oh, Señor, yo tomaba allí Benedic-
tino y no estudiaba su fórmula como en todas las otras be-

---

[56] Friné (siglo IV a.C.) fue una cortesana griega de belleza legendaria que
sirvió de modelo a Apeles y Praxíteles.

bidas. Lo hacían los Santos Padres. Me bastaba saber qué era el «*Antiquorum* Monachorum Benedictiuorum»[57]. Así, en el buen latín místico, y sus tres mitras en el lacre rojo. Y aquí ya no es cosa de la «Abbatiae fiscanensis», sino de su divino paraíso... Yo sabía que encontraría el placer sin peligros, el gran placer en el que hubiera todo lo que necesitaba placerme... Aquí está... ¿Tiene nombres secretos? Qué importa si es todo el placer... Todos tienen los ojos en blanco... ¡Qué dicha, Señor!... Ni el gesto de las venus de Médicis sobre su desnudez... ¿Se las podrá besar? (—...) Bien, Señor... Gracias por haberme concedido la gran esperanza... No podía ser aquello poco la vida. Hasta podría decir, Señor, que aquellos hombres eran poco libertinos en comparación... (—...) No es más que una figura retórica... Ya sé yo que esto no es licencia sino algo mucho más amplio; es el paraíso... Parece carne de mujer, nalgas de mujer esta nube que piso... ¿Dónde agarran en esta carne de mujer, estos árboles, esta flor roja y estos frutos, carmíneos que saben tan bien?... (—...) ¡Ah! ¿Síi?... Por eso en el paladeo de estos frutos todo uno se exalta y se desmaya... ¡Qué hermosa especie es aquélla! Esos lindos pájaros cautivan con su arrobo, aquel arrobo que los miserables llamaban de mujer... Y aquí la ciencia cuán vana es... ¿Y la confundieron contigo, Señor? Tanta memoria de tantas cosas para vivir una eternidad de su olvido... ¡Ah! Yo anoche dormí, cubierto de una gran mata de cabello negro, caluroso y admirable... Y me recliné en un seno de estar carne paradisiaca y ubérrima; un seno redondo y blando... ¡Un seno anchísimo y fuerte!... (—...) ¿De la Virgen, Señor?... ¡Oh la Virgen! Es más hermosa que todas... Qué ejemplo de desnudez da... Había que contar con la desnudez en el paraíso, y así tan depilada y tan suave, es bella y es copiosa... Yo no quería comenzar el placer hasta saber si era infinito... El otro no valía la pena... Ni quise adivinarlo... No era infinito... ¡Oh infinito!... ¡Se muere uno de pensarlo! (—...) Señor, ya sé yo que no se

---

[57] Descripción de la botella de este licor fabricado por los monjes benedictinos.

muere. ¿Pero cómo iba a decir sino cuán reciamente hace vivir?

*(Entra «*LA MUJER DE LA BATA ROJA*»... Sus pupilas son menos áspides que estas otras pupilas cerradas y de una luminaria arrebatada... Tiene menos avaricia y más presencia de ánimo y un placer menos destructor y más denso... Sus ojos abiertos son francos y tienen la luz blanca y suave, que desean con su luz negra, esos ojos, jadeantes con el jadeo de la gula y de la maceración y de su paraíso artificial... Viene precedida de la «*INCONSOLABLE*», de la «*VIEJA PINTADA*», de la «*VIRGEN*» y del «*PRESTAMISTA*». Al encontrar al «*JUSTO*» hablando solo, se detiene y escucha... Los sonámbulos la dicen en voz baja, mientras ella sólo escucha al «*JUSTO*».)*

LA VIEJA PINTADA.—El de la ciencia del Bien y del Mal... ¿Dónde está? ¿Dónde?

LA VIRGEN.—¿Dónde?

EL PRESTAMISTA.—¿Dónde?

EL JUSTO *(ha dicho mientras tanto).*—¿Pero Jesús, dónde estará el árbol de la ciencia del Bien y del Mal? Será muy bello y vos no prohibisteis mirarlo. No es cierto, Señor?... (—...) ¿Mata como el manzanillo, al que duerme a su sombra?... (—...) No. No quería dormir a su sombra... Sólo oler su perfume... Dormir a su sombra sería una predilección... ¡¿Y en qué no se soñaría?!...

LA DE LA BATA ROJA *(interrumpiéndole).*—Se soñaría bajo él: en el paraíso...

EL JUSTO *(todo trémulo).*—¿Y dónde está? ¿Usted lo sabe?...

LA VIEJA PINTADA.—Es un árbol corpulento... No lo ha podido olvidar de haberlo visto.

EL PRESTAMISTA.—Es un árbol viejo *(sonriendo),* ¡más que centenario! pero florece aún...

EL JUSTO.—Es un árbol cuajado de frutos, frutos que miran como una mujer... Un árbol hecho de carne.

LA VIEJA PINTADA.—No. ¡Usted qué sabe!... Los frutos miran como un hombre de barba rubia... Está hecho de carne de efebo...

LA VIRGEN.—Es el secreto de Dios... Vedado por casti-

dad... Nuestra humilde castidad, también veda rincones...
¿Pero dónde está?...

LA MUJER DE LA BATA ROJA *(removiéndoles para despertar-les)*.—¡Eh! Señora... Caballero... ¡Y usted Señor mío!... ¡Vamos señorita!... ¡Despierten!...

(Todos van despertando trabajosamente, tanteando su traje, ellas cubriendo su desnudez con una gran vergüenza de ella —con ese gesto con que se viste toda mujer después de un buen rato de amor, muy secamente, como si su nuevo misterio fuera a hacerlas nunca vistas por el que las ha tenido enteras— miran a las personas de su alrededor... «Todos son extraños»», parece que se dicen; lo mismo que toda mujer, después, cuando vuelve a mirar al que ya vuelve a estar aparte de ella. Y el hombre siente esa extrañeza que sugiere y aguza su cortesía, y se recompone para ser verdaderamente: el extraño... No se cierran más que un trecho de su traje, pero parece con la inquietud y con el desvelo y con la velocidad con que lo hacen que esconden toda la desnudez, toda su desnudez descubierta y gozada. Todas las mujeres tienen esta mirada agresiva al final de su rato de amor porque se ven abandonadas y rechazadas de improviso. Se ven soltadas de pronto de la mano —demasiado de pronto— y caídas por eso. Es la misma mirada que lanzan las niñas que jugando al molino caen soltadas por su pareja, cansada de la vorágine, o inexperta en eso de dar vueltas y vueltas, o débil un momento por fatalidad... Parece que van a decir mientras se recomponen: «Mira a ver si tengo algún neumático desabrochado...» Miran a LA DE LA BATA ROJA *con agresividad, como cogidas* in fragantis *en su* deshabille *por otra mujer en una tenue de calle*[58], *provocativa y cerrada... Porque la religiosidad está siempre en la más vestida, y la religiosidad es la desconcertación... que se hace imperdonable si es tan traicionera... Además parece que tienen celos, y que ella viene instantemente a sucederlas. Los hombres se arreglan la corbata y se peinan el pelo engallado y se miran las botas desabotonadas... Parece que van a decir, con esa confianza que queda después de estar frente a frente, otra vez ya vestidos y habiendo dejado las botas para lo último: «Tienes alguna horquilla, para abro-*

---

[58] Del fr. «tenue de ville»: traje de calle.

charme...» pero lo piensan mejor y se callan, por tener más discre-
ción en ese momento en que les vuelve a la urbanidad la extrañeza.)

La vieja pintada.—¡Ah! ¿Cómo?... Usted perdone... Me he dormido un momento... Estaba rendida... Soñaba... Y es curioso: siempre cuando se sueña bien hay algo que le despierta a una en lo mejor... Me voy a acostar... Buenas noches...

La Virgen.—Yo iba medio dormida a por un vaso de agua... A la camarista se la ha olvidado hoy ponérmela... Voy por ella. Buenas noches...

El justo.—Ve uno tantas cosas al día, que el cansancio...

El prestamista.—Extraña uno la cama... Casi es preferible dormir sobre un diván...

El jugador.—¡Jueguen! ¡Jueguen! Admito yo las botonaduras... Juego contra los restos de todos... Es una miseria pero tallo[59] contra ella... Lo valuaré alto... Muy alto...

El Justo *(sonriendo)*.—Miren ustedes ¡un sonámbulo!...

La de la bata roja *(despertándole)*.—Tendrá usted frío, aquí dormido...

(El jugador en el primer momento al ser removido se ha echado de bruces sobre la mesa, como abrazando su dinero. Después despierta abandonando lentamente su crispación de perro de presa sobre la presa.)

La de la bata roja *(al jugador, temiendo su dureza)*.—Se había quedado dormido... y aquí hace frío... Por eso le he llamado...

El jugador *(como frente a un enemigo, con el gesto a la fuerza galante de quien ha sido robado con demasiado arte por un ladrón sin vestigios de haberlo sido)*.—¡Muchas gracias!... Me voy a acostar... Muchas gracias... *(Ya más repuesto.)* No podía encabezar el sueño y hacía un solitario... Buenas noches... *(Se va.)*

El justo.—Yo también me voy...

---

[59] «tallo»: del verbo «tallar», llevar la baraja en el juego de la banca y otros *(DRAE)*.

278

EL PRESTAMISTA.—Y yo... Siento pesada la cabeza... He debido beber demasiado en la comida...

LA DE LA BATA ROJA *(que ha encendido la luz rebuscando algo).*—¿Y no han visto ustedes por casualidad a ese caballero que me acompaña siempre?

EL PRESTAMISTA.—¡También él! Eso es el vino de Nápoles... Hay que mesurarse mañana. *(Se van.)*

LA MUJER DE LA BATA ROJA *(asomándose a la puerta del fondo, con esa altura de la voz siseante).*—¡Darío!... ¡Darío!... *(Hace un gesto de desaliento y espera.)*

EL EXTRAVIADO.—Sigo un camino de sombra... Ella resplandecería de estar presente... ¿Dónde se fue?... *(Interpelando el vacío, en el que sus palabras crean como un muñeco con faz de polichinela.)* ¿La ha visto usted? Lleva una bata roja... Pero sus manos no se podrían olvidar, son unas manos que salen del cuadro... Unas manos que siempre hacen gestos y son como dos niñas pequeñas, que la hacen amar más, y por las que sólo se amaría a la madre... Son como hijas suyas, más cándidas que ella y más ingenuas... Y son un pedazo de su corazón... Relucirán en la oscuridad como vestidas de guanteltes de plata... ¿La habéis visto? (—...) ¿Cómo? ¿Que si tiene los ojos pintados?... La que quiere vivir de sus ojos, es que quiere traicionar y abusar de su belleza, es que recela y no cree... Ella no. Ve con sus manos como con sus ojos...

LA DE LA BATA ROJA *(que le ha oído apasionada, despertándole).*—¡Mi Darío!... ¡Aquí estoy! Te ofrecería mis manos como a Dios, como ex-votos, cercenadas y colgadas de un lazo de seda... Necesitarían sacrificársete...

EL EXTRAVIADO *(despierto).*—¡Tú!... ¿Qué? ¿Me he dormido?

LA DE LA BATA ROJA.—Y me llamabas en tu sueño... ¡Que no pueda yo darte la prueba de mi sueño! ¿Cómo enseñaría yo a hablar a mi sueño en voz alta?

EL EXTRAVIADO.—Me queda de cuando aún no te había encontrado la necesidad del sueño... Un sonambulismo en el que antes te veía porque aún estabas en la perdición de los sueños, pero en el que ahora no te encuentro y se hace pesadilla...

LA DE LA BATA ROJA.—Por tu sonambulismo creo en ti más

que nunca... Aquí hay muchos sonámbulos... Si vieras tú qué raro, todos me han preguntado por el Árbol de la Ciencia del Bien y del Mal...

EL EXTRAVIADO *(diciéndoselo a los labios de su querida).*—Porque no tienen su fruto... ¿De qué les sirve su paraíso, su sueño y su Dios? *(La da un beso en los labios.)* No me dejes soñar, prefiero estar en vela... Estaré menos solo...

TELÓN

EPÍLOGO POR «TRISTÁN»

El Teatro de Gómez de la Serna es un teatro de colocación... Va a dar, como toda la obra de este autor, obra de exclusión y de perdición, al lienzo más religioso del espacio, al más revelador, al más opulento: al Oriente... Ése es su gran sacrilegio. El Oriente es una reserva del espacio, para Dios, para el sueño y para el misterio. Es un lienzo de Verónica con una faz santa —siempre faz ideal— que Gómez de la Serna rebeldemente macula con el sudor de gentes que así dejan en él su secreto de confesión, sorprendidos en sus privanzas y en su mala postura, o en su buena postura más de la soledad o más del lecho bajo el embozo. Y los da a sí mismos con su artificio y su bisojería en ese lienzo que no se atreven a arrostrar porque es demasiado irresistible y desmoraliza todas las tragedias y todas las cosas solemnes que se atreven a profanarle y que, a la postre, resulta que es él el que las profana. A los escritores que desean la inmortalidad no les conviene tampoco, porque se desinteresa siempre de lo que sucede en su *paneau*[60], y lo rebasa, y lo indiferencia.

Por esto mismo, el Teatro de Gómez de la Serna es irrepresentable[61]. Todos los teatros miran a Occidente, pues es un defecto de unilateralismo el de los espíritus, defecto de

---

[60] «paneau»: del fr. con el sentido de planes, programas, proyectos.
[61] Esta afirmación la desmienten los intentos del autor por estrenar sus dramas, tal como se comenta en la introducción.

occidentación. Así, la vida vivida y mirada en su lienzo occidental, es la muerte, es la flaqueza, es la declinación. Pero los pusilánimes, que no dejan de repetir que la vida, mirándose en ese espejo, es la muerte, olvidan que esa muerte del espejo, se siente recompuesta y vital y con cascabeles, frente a lo que se mira en ella, frente al Oriente, donde se debe vivir y penetrar. Hacen definitivo un término de la relación y el otro lo extravían y lo hacen divagación y lo influyen de occidentalismo... Así es incompleta su concepción.

En el mar tal vez este teatro...

Pero ni en el mar...

¿Porque, es un teatro acaso? Hay que conocer a Gómez de la Serna, para desorientar todas las opiniones de tiempo y lugar y armazón que sugiera este teatro ¡como si fuera un teatro! Él, como una tromba, desplaza y descaracteriza sus cosas y así si el glosador se niega a ser arrastrado o se niega a *sucederse*, se encuentra que pasó, que se perdió de vista, que le adelantó en una carrera campo traviesa, que se fue por la borda lo que quería detener, clasificar y alojar, creyendo que era una cosa teatral. Para esclarecer esto, voy a tener la indiscreción de publicar unas cuartillas que estaban en la carpeta de LOS SONÁMBULOS y que han sido la iniciación de la obra. Ellas cementan, envuelven y desflagran la obra. Y la ruedan. Y la pierden. Y la despeñan. Y la universalizan en esa gran tromba sin retórica, sin lógica y sin legibilidad, que es la vida. Helas aquí: Este drama no es más que el cuajar de una sola de sus palabras, descuajada por las restantes:

«... terías... concupiscencias, cosas tabernarias, bufonescas, de mala menstruación, patibularias, de mala alimentación, valetudinarias, de mal parto, de glotonería, de indigestión, de sobrada ética...

¡CULEBRAS...

Miseria y lujo en la noche nevada.
Miseria y lujo en la noche magnífica.

(Ignorancia de cuál de las dos noches es peor, y para quién. Si para el lujo al que es inolvidable la miseria, y así a los ricos su riqueza les roza inevitablemente la piel, como si fuera estameña, o para los pobres que a lo menos son francamente, desesperadamente viciosos, como lo querrían ser los otros, ¡claro está que con más lujo y más elegancia!)

¡Culebras...

... ¿Quién sabe lo que pesa el Grifo[62] y lo alto que es?... Sólo se le siente. Pero aún bajo las instituciones, abatidos por ellas, tumbados por su garra sorda, nada se turba en la creación. Y se necesita mucho oído, para oír el ripio escociente, el ruidecillo que hace su pico en los que apura más, cuando da con el hueso, arrancando alguna esquirla en su afán de mondarle... Nada se ve... Nada se dice... Todo es átono... Todo es calumnia si se quiere...

¡Culebras...

Ante muchas flojedades se explica la catástrofe, se desapiada todo. Ese señor poeta, levantando los brazos, arrollado, con su monóculo roto en el ojo, clavado en él, y las piernas por alto... Hay lo insostenible más insostenible...

¡Culebras...

Y como un sarcasmo, sueños... Y como un crimen, sueños... Son los que rematan... Pues con su ficción caritativa, detienen al asaltante hambriento, le hacen desandar el camino violento que llevaba bien, le hacen recular y le llega la inanición incurable...
... A contrapelo hipérboles. Hipérboles epidémicas, hijas de su mala sangre, y de su mala muerte, de su putrefacción, de esa muerte deshecha, tan mala, de la que dura toda la vida el estertor...

---

[62] Animal fabuloso con la mitad superior en forma de águila y la inferior de león.

¿A qué decir «justicia» o «la gran aurora» o «el gran día» o «cuando se rompan las cadenas» o «cuando se cumpla la igualdad que enseñó Cristo» o «cuando sean todos buenos»?

¡Culebras...

Así todo continúa, esquilmado, tumefacto, riguroso, gibado, inhóspito... Piojos, prognatismo, neurastenia, sífilis, y trajes de seda y prendas intachables y ademanes distinguidos y hombres liberales que hablan de moral y que van a extraviarlo todo como nadie... Y tuberculosis y juntas contra la tuberculosis sin razones EXTREMAS en su campaña...

(Mejor es que hubieran hecho como que no lo habían notado...) Todo agostado en el fondo... Parece que todos tienen esa prominencia desviada de los dientes delanteros, haciendo ese gesto imbécil y aristocrático y plebeyo, que no olvidaré que Schopenhauer[63] dijo que era de manifiesta degeneración.

¡Culebras...

Todos prognatos, atezados, éticos, escoriados, claudicantes, demolidos, amputados, tundidos, malsanos, trincados, taciturnos, lisiados, belfudos y con gangrena en todos sus muñones... Todos sitos en ese algo zozobrante que es el hogar, esqueletizados en medio de la risa y de la francachela y de la filosofía y del dolor, sin que nada pueda contra ello... Esqueletizados...

¡Culebras...

(Y en medio de todo, una visión, más que desnuda o corita, *en cueros,* del buen libertinaje, ayudada de la IRRADIA-

---

[63] Arthur Schopenhauer (1788-1860), fundador del pesimismo metafísico y anticipador de algunas de las ideas fundamentales de Nietzsche. Su obra principal es *El mundo como voluntad y representación.*

CIÓN. ¡Oh las cosas sin la irradiación de las otras cosas, del gran precipitarse, de las rezumaciones posibles, del tramontar magnífico, de la dilapidación, de la gran revuelta, de los maravillosos brincos, de las grandes vendimias sin trojes posibles, sin pignoración, excediendo la economía; una visión de otra clase de albur, que el albur cotidiano —valiendo ese albur la vida destapada y suelta— de otra clase de crímenes, de otra clase de libertad y de otra clase de tiranía!...)

La vida nos ladra como un can ajeno, y muerde y hace rabiar de solemnidad, de riqueza o de miseria... Se encuentra uno al final de los más grandes placeres, en lo hondo de una tumba, en el fondo de la tierra y eso los descompone y pone frío en la nuca. (¡Qué grandes escatologías, se pudieran decir de la vida! ¡Pero hay que adivinar, como en las *cajas fuertes,* la palabra de su abecedario, para abrirlas de par en par! Sin embargo, aún cerradas las escatologías son admirables y fascinan y se debe hablar de su cerrazón!...)

¡CULEBRAS...

¡Oh la vida con los pechos mordidos, pues sus hijos al encontrarlos exangües, muerden su carne y la laceran y la aquejan toda, para unos y otros!

¡CULEBRAS...

Todos llenos de espíritu, es decir de una carnación artificial con que sustituyen a la carne prieta y cierta que falta a su carne, que la falta en peso neto... Y todos con su resto de carne, metida como en frascos de museo, frascos con ácidos fuertes que evitan la descomposición, que les provendría en su inmovilidad y en su cordura... Sumergidos todos, pueriles, lívidos y arrecidos en el ácido del frasco... Cecina más que carne, envuelta en su traje, en su moral, y en su adobo de perfumería...

¡CULEBRAS...

Ellos con ese revés deplorable de sus mujeres... ¡Mujeres! Carnes con torpor... Belleza que es un *apósito* y no una cosa

285

granada, ni una luminaria, ni un tizón siquiera... Una cosa mate, inerte y obtusa, llena de turbaciones... ¡Apósitos!... Y a contrapelo la invención de las hipérboles de los hombres sobre las mujeres. Y mientras, en ellas, el vientre se pudre de matrimonio, de virginidad, o de vida airada en el arrabal, ayudada en ese caso su corrupción por la inspección sanitaria...

¡Culebras...

Y al final, después de una lenta denudación, el desmembramiento definitivo... Todos como cadáveres encontrados en un río, como si hubieran rodado toda su edad sufriendo o riendo —*chi lo sa*— una blanda maceración... Ni el tronco queda de nadie... ¿Fue un crimen, un suicidio, o un accidente? Nada de eso, fue una muerte natural que ni necesita autopsia ni identificación... Es lo usual. La ciudadanía se cumple en el limo, muy al fondo, y después se sale a flote, cuando ya son muy cadáveres, único modo de recobrar esa altura que tuvieron otro momento al hacer...

Por esto viven aún de su niñez, cuando reaparecen, de una niñez sostenida herméticamente en su crisálida, y por esto piensan con sus ojos saltones, asaltantes, ojos de ranas lapidadas, fijos en el cielo, piensan en su adolescencia inédita que buscarán en él, rematándose así por completo, hundiéndose más, acabando con el resto de vida que tiene su cadáver, porque hay que morir más, para flotar más alto, en los cielos ya... ¡Completamente ahogados! ¡Absurdamente ahogados!... Hacen un simulacro de doble muerte y de renunciación, para ir al paraíso...

¡Culebras...

Éstas son esas cuartillas llenas de fuego central, que estaban en la carpeta de los Sonámbulos. Muestran la cerval, la iliteraria, y la antiartística profusión en que se fragua la obra de Gómez de la Serna. Él me ha dicho alguna vez que su sueño sería dar su fárrago como tal fárrago, hacer corriente su *spoliarium* de pensamientos, descerrajarse, dar todo el azar de su prosa franca y abrupta.

286

¿Con un alma tan impetuosa, tan anillada, tan arrastrada, tan en rampa, tan vagabunda, qué se puede esperar de Gómez de la Serna? Nada. Sus obras son un accidente en su vida, sobre el que salta y se distiende el resto, padre y voraginoso, y se desliza sin recordar. No soporta el quietismo de la obra sedentaria y, así, el desenlace de sus obras se desenlaza más allá, en lo despejado de un cielo y de un lago, en la aglutinancia y en la perdición del espacio. Le injustifica y le disocia la arbitrariedad, pues más que concebir la arbitrariedad, la vive en su centro y en su imparcialidad, que es la gran parcialidad cromática, atrozmente radiada.

En este drama se muestra en camino, sin hacer contrafuerte de una idea ni vilipendio de otra. No odia. Ama a estas gentes, las ve inefablemente y, extremando su inefabilidad, las concede su sueño, las ayuda a entrar en su paraíso, haciéndolas dueñas de su oligarquía —porque es una oligarquía la que desean—. Ante sus almas mediocres y ventosas se pregunta uno: «¿Qué haría Dios con ellos?»... «¿Qué vida extensa, pintoresca, amplia, conmovedora y amable sostendría la gran avidez del infinito que les interpelaría?»... «¿Le puede bastar a Dios un cuento de negaciones, de sordideces, de palabras, de senilidad, o un afecto híbrido y cenceño?»... Concedámosles toda la exaltación de amor cristiano, que es una inversión nada más, busquemos ese sueño vaciado que les sugiere palabras sutiles y vanas... ¿Y qué?... «¿Qué vida airada tuvieron, o qué sinrazón o crimen pasional cometieron para tener una palabra positiva, que no haya acabado donde terminó su mentalidad por reacción?» «¿Dónde no hay pecados, cómo será la virtud, y qué será, qué independencia puede adquirir, de virtud sin pecado?...» «Tendrán que hablar de su pecado y darse a su pecado, por primera vez por evidencia y fatalidad, sin virtud, sin idea de la virtud, sin haberlo querido...» «¿Qué le dirán a Dios, qué le dirán de recio, qué harán porque sí, sostenido en sí mismo, improvisando y *no contra nada?*» En Los Sonámbulos cometen el pecado, es decir, cometen su carnalidad, y es lo único que conciben. Irreparablemente, al no ir contra el pecado, tienen que ir con él. Pero aun así, se promiscuan seráficamente según su decir... No se entregan de palabra...

«¿Que dirían a Dios?» Nada. Nada, aunque les amemos con paroxismo y queramos protegerles, porque su efusión es la efusión que han ahorrado y sisado, es lo controvertido, lo calumniado, lo recelado, lo que han tenido de menos de molicie y de lujo. Han creado una necesidad de compensación. «¿Qué dirán a Dios?» Hay que crear un Dios, grande, independiente, ya que se les ha antojado obedecer a un Dios y no admitir agravios más que de su parte. Hay que plantear a Dios, hacerle decidir definitivamente, lapidariamente, su cuestionario, para perseguir el circunloquio, perseguir su espíritu en el espíritu de los Dioses increíbles, abortivos y gafos, de ellos. Un Dios que sea la exaltación de su Dios, una ampliación de él. Quizás Dios es una cosa constructiva para llegar a la apostasía. Él mismo, bien justificado, bien excedido, les disuadería, les diría lo irrisibles y lo negros que son, y sería el areópago que necesitamos para excomulgarles. Para ser más destructores necesitamos un Dios, porque Dios bien destilado es el programa máximo que ellos repudian como programa, pero aceptan en Dios, como tendencia sin compromiso, por su tranquilidad no más, como tendencia en blanco y en luz, como éxtasis. Vamos a hacer que Dios les secularice en vez de secularizar a Dios. El tesoro que les avergonzaría tener en las manos, sin saber qué hacer de él, lo depositan, lo *esconden* en Dios, y así lo hacen más productivo, menos vergonzoso y no piensan en responsabilidades. Se absuelven. Que Dios les desconcierte y rehace el tesoro que esconden en su benignidad. Que Dios les distancie. Evitemos que vuelvan la cara a la pared —que eso es Dios al fin— y así se hagan inconscientes. Evitemos esa gran comodidad. Acosémosles en Dios. Dios no les querría, no les podría querer. Dios es su rincón, su cueva de judíos. Su Dios es todo lo que Gómez de la Serna ha dicho en el primer capítulo de su LIBRO MUDO[64] y

----

[64] El *Libro Mudo* fue publicándose en *Prometeo* a lo largo de 1910, desde los números 16 al 23. Al año siguiente apareció como libro. Ramón se refiere a un fragmento del primer capítulo en el que desarrolla una concepción panteísta de la divinidad (Edición de I. Zlotescu, Madrid, F.C.E, 1987, págs. 96 y 97).

además su onanismo y lo que hiede en ellos. Ellos lo que hacen es volver la espalda a todo lo que les amonesta y a eso llaman volverse hacia Dios. Si no apologizamos a Dios, siempre encontraremos sus duras espaldas de caimanes.

Gómez de la Serna en LOS SONÁMBULOS, coloca frente a Dios y en su paraíso a todas esas gentes fláccidas, fofas, para las que se hacen esos insoportables dulces de encargo de las dulcerías.

¡Con todo amor se me ha ocurrido frente al drama, sin republicanismo, sin anarquismo y sin ateísmo! «¿Qué otra cosa le podrían decir a Dios?» «¡Cómo no crean en la farsa de que Dios les alhaje para que después se luzcan en su presencia!» Sus ilusiones están hechas de una compensación, que han procurado hacerse deber, pensando en la gran *prima;* y que si no será reversible en la misma moneda, lo será en algo *sinónimo* e infinito... ¿Y cuál es ese placer sinónimo del placer? Es su secreto... ¿Y su secreto qué es sino una suscitación, sin escogitar, de mal gusto, de todo lo *acaecido* en la realidad y en la vida? Así resulta que su sueño, más que un sueño del sueño, es una vigilia del sueño... Residenciados en LOS SONÁMBULOS, ya dentro de él, cuando no pueden forjar otro sueño, obligados a articularle, creen haber encontrado todas sus mundanas abstinencias...

Hacen un *vomitorium* del Paraíso, y todos por humanidad, desean el árbol de la Ciencia del Bien y del Mal, ese árbol en el que se repudió todo lo humano, con precipitación, firmando en blanco el repudio... ¿Pero qué ha importado? El árbol se ha desarrollado atrozmente y su raíz se ha comido toda la flora del Paraíso. Se ha hecho el símbolo máximo, y esta humanidad que se sucede invariablemente es una humanidad que ha vuelto a comer del árbol prohibido y se sucederá por lo mismo, evitando que el planeta se deshabite. Al fin ella se ha hecho esta reflexión: «Cuando Eva, que había probado todas las frutas del Paraíso, saboreó el fruto de la Ciencia del Bien y del Mal y se lo dio a Adán como cosa óptima[65], es que sabía mejor que todos los otros

---

[65] «ópima»: rico, fértil, abundante *(DRAE).*

frutos, y bien merecía, por su sabrosa excepción, contra la monotonía de todo el plantío, correr un albur. El ápice verdaderamente lo era él.»

Gómez de la Serna, después de sugerir en el lector todas estas cosas, se ha ido al extranjero. Nos ha dejado, a lo menos, un libro de dramas[66], entre los que figura alguno tan absurdo como esa tercera parte de la Trilogía Máxima, en que, sin fantasía y sin arte, mordientemente, astragadamente, en el más completo abandono de sí mismo, en contraste con estos otros dramas, muestra la vida. Diría algo de él y de los otros dramas que preceden a éste, pero ya el autor los prologa.

En el extranjero[67] no sabemos lo que hará —quizás seguir pasando, la cosa más trascendental según él—, pero baste saber que fumará su pipa. De ahí no provendrá nada racional.

---

[66] Se refiere a *Ex-votos*, que apareció en 1912 *(vid.* bibliografía). Como hemos señalado anteriormente, no hay mención explícita de que alguna de las obras contenidas en el libro concluya la «trilogía máxima».

[67] Ramón estará en París desde 1909 hasta la primavera de 1911. La importancia que para él tuvo este viaje, tanto desde el punto de vista vital como literario y artístico, se refleja en el capítulo XXXI de su *Automoribundia*.

La utopía (II)

(Drama en un acto)

Julio-Antonio: Con tu nombre escultórico como un friso de Partenhon, afrontó la luz aquella otra «Utopía» llena del horror inerte de unos santos de tienda, aquel drama un poco equívoco que sin embargo, ha sido predilección de hombres a quienes quiero, ha sido ensayado por mujeres extraordinarias, y ha sugerido aquella portada tuya y aquel cartel en que adivinaste, tan bien, la gran cruz negra del protagonista y la presencia inenarrable de la muerte. Emulado por todo eso, llevado de la exaltación progresiva y reviviscente de una palabra tan llena de vértigo, he escrito esta otra Utopía, menos sediciente, más mate, menos digna y más trotacalles, que también te dedico. No será la última. En el porvenir, nuevas Utopías volverán a llevar tu nombre, porque bien vale cosa tan vasta como una palabra toda una constancia y toda una vida, destinadas al trabajo duro y largo de darle cima[68].

---

[68] Esta segunda «utopía» poco tiene que ver con la obra anterior del mismo título además de la común dedicatoria a Julio-Antonio. A pesar de lo que en estas líneas iniciales se anuncia, Ramón no volvió a publicar otras obras con este título. En cuanto a los ensayos, en la introducción se trata el tema de las relaciones de Ramón con el proyecto del Teatro de Arte de Alejandro Miquis y sus frustrados intentos por estrenar alguna de sus obras.

PERSONAJES

LA INCÓGNITA
LA PREÑADA
EL DE LA CORBATA ROJA
EL DESTROZADO
EL DE OJOS AGUDOS
EL PELUDO
EL GIBOSO

LA CHATA
LA VIEJA BARBILLUDA
EL TURBIO
EL IMPLACABLE
EL DE LA CICATRIZ
EL DE LA FLAUTA
EL TABERNERO

Prólogo

El Teatro, o es un efecto ditirámbico de luz y de timbalería, ansioso de imponer un ideal que resulta siempre condicionado, padrastro y sañudo, por cómo se excede y hace autoritaria e indefinida su amabilidad; o es un efecto de sombra, adverso, en el que hasta la muerte es inconcebible; un efecto de sordidez, premeditado, duro como un asesinato, con todas las agravantes, incluso la de nocturnidad y de despoblado, por cómo en el escenario todos los actores y hasta el espectador quedan cogidos por una fatalidad imperturbable, amplia como la tierra y hasta ayudada de Dios, que todo lo tiene bien dispuesto para dar su golpe falso, en falso, todo insuflado en el traidor.

El drama de la calle, con sangre en las baldosas, es menos terrible que ese drama que deja a la vida sin sus descansos eternos, sin sus reposiciones y sin su desvanecimiento. *(Agua corriente no cría veneno.)*

El origen de estas aberraciones está en los escritores dramáticos que, en vez de tener su teatro *extendido* fuera de sí mismos, de un modo irreprimible y vasto, tienen su teatro infundido, sometido, en epítome[69], y asi resulta resulta un teatro de jaqueca, de obsesión. Se van detrás de su drama, lo persiguen, y él les deja detrás en su persecución, aunque un momento crean tenerle acorralado y cogido; vana sor-

---

[69] «epítome»: resumen o compendio de una obra extensa, que expone lo más fundamental o preciso de la materia tratada en ella *(DRAE)*.

presa en su *codac*[70] de una cosa que en su insumisión y en cómo se desata siempre, quiérase o no, tiene su grandeza. Se complican en su drama, se angustian en él, y, de un modo torcido, llegan a dar la sensación, abusando del decorado y del ambiente y de un dolor que ha llovido del cielo y ha brotado de la tierra como el sulfuro de las sulfaturas. No añadiendo nada al conocimiento de cómo en lo real o en lo posible la vida se basta a sí misma y se compensa y se excede, hacen una cosa de pesadilla, de año mil, llevan a la desorientación de siempre, al vencimiento, al infierno, a Dios, que a la postre no ha sido nunca más que una suposición de la vida cuando no se ha bastado a sí misma por la misma irregularidad y el error de diagnóstico de todos ante los dramas acaecidos y callejeros, ya de por sí sin suficiencia expresiva para restablecer su sentido íntimo o para restablecerse de su herida mortal en ese resto de naturaleza indemne y olorosa a tomillo y a buenas hierbas que la dramaturgia del teatro y la dramaturgia de la vida han rechazado como prótasis.

Hay que darse cuenta de que el autor dramático sin el vigor providencial que puede tener el hombre en la videncia, más que en la lógica, o en la ética, o en la religión, no es nada. Un providencialismo que no será ese providencialismo que todos sobreentienden, de tesis, de creaciones de la nada, sino un providencialismo (palabra esta de providencialismo que empleo por extensión, para avalorar más lo excesivo en el hombre), que si ha de ver el drama ajustado a los hombres, ha de verse también ajustado a un último término natural, ni ensangrentado, ni agresivo, ni distributivo, sino despejado y fuerte, como esa fuerza de gravedad magnífica y en relación perpetua que en las caídas coge a tiempo del brazo al caído y le salva de un lance en espacios imaginarios y letales. La tierra nunca es bastante letal y necesita

---

[70] «codac»: por antonomasia, cámara de fotos. La Kodak, que había sacado al mercado su primera cámara en 1888, ya las produce a gran escala a principios de siglo, permitiendo la difusión popular de la fotografía (véase Marie-Loup Sougez, *Historia de la fotografía*, Madrid, Cátedra, 1994, página 182).

para interpretarse un providencialismo contemplativo y no gestor como aspira a ser el de los autores de dramas, escapados a sí mismos, emplastados en la turbamulta de su obra, perdido el vigor, la lucidez, la visión de los puntos cardinales; perdidas todas, proporcionales a la resistencia de que llenan su obra, por cómo la creen sometida a los presagios, a santos imperativos, haciéndose criaturas de su criatura, disminuyéndose más que fecundándose; números quebrados, partidos ya no por un número cualquiera, sino por algo más divisor y ni *cualquiera*, partidos por todo lo superior, que aun siendo cierto y alcanzado en substancia, permanecería en esencia irremediablemente, desconocido y humillante, agravando siempre la quebradura del hombre.

Carecen de fuerza suficiente en principio, en unidad, de fuerza de serenidad, es decir, fuerza firme, abarcadora, suspendida, retentiva, y, por el contrario, tienen una fuerza que se debilita anormalmente, por cómo, en vez de ver, quiere adquirir, y ni ve ni adquiere; una fuerza que ya en su inspiración llega de arribada, perdida, flaca, sometida antes del trayecto del drama por todo el trayecto, ahilada en un drama que estaba en ellos invertido, con el desenlace antes del principio, un drama desolado, cansado, hastiado, y afligido por su teratología[71]; más que aventajado, sabido por referencia, por oficiosidad, con un dolor, no en el dolor, sino en la mente, dolor en el conflicto, dolor de imitación, dolor del dolor, y que acaba con el mismo prestigio que en la vida tienen los dramas y hasta hace al espectador más víctima que si hubiera sido víctima real y no escénica.

Les pierde su deseo de adquisición del drama más que de visión del drama, y, así, al querer hacer conclusiones concluyentes, al repecharse sobre el drama, al detenerle, policíaca e insidiosamente pierden toda la perspectiva, que es lo único que se pude hacer de intensivo sobre la vida sin que sea posible la dominación ni la desecación, con la que resultaría la vida cosa acabada y estática más que conseguida en

---

[71] «teratología»: estudio de las anomalías y monstruosidades del organismo animal y vegetal *(DRAE)*.

su vida y en su resplandor. Hacen que ese dramatismo espontáneo, que más allá de sí mismo, en la justeza de la vida en que explota, se ductiliza y se cura, se encarnice en su carnicería, haciendo monstruoso el encarnizamiento de todos los dramas reales que tienen un término a su carnicería, sin carnicerismo ya, pues no podría resistir la naturaleza el dolor de esos dramas, ese dolor perenne, agudo, incurable, un dolor abortado y acoquinado de sí mismo en una dualidad y en un desdoblamiento abusivo y extraño.

Lo que justifique el Teatro no puede ser más que esa afirmación providencial, de algo accidental y craso, la afirmación de un acontecimiento, casi de consumo advenedizo y remontante, visto en medio de mucho más espacio que el que pudo dominar el mismo drama, demasiado sobre sí, demasiado perturbado y demasiado de espaldas a él y lejos de su alcance. Única resolución del problema de estilo que han de resolver los autores frente a la vida, pues al no ser el drama más que una encarnación en vez de una creación (hecha de un artificio de autor insoluble por doquier e irrevindicable), una encarnación, supone la descarnación como una condición inefable y resolutoria. Por esto, el drama tiene una salvación y una consolación admirable en su descarnación, en ese elemento transigente y empedernido que le interpola, le orilla y le recibe, después de haberse justificado en su encarnación mortal y efímera, al igual que la encarnación de Dios justificada por el redentorismo, por la ubicuidad y por la receptividad de Jesús, se justificara el drama por un redentorismo que ha de redimir en la naturaleza y no en el hombre, y que, para no ser ni restringido ni deprimente, no sólo redimirá lo redimible sino lo irremisible, elevándolos y restaurándolo, llegando en un extremo de cinismo, de dilatación y de unanimidad, hasta redimirse de su redentorismo.

El Teatro que más avance no debe suscitar un misterio inquietante, sino un misterio, a lo más, misterioso de blancura, de franqueza, misterio en el que no influya lo misterioso más que en lo pintoresco, pero no en lo trascendental, frondoso de albura y de comunicación, pendiente de sí, dentro de sí, y lleno de egoísmo. Ha de ser un teatro sin símbolos imposibles, sino con símbolos de horizontes remontables en que siempre la arribada sea una cuestión de distancia o de exaltación, pero nunca de ortodoxia, ni de ética; símbolos desgobernados, llanos, que no perjudiquen la arbitrariedad de los hombres, que no la obliguen a sobrepasarse, sino que se muestren sobrepasados aun en medio de los hombres que no sobrepasen; símbolos que permitan el asalto airado, símbolos con un gran regazo, que no enseñen milagreramente para sugestionar que los caminos caminan, sino que los caminos están en su sitio, intransitados, innecesitados de ningún civismo y, al fin y al cabo, dirigidos siempre después de hacerse esféricos como el planeta, dirigidos hacia sí mismos, pues eso de las circunvalaciones de los caminos es la circunvalación del hombre. El Teatro debe sólo originar esta sensación de claridad y de vértigo sobre el drama, no complicar en la acción y en las ideas del drama todo lo que lo dilucida, clarea sobre él y entra en él, contrastando en el aire de la ventilación y no en esos personajes que son el truc[72] de todos los dramas modernos, sino en el alrededor del drama, en su fondo, en su altura y en su medio. Esto es lo único grande en un sentido proporcionado y violable que puede cometer el teatro, después de todas las apostasías aunque en medio de leyes muy prohibitivas que no podrán prohibir nunca este efecto panorámico y tácito y *tremens*.

Así más que demostrar, temiendo los sofismas, los profesores, y hasta el cretinismo de los adeptos de más fe, temiendo esa fuerza de voluntad de la demostración que no está en ella sino que la encajan los hombres, deduciéndola de un impuesto sobre ese teatro, fuerza *monstruosa* y sojuzgada, crearemos así, más que la teorización, la decisión, para la que nada será suficiente espantoso: dará de este modo idea de una libertad anticonstitucional y contradictoria, que hará nacer la necesidad de algo más denso, menos vano, y hecho a la contradicción, combinado a ella como a una fuerza total más en los pies que en la cabeza, o que en

---

[72] «truc»: del fr. truco, maña, artificio.

esa cosa tan inaprensible para las fuerzas decisivas, que es la psicología la que ha creado las contradicciones prácticas que en resolución son lo mejor de ella, pues si en todo hubiera llegado al orden y a la perfección lo empedernido habría sobrepasado la gravedad. Así la contradicción debe ser lo culminante de ese teatro nuevo, pues es lo más decisivo entre los hombres, como sin los crímenes y las contradicciones que se han cometido en nombre de la libertad o por las transformaciones de las tiranías o de los ciudadanos, la libertad avanzada hubiera tenido un estéril *non plus ultra* a sus puertas y no existiría la esperanza de llegar a esa arbitrariedad, que será un capítulo de los tratados de física más que cosa de partido, de opinión o de Borgia; una arbitrariedad perdida ya de avanzada, pérdida, equidistante de los hombres que la parcializarían y la harían algo ortodoxo al fin, perdida y explicada en el centro del planeta, en ese formidable antro del fuego volcánico, permanente y fulmíneo.

El teatro debe hacer más ingente al hombre, representarle bien sólo con su palabra y su hecho, en medio de algo mudo, neutral, promisor, inmenso, *cosa* más que personificación en las sibilas, en las pitonisas o en los otros hombres, algo que más que divinizable o aniquilable pueda ser adoptado o burlado, algo blanco y siena como la tierra, extendido a los pies del drama, sin construir en pirámide o en esfinge ni en estatua, ni en nada artificiosamente monumental, porque sería menos monumental según la prueba lacónica de los pájaros y de las águilas, que posados en los monumentos les dan toda la inconsciencia, aunque no les pueden hacer como las montañas o como las planicies, abandonándoles sólo a su incuria pintoresca que reduce a la fantasía y la fija, que la vuelve contra sí y la empotra sin dejarla descomponerse y pasar, regulando el instinto concupiscente privado de la línea, para hacerle público y costumbral. Dar todo su valor al escarabajo, religiosamente, porque hoy es necesario hacerlo todo religioso para que sea fulminante, pero para que después, de un modo antagónico e inaudito, el hombre sea apóstata y sacrílego y hereje, fulminantemente también. Sin remedio el hombre se tiene que fortificar en contradicción, viviendo fuertemente sus dos términos para que ni la tierra ni él se neutralicen de un modo inerte y feligrés. Al que es creyente con pureza como al que es apóstata con pureza, nada les compensará su credulidad; a los creyentes porque no son apóstatas, ni a los apóstatas ya que no son creyentes.

Hasta aquí el teatro en su dilatación... Queda por hablar del teatro especializándose, en procedimiento, pudiendo recoger lo dramático en su exceso o lo dramático en su defecto.

De lo dramático por defecto, por rudimentarismo, por voluntad de los hombres, por enfermedad más que por una colisión inesperada, pasional y voluntaria, ya hablo en el prólogo de «La Inmolación del Sol»[73], un drama de esa clase. En lo dramático por defecto, el drama se impone por sí mismo y fracasa en sí mismo, reduciéndose más que ampliándose a medida que se adelanta hacia el desenlace que es la reducción final, más que esa catástrofe en que se extiende el drama en los otros dramas. Es éste el drama envolvente, troglodita, burgués —lo que no dice que sea para burgueses—, drama que no se apoya en nada, ni en la tramoya, ni en la gracia del gesto, ni en la palabra, grandes defectos de lo dramático que machucan la cabeza; el drama de hundimiento y de sequedad en que lo humano es lo humano sobreentendido, representativo, colérico de cólera nada más, en drama lacónico, empedernido de un mal empedernimiento, sin héroes, en el que la violencia dramática llega a su momento pánico, por defecto, por astringencia, por la retraída obsesión de los personajes. Todo lo mejor queda fuera, en la irrelación con todo lo que sería compensador y el drama es dramático por cómo se ha escapado a la extensión y no, como en el teatro por exceso, por cómo ha ido hacia ella y el drama ha estallado.

---

[73] Ramón no publicó ningún drama titulado «La Inmolación del Sol», pero la referencia parece aludir al prólogo de *El drama del palacio deshabitado*, en cuya acción cobra sentido, además, el nombre de este hipotético drama.

Lo dramático por exceso, que es lo dramático de este drama, por el contrario, aunque no está en la figura, ni en la palabra, ni en el gesto, se apoya en ellos con el gesto de la aspiración, y vano sería constatar hasta dónde avanza la figura señalando dónde se fija la punta de un pie en puntillas. Es lo que debe ser expresado por el autor como por una providencia, que no es menos providencia cuando observa el teatro de defecto. Una providencia que no sojuzgara, ni gestara, sino expresara sólo las cosas en su exabrupto, en su excentricidad, en su inadaptación, en lo menos flagrante de ellas, pero en lo más desflagrado, que no es menos real. En lo dramático por exceso las cosas accidentales, abatidas, aterrizadas más abajo de los hombres, dobladas sobre sí, ganan, tenida en cuenta su voluntad de expresión más que su expresión, ganan una gran altura o una gran extensión en lo apaisado, sobre los hombres y sobre el silencio, y explotan formidablemente en su catástrofe si por voluntad de acción no triunfan sobre el acontecimiento vulgar, con un triunfo más que lógico arbitrario y creído, elevado en pavés, no por consagraciones, ni tópicos, ni justicieísmos, sino por arbitrariedad, la gran seducción del drama moderno, que adiestrara a los hombres a lanzarse más que a pensar, y no a la Gran Revolución precisamente, sino a las grandes pasiones, a las grandes internaciones y a las grandes alarmas. En lo dramático por exceso el dolor culminante no es dolor de enfermedad, sino de contusión, de oposición, de imposibilidad de lo posible, algo más fresco y menos lógico para la patología, algo más sangriento y menos solapado, algo que no es exantemático ni hereditario sino debido a una agresión, a una cerrazón, a una mala voluntad o a una mala abulia, dolor del vivir que entra con sus alegrías en el mismo dolor.

De estos dos modos puede contradecirse el teatro en su procedimiento, por defecto o por exceso pero nunca por esa mediocridad hecha del defecto de ese teatro por defecto, que es formidable, insólito, muy denso, todo lo denso e inaudito posible en su condensación, un teatro arredrado de su fuerza y de cómo debe estar conseguido, resuelto y lapidado; ni tampoco hecho de esa mediocridad, que es el exceso de lo excesivo, en los espacios imaginarios del lirismo, del romanticismo, del moralismo, o del metodismo. Nunca ese teatro, que es todo el teatro existente, que golpea la cabeza porque todo lo arroja sobre ella, hasta el cielo: que termina demasiado lo que termina, que hace que el hombre se recoma; que debe su efectismo a como parcializa, a cómo exceptúa, a cómo exonera, a cómo humilla, a cómo lo hace todo viable, socializable y representable; ese teatro que alarma, por cómo corta a capricho las figuras, ocultando sus insurgencias, sus subversiones, que deben ser recias hasta con el autor, sus cosas altercadas y homicidas hasta contra el autor, como contra Dios; ese teatro que deprime a capricho el conjunto, con avilantez como en los cuadros con esa perspectiva terminante y abortada y plana y de frente no más, cortado el cielo en lo alto del paisaje, cortado el paisaje al cercenarse lo indefinido del apaisarse del paisaje, y embotada la distancia en el centro del lienzo y bajo él. Así la estructura de las cosas y la belleza de las cosas y lo dramático resulta venenoso, cerval, recalcitrante, sometido, inorgánico, escaso, precario, y especulador con la especulación de un agiotismo sobre las pasiones, las tragedias y las grandezas.

Jamás ese Teatro sin perspectiva que no se hace más suspicaz, más absurdo en la comunicación y que en vez de dar la exaltación del drama en lo vasto de su todo, excidido y longitudinal, y azaroso y disociado, exaltan el conjunto, la promiscuación, la sumisión y lo asilan todo en él; haciéndolo fracasar de un modo inverosímil. Jamás ese teatro que estaciona, que rebaja, que tuberculiza, que es bajo de techo, y que agravia al drama de la vida en vez de desagraviarle, y si lo cura lo cura con avilantez, con moral, con cristianismo, con esteticismo, todos tratamientos como mercuriales, sin asimilación posible, y que crean una segunda enfermedad, la enfermedad de la medicación, en la que después es necesario extirpar el mercurio, el cristianismo, la moral y la belleza...

ACTO ÚNICO

(La taberna ideal. La taberna de la excomunión de Dios y del diablo, las dos excomuniones que hacen bastante al hombre y que mantienen el equilibrio. La más fija, la más cimentada y la más sucia de todas las tabernas. La que siendo ideal, es lo más real de esa realidad *visionada* por los hombres y prepara el rescate y la desbandada. La taberna donde dar grandes puñetazos sobre las mesas, y donde proferir las palabras más grandes y más fuertes, donde nunca irá esa tertulia de café, de jovencitos o de viejos artistas, o de literatos que quiere cultivar su amistad, sedentarios, sin absoluto ni pasión y sin cadalso a los pies, porque no lo merecen, pues conformistas o reformistas a lo más, sin empedernirse, oyendo jactanciosamente, a esos músicos de café que nunca tendrá la taberna ideal. Donde ir después de abdicar la corona y el ideal, después de abandonar por tercera vez a la mujer a quien se quiso tres veces, después de tener el 5.º hijo, después de verificado el entierro de uno o después de haberse suicidado; la taberna donde oiremos la noticia del ensañamiento imposible, de los incendios absurdos y de las consumaciones insospechadas e inenarrables, aunque después de oír todo eso en ella, resulte que no ha sucedido nada, aunque ha podido suceder todo, según una convicción firme que a lo menos ha dejado en nosotros; la taberna donde curar el dolor de cabeza, la sífilis, cuando la tengamos, y el triunfo, si alguna vez llega, y donde pensar violar a todas las viejas vírgenes, para salvarlas de esa estrangulación que es su virginidad irrealizada; donde ir cuando nos quedemos sin nombre, sin familia y sin ideas, y donde

305

asentarnos bien, colocar la frente sobre la mano abierta y sentir en sus cinco dedos abiertos y en su palma sutilísima, toda nuestra vida, nuestra lealtad y nuestro acabóse. Una taberna en una calle estrecha con una acera desigual y el centro empedrado de cantos agudos, en que los coches se destrocen y las gentes se zarandeen; una taberna en una casa vieja que es el número 13 de la calle, con un portal muy estrecho, y una sombra en todo el inmueble, llena de ratones, de cucarachas negras, esos animales de abracadabra que agravan la vida y la infernan hasta el punto que necesita estar agravada en alguna parte, para que frente a ese dolor ciudadano paliado, a buen recaudo y a buen régimen de todas partes, alguien recobre el conocimiento y la intemperancia. Sólo la taberna ideal hace sentir posible una elocuencia de arúspice que se baste a sí misma. Siempre hemos sentido que lo que resulta indecible y literario en todas partes allí no nos parecería inútil ni excesivo, ni literario, ni claudicante en las orejas de los contertulios. Hasta de pequeños, cuando se creyó que la riña con padre había sido definitiva e irrevocable, no se pensó ir a un paraíso a refugiarse, sino a la taberna ideal e inclusera para los adultos, donde todo se justificaría y se consolidaría, y en la impavidez, en el desahucio, y en la renegación máxima e incurable todo debía ser fortalecedor.

En la taberna ideal hay una ventana al fondo, empotrada en un muro ancho, que alarga indeciblemente la perspectiva y parece que la hace entornar el ojo, ahondado y renegrido, en cuenco y no se sabe a dónde da, porque el plomo de las pinturas ha envenado los cristales y tienen un verdín[74] opaco y esmeralda...

Las paredes están desconchadas y nicotinizadas. A retazos hay en las huellas de un mueble, de un quinqué o de un hombre, demasiado ceñudas, como de objetos malditos y miserables, sombras imposibles de blanquear, que dejaron una agudeza y una abertura inextricable, aceitosa y húmeda; hay huellas de las navajas en inscripciones oblicuas con

---

[74] «verdín»: primer color verde que tienen las hierbas o plantas que no han llegado a la sazón *(DRAE)*.

las AAA muy hechas y con admiraciones, como en las celdas de políticos en las cárceles; hay carteles que anuncian las cervezas tabernarias en cromos con mujeres que enseñan el pecho y miran sin quitar la mirada, una belleza sin parecido, la belleza que no está ni en la fealdad de las mujeres verdaderas, la belleza que sería doloroso y febril encontrar, pero que en la taberna se admira y hace fijar los ojos de todos con deseo, cansados de todas las bellezas livianas y susceptibles de encuentro en las calles injustas. Se quisiera, no obstante, que así fuera la belleza para infligir esa humillación a las mujeres y a los hombres de fuera, pues al fin y al cabo más que nada sólo se opone a eso un sentimiento de *snob*. Detrás de ese cartel como detrás de todas estas cosas, se esconden como una providencia ansiosa, bichos de esos aplastados, como secos y muertos, que dan tanto miedo cuando andan tan laminados y tan deseosos de sangre. A veces hay un dibujo inmundo, como un grafito egipcio, con los ojos de frente, la nariz de perfil y la boca espantosa, sabia y blanca de rencor.

Se siente la presencia, parpadeante y escabullida a intervalos, de lo menos cinco gatos taumaturgos, grandes, negros, iconoclastas, como lo más subversivo y lo más pensador del ambiente.

La bóveda y las paredes se abomban, linfáticas y reumáticas. Es baja de techo, un techo artesonado a rayas blancas y negras, con ese negro de madera como incendiada alguna vez, de las vigas viejas y embreadas. Parece que hay que temer en los rincones del plafón, arañas de ésas que cogen a los hombres, los meten en su antro y haciéndoles un agujero en la yugular les sorben la sangre, y les dejan encogidos, pardos y pequeños como moscas.

Está iluminada de gas, un mechero sí y otro no, con esa luz que ennegrece las cosas más que las ilumina, como se nota en los anchos redondeles en su remate, ya formidables, sórdidos, llenos como todas las manchas de taberna, de intención, y de mordente, y de interior. Huele a gas, que se bebe con el alcohol como seltz o Bitter y le da un extraño gusto, pone más lívidos a todos, y hace más ardientes sus ojeras. Es una luz que araña en las caras en duras incisiones, hace más negras las barbas, y hace blanco el amarillo de los dientes cuya suciedad en estas gentes es una injusticia y no una suciedad... ¿A dónde les llevaría una idea práctica de la perfección? Es mejor que se agraven y se agraven y se pudran y declinen.

Protege todo esto por cómo se abuhardilla amparando, azuzando de un modo seguro y firme. La cabeza se les contrae y adquiere una fuerza de testuz, una testuz de catapulta más que de frente humana, tan blanda, tan frágil como son las frentes humanas.

Toda la ciudad se ve anormalmente como escalonada hacia lo alto o hacia lo bajo a partir de la taberna con toda esa ingencia de sus tejados, sus torreones y su fanfarronería de conjunto, transida de sí misma.

Hay algo suave y aplacador en su ámbito que ataca la materia gris, y eso está bien, porque la materia gris es una cosa de exceso que no encuentra la vida de exceso que necesita.

A un lado está la puerta de bajada a la bodega, esa bodega de la que parece no se va a volver a subir, y siempre al ver bajar al tabernero, no se sabe qué cosa, trágica o venturosa quizás, le pueda suceder, cuando le apague la luz ese viento inverosímil que queda en los subterráneos, acorralado, resguardado por todo el resto del mundo, por los continentes y por los mares que le han hecho un hueco. En las bodegas, como en los pavimentos de catedral, sin inscripción y sin mosaico, tiene que haber alguien enterrado; se sospechan reptiles arbitrarios, largos, en carne viva y húmeda como la pez, que siempre serán frescos y pegajosos y largos y se presiente que haciendo una cala se encontraría en cantidad vino de más de quinientos años. Es muy posible que asome una de esas culebras en que se ha pensado, de un verde amarillo, medroso, de un color dañino como de peste asiática y que no terminase de salir entera nunca, como si a través de ese agujero que no se ciega hiciera zis-zás larguísimos entre la tierra húmeda que no se hunde sobre ellas nunca ni las lapida. Del sótano de la taberna ideal se esperará siempre ver salir esta culebra que no puede menos de existir con esa largura y ese verde.

Hay clavados los ingentes clavos de ahorcado, imposibles de arrancar, capaces de todos los pesos y de todas las voluntades, menos las de asestarse que le perdieron después de clavarse de una vez para siempre in secula seculorum.

Hay varias mesas rodeadas de banquetas y puestas frente a los bancos corridos que se amparan de la pared porque si no caerían, esas mesas arañadas, vinosas, martilladas, que oscilan sobre sus cuatro patas vencidas. En las del fondo hay gente. En una de ellas está la Preñada de los ojos de hombre y pechos de mujer, con el Destrozado, un viejo amarillo, de barba rala, que parece sobrevivir a ese accidente del trabajo que ha sido toda su vida; junto a ellos, hablando a veces de mesa a mesa, están el de Ojos agudos, un hombre que cuando mira escarba sobre lo que cae y se tira al cuello de los hombres y de las mujeres, tiene un bigote torcido como una mueca de obsesionado, y el pecho muy ancho, como lo es de sien a sien, su frente abohardillada. El Implacable es un hombre elefantino con un rostro contraído y un gesto perdurable por cómo lo fulmina su calavera, sus huesos más que su envoltura, apretados en ese gesto colérico en ángulos, en aristas y en honduras de las calaveras, ese gesto rechinante y desquijarado, que rasga y come la carne de la boca, y ahonda y afila los pómulos tragándose su carne y que todo en el rostro lo hace acuchillado, anfructuoso, y escarbado, sin morbidez y sin piltrafa. El Turbio, turbio bajo toda la inmunidad de su rostro, muy rubio, de un rubio leonado, invisible de rubio, como sin cejas, con unos ojos claros, pardos, desteñidos, una mirada sutil e imprecisa, pero afilada como una navaja de afeitar; el Peludo, peludo en todo el rostro hasta los ojos, unos ojos de carbón, de carbón mate, poroso, duro, sin destello y como sin mirada, pero muy presentes a todo; un hombre más fachado en el cuello que en el rostro, un cuello musculoso, desnudo y agresivo, inexpresivo como su rostro pero más claro que él. Todos miserables genuinos, temibles y perdularios, llenos de la enfermedad de sus fuerzas, no como el burgués lleno y panzudo de la enfermedad de sus debilidades. Entre todos no se sabe quién es el real descendiente exonerado, el que tiene tres hijas admirables y mórbidas, el que tiene hijas escrofulosas, el que no las tiene, y el que es tuberculoso o tiene venéreo, pero de todos brota esa leyenda de gran destinación, de procedencia y de albur que queda en el ambiente como su presión atmosférica. Apartada de todos, en el rincón de enfrente, una mujer incógnita por cómo está de parada y de indecisa y de lejana, los ojos, la boca, y todas las sombras de la cara en relieve, la boca, más que todo, granate, avanzada, abierta en el gesto redondo, ese gesto de pez, del hastío o de la última boqueada. Los homoplatos, muy altos, tienen esa cabeza de desolación echada sobre sí con tedio. El Tabernero, en medio de todo, desde su silla gestatoria les mira a todos como si se fuesen a escapar sin pagar, de un modo invisible.)

EL DE OJOS AGUDOS.—Están aburridas las calles y no conducen a ningún sitio... Le zarandean a uno y le burlan...

LA PREÑADA.—Todo el mundo mira con crueldad... Bien podían no mirar a lo menos... Miran como si fuera incorregible lo que ven y siguen tan derechos... ¡Cuidado que son cínicas y duras las gentes!...

EL PELUDO.—Nos señalan nuestra obligación, y nos mandan más trabajo... nos vigilan como maestros de obra...

EL TURBIO.—Las mujeres no miran... Sus padres y sus maridos son los encargados de retenernos y de mirarnos con autoridad... ¡Todo es autoridad en la calle, en las miradas, y en las costumbres! ¡Nadie la deja de tener en cuenta y todos tienen la ira de la autoridad, siempre!

EL DESTROZADO.—Las gentes no os miran... Os equivocáis... Son tuertas. Miran con un ojo lo que quieren y las satisface, y con el otro parece que nos miran pero no nos miran... Sesenta años me han estado mirando con ese ojo, un ojo de cristal. Por eso soy lo que soy, un desconocido, abandonado a su suerte... Siempre pasamos junto a su ojo de cristal, un ojo huero, que es lo que les ha costado el no remediar nada...

EL IMPLACABLE.—Miran... Miran, y como uno no es posible volverse contra ellos y nos miran con imperio, nos tiran más abajo, nos empujan con frialdad.

EL TURBIO.—Creen que somos los que deshollinan sus chimeneas o arreglan sus ladrillos, pues el día que estuvieron de obra en su casa no les vieron la cara...

EL IMPLACABLE.—O creen que somos los que se ven con su policía... Y no asegurarían que no fue uno el que pasó atado codo con codo por su paseo aquella tarde o el que tuvo los muebles en la calle aquella mañana o se murió en una catástrofe bajo un terraplén... Confusamente somos los maridos de las mujeres feas, los padres de las putas y de los golfos, o sus hermanos, o sus difuntos... Llevamos toda la ciudad cargada a la espalda, como un armario, y resulta que no debíamos ir por la acera, sino por en medio de la calle...

EL TURBIO.—De noche se teme ir detrás de ellos o rozarles... Se siente su miedo y su autoridad y se teme que disparen repentinamente sobre uno y después se justifiquen diciendo que ejercieron el derecho de justa defensa de la vida... Yo temo esa agresión y esa muerte en la noche... *(Pausa).*

LA PREÑADA.—¿Habéis visto al marido de María?

EL PELUDO.—Como se emborracha todas las noches de pronto se ha debido quedar tirado en una de esas calles que aparecen de noche, hechas sólo para los borrachos, y seguramente la madrugada le ha barrido, con la basura y la calle...

LA PREÑADA *(mirando a* LA INCÓGNITA).—Y con las mujeres que hay en esas calles a esas horas... Mucha gente debe faltar en las poblaciones de noche a noche sin que se pueda averiguar dónde ha ido a parar... (EL DESTROZADO *y ella conversan aparte un rato.)*

EL PELUDO *(a los otros de su mesa en voz alta mirando a* LA INCÓGNITA)—No es de este barrio, desde luego... Pero tiene un buen pecho...

EL DE OJOS AGUDOS.—Es el engaño de todas... De pronto se quita las alforjas y es flaca como un esqueleto... Y te hace una herida en el costado.

EL PELUDO.—Como al crucificado... Así ganarías el cielo...

EL TURBIO.—No creo que haya peligro de muerte, pero de hospital sí... Después de todo está bien que se hagan de algún modo inolvidables, y ya que no tienen hijos pongan algo en los hijos de sus amantes, algo que las recuerde hasta en los nietos, que conservarán su parecido los ¡pobrecitos escrofulosos! mayor que el que conserven del padre y la madre y de los abuelitos.

LA PREÑADA *(dejando de conversar con el viejo).*—Bien... ¡Y que sólo sufra una el darles su parecido!... Se es un canalla hablando así... Si de cada pecado tuvieran un hijo estaría bien su pecado...

LA CHATA *(horrorizada).*—Tenéis el infierno y lo queréis para todos... Ya quedamos deshechas al fin como de haber tenido muchos partos.

EL DESTROZADO.—Hija, no te vuelvas contra ellas... Es una misma nuestra pobreza... Y como se nos hace dormir en la misma camada, es la misma nuestra epidemia. No nos podemos salvar ni los unos ni los otros... Tengo más experiencia que todos... Hay una cosa extraña que ahora veo que me ha sucedido toda la vida. Tan revueltos estamos que cambiamos de lugar de noche, y al amanecer no se sabe quién de ellos, quizás el más patibulario, amanece en nuestro lugar, mientras uno amanece en el suyo...

(LA INCÓGNITA *tiene en los ojos un gesto espantoso de ciego, perdiéndose un momento sus pupilas negras frente al absurdo de la ofensa, contra la que se hace insostenible una mirada débil de mujer. Salva a sus ojos de su desorientación y su desorden mirando su copa y bebiendo un sorbo, como una desmayada, a la que la alarga el vaso una mano extraña y piadosa, mientras ella se somete al refrigerio con el rostro lívido y enmascarillado y las manos quebrantadas.)*

EL IMPLACABLE.—Hay mujeres que en su barrio se dejan pegar, matar y hasta pisar su cadáver, y no sólo no gritan sino que sonríen... Allí aman hasta a los inválidos... Pero fuera de él tienen gestos de rentistas y de mujeres blancas...

EL DE OJOS AGUDOS.—Y no las sirve de nada... Un día u otro, cualquier sábado en que recorremos toda la ciudad, nos las encontramos pegadas al quicio de una puerta sin sereno y nos chistan, y nos aman, sin acordarse ya...

(Entra un hombre grandullón, en el que lo que más se ve es el blancor irresistible y frío de una cicatriz que le atraviesa la frente.

312

Bajo su cicatriz ya todo es emborronado e inexpresivo, pues la mueca de la boca la hace en la frente, con ese gesto sarcástico inimitable y refinado de las cicatrices. Saluda a todos y mira a LA INCÓGNITA *con sus ojos emborronados, tachonados de una pinta de luz que pone en su punto más saliente la cicatriz, con ese algo lunar que tienen las cicatrices de una luna en menguante.)*

EL DE LA CICATRIZ.—Esto va a llegar a ser un *club* aristocrático... Aunque ha buscado el rincón más oscuro, parece que tiene lo suyo y es posible que tenga las manos limpias... Quizás ha sentido la curiosidad de qué era eso del *Caballo Verde* y qué grandes hombres se escondían... Quizás tiene bordada una corona en la camisa... si lleva camisa...

EL PELUDO.—O si no lleva un número de asilo...

EL IMPLACABLE.—O una inicial que no es la suya... Hay sitios donde se conservan las camisas de las que se fueron, para las que vengan, que lo mismo da que sean menos morenas y menos gruesas...

(LA INCÓGNITA *bebe a cada palabra que la aflige, con la mirada acorralada y voltiginosa, bebe a pequeños tragos y mira el fondo del vaso con los ojos bizcos y deseosos del vértigo de un abismo. Entra un hombre sin pecho y como destripado, muy echado hacia delante, giboso, flaco de mejillas y con una barba hilosa, transparentada, de incurable. Mira a* LA INCÓGNITA *y saluda a sus amigos.)*

EL GIBOSO.—Siento no haberme traído más dinero... Por lo menos puedo pagarla una de rioja... ¿Gustas?... *(LA* INCÓGNITA *no responde y se enrolla más.)* Quizás quiere champagne o sangre de hombre embotellada... O es el temor de su viejo... ¿La conocéis?

EL IMPLACABLE.—No... No es de este barrio... Quizá la han desahuciado en el suyo... Tiene la timidez de los primeros días de callejeo en una barriada nueva... Pronto nos llamará con diminutivos... *(Entra una mujer desvencijada, desmochada, desconchada, hacia detrás como las mujeres de amor de los arrabales, ya con la espina dorsal desviada, imposible la operación del emparedamiento, como la del infierno. No es fea porque las narices chatas hacen buen juego con su boca grande, sinuosa, y con sus ojos grandes, unos ojos un poco en blanco siempre, como en adora-*

ción, encajados en lo alto sobre su horizontal, entoldados por el pár-
pado abierto, que no se abre bien. Sus ojeras ovaladas, caídas y flo-
jas, hacen bien también; y su frente tirante, abrillantada y mística.
Es morena con un negro profundo, de bochorno, obsesionado en la
nuca crespa, que consigue la exaltación de la tinta china por el sa-
tinado, como de escarcha, que le presta esa cosa barata, pegadiza y
engomada que se untan las mujeres baratas.)

(Saluda.)

EL GIBOSO.—¡Oh!... Hoy no eres la única soltera que nos
viene a hacer compañía... Alguien más se ha enterado que
éste es un barrio admirable y que en esta manzana llena de
callejas y de solares es fácil despistar en plena tarde a la policía y entrar en el *Caballo Verde.*

EL DE OJOS AGUDOS.—No tiene tu nariz.

EL PELUDO.—Ni tus ojos; hay que hacerte justicia.

LA CHATA.—Pero podemos ser amigas... Siempre se pasea
mejor hablando, que no sola. ¡Y las noches son tan largas,
y de farol a farol hay tanta distancia!... ¡Y de esquina a esquina atrozmente más! ¡A cada nueva vuelta, más!

LA PREÑADA.—He visto a tu madre...

LA CHATA.—Hace tres días estuvo allí un rato...

(LA INCÓGNITA juega con su vaso vacío y apura la última gota
con un gesto de relajación, doblada sobre su pecho, subido, pegado,
acurrucado con un pavor muy grande a la garganta y como con los
ojos caídos en el vaso como Santa Cecilia en su bandeja, en el mis-
mo gesto de martirio.)

EL TURBIO.—No escucha a nadie... Quizás posee ya la
renta que a ti te falta y está rendida...

LA CHATA.—Quizá le espere a él...

EL IMPLACABLE.—Todas van a ser para él...

LA CHATA.—Es que es mejor que todos vosotros...

EL IMPLACABLE.—Ya hemos notado que le quieres. Y él,
¿te corresponde?

LA CHATA.—¿Él?... No sé... Pero, ¿no les esperará ésta?

(Entra el de la corbata roja, un hombre con el pecho de polichine-
la y sin su joroba, las manos en los bolsillos y los brazos unidos codo

314

con codo en la espalda, dando así con empuje toda altivez a su fi-
gura. Su rostro es plenilunio, sin esquivez para la luz, todo vigilan-
te y pronto; el ojo izquierdo muy abierto, la ceja en el cielo, y el de-
recho como de non, soñando con fuerza, retraído, mirando sus co-
sas, sus imaginerías, con apasionamiento y dulzura, y su ceja sobre
la mejilla casi como una mano puesta sobre el ojo, para ensombre-
cerle y poder ver frente a frente toda la gaya y luminosa visión de su
recreo.)

EL DE LA CORBATA ROJA.—¡Hola!... (LA INCÓGNITA *busca en*
su vaso vacío esa última gota, que es un cabujón[75] *para los sedien-*
tos, sedienta toda frente el recién llegado, recelando ya un nuevo im-
properio. La chata se muerde los labios para hacerlos más rojos.)

EL PELUDO.—Ésta acababa de preguntar por ti...

EL DE LA CORBATA ROJA *(cogiéndola las manos como quien sabe*
que estas mujeres, como moribundas, necesitan más calor en sus
manos que en sus labios.) Mi chulita... Estás más lívida que
nunca... Ponte un clavel en la boca y verás cómo todos te siguen... Enloquecen frente a las enfermas...

LA CHATA.—He dormido mal esta noche... He tenido un
mal sueño... Creí que el que estaba conmigo me mordía en
el cuello como un perro de presa... Es que era enteramente
un perro como aquéllos con que guardaba yo las ovejas de
pequeña... Me duelen mucho los riñones...

EL IMPLACABLE.—Debéis encontrar barbudos espantosos
que deben hacer soñar los sueños más imposibles... Algunos deben tener rabo, ¿no?... y raros pelajes y hasta púas terribles... Se les debe encontrar con trajes de enterradores,
hasta negros por dentro y con pinturas extrañas... Tus sueños no deben ser envidiables, no...

EL GIBOSO.—Los pobres tenemos, además, malos sueños... Sueños como martirios... A veces salta alguno bueno,
pero hace más duro el trabajo del día y nos parece más in-
merecido que nunca.

EL DE LA CICATRIZ.—Sí. En nuestros sueños todas las enfermedades venidas y por venir ya se resienten y se quejan...

---

[75] «cabujón»: piedra preciosa pulimentada y no tallada, de forma con-
vexa.

El sueño las adelanta y ya nos duelen... En algún sueño me he visto pasado parte a parte por un puñal o por una rueda.

EL TURBIO.—¿Quién no ha muerto en algún sueño? ¿Quién no se ha caído desde una altura atroz?

EL DESTROZADO.—Así queda uno preparado para morir cualquier hora... Ya se sabe lo que es eso... Todo el dolor y toda la despedida ya la hemos pasado... Nos ha faltado sólo dormir todo el sueño, pero a las seis de la mañana hay que levantarse...

EL TURBIO.—O nos hemos incorporado arrebatados como unos imbéciles, deseosos de salvarnos cuando ya no había casi remedio... ¿Qué sucedería si no cortásemos ese momento en que va a ser irreparable el sueño de morirse?

EL IMPLACABLE.—Que a la mañana siguiente diría el médico civil que habíamos muerto de cualquier enfermedad común...

EL DE LOS OJOS AGUDOS.—Hay sueños de persecución, menos rápidos, en que la justicia le achaca a uno crímenes que no ha cometido, pero que como no sabe uno si ha ido a ellos con el pensamiento, no sabe negar como un inocente... Logra complicarnos la justicia en lo que quiere... Verdad es que eso se teme también despierto... Hasta de parricidio se me ha acusado a mí en sueños, a mí, que no sé quiénes han sido mis padres... Fue horrible, pero dio la casualidad, no sé por qué, de que era mi padre a quien maté aquella noche...

EL PELUDO.—¿Y cómo era tu padre? ¿Darías por bien empleada la ocasión de conocerle?

EL DE OJOS AGUDOS.—Apenas recuerdo... Ni sé por qué le mataba... Me parece que era un señor de levita...

EL IMPLACABLE.—Que te explotaba como un particular... ¿Tu madre no figuraba en el crimen?...

EL TURBIO.—Hombre, figuraría la esposa de ese señor de la levita que, desde luego, no era su madre... A lo más sería su madrastra... Ese señor de levita no se acordaba ya de tu madre... El sueño no deja de ser emocionante... Pero no te salvó de esa ceguera que debe ser no saber quiénes son los padres... Milagro que para hacerlo más punible, aunque eso te hubiera hecho más gallardo, no dio la casualidad de que tu padre fuera un rey y te hubiera comprometido en un regicidio a la vez que en un parricidio... ¡Qué pena no tendrá eso!... Es una lástima que no pidieras la exhumación, como una gracia especial, para conocerle a lo menos...

EL TURBIO.—¿No tendrás hermanos por ahí?

EL IMPLACABLE.— Os parecéis tú y la chata...

LA CHATA.—No tenéis por qué ofender a mi madre...

EL DE OJOS AGUDOS.—Y no ofendáis a la mia... Mis hermanas, además, serán más hermosas, más morenas y más triunfales...

EL IMPLACABLE.—De fijo el rostro de tu padre sería el de él... No podía ser de otro modo... Y ya que resultó después que no le había matado podías haberle reconocido entre los vivos... ¡Quién sabe si has perdido una buena protección por haberte obcecado al matarle en vez de mirarle a la cara... Verdad es que cómo te lo ibas a figurar tú!...

EL DE LA CICATRIZ.—A veces nos roban...

EL TURBIO.—Sí, es bien extraordinario... Nos roban y ése es el móvil del crimen de que somos víctimas...

EL PELUDO.—A veces se sueña con países lejanos donde hay bosques inauditos en que hay leones, bandidos y pájaros picudos y extraños que caen como los leones sobre el pecho y ahí hacen el estrago... Si se muriera de su zarpazo, de su puñal o de su pico, heridos en el pecho, dirían que había sido una angina de pecho que fue lo que mató a mi padre...

EL DE LA CICATRIZ.—Y siempre, ¿no os habéis fijado?, cuando se pide auxilio nadie acude, nadie, nadie...

EL PELUDO.—Porque no se nos oye. Tenemos siempre la voz tomada.

EL TURBIO.—Ellos nos debían compensar como de un mal accidente de trabajo, de ese horrible accidente de la mala digestión y de la mala vida. ¿Y tú, María? ¿Qué sueñas? Estás muy callada.

LA PREÑADA.—No hay nadie aquí que entienda todo el dolor de mis sueños... El peor de los sueños para nosotras las honradas es que parimos de nuevo... Sólo hay otro que se le parece y es el de que amamos de nuevo...

EL GIBOSO.—Ya lo sabemos... Cuando la mía pida auxilio

317

en sueños, la ahogaré como a una adúltera en vez de darla ánimos.

EL PELUDO.—O llamarás a la comadrona...

LA PREÑADA.—Somos tan brutas que pensamos en vosotros de nuevo y de vosotros es el nuevo hijo que tenemos en sueños... Lo único que pasa de original es que mejoramos un poco nuestra fortuna... Todo marcha bien y con rumbo...

EL DE LA CICATRIZ.—Nos vestís de levita y copa y vosotras de cola...

LA PREÑADA.—Todavía os burláis... Son sueños demasiado amargos... En nosotras todos los dolores parece que ya no tienen remedio... Vosotros todavía... Sois hombres. Anoche soñé con este hijo que llevo, soñé como he soñado antes de cada hijo todo lo que será y hasta cómo morirá... Se sueña muchas noches, porque dura muchas noches su carga y su obsesión y su ahogo... Y soñé que sería hija con un dolor muy grande, como de no poder hacer nada por ella y no saber qué podría hacer ella por sí... Todo el dolor de mi sueño de anoche, más grande que el de esas muertes que vosotros habéis tenido, era que fuera hija... Si puede hacer algo una madre en el azar de que sea hijo o hija, será hijo...

EL IMPLACABLE.—Será hija, porque la crueldad de que está lleno todo y que domina hasta en los sueños, para que no padezca su autoridad, tiene que ir contra los pequeños placeres... La autoridad trabaja en todas partes y a todas horas y es rigurosa sin cejar...

EL PELUDO *(a* LA INCÓGNITA, *que escuchaba ya en la familia de los miserables, sobresaltándola y despidiéndola).*—¿Y tú, buena mujer, en qué sueñas? ¿Se puede saber?...

(Pausa en que LA INCÓGNITA, *callada, muy a gatas vuelve a su sitio, recuerda para sí sus sueños y piensa quizás que soñará esta noche con todo el sarcasmo de estos hombres y pasará una noche de enfermedad y de fiebre con cuarenta y dos grados.)*

EL IMPLACABLE.—Tiene cara de haberse quedado muerta en un sueño de puñaladas, por haber amado más que a su golfo a un hombre de condición... Está llena de orgullo.

EL DE LA CORBATA ROJA.—Y tú fuiste el asesino... Ni al soñar sois como debéis ser... Cuando os matan para robaros la mayor parte de las veces es porque os habíais hecho banqueros... Eso os lo habéis callado... Vuestros sueños son dolorosos, no por el dolor digno y fiero de ser pobres... Nunca morís de una muerte serena que no os haga temer nada...

EL IMPLACABLE.—Bueno, ¿y tú en qué sueñas?

EL DE LA CORBATA ROJA.—Yo sueño con mi vida pobre y arrastrada, pero con mi vida... No me confundo porque no voy a el desorden y al saqueo como vosotros, llenos de una ambición que no os habéis atrevido a juzgar en vosotros con frialdad... Yo siento mi pobreza, como una pobreza universal sin excepción y no estoy cautivado por esa riqueza en que pensáis vosotros y en que os detenéis...

EL IMPLACABLE.—No hables de revolucionar nada, porque nosotros somos socialistas, gentes de un partido organizado y tú no eres nada...

EL PELUDO.—Has sido arrojado del círculo...

EL DE LA CORBATA ROJA.—Me fui... No se podía tomar más que café y todos preconizaban la virtud socialista, una virtud que no quitaba la sed, como el café... Agua de chirles... Palabras confusas... No sabéis adecentar las ideas de los otros más que volviéndolas del revés, sin crear nada, sin apartaros por completo de todo lo creado... Todo lo vais a hacer con lo que lleváis dentro y lo que está a vuestro alrededor, cuando toda la fuerza está en lo que falta en todas partes, en unos y otros... Por eso sois débiles y no os ayuda la suerte, porque no pensáis en eso que falta y que abjuran los más libres... Pensáis en darles el mismo salario mínimo, y regiros por los mismos códigos un poco aligerados y por la misma moral un poco más gruesa...

EL DE LA CICATRIZ.—Nosotros haremos la revolución...

EL DE LA CORBATA ROJA.—Cortaréis cabezas, que es lo mismo, y después el mismo hastío y la misma prudencia... Sólo un cambio de poderes y el reparto tristón de lo que es la pobreza de todos... Tenéis un programa económico a lo más, y no un programa de pasión... Todo tan vacío con unos o con otros... Tengo más fuerza que vosotros porque tengo más pasión...

EL IMPLACABLE.—¿Qué pasión? ¿Qué es eso de la pasión?...

EL DE LA CORBATA ROJA.—Mi sueño, el que paseo por las calles y el que no abandono en mi cama... Mi pasión, más que mi sueño y que mi ideal... Mi pasión, que son muchas pasiones... Y la última de mis pasiones: una mujer que he visto hace días en una aventura de los otros... ¡Qué mujer! Una mujer del gran mundo... Blanca, con joyas, con traje magnífico... No sé quién es, ni qué hombre tiene, ni qué hijos, pero sé qué pasión es ya en mí y a qué barbaridades de exposición y de perdición me llevará... Hay que tener otra cosa que un discurso en el cuerpo o que una razón... Una mujer alta, resplandeciente, demasiado blanca y demasiado imposible, demasiado imposible... Esto es lo más todopoderoso de la pasión, lo posible y lo real que es para ser tan imposible... Vivir con ella al público, en las calles, en los jardines que no se cerraran de noche, en los campos sin guardas rurales, después del trabajo que no tendrá ya por remate el paseo en balde... Todos pensáis llenarlo todo de policía, de secretos privados, de recelos mutuos y resguardar la vida a costa de leyes y de moral... No tenéis pasiones que os reúnan, sino esas divisiones con que os maltratáis entre vosotros mismos... Prefiero morir en vuestro primer auto de fe... Moriré por mis pasiones y eso será tenerlas...! No creáis que es lo mismo morir por el ideal... Por mi pasión por esa mujer y por otras cosas de pasión absurdas y blasfemas, me lanzaré yo así... No ha habido revoluciones... ¡¡Los triunfos de las ideas!! Hay que resistirse a las ideas y no a las pasiones. ¡Ah, esa mujer alta, magnífica, aristocrática...! No recuerdo su rostro ni su detalle, ni importa, porque es bastante tener su pasión... Vosotros tenéis deseos, cosas escondidas, a las que no dais aire, ni razón, ni cosas torpes que no podrán conllevarse a plena luz, cuando a ellos mismos no les congregan las ideas, ¡mentira! sino lo poco que tienen a escondidas de pasión... ¡Ah, esa mujer desdeñosa y blanca que anda delante de mí y me mueve!... Inventaros una mujer que necesite mucha luz, mucho festejo público, mucha audacia y mucha inmoralidad universal y veréis si no os conduce con eficacia... Llenaros de pasión, y no hagáis reparo a lo monstruoso porque la pasión se encuentra entre las monstruosidades y a veces es una monstruosidad... Desead algo más que hacer saltar *coffre-forts*[76]... ¡Que no vengáis nunca así... Sería peor!...

LA PREÑADA.—¿Y tu mujer con sus tres hijos y otro en ciernes? ¿No has pensado en ella?

EL TURBIO.—Debiste pensar eso antes de llevarte una de las nuestras para no pasar todo el frío que mereces, noche a noche...

EL IMPLACABLE.—Pensar como tú es hacer traición...

EL DE LA CORBATA ROJA.—Más vino... Media botella más... Mi mujer debe alentar en mí todas mis pasiones, hasta la de esa mujer... Quizá esa mujer es una madre para los dos y no una amante... Además, mi pasión prepara la de mis hijos... Prepara la de ella también...

EL GIBOSO.—Vamos; es un símbolo.

EL DE LA CORBATA ROJA.—No. Es una pasión. Lo más sencillo, lo menos difícil y lo más estupendo... No sabéis lo que es una pasión.

EL DE LOS OJOS AGUDOS.—Quizá hay que beber más vino para saberlo... Otra media botella para mí.

EL DE LA CICATRIZ.—Yo haré lo que haga por otros ideales... Para mujeres las hay de todos colores antes de la revolución... A las aristócratas como ésa, las cortaremos la cabeza...

EL DE LA CORBATA ROJA.—No entendéis: Esa mujer es una cualquiera, no necesita ser más que una arrastrada... Pero sólo sabré quién es después de desatar toda mi lengua, toda mi fuerza y toda mi pasión... *(Señalando a* LA INCÓGNITA *que escucha con las mejillas atentas, ya menos intimidada.)* Quizás sea ésa a quien habéis tratado como no lo hubierais hecho con una reina... Es guapa e interesante, pero hasta que yo no haga lo que necesito hacer por mi pasión, no sabré si es aquella misma mujer de la aventura rodeada de lujos, de fiesta y de poder.

EL PELUDO.—¿Y qué dices a eso tú, chata? A ti no te da ni esperanzas...

---

[76] Del fr. *coffre-fort:* caja de caudales.

EL DE LA CORBATA ROJA.—Quizá sea ella... *(Cogiéndole las manos.)* Chulita maltratada... *(La chata hace un gesto inefable.)* No me comprendéis porque no tenéis pasión; tenéis en lugar de pasión ideales sociales... No sois capaces de nada porque no lo traicionáis todo, porque no lo pensáis todo... No es que lo estudiéis todo, es más concluyente y más atroz pensarlo todo... Traicionarlo todo, pensarlo todo... Tenéis miedo a llenaros de todas las pasiones porque os harían demasiado impulsivos y no os podríais ya dejar engañar de amores fáciles... Sólo os veo envejecer después de muchas tardes de círculo y de nuevas jefaturas, de viejos reglamentados, sin taberna y cargados a la espalda de mujeres que les dominan y de hijos sietemesinos... Y cada día que se pierde es una nueva ciudad que se pierde y que queda enfrente de uno. *(Bebe y calla abatido. En el silencio se levantan* LA PREÑADA *y* EL DESTROZADO.*)*

LA PREÑADA.—Adiós... Y piensa todo lo que nos pesa un hijo y sobre todo a tu mujer, que no puede la pobre casi con él, como una piedra demasiado grande de que tú la has cargado por derriñonarla... ¿Le dará de mamar tu princesa?

EL DE LA CORBATA ROJA.—Quizás vea claro que es sólo eso lo que buscaba de esa mujer ideal... No puede mi pobre mujer amamantarlos, padece mucho... Salen los hijos ciegos y con el hambre retrasada de toda nuestra sangre, y no ven que muerden el pecho de su madre, que se quieren comer y beber... Todos los tiene acribillados. Pero todo, todo se sentirá bien dentro de la pasión triunfante... Hasta tú misma que maldices tanto... *(Vanse* LA PREÑADA *y* EL DESTROZADO. *Pausa.)*

EL PELUDO.—Ésa me va interesando... ¿En qué desmonte vivirá? Tiene cara de estar herida en la nuca o de haberse tragado una espina que no puede pasar... Pero es de las que no se dejan curar y callan su enfermedad y su herida siempre... La mirada es de una apuñalada... Yéndose con una mujer se saldrá herido sin duda. ¿No?...

EL DE LOS OJOS AGUDOS.—Morena, espéranos a la media noche junto a tu farol... Ya nos conoces...

EL TURBIO.—No reconocen nunca a nadie y no te verá

pasar... Estas mujeres duermen de pie con los ojos abiertos, sonriendo al que puede pasar mientras tanto...

EL GIBOSO.—Bueno, dejadla. ¿Nos vamos?

EL IMPLACABLE.—Sí. Éste ya no tiene nada que aconsejarnos...

EL DE LA CORBATA ROJA.—Y no os da vergüenza volver a salir a la calle de siempre, tan desapasionados, sabiendo dónde vais y qué haréis... ¡Llenos sólo de ideales sociales!

EL IMPLACABLE.—Más vergüenza nos daría...

EL GIBOSO.—Dejadle que beba y se apasione de vino...

EL DE LA CORBATA ROJA.—No sabéis lo que dice la última copa todos los días... Siempre añade algo... Algo terrible que merece saberse.

(Vanse todos. LA CHATA mira como un perro, sumisa y fiel. LA INCÓGNITA mira a EL DE LA CORBATA ROJA pensativa. Entra una vieja, pequeña, plegada como con frío debajo de sus brazos cruzados, y con la llave entre sus manos anudadas. Es esa vieja de arrabal barbilluda, llenos los ojos de visiones destrozadas y mates al cabo del tiempo, incapaz, piltrafosa y huesuda, con huesos careados, con esquirlas, vacía y huera bajo sus haldas como esos santos cetrinos y viejos, que bajo su ropón celeste tienen sólo un espigón de madera.)

EL DE LA CORBATA ROJA.—¡Hola!... Siéntate aquí... ¿Hay algo nuevo en esas calles en que tú rebuscas? Se deben ver pasar por las calles, teniendo toda tu constancia, cosas imposibles y cosas muy extraordinarias... Más de un crimen y más de un misterio debes tú de haber sorprendido... Todas las mujeres blancas que veo en este barrio asomadas, me hacen pensar que tú las tienes bajo tu custodia y las ves en secreto... Otro vaso aquí... Siéntate.

LA VIEJA BARBILLUDA *(en voz baja y aparte)*.—Ahora tengo una morena muy blanca, sabes, que vivía con sus padres hasta hace días... Nunca he visto mujer tan bella y tan blanca... Tiene unos ojos, de esos que se acercan mucho a mirar a los hombres y dan la locura... No he visto ojos que se acerquen tanto... Tiene un cuerpo como un panal y se pegan las manos a su miel, sabes... ¿Te acuerdas de aquella rubia que se me marchó con aquel inglés, que era una fortuna, y que te gustaba tanto? Pues mucho más limpia y siendo morena mucho más blanca...

EL DE LA CORBATA ROJA *(aparte también, indicando a la In-*cógnita).—¿Más blanca que aquella?...

LA VIEJA BARBILLUDA.—Mucho más blanca...

EL DE LA CORBATA ROJA.—¿Más negros los ojos?

LA VIEJA BARBILLUDA.—Más negros...

EL DE LA CORBATA ROJA.—¿Ves las manos? Son tan finas y tan blancas.

LA VIEJA BARBILLUDA.—Más finas, más cuidadas y más blancas; no se ven de blancas... Es muy elegante, también, con esa elegancia que sólo se hereda...

EL DE LA CORBATA ROJA.—¿Y sus padres quiénes son?

LA VIEJA BARBILLUDA.—Ése es un secreto... Secreto para ti y para mí... Yo la encontré en un jardín público... ¿Conoces a ésa? *(señalando a* LA INCÓGNITA.)

EL DE LA CORBATA ROJA.—No...

LA VIEJA BARBILLUDA.—Pues ese secreto tiene mi niña para mí misma. Y no hablemos de secretos. Tiene en su blancura todos los secretos posibles... ¿Te acuerdas de cómo hablaba aquella cubana de los labios grandes? Pues habla igual... He reunido lo mejor de todas las que se me han ido, en una sola... ¿Tú escribías a Antoñita? ¿Sí?... Pues ya no necesitarás escribirla; ésta tiene corazón y te lo pondrá más cerca... Aquélla era muy gruesa...

EL DE LA CORBATA ROJA.—Vámonos... Adiós, chulita, quizás vuelva por aquí... Voy aquí al lado. *(Mira a* LA INCÓGNITA, *que le mira también, paga y vanse él y la vieja barbilluda de la llave... Pausa.* LA INCÓGNITA *extiende más las manos sobre la mesa en ese gesto de desesperanza y de desolación en que hay que posarlas bien para que no se caigan al suelo desprendidas. Baja la cabeza abatida con ese ademán de mucho cuello y de mucha flexión de los cisnes negros cuando caen la cabeza.* LA CHATA *se hunde en su saco, como destrocándose y sumergiendo la cabeza en los hombres y los hombros más abajo y todo más abajo. Es duradera la pausa, hasta que entra* EL DE LA FLAUTA, *un viejo de esquina, con lentes ahumados y una altivez distinguida y prócer, un viejo que sabe que el limosnero tiene que dar la nota genial y suprema de la pobreza; se le ve la flauta buscándole los labios como serpiente de un encantador árabe, asomando sobre la solapa desde el bolsillo interior, el bolsillo de las carteras en las americanas ricas. Pide vino y se sienta.)*

EL DE LA FLAUTA *(a* LA CHATA).—¿Cómo estás, María?... Anoche no quisiste saludar, y conmigo no hay eso de no haberme visto, porque bien se me oye...

LA CHATA.—Creí que no me veías...

EL DE LA FLAUTA.—¿Pero me oíste?... Tengo ahora una cosa clavada en la cabeza, que no se me va... ¿Sabes que yo no sé si toca mi flauta muchas noches, aunque soplo y juraría que la oigo? Nadie se conmueve, ni se acerca, ni mira... Esto me va a chiflar... Créeme que no la oigo, aunque ya te digo que juraría por mi madre que toca bien y fuerte... ¡Pero es tan extraño que nadie se apiade, cuando de sonar en la noche, yendo calladas y solas las gentes o yendo amándose en parejas, tenían que conmoverse! ¡Es tan increíble, que parece que soplo en balde y muevo los dedos ridículamente en un silencio absoluto! ¡Y más cuando toco siempre en los rincones más oscuros!... ¿No es verdad que si se oyera me socorrerían? ¿Tú me viste antes de oírme?

LA CHATA.—Sí, te vi... pero como miras siempre al suelo yo creí que no me verías..

EL DE LA FLAUTA.—¡Ah, me viste, me viste con el gesto de siempre, soplando en ella, acompasándola, dedo a dedo, y, claro está, creíste sin dudarlo que sonaba!... Sólo me viste...

LA CHATA.—No, no... Tocaba. Te aseguro que tocaba y que siempre suena alto y lejos... Si yo tuviera dinero te daría limosna siempre que oigo tu flauta... A veces te lo he dado no teniéndolo...

EL DE LA FLAUTA.—No. Quizás no se oye. No eres tú, verdad es, quien me lo ha de decir... Todos los corazones pobres y doloridos suenan como una flauta... Vosotros os oís, oís vuestra flauta, vuestra aria y no la mía...

LA CHATA.—No quieras volverme loca a mí también... Tú eres el que toca la flauta y la tocas muy bien... Mejor sería, es verdad, que no se la oyera, y no lo digo por ti, que deseo seas rico, sino por mí, que tengo que andar por ahí en plena noche muy sola y muy acabada, y me pone muy triste y me quita voluntad, y me arrima a una esquina... Si vieras tú lo que es escuchar tu flauta con frío, con hambre y buscando al hombre... Se desea que te calles, y cuando te callas parece que alguien de los que tienen mucho dinero te ha alargado la mano llena de plata para que te calles... Parece que alguien ha hecho una gran obra de caridad para ti y para todos los que callejean de noche, rotos, desastrados y porque es su deber...

EL DE LA FLAUTA.—Pues no llega nunca... Yo creo que sólo los que no pueden socorrerme oyen mi flauta... Los serenos, los borrachos, vosotros y los perros vagabundos... Y todos os doléis de ella... Hasta los perros.

LA CHATA.—Pero se debe oír desde muy lejos... Yo me imagino que en su palacio la oye el rey y se oye en los trenes que viajan...

EL DE LA FLAUTA.—Sólo la oís vosotros, que pedís también por boca de mi flauta todo lo que no os dan... De los otros sólo la oyen los niños que, a veces, traen una limosna... Pero los niños son tan crédulos todavía que quizás sólo porque me ven tocarla creen que suena... Yo no sé si es que tengo metido su son tan en el alma que ya no le oigo... Yo no sé lo que es pero casi la oigo más cuando no la toco que cuando trabajo sobre ella. Quizás estoy ahogado de ella.

LA CHATA.—¡Yo que creí que sacabas tanto dinero!...

EL DE LA FLAUTA.—Deben de torcer el camino desde muy lejos quizá, si la oyen, para no encontrarse con el pobre flautista o si les coge encima pasan a la acera de enfrente... A veces me callo para ver si se acercan no sabiendo que hay un pobre flautista en su camino... La flauta no da dinero, da dolor, el terrible dolor de su música... Sí. Deja en mí, más que una tonada, un dolor, una herida... ¿No moriré de esto?... Antes, sin embargo, me parecía que atraía la buena fortuna por algo de eso que tú dices, porque, sí, seguramente van hasta alta mar mis cavatinas[77]... Me parecía que señalaba mi camino a alguien que me andaba buscando... Pero

---

[77] «cavatinas»: aria de cortas dimensiones, que a veces consta de dos tiempos o partes *(DRAE)*.

nadie, nadie nos busca, ni encima ni debajo de tierra porque nadie responde cuando hasta en los infiernos se debe oír... Ni Dios, que tiene que oírla más que una oración, porque no hay nada que suba tan alto como su música, hace ningún caso... Si no supiera ya que no hay Dios sólo el que no oiga mi flauta me cercioraría...

LA CHATA.—Yo tenía más fe en tu música... A mí, ya te digo, me lleva hacia ti alguna noche... Y el día que gano bastante, como se te oye en todo el barrio, después de dejar ir al hombre, me paro a escuchar por si aún no te has ido... Y siempre, aunque te hayas ido, has dejado un eco que vive hasta la madrugada... ¿No abren ningún balcón para echarte algo?... Yo me levantaría en camisa, si durmiera en tan buena fortuna como las otras, para tirarte algo.

EL DE LA FLAUTA.—¡Todo queda tan cerrado para los ladrones y para los pobres flautistas!... A los que están despiertos les duermo con un buen sueño... Les siento oírme y quedarse satisfechos de mi dulzura e irse durmiendo... Debía tener toques de corneta, toques agrios, espantosos y guerreros... Pero es sencilla y resignada...

LA CHATA.—No lo hubiera creído... Parece que oyendo la flauta en cualquier parte, hay que llegarse hasta ti para saber quién llora, a quién asesinan de noche, qué mujer bonita padece o qué niño se ha perdido... Una cosa te diré, para serte franca: muchas noches me parece que no eres tú el que la toca, que es otro hombre más inválido y más caído que no tiene casa y que no sabe cómo comerá al día siguiente.

EL DE LA FLAUTA.—¿Es que lo sé yo?

(LA INCÓGNITA *se ha levantado y ha pagado. El tabernero mira la moneda, la hace un gesto de que espere y sale a la calle un momento. Vuelve. La da la vuelta y la despide.* LA INCÓGNITA *sale deprisa, como aprovechando una lucidez repentina y respirando un aire lejano, sito en una desembocadura de la ciudad. Se le van los ojos, la nariz, los pechos y los brazos como en un ademán salvador.*)

EL TABERNERO *(con emoción).*—Me ha pagado en oro... Oro bueno... Me lo ha cambiado el boticario... Oro extranjero...

EL DE LA FLAUTA.—¡¿Oro...?! Nunca he visto oro... Aquí no lo hay ¿verdad?

LA CHATA.—Y todos la han insultado... Ya había yo pensado que era otra clase de mujer...

EL DE LA FLAUTA.—Si llego a saberlo toco en mi flauta el aire más apiadable, de una romanza y me hubiera llevado algo de la vuelta... ¡Mala suerte!... Tengo el presentimiento de que siempre que no toco la flauta, es cuando pasa el que me ayudaría... ¡Si me hubiera oído tocar la flauta!...

LA CHATA.—Aseguraría que se hubiera conmovido... Una mujer que aguanta todos los insultos que ha aguantado, no se hubiera resistido a darte otra moneda de oro... Has debido tocar.

EL DE LA FLAUTA.—Ya que hay una mujer que no viste con el lujo de las que no oyen la flauta y que entra en las tabernas, teniendo oro, tocaré la flauta con una nueva esperanza... La esperaré todas las noches... Hoy hasta la madrugada. ¿Tú dices que se oye mi flauta?...

LA CHATA.—Se oye... Y ahora te voy a hacer una pregunta igual a la tuya... ¿Se ven mis ojos?...

EL DE LA FLAUTA.—Se ven...

LA CHATA.—No. Yo ya creo que soy una cosa informe y vestida, en la que no se ven los ojos nunca, y lo creo como tú crees que no se oye tu flauta... ¿Tú sabes también lo que es mirar en balde y pasar en balde por la noche?... Si se vieran mis ojos, ¿no crees que no se me acercarían todos? ¿Y si se oyeran mis palabras, si no?

EL DE LA FLAUTA.—Por eso. Ni se ven tus ojos, ni se oyen tus palabras, ni se oye mi música por los otros... Que yo sea quien los ve y quien te oye o tú quien oiga mi flauta... ¡Qué más da!...

(Vuelve EL DE LA CORBATA ROJA *apresurado y ávido. Mira en derredor, rebuscando, abierto también el ojo derecho, el del ensueño; se detiene, mete las manos en los bolsillos y pregunta con ansiedad, respondiéndose al mismo tiempo con desolación.)*

EL DE LA CORBATA ROJA.—¿Se marchó esa?... ¡Maldita sea!...

EL TABERNERO.—Y ha pagado en oro...

EL DE LA CORBATA ROJA.—¡En oro!... ¡Se fue!... Bah. Un grande.

EL TABERNERO.—¡Más aún!...

EL DE LA CORBATA ROJA.—El día que vomite el corazón me sentiré aliviado... Hoy haré una arcada muy grande... Siempre creo haberle echado... ¡si no hubiera vino!

(Bebe en silencio todo el vaso con una sed formidable; se pega al mostrador con las manos en los bolsillos, tuerce el gesto y avanza en ese primer paso trágico, ese traspiés de caída de los borrachos. LA CHATA se levanta, paga, y le coge del brazo. Él todo lívido, muy violado en la barba y muy blanco en los labios, ya no mira sólo con su ojo derecho el ensueño sino que entorna el otro con fuerza, dándole todo el alcance en su violenta contracción, muy dueño también y muy ensoñador. Sin volverse a la chata, con la cabeza derecha y rígida, sin sentirse el brazo cogido, sale paso a paso con solemnidad y silencio, conducido por ella. EL DE LA FLAUTA se levanta después de una pausa y paga. Antes de salir limpia su flauta con sus forros. Silencio y soledad en la taberna ideal. El tabernero, solo, duerme más su rostro. Es la noche ya. La hora en que puede salir la culebra larga y ya se puede oír decir que ha sucedido todo lo insospechable. De pronto, cuando ya cae el telón lentamente, se escucha la fluidez de una flauta lejana e inconsolable en el decrescendo *de la sinfonía en* do menor *de Beethoven*[78].)

---

[78] Se refiere a la quinta sinfonía, en la que, según algunos intérpretes de la obra de Beethoven, se refleja la llamada del destino.

Los unánimes
(Drama en un acto)

A Joan Pi, que me ha leído cuartillas llenas de cosas acerbas y sardónicas, y que sabe con qué palabra secreta están montadas las cerraduras, como de coffresforts, de la moral, de la Bolsa, de las hijas hermosas de padres honorables, de las Reales Academias y de los Bancos.

PERSONAJES

LA DEL MANTÓN ROJO
LA DESGREÑADA
LA RETORCIDA
LA EXÁNIME
LA FLACA
EL DE LAS BARBAS PROFUNDAS
EL DEL SOMBRERO TIROLÉS
EL DE LA CAPA VERDOSA

EL DE LOS OJOS BAJOS
EL DEL GESTO GENIAL
EL DE ROSTRO DE SALVADOR
EL DE LA FRENTE FORMIDABLE
EL DEL TRAJE PARDO
EL FLEMÁTICO
EL CETRINO

La acción en la ciudad en que se representa este drama, en que se haya representado, o en la que se esté representando, porque sólo por coincidencia con la vida, su miseria y sus piedras, se puede estrenar este drama.

Acto único

(Es una calle intransitada con un cielo en lo alto, lleno de una fuerte evocación de majadas, riscos y campos con los verdes conmovedores, extensos, y que *hacen aguas,* de un Patinir[79]. Da a ella la espalda de una casa antigua con algunos ventanales en lo alto, repartidos con asimetría, sin balconada, como tragaluces de habitaciones altas, de rellanos de desvanes o de corredores, y de cuya falleba[80] alta pende un cordón largo. Hay una iglesia como nevada, con esa nieve de la soledad, de las cosas polvorientas y de las calles con todas las puertas cerradas a media tarde, una nieve como el padecimiento que dejaron las antiguas nevadas y que resiente todo el resto. A ras del suelo, en la tapia del casón viejo, unas ventanas corridas, con fuertes hierros grises y cristales grises, rotos en esas roturas radiadas que imitan la tela de araña y que ponen tan tristes los cristales, dejan ver una bóveda oblicua que se pierde en un cuenco obscuro invisible. Junto a esa pared un edificio con todos los balcones cerrados y una gran puerta cerrada con dos poyos a ambos lados.

Es la calle en la que un charco eterno es como su alma, un charco que tiene gravedades de lago, que se inventa

---

[79] Patinir (m. 1524), pintor flamenco pionero en la conversión del paisaje en género independiente. En su obra se ha destacado su sentido de la fantasía, que combina con la observación naturalista. Se le considera un eslabón entre El Bosco y Brueghel.

[80] «falleba»: varilla de hierro acodillada en sus extremos, sujeta en varios anillos y que sirve para asegurar puertas o ventanas *(DRAE).*

una gran profundidad, abusando de lo que tiene de vagoroso el agua como el fuego aun en su pequeñez. Es en la noche el reverbero saturniano del único farol de la calle, un farol de brazo y no de pie, que empotrado en la tapia del casón tiene toda la desolación de esos faroles antiguos como gárgolas de los edificios viejos. No resguarda de nada la calle, porque es de ésas llenas de coincidencias en que el viento adquiere una corriente desusada que trae sabores salinos, y fuerzas y palabras lejanas y pechos de mujeres.

A los atardeceres se reanima porque los miserables de la ciudad forman hilera junto al tapial del casón, esperando que se abra la puerta negra del Refugio. Ahí están ahora el de las barbas profundas tintas en un negro profundo, chino, de Ribera. El del sombrero tirolés, un hombre al que sería ajena otra cosa que se dijera de él, pues como ante todo miserable, se siente el tedio de particularizar su figura, y se siente cómo está su dibujo en incompletarle. La del mantón rojo, enrollada en su mantón, hasta dejar sobresalidos los hombros por encogida y apretada en sí. El de la capa verdosa, envuelto en una larga capa de miserable, con sietes con el pedazo parpadeante, demasiado larga, acanalada en cambios de color y en relejes[81], y que, haciendo tragedia, cae más a un lado que a otro. El de los ojos bajos, la boca chica, llena de paciencia, con una barbilla acusada en punta y sin sotabarba, en la que sonríe con sorna; con una esclavina inverosímil, todo su espíritu en contracción. La desgreñada, de una belleza renegrida y tapada, que no se encuentra porque toda está en desarreglo, ese desarreglo fulminante, en el que prevalece la maraña de los cabellos desgreñados, no destrenzados, que con su ardor dejan sin visos el rostro. La retorcida, una mujer revuelta; sus ademanes, su gesto y sus escorzos encontrados y sinuosos, bien claro en su pecho ese retorcimiento, saliente un seno más que el otro sobre el corsé mal puesto, un brazo en jarras y

---

[81] «relejes»: faja estrecha y brillante que dejan los afiladores a lo largo del corte de la navaja *(DRAE)*.

el otro caído muy abajo, y una cadera firme y aguda y la otra obtusa. El del gesto genial, con la cabeza inclinada hacia el lado del corazón, el gesto torcido ascendente hacia la sien derecha y el bigote elevado. La exánime, con el pelo cortado, aniñado por eso el rostro, y muy terso y muy blanco, dando así, sin las aristas y sin el rictus y sin el desdibujo que necesita para agarrarse la voluntad de las miserables, la sensación de su desfallecimiento, un desfallecimiento imposible, claro en la mirada de sus ojos, fija en la punta de ellos. El de rostro de salvador, que no se sabe por qué es de salvador y no de matador, pero que lo tiene; quizás se adivina por cómo mira a los otros como atendiéndoles en sus bellezas y en sus cosas inefables, y por cómo parece que tiene un optimismo despierto y vivaz entre sus compañeros adormilados y cansinos que ponen una visera de sombra y tedio sobre media cara, con su cráneo vencido, con su sombrero, con su frente tendenciosa y languidescente, con su peinado, o con su gorra. El de la frente formidable, dominada toda la expresión de su rostro por su frente incapaz de flaquear, ni de sugestionarse, ni de claudicar, una frente de ésas que no dejan decir nada al rostro sin su *visto bueno*, y sin desenfocarla. La flaca, una mujer más que delgada, flaca, que es como decir de una delgadez enflaquecida, en la que la línea de su silueta no está disminuida por igual, sino desigualmente; sus pechos son vivos, y largos, y caídos, infiriendo la sensación de ciertos pechos de influir sobre el torso con cálidas incitaciones de pechuga, en todo él hasta el vientre; su tórax, sin embargo, es estrecho y comenzando en los hombros unas angostas paralelas, terminan en sus talones, pasando sin saliente por su cintura y sus caderas y sus muslos. Tiene la turbación indecible de las mujeres enflaquecidas por unos pechos desproporcionados y disolutos, que imitan sobre la base del pecho lo que las culebras hacen sobre el pezón, debilitando a la mujer. El del traje pardo, escondido en el color pardo de su traje, comido por ese color que invade a quien lo lleva y que se extendería como un lamparón a la fachada que le respalda si no fuera dura y obscura la línea que le contorna. El flemático, un hombre muy en pie, con los talones duros y clavados, y en el que lo más firme de su figura es el cruzado de sus brazos sobre el pecho, cruzados como manteniendo la heroicidad y el nado sobre la miseria.

Todos ellos resultan hechos retazo a retazo, en cambios de color que no se funden, sino que se reúnen con las ensambladoras líneas de plomo de los vitrales. Todo después de ellos parece que adquiere la dura y recalcitrante visualidad de alta vidriera: las casas, sus ventanas ojerosas, sus barrotes, las piedras, el tejado en su remate sobre el cielo pintado con la misma línea caliginosa y material y hasta las nubes, que con ese listón de plomo hacen más blanco su blanco y más azul el azul celeste. Tienen todos en sus posturas un acuerdo completo y hacen *masas* siempre y componen muy bien. Los que están sentados sobre la acera y ponen sus rodillas en la barbilla, los que están en pie y abren la boca y miran al cielo y los que hacen grupo y se reunen en un achaque de miseria tirados en el suelo o como en las esculturas de la condolencia el varón fijo en pie, con un brazo hacia la nuca y su codo apuntando el cielo, el otro brazo caído sobre la espalda de la mujer o posada su mano en la mejilla de ella, recostada en las nalgas varoniles. Imita su cara cosas extrañas, unas veces son los dientes, otra la mejilla que se contrae, y lo que más se descara, con los ojos, que parece, a veces, como si tuvieran vueltas las pestañas, tomado así, sin reborde negro, sino en carne viva y reptílica, un gesto desorbitado y escocido. Tienen trazas de hombres que han venido viajando en coches sórdidos desde muy lejos y han dormido en salas de descanso, en calles de sitios extraños y en campos solos, trazas de hombres recién desembarcados, de hombres de mar y de mujeres de mar, la frente llena de la sensación del peligro y del caudal del mar, y trazas obscuras de hombres que han debido estar en Rusia.

Hablan entre sí con lentitud, dando gran espacio y gran valor a cada palabra, distraídos unos de otros, siempre acurrucados entre sus hombros, moviéndose con fuerza y las mujeres ciñéndose sus manteletas o su mantón y quitándose y poniéndose las peinetas a menudo. Hablan en voz mate con el que tienen al lado.)

EL DEL TRAJE PARDO.—No vienen ya más... No debemos ser más...

EL FLEMÁTICO.—¿Por qué dice usted que no debemos ser más?...

EL DEL TRAJE PARDO.—Ante todo tutéame... Lo digo porque no puede haber más grandes hombres en toda la ciudad... Sería una sorpresa otra cosa... ¿Tú quién eres?

EL FLEMÁTICO *(indeciso)*.—¡Yo!... Sande...

EL DEL TRAJE PARDO.—¡Sande!... Guarda el secreto... Yo soy Anitre.

EL FLEMÁTICO.—¡Anitre!...

EL DEL TRAJE PARDO.—Basta de consideraciones y de memoria... Estos secretos abandonados, no nos deben hacer solidarios, sino nuestra nueva posición frente a la vida... Mira cómo los otros callan y sin embargo podrían decir un nombre lleno de prestigio, ese prestigio de que nos hemos enterado por casualidad. ¡Las esculturas tuyas!... Vi una en casa de Simar... Ya en este siglo tenía que suceder esto, era lo más conducente, peor era esperar, llenándose de sangre blanca y aguada...

EL FLEMÁTICO.—¡No habrá sucedido esto siempre y esos miserables de ciudad que no limosnearon sino que pasaron, sin figurar en la historia, fueron los hombres sobrenaturales! ¡Cómo es que si no no quedan más que obras de un arte liberal y ninguna de un arte tiránico y remachante!...

EL DEL TRAJE PARDO.—Sí... Quizás... El acierto perfecto y horrible es un acierto secreto que se queda pegado a uno porque uno se lo traga... O los hombres se hacen Dios y se encuentran con todas sus facultades el día de su comprensión, y ese día se guardan para sí porque por algo Dios no se hace presente, o no han perfeccionado lo bastante su idea de Dios...

EL FLEMÁTICO.—Yo he tropezado con la obra escultórica más llena de saciedad y la he dejado detrás de mí, con el temor de hacérsela presente a todos, con el temor de Dios, de las gentes timoratas... Estaba llena de la voluntad personal, muy convencional y muy absurda, que es lo que no quieren ver en Dios y por eso su ceguera. Y Dios es completamente personal, en lugar de esa esencia insexuada.

EL DEL TRAJE PARDO.—Yo he acabado la última página de mi obra *El parricidio*... En su final encontré un enlace de palabras monstruoso y admirable... ¡Tú sabes lo que es un enlace así, el estrago que hace y lo que supone! Supone que existía antes y que está adosado a la tierra, latente y callado, porque nada se crea, ni un enlace de palabras. Bastó... Me han bastado esas ideas y me he aprovechado de mi suerte, esa suerte de los hallazgos supremos que sólo podemos vivir a solas y en este callejón comiendo bazofia y estiércol... Pero está bien porque o se ensañaba uno con todos ellos con una grave ingenuidad inútil o se venía aquí...

EL FLEMÁTICO.—He sentido lo mismo que tú... La obra definitiva lanza a la perdición, no se tiene en cuenta como un éxito sino como una inflexión. He salido inflexible de ella, imposible el correligionario, ese ser imbécil y siempre contrario a uno, aun en sus reciprocidades... Compañeros en vagabundaje sí podemos ser, pero correligionarios ni aun nosotros...

EL DEL TRAJE PARDO.—Ni lo intentaremos... Hemos sentido de una vez para siempre cómo hay que ser de inquebrantable, y guardar lo personal e intransferible de la obra bien hallada y gozarlo en el secreto sin querer hacerlo una fórmula social... No puede ser... Esta tarde me sentí solo con el tic-tac del reloj en un mundo deshabitado y tuve que coger este camino donde hay cosas pintorescas y hay algo que nos reanimará como una cantárida[82] en los pies...

EL FLEMÁTICO.—Yo había adivinado sólo que había esta escapada... Si hubiera habido esclavitud, pero una esclavitud fuerte y oscura, me hubiera hecho esclavo... En estas situaciones extrañas y abandonadas de dignidad es donde se encuentra uno, o con una bala de fusilamiento en el pecho...

EL DEL TRAJE PARDO.—Aquí el día es de uno... Y con el día ¿no es de uno toda la tierra?... En la ignominia ésta, todo se dibuja y se muestra... Nada se afana por nosotros, y así todo

---

[82] «cantárida»: se trata de un insecto que se empleaba para parches medicinales.

340

es tan ancho en el pecho... Todo se siente ahora en el pecho... ¡No!... Yo por lo menos me siento metido de pies a cabeza en mi pecho, recogido en él como nunca...

EL DE LAS BARBAS PROFUNDAS *(al* DEL SOMBRERO TIROLÉS).—Y tú, ¿por qué has venido?...

EL DEL SOMBRERO TIROLÉS.—Yo soy un ladrón, ¿sabes?... Pero esta tarde me he dado cuenta de que no tenían nada que robar y que no merecía la pena. Todos mis robos ha llegado un día en que me han hecho ver la diferencia entre el hombre y la fortuna, que robada resultaba procaz y pueril, y ha ganado el hombre... Entonces he pensado en el camino de esta calleja y he pensado que estaríais vosotros, vosotros los excepcionales, y eso me ha dado confianza.

EL DEL ROSTRO DE SALVADOR *(al* DE LA FRENTE FORMIDABLE).—¡Yo que pensaba apedrear los cristales del consistorio!... No es un hombre condecorado el culpable, es un hombre cualquiera: el que señale el sorteo de todos ellos... Ese... Uno... Ahora veo que la muerte no es más que eso después de todo, es como el diezmo en los ejércitos en que hay culpables secretos... Es una injusticia ciega y necesaria, que pesará sobre la humanidad, comprometiéndola toda hasta el día en que no quede ni un solo canalla sigiloso... ¡Oh el día en que!...

EL DE LA FRENTE FORMIDABLE.—Se prohíbe aludir al ideal... Sería poner en entredicho nuestra miseria... No nos conviene más que morder en todo y comer y vivir de ello... Hacernos una bola densa, apretada y compacta de cosas...

EL DEL SOMBRERO TIROLÉS *(a* LA DEL MANTÓN ROJO).—¿Por qué estás tan helada! Es un frío húmedo el de esta tarde. ¿Qué dejas para los días de frío seco?... Tienes un aspecto de virgen... ¿Por qué has venido? No me extrañaría encontrar aquí la única Virgen verdadera.

LA DEL MANTÓN ROJO.—He venido porque he mirado mi virginidad fijamente y he necesitado comprometerla en otra vida que aquella... Allí iba a padecer mi única perfección y no iba a ver bien claro el camino que se me abrirá delante... He tenido el engaño irreparable, el tránsito sin luz para mí, dominado sólo por él...

EL DEL SOMBRERO TIROLÉS.—Has pensado bien... Has sentido tu perfección y has sentido que no hay reciprocidad verdadera... Es lo de todos nosotros... Nos hemos sentido llenos de un objeto más grande que ellos, que no podían cambiar con uno... Creyendo hacer una operación ventajosa íbamos a ser más pobres... Un miserable de entre nosotros te podrá secundar como quieres, no te engañará y continuarás imperturbable tu serenidad interior... No te hará sentir la gratitud sino la hostilidad... Una virginidad es como una gran obra, como una obra perfecta que en vez de ser el final de un orgullo, debe ser el principio de una era de desapercibimiento, de falta de ideal y de una singular intensidad en la carne... El todo es pensar algo muy fuerte en la vida, todo lo fuerte que pueda ser, para ver cómo se está solo en medio de todas las ingratitudes, todos los errores y todas las discretas historias de alcoba, de todos... Después de eso hay que hacerlo todo privado, y que la obra fuerte y excepcional se nos incruste en el pecho, deseosa de la ocultación y deseosa de expirar...

La del mantón rojo.—Eso, eso... Así quería yo oír hablar...

El de la capa verdosa (al de los ojos bajos).—Tú, ¿qué te pasa? Estás muy ensimismado y eso te hará daño aquí... Aquí debes dejar que piensen por ti las cosas y verás qué bien piensan... Mientras se necesitaba crear intereses, bien que pensara uno, pero ahora, o te encontrarás más pequeño y muy pobre o muy afortunado si dejas que todo piense y se luzca... Haz imposible una cosa u otra, pero si estás entre dos imposibilidades vas a ser siempre un desdichado... Es mejor que pensar ver cómo se ve... Córtate la cabeza como yo me la he cortado, cortada hasta la ingle, y de lo que resta saldrá mejor... Entiéndeme y verás, verás y basta... Si te siguieras preparando para el concurso de los otros, bien que lo retuvieras todo y no lo expusieras todo a el azar... ¡pero ya hecho un miserable, habiendo dado ese paso!... ¿Por qué has venido entonces?

El de los ojos bajos.—Llegué a la pureza más perfecta, me atreví a llevarla al extremo, que es lo que no se atreven a hacer los otros, y he dado de cara en la impureza más bonita y más fulminante... Y los deseos reales de la impureza

no eran posibles allá... Por eso he venido aquí... Estoy ima-
ginándomela, déjame prepararme de antemano... Ya después miraremos de frente, juntos...

EL DE LA CAPA VERDOSA.—Es sorprendente cómo estamos
de acuerdo... ¿Me dejas tu sitio para poder decir algo a la
mujer que tienes al lado? *(Cambian de sitio y se dirige a* LA DES-
GREÑADA.) Hola guapa, te quería dar un beso en la nuca...
Pero, ¿quién se lanza aquí a una cosa tan de latiguillo?...
¡Quién sabe si la perfección de un beso es lo que te ha hecho venir aquí, esperando algo más, llena de suficiencia
sólo por dejarlo todo! Nadie se despierta más que en la perfección, en la intensidad máxima... ¿Ha sido un amor? Entonces es probable que necesites un poco de mi frío como
una caricia en los huesos, como un placer desusado que
sólo te puede ocasionar un hombre de nuestro grupo... Has
venido a por las delicias de la cremación y de la derrenga-
ción... ¿No?

LA DESGREÑADA.—¡Es que estoy bien así, tan desarregla-
da!

EL DE LA CAPA VERDOSA.—No importa nada eso. Se me ha
ocurrido desearte por cosas extrañas a tu belleza... Aquí quizás vale más la fealdad y esa depresión de tus sienes... Aquí
se ama de otro modo, en medio de todo y contando con
todo, con todos los encantos y todos los ardores... ¿Sabes tú
de qué te haces nidero?[83] Ya no eres una mujer cerrada y
aparte, ahora recibes todas las iluminaciones. En ti se ama
el frío, que es vagoroso fuera, se ama la miseria, que es conmovedora de tan grande como es y de tan injusta... ¿Quién
sabe cuántas bellezas tienes y de cuántas te enmelas y te estofas[84] y quién sabe con qué cosas quebrantadoras nos
amistas?

LA DESGREÑADA.—Lo siento, y por eso he venido aquí...
Esta tarde me he sentido sola y madura en medio de un

---

[83] Sentido figurado de nido, como lugar donde se reúnen cualidades o
formas de ser y actuar.
[84] «te enmelas y te estofas». «Enmelar»: endulzar, hacer suave y agradable una cosa. «Estofado»: lo que está aliñado, engalanado o bien dispuesto *(DRAE).*

amor sin reproche... He sentido complicados mis deseos de antiguo y me he sentido en la necesidad de algo que no hay en la ciudad, y que en su defecto tenía que ser esto, esta calle entrevista y a la que no he venido yo, sino que me ha traído su camino... Él no debió engañarme y un día adelantar aquel amor, madurarle, recrudecerle y hacerme sentir su extrañeza y dejarme sentir la mía... Y nos hubiéramos reunido en vez de por una flaqueza de amor, por una entereza muy grande. *(Pausa.)*

EL DE LA CAPA VERDOSA.—¡¿Sientes todo el tedio abandonado?!... ¡En la ciudad viven las gentes de los domingos!... No es eso suficientemente horrible... ¡Hay que calcinarse con la cal de los huesos para olvidar toda aquella apatía!

LA DESGREÑADA.—Me siento vivir por cómo se hundirán mis ojos, se me chamuscará la piel y caerán mis pechos muy abajo... Eso será la quemazón que deseo... Será agravarse... ¿No? ¿Ves mis manos? ¿Qué te dicen mis manos? ¿A que no deseas perpetuarlas? ¿A que no engañan nada?... Ya son manos de miserable, todos los dedos vueltos hacia dentro, sin procacidad... Mírate también las tuyas, mira, ya no tienen comiquería ni mala voluntad... ¿Has visto en la miseria alguna mano bella?... Eso sería continuar lo mismo, hacer suponer lo mismo, y no introducir en otras reflexiones... ¿Cómo es que no se le ha ocurrido a nadie que los miserables estando tan borrados no son algo más que miserables?...

EL DE LA CAPA VERDOSA.—Tienes razón... Mis manos no tienen ya ningún fanatismo, ni ninguna apariencia, lo mismo que las de todos vosotros... O se ceja en todo y se ve bien, o si no se ceja se persiste en todo, en todo, no en parte sí y en parte no, como creen los oportunistas, sino en todo, todo de un modo estrecho y compacto... Teníamos que dejar de contar por lo que reteníamos y darnos a lo que hay suelto, ir a la soltura por completo... Es nuestro cuerpo algo así como el verbo hecho carne... El verbo, algo muy largo de decir, pero que sin decirlo se vive.

LA DESGREÑADA.—¿Sientes la helada que está cayendo? Es dura... ¿Eh?... Pues sin embargo, en su dureza hay un estrago de placer y siento un último sitio de mi cuerpo que se traspasa y otro más dentro que se resiste con un calor fuerte... ¡Oh; siento una gran dureza íntima que de otro modo no hubiera sentido nunca!... ¡Somos la conjunción que no habíamos sido nunca, la conjunción que nos triturará con su fuerza y su apretura! Pero no nos salaremos como los otros que sólo quieren conservarse sin perecer...

EL DE LA CAPA VERDOSA.—Así, sabiendo lo aguda que es tu carne, aguda como ninguna, agudizada por todo, es como te quiero... Tus pechos ya no son para tus hijos ni para tu amor, sino para ti... Muy tuyos y muy candescentes, queda en todo tu cuerpo algo denso y nutrido, sin envoltorios... Al fin, la suerte y esta situación te hacen de carne de corazón... Déjame tus manos. *(Se las coge.)* Mira la letra mortal que hay escrita en la palma, esa eme que me enseñaban de pequeño como un signo, es en tus manos más conmovedora que nunca y más admirable... Mira como viendo la muerte, conviviéndola y echados sobre ella, la vida es mayor y más picante... Cuanto más se señale esta letra es que el placer ha entrado más hondamente en ti... Desfloraremos día a día la muerte, ¿quieres?... Extenúate, extenúate para resarcirte...

LA DESGREÑADA.—Sí... Siento un nuevo encanto por el que me marcho toda entera en vez de estancarme como antes... Parece así que la muerte final está lejísimos y no se piensa siquiera en ella... Parece que como viven más mis manos sin sortijas vive más todo mi cuerpo... Oye tú, ¿cómo se justificará el hueco que he dejado en la vida? Aunque no lo sé, presiento que estas cosas hechas tan de acuerdo con la intemperie se arreglan ellas solas... ¿Pero no se darán cuenta, sin embargo, de mi falta ante las sortijas y las ropas? ¿Cómo disculpar un detalle tan real?

EL DE LA CAPA VERDOSA.—Lo subsanará su hipocresía y su injusticia... y el deseo que hay entre medias de todo de ayudarse y de encubrirse... Las gentes no viven más que sugestionadas, comprometidas en su honra y en su vida por lo inexacto... ¿Crees tú que no suceden cosas más inauditas que se encubren? Todo es así. Por ejemplo, creen que los hijos vienen de sus padres y a veces son anteriores a ellos, creen que la moral es anterior al mundo y como sus hijos es anterior a ellos en la realidad más real, no en el misterio, que eso sería hablar por hablar... No saben que se cuenta hacia el porvenir con el principio en el porvenir, y con el punto más primitivo y con todo pasado en él... *(Pausa. Se estrechan.)*

EL DE ROSTRO DE SALVADOR *(a* LA RETORCIDA.).—En las mujeres me extraña más esta decisión...

LA RETORCIDA.—He venido aquí ante todo el horror del hijo próximo... Acababa de salir del primer parto y hoy había paseado por primera vez... Aquí, ¿no es verdad?, quedará deshecha toda posibilidad ¿no?... He hecho examen de conciencia esta tarde, y he visto al hijo, lo he perfeccionado en mi somnolencia de convaleciente, lo he encumbrado y me he dicho como rescate: ¿Y luego?... Y he visto toda la responsabilidad de abandonar un hijo a su suerte, a una nueva suerte disparatada y quebrada y he visto que no le serviría ser perfecto... ¡No vería el pobre bien que había brotado de la obscuridad y de la muerte y le desanimarían con el ¡ama la vida! ¡La vida!... ¡He tirado el anillo de bodas... He roto con todo, por no despeñar un hijo más!...

EL DEL ROSTRO DE SALVADOR.—Así has llegado a ser tú ese hijo y todas las generaciones que ha podido engendrar. ¿No sientes tu carne, apretada y caudal?... ¡Despabílala hasta que huela a exprimida, hasta que te llegue, por exceso de pervertir la sangre, una formidable diabetes!

LA RETORCIDA.—Sí... Siento en toda mi carne un hormigueo como el del hijo en el vientre... Sí. Mi arranque ha sido suficiente para que me llene la vida de toda su fecundidad, rematándolo todo en mí... ¿Por qué había de tener siempre esa ingratitud nuestra sangre de necesitar separarse de nosotros para crear un hijo, un nieto, un biznieto o todo el resto?... ¿Pero y tú qué extremo has visto para venir aquí?...

EL DE ROSTRO DE SALVADOR.—Que los hombres no pueden ser salvados... Hace días, en un mitin monstruo, les he visto frente a mí tan comprometidos, tan achacosos, que he sentido que la perfecta redención estaba en no redimirles, ni en redimirme de ese modo épico y social, sino viniendo a este rincón... Son todos unos canallas sin interior ninguno... Lo he retrasado estos días de lluvia, pero hoy que estaba para llover y no llovía, me he decidido... Los días estos en que sólo está para llover conducen a las conclusiones del destino... ¡Quién sabe dónde irían estos días los demás que no han tenido una idea suprema, ni un ultimátum en su vida!

EL DE LA FRENTE FORMIDABLE *(interviniendo).*—Irían llevados por esa añagaza del destino que preparamos nosotros, irían al puente en el preciso momento en que se hunde, al paso-nivel en el preciso momento en que pasa el tren, y se cruzarían en cualquier sitio con la muerte casual o con el microbio que contagia... No hacen falta venenos ni armas culpables, hay todo eso, el microbio sobre todo, para los que se atreven a salir de su suerte y de su injusticia... Por eso, cuando sienten ese no sé qué que les lleva a alguna parte, desisten... Por eso piensan que para los descontentos y los hombres supremos no hay más que la muerte, sin presentir este rincón... Ir a la muerte terminante sería una desesperación; a la muerte total hay que ir sin ideal y sin residuo ninguno de esperanza ni de aliento, siendo ya la muerte, de antemano, para refundirnos sin resistencia...

EL DE LAS BARBAS PROFUNDAS *(al* DEL SOMBRERO TIROLÉS.).—¡Como un clown sale del aro de circo, rompiendo el disco de papel que lo cubría, he salido yo de la prueba definitiva... Quisiera recordarte el final de mi obra para que vieras cómo después no había fascinación posible ni dignidad!...

EL DEL SOMBRERO TIROLÉS.—No es necesario... Del robo definitivo he salido yo lo mismo... Siento no poderte enseñar tampoco la corona robada, una corona de museo, con piedras admirables, porque al no poderla vender la he machacado... Hay cosas que no soportan ellos, a las que piden procedencia, y que creen que son insostenibles por suntuosas y por su publicidad... Creen que estaban bien en el museo.

EL DE LAS BARBAS PROFUNDAS.—Lo mismo sucede con la obra atroz, no creen que pueda estar más que en Dios, en el diablo o en el silencio, y creen que el día de fiesta y de sabiduría que haría entrar por su puerta el criterio definitivo de un libro definitivo, sería una entrada a saco en su casa, que acabaría con sus bibelots y su templanza... Temerían pegársela a ellos mismos con sus propias mujeres... ¡Porque, sensaciones tan inauditas y tan gallardas, serían las que impondría el criterio nuevo!...

EL DEL GESTO GENIAL *(a* LA EXÁNIME).—Mira como todo lo que parecía ayer envolvernos se nos aparta... Aprende fidelidad... En este momento nos está faltando todo, de palabra y obra... Las feas y las hermosas, el proletariado y los ricos... Nos falta del peor modo en lo que éramos ayer, en lo que somos hoy y en lo que podamos ser mañana... Todo es disparatado, fíjate... Fíjate en el desnivel... Todo es adulterio y proxeneta... ¡Cómo nos desobliga y nos desata el haber hecho este gesto!... El transcurso del tiempo nos lleva con desamparo. ¿De qué no blasfemar estando ya en la alta mar del tiempo como boyas perdidas, pero insumergibles?

LA EXÁNIME.— En cuanto hemos dejado de hacer méritos, la ciudad, en vez de ser neutral es insultante, y esquiva, y se ve cómo nos la pegaba a espaldas nuestras... Ahora se ve bien de frente... No le importa que nosotros lo veamos... Además que alguien la tenía que ver por el revés y extraño a ella...

EL DEL GESTO GENIAL.—Pero cuenta con que nadie nos creería por nuestra palabra por más que dijéramos... Ahora hay que temer las quincenas y la locura...

EL DEL TRAJE PARDO *(al* FLEMÁTICO).—La luna es una luna del Polo, con esa nube blanca al lado, así, después de días de lluvia y ese descampado del cielo... ¿No sientes el Polo?... ¿No es un sarcasmo como lo equipara esto al Polo y rompe las excepciones? Fíjate cómo todo lo elevado de la ciudad lo martiriza esa idea... Es la luna de los parajes deshabitados en que el hombre y su monería perecen... Es la cara vieja que es un anticipo del porvenir para la juventud y que debía influir en sus desaprensiones y en sus audacias... Viene a darnos la razón esta noche.

EL FLEMÁTICO.—Se ve que no es la ciudad la agorera, es el hombre y son las gentes... En los grandes edificios, aun con su remate, que es lo que más desespera de ellos y es su gran coacción, lo que quizá es más dañino es la portera... No están las gentes en eso que les es pequeño aún y sobre lo que se sobreponen... Después de la catástrofe de la ciudad, la ciudad persistiría, en el sitio que acamparan, con su necedad y su fecundidad... ¿Te has fijado en esas habitaciones que quedan al aire en las casas a medio derruir, destechadas y sin resguardo? Se ve su empapelado y su interior, y, sin embargo, se llevaron la habitación... Son ellos, son él... La fábrica, la moral, el estado, son él, él, uno solo, cualquiera... Él, que como el perro rabioso que en el campo se denuncia en seguida y se le caza, en la ciudad se oculta, se desconoce y se hace imposible la batida y les muerde a todos...

LA FLACA (al DEL TRAJE PARDO).—Estoy baldada...

EL DEL TRAJE PARDO.—¿Por qué? ¿Qué te pasa?

LA FLACA.—He sido iniciada esta tarde... Mi sensación ha sido de necesitarlo todo, de variarlo todo un momento siquiera, pero todo ha querido obligarme a hacer un acto de contrición contra lo que se ha descubierto y se ha rebelado en mí... Tenía que volver a casa y no he querido... Tenía que volver a Él otro día y tampoco he querido... He sabido en Él mi secreto y he querido huir antes de que se lo apoderase...

EL DEL TRAJE PARDO.—Siempre he imaginado que ése era el momento en que la mujer era menos del hombre y en que si le desoía podría escapar para siempre del seductor... Tú te has salvado a la voluntad de eternizar un cariño, porque eso sería no pasar nunca por él... Y uno se ha salvado a la horrible voluntad del triunfo, pasando así por el triunfo como el vagabundo, que pasa por una ciudad que no tiene más que monumentos históricos, pero en que no está el cementerio de uno ni puede estar la asiduidad...

LA DESGREÑADA (al DE LOS OJOS BAJOS).—No se siente el miedo ni la valentía... Nada le toca a una, y, sin embargo, una se acerca a lo que quiere... Había una virilidad y un deseo carnal para una en todas las cosas... Ahora se nota... Pero había que ser incongruente para hacer posible esta limpieza de sangre y esta falta de promiscuidad...

EL DE LOS OJOS BAJOS.—Yo, que soy hombre, y que debo sentir vergüenza al confesarlo, sentía el mismo trato carnal, dominador y masculino con que me respaldaba toda la ciudad...

EL DEL GESTO GENIAL *(a* LA EXÁNIME).—He mordido en muchas mujeres... Y ahora no sé precisar ninguna blancura... La última fue admirable... Aquella mujer respondió de sí misma como ninguna otra...

LA EXÁNIME.—¿Y tú qué?

EL DEL GESTO GENIAL.—Que he venido aquí... Ese blanco y esa integridad resultaron incompatibles con todos los colores sucios y todas las restricciones del resto... Ha resultado incompatible con ella misma y como ha sido más fuerte lo que ha descubierto de absurdo que su encanto, su encanto ha padecido, no ha sido suficiente y aquí estoy... He necesitado una gran expansión, he necesitado salir de una perfección tan retraída como la de ella... Había necesidad de salir de un placer tan sedante y bello, tan bonito para compartirlo con todo el alrededor, que he buscado este placer y esta tesitura que anonada saciando de algún modo...

EL DE LA FRENTE FORMIDABLE *(a* LA FLACA).—Viéndote a ti se olvida la catedral y el palacio, todo lo enflaqueces y lo tiras todo por el suelo... Se necesita que todo eso que brilla se pervierta en alguien y valga la vida, la belleza y los huesos del que atenta contra ello y lo desmocha... Sólo así se puede con esas bellezas y se decide su ruina... Tú eres el ancho campo que no padece con las ruinas sino en el que ellas padecen, pero necesitabas ser llana y desprovista como el campo y no tener en ti otra edificación bella, sino tu carestía, tu demacración y tu barbecho...

LA FLACA.—Sí; siento que mi padecimiento es un gesto de redentora y que se refiere a todo, sin padecer yo misma de mala manera... Es un efecto de óptica que vale por un efecto real y que es más grande que él... Para una es toda la consumación y equivale a muchas cosas y tiene levadura de todas ellas...

EL DE LA FRENTE FORMIDABLE.—Ahora llénate de patina y sé la expiación de todas las bellezas con tu aspecto cetrino de miserable... Así tendrás el resto de belleza prohibida que hace a lo edificado timorato y saludable... Te irás deshaciendo y así tendrás la clave, por lo menos, de todos los placeres duros y tenaces... Es mucho placer solitario porque uno tiene el medio de imitar todos los placeres que necesitan

350

grandes alianzas y grandes elementos... No serán ellos, pero serán su imagen, un poco rebuscada, pero derivación de su intensidad y su imposible... Has ganado en simplicidad. Quizás sólo tienes que dar la sensación de la bellezas enteras, que sólo admitirías completas en su cultivo universal y unánime... Quizás ni una flor te esté permitido prenderte al cabello, pero las harás evocar en esos jardines que tendremos presentes siempre... ¿No los ves ya en este cielo, como defendidos en su lejanía de los sacrilegios y de las discreciones?...

LA FLACA.—Sí... Lo veo todo en todas direcciones menos en la suya... He alejado sus bellezas y sus encantos de sus cosas, porque no era posible que estuvieran a su alcance y en su orden... No guardan ya sitio ni tiempo... Soy como la última representante de una casa grande, todo se ha resumido en mí, y si no soy nada no me lo puedo probar porque ya no queda nada delante de mí, y lo de detrás se ha aniquilado como debía... Estoy anegada de mí misma y pierdo la cabeza pensando en qué reactivos de miseria y de golfería me puedo gastar...

EL DE LA FRENTE FORMIDABLE.—Nunca he sentido carne más cercana que la tuya, vida... Te afearás de ser tan sensible a ti misma, y de ser tan abierta, pero no se te olvidará esta belleza que has dado a la voracidad de este rincón... Si te conservaras serías vistosa, pero no darías la sensación de tu desinterés y de tu relajación por darte toda y por encontrar en ti equivalencias a todo lo indecible.

EL FLEMÁTICO (al DEL TRAJE PARDO).—Han tapado el resuello a la muerte y así han escarmentado sus razones enormes... La tienen tapado el resuello hasta que se ahoga...

EL DEL TRAJE PARDO.—Hasta que no llegue el criterio y el placer francamente desgarrado y medular de la muerte, ¿cuánto tienen que no hacer, que atropellar y que sofocar?... ¡Oh, el ardor de esa muerte orgiástica y libertaria!... El ardor de los vivos es el ardor del frío llevado al máximo... Este mismo frío nuestro es menos absurdo que el calor de sus inviernos y de sus pasiones... Tenemos que apartarnos de un extremo falso que tiene todas las apariencias del otro... Todo es inmóvil y ceniciento dentro de su apariencia de bienestar... Hay que tener una gran prevención contra lo mismo que hacen francamente...

LA FLACA.—Sí... Es verdad; mi hijo he sentido que estaba hecho por la contradicción del hijo, por la impotencia, por su extremo opuesto... Iba a ser un aborto con vida, un fracaso de hombre o de mujer... Y, sin embargo, querían hacer el hijo y lo hubieran hecho con la fuerza de las incubadoras que está en su hielo... Los extremos tienen las mismas consecuencias, pero cada vez sabremos más en qué se distinguen...

EL DE ROSTRO DE SALVADOR.—Estoy tan delante de todos que vuelvo a ver la espalda de la multitud queriendo llegar a mi sitio... La obra perfecta en ellos es un límite envallado que no se puede pasar, ni agujerear, y yo lo he roto... Por eso veo la cola de los que van hacia el sitio que yo he abandonado. Esa gente sólo vive, sólo se sostiene y sólo se engaña, porque declaran finales los que no lo son... ¡Finales!... Así se obligan y se espantan y se sienten acogotadas... ¡Todo por los finales!...

EL DE LA FRENTE FORMIDABLE.—No hagamos memoria ya... Mira ahora cómo se enlucen los cristales viejos en el ocaso... Después entraremos a comer lo que las gentes cuidarán de que no nos falte, por temor a nuestras oratorias... Parece que un anónimo les ha anunciado que si no pudiéramos seguir siendo miserables, seríamos los más grandes oradores...

EL DE ROSTRO DE SALVADOR.—¡Oh, si no pudiéramos ser miserables! Tendríamos que abandonar esta repugnancia de emplear las grandes oratorias... Teniendo la oratoria sin latiguillos, sin cretinismos, se tiene esta gran repulsión por ella... Es la señal de su madurez... Después de la cena en el refugio, saldremos fatalizados... Esa comida estará hecha en la encrucijada de los caminos y borrará la gran voluntad de ganar para comer y todas las voluntades convencionales... Veremos mejor lo que contiene el aire corriente y claro... La voluntad de ganar para comer como la de vivir para triunfar tenían cohibidos los ojos, y las carnes puede resultar que todas sean pupila y nos deslumbren... ¡¡Hasta dónde nos amanerábamos y lo justificábamos todo por un solo deseo de connivencia y de perseverancia!!...

EL DE LA FRENTE FORMIDABLE.—¿No sientes cómo todo nos quiere ganar por dádivas?...

EL DE ROSTRO DE SALVADOR.—Una agresión lo amenaza todo y lo interviene, tanto el beso como la cópula, si no son de algún modo conservadoras... Siento el pecho menos oprimido... Las pequeñas gracias que tienen en medio de su sordidez, son una cosa que imitan contrariando con intensidad las grandes gracias... Y en la contradicción permanece algo de lo contradicho, un resumen de las gracias imposibles y rechazadas... Lo que detestan es lo que les hace detestar... Es una burla contra ellos mismos, que se joroban...

(Se oye ruido precipitado de pasos en la calle, todos se vuelven y aparece EL CETRINO, *un hombre duro de color, con los ojos llenos de un blanco bondadoso y los dientes muy blancos de ironía. Les congrega a su alrededor por lo extrañamente conmovido que habla, y les dice:)* Esperaba encontraros aquí... Supuse que habíais sido vosotros... ¿Sabéis lo que ha sucedido en la ciudad?... Inaudito. Todas las vírgenes han padecido, se han rasgado, como entretejidas, cual el velo del templo... Las esposas han flaqueado... La paternidad ha quedado deshecha... Los museos se han llenado de desesperanza y se ha quebrado el color en los cuadros, y los rostros admirables han tomado muecas inmorales y grotescas... Las estatuas de las plazas han perdido la nariz, y se han quedado romas sus aristas por una pedrada insospechable... En todos se ha hecho muy saliente la expresión y están irresistibles y despavoridos. Sólo parece que se ha escapado una niebla que flotaba sobre todo, porque nada ha parecido demasiado ilógico ni descomunal... Todo venía siendo así y por eso lo más terrible del caso es que todo se ha hecho innegable... Ha resultado que todos eran propicios a crearlo... Es lo que les ha dado más vergüenza y más rabia del caso, que todo se ha hecho evidente y que todo lo sostienen por igual... No se ha exagerado nada, ni ha sido un escándalo sonoro porque contra esa alarma de las exageraciones y de las subversiones ellos tienen disculpas y atenuantes y se hubieran encarado unos con otros como insultados... No. Todo ha sido silencioso y mate... Una corroboración, más que una delación de buenas a primeras... Ha resultado un in fraganti

atroz y ha resultado también como si todo lo tuvieran premeditado...

EL DE ROSTRO DE SALVADOR.—Yo lo esperaba... Después de veinte siglos de conservación, día por día, tenía que llegar un día como éste... En que todo, más que demolerse y ensangrentarse, resultase estupendo e irresistible... Tenía que llegar la hora en que se encontrasen, por hombres como nosotros, las expresiones supremas con su gran absorción...

EL CETRINO.—Piensan en un castigo de Dios...

EL DE LAS BARBAS PROFUNDAS.—Ahora se ve cómo Dios ha sido siempre un hombre escondido, dueño del exorcismo, de la clave y de la indignidad... Un hombre perdido en un arrabal, con trazas de miserable...

EL DE LA FRENTE FORMIDABLE.—Está aquí entre nosotros la facultad... Poníamos en el ambiente nuestro pensamiento, y sin querer lo armonizábamos... Ahora resulta que el hombre lleno de gracias sostiene la gracia de la multitud... No creí que éramos ya los disidentes supremos, pero yo sabía que esto tenía que suceder... ¡Sostenían ellos su solidaridad, los museos, las virginidades, la fidelidad y la falsa bondad de los rostros!...

EL DEL TRAJE PARDO.—Callémonos... Ellos inventarán una nueva paz... sin nada de eso... ¡Qué de cosas no deben faltar en la humanidad, porque todos se conciliaran en el desmentirlas para que no se notase su falta, que ha habido alguna vez y que se llevó un hombre solo a su miseria, frente a la ingratitud... En Babel fue un hombre, el más grande de todos ellos, el que hizo desaparecer la lengua única, con la que todos eran falsos... Y un hombre como nosotros hizo la tierra...

EL DE ROSTRO DE SALVADOR.—Cuántos delitos, al hacerse comunes, se les habrá conmutado por virtudes... A la vista de un delito común a todos, perpetrado por todos, ¿quién hace justicia?... Matarían al que la quisiera hacer y no transigiera con el encubrimiento... Todo lo que no es delito y que es lo que han calificado de principios inmarcesibles, es lo que un día fue delito común y verificado por todos... Su estado de derecho está hecho por delitos que no son ya delitos, y delitos que aún lo son. No han comenzado por una virtud, buscando en la fuente su vida social... Todos son solidarios de los delitos mayores y cortapisa de los delitos menores...

EL DEL TRAJE PARDO.—Ya tienen una nueva concesión que hacerse y con que obligarse más... Les veo a todos, sólo enseñando bien la nariz en una luz sin nuestra influencia de hombres buenos, mostrado el crimen, la rapacidad y la imbecilidad en la nariz... Aun en las que sean griegas...

EL DE LA FRENTE FORMIDABLE.—¡Qué más da!... ¡Quién sabe hasta qué punto fue absurda la consagración de la nariz griega, una fórmula de transacción en una humanidad en que desapareció otra forma de nariz más admirable y más representativa!

EL CETRINO.—¡No sabéis qué horribles han quedado! ¡Qué irresistibles! ¡Y todo con lógica! Ni la belleza, ni la buena conducta, ni el sentido común, podían encubrir la paradoja el día de la disidencia de los grandes hombres, de los que encontrarán el secreto expresivo de la vida, el secreto de Dios... Porque Dios no es el creador, sino el confidente que guardó la confidencia y se amparó de su fuerza para intervenir en sucesos sobrenaturales, que no eran más que un secreto natural que supo no dejarse seducir y continuar secreto... En fila todos, y un silencio absoluto de estas cosas, de hoy en adelante...

(Todos se ponen en fila de nuevo. Pausa. Se abre el gran portón y entran paso a paso y silenciosos en el gran portalón. La calle se queda sola, aterida y más dolida de sus nevadas pretéritas. La luna es más la luna del Polo...)

TELÓN

Estrago final

En un momento teatral en que todo es atavismo en la escena y en que se habla como de una novedad del teatro poético —ese teatro de torpeza, arrebatado y disipador— he escrito este drama sediciente, con las apostasías que comprometen al autor, pero que no comprometen al suceso dramático, abandonado a sus incongruencias y al encresparse de sus palabras.

Es un barrunto que en una vida llena de incertidumbre es por lo menos el preliminar a la vida verdadera... Un día vi el escenario de este drama en un barrio extremo. Y me ha resultado incomprensible no volverlo a encontrar, habiendo ido varias veces en su busca. Se confunden las calles a su alrededor, todas como en su proximidad, todas como conducentes a ese rincón, pero con la desembocadura en una plaza vulgar, frente a otra iglesia que aquélla, o en una calle con tranvías. Esta dificultad ha hecho todavía más extraordinario el caso, que siendo todo la misma manzana de aquel día no estuviera al paso aquel retazo de calle ojeroso y cárdeno, en que como en un sitio de extraños oficios, las casas como oficiantes, como Budhas serenos, estaban más que en pie sentadas como los Budhas, en una postura recogida y pacífica, acrecentando el remanso y el éxtasis de aquel trecho y aquel cielo...

Allí vi unos miserables extraños, los miserables de excepción, no los miserables asiduos y cuotidianos de la cristiandad, los miserables que, como no sucede con el cabecilla revolucionario siquiera, dan la sensación sin menoscabo, sin angostura y sin lirismo de la impavidez y la disidencia.

Siempre he sentido una rara atención por esos miserables que andan por el sitio abrupto y vacío de las calles, por el menos fusionista, como sorprendiéndolo todo a vista de pájaro, de un modo raso e invertido, perdido allá, y como viendo otra belleza que la usual, una belleza para comida, para hervida en un hervidero interior, para afeada, infligiéndola así toda la escala de ardor y de placer...

Ellos son los que figuran en el drama como hombres empedernidos gracias a haber sobrepasado la perfección, que en su límite tiene una fuerte resaca que la retrotrae. No son símbolos aproximados del grande hombre usual, del Dante, de Cervantes, de Kant[85]. De ningún modo. Son hombres más incidentales, menos contenidos y menos incontinentes, más imposibles, que no han retenido la autoridad pública con la flaqueza de los grandes hombres usuales. La obra genial que han hecho estos hombres es la obra absurda, la escultura en que el rostro se embarrabasa según suscitaciones interiores del modelo, la pintura en que no se ve el paso de color, sino la luz sólo y en que no se guardan proporciones porque se ha sabido desbarajustar, y el libro lleno de pensamientos inciertos, de palabras trastocadas, de condenaciones, de todo lo que emana la obstinación personal pura...

Las mujeres del mismo modo no son Salomé ni la Virgen María, ni Cleopadra, ni Julieta[86], sino otras mujeres enemigas del resobeo público, más inaccesibles a un momento histórico y a una popularidad... Concebida la popularidad universitaria o callejera, ¡cómo no desconfiar de las cosas populares como de cosas obscenas, híbridas y deplorables!...

---

[85] Nombres escogidos por su representatividad como exponentes máximos de las cualidades del hombre «común», grupo al que no pertenecen los personajes de este drama.

[86] Al igual que los hombres, las mujeres de esta obra tampoco responden a modelos comunes que puedan asociarse a lo que representan estos ejemplos femeninos.

Son gentes todas ellas que saben cómo el valor de la libertad, no es de definición sino de adopción, y en las adopciones está la del oportunismo, la de la utopía, o la de la miseria, que bajo una apariencia lamentable vive de estigmas más leves que todas las otras y con un campo raso privado en que hozar, en que deglutirse y sentir las oleadas del corazón. Estos miserables han abandonado todo lo que necesitaba un ambiente saturado y admirable, repartido en el pueblo y en la vida, al darse de bruces un día de perfección con una vida en que se ha roturado la arboleda de ese todo y en la que sólo el miserable tiene un rincón de oscuridad y de retiro. En ese retiro sienten estos hombres su varonilidad sin desbravar y las mujeres su feminidad sin abastecer, y se erupcionan en su madriguera de un fervor ácido y acre y crudo y pimentado y resinoso que no las hubiera dado la vida. El miserable goza del revés de la ciudad, el revés en que se muestra sin hipocresía, sin castidad y sin duelos. La ciudad tira al acaso lo que no puede descastar, lo que no puede despotrar, y lo arroja en calidad de basura, de falta subsanada en el secreto, de ejecución privada, de aborto de las vírgenes, y lo hace caer en esa sentina baja, apartada e incógnita que se oculta en la ciudad y en la que se abotargan los miserables, irritados de su gloria despeñada, quemados con sus colores fuertes, sus olores y sus tacteos, basura que los hierve hasta hacerles pasar, por toda su vida, en una longitud desusada, que no hubiera habido intensidad ambiente en la vida del derecho, para soliviantar.

La ciudad así es otra y sólo se explica por lo que no admite, por lo que da esquinazo, por lo que tira y por lo que miente. El miserable lo sabe, mete el cuerpo en esa electricidad, y en ese polvorín, y se hace más perecedero, viviendo todos sus días hasta la extrema unción. Para saber de este placer como de crucifixión, hay que haber adiestrado la fantasía en coloridos mates, crudos, incrédulos, al temple todos, compuestos con mordentes activísimos y penetrantes que hayan mordido toda la vida hasta el cogollo y la pepita, y haber adiestrado la sensibilidad en una sensación por masas, masas que perforen, que rocen con fuerza, que arremetan, que acribillen y que depriman con todo su certeza de densidad, de estructura, de rapacidad, con su tersura o con su lija... Concebir con ese daño sensible todo lo otro, sin perdonarlo, pero tampoco vengándolo... y seguir siendo miserables, en posesión de las grandes hipótesis, innecesarias las grandes verdades ante lo bastante y lo agudo de las larguezas hipotéticas...

En su disidencia, llena de negaciones, está un poco sádicamente, pero está, el placer de las afirmaciones imposibles, porque en la vida lo que se necesita es un máximum de decisión y el único máximum está en este vagabundo recalcitrante... En el máximum de negación, en la rebeldía asordecida y densa, si no se escapa el rebelde en elocuencias ni en fanfarronerías subversivas, triunfan las esencias de todo lo que haría la negación de afirmativo, si pudiera. Por esto esos hombres desconfían como de una virtud y de una trampa que han inventado los hombres pusilánimes para escarnio de los fuertes y de los decisivos, del deseo de implantación, del trabajo de porvenir y del prurito de demoliciones vistas ingenuamente como obras de albañilería, y lo han desechado con una voluminosa e intensa desesperanza, tan grande como la esperanza realizada, porque es desesperanza en total, reciamente, formidablemente desesperanzada, componiéndola así, por lo cabal que es, una realidad de tierra firme extensa con la misma extensión de la esperanza y violentando al hombre con la diversidad y la obcecación cerrada y múltiple con que necesita ser violentado.

Así el miserable genial ha sustituido en vez de no sustituir nunca. Y todo el resto de miserables comunes debía hacer una cosa así o crear fumaderos de opio o enfermar como de la picadura del Tsé-Tsé, de una gran enfermedad como la del sueño, pues las grandes enfermedades tienen suficiente voluptuosidad para prodigar la existencia que el proletario no vive sino que emplea en vanas obras estériles de resistencia.

La tristeza y la injusticia a que da la obra de perfección, y el acto decisivo, les ha hecho buscar ese alivio, porque contra las injusticias y las carestías no valen las homilías morales sino las refutaciones pintorescas. Y la miseria es una refutación pintoresca admirable, que llena de sensatez y de persuasión. De un modo pintoresco, del modo y manera con que se pudren los miserables, se ataca todo, pero no de un modo nemotécnico. La idea pintoresca de la vida llena de los sentimientos irresistibles, mientras que la idea moral, retiene, contiene y ordena siempre según el orden pretérito o recién desfalcado. Estos miserables geniales comprendieron las cosas irresistibles de un modo irresistible porque su genio era pintoresco, pero vieron del mismo modo que la solidaridad de los hombres y de los días ha creado una imposibilidad terrible, la imposibilidad de la perfección solidaria en la medida con que la desea el hombre solitario, pues aunque hay una gran repugnancia en creer que este estacionamiento sea indefinido en la tierra, pensando en que no será indefinido, la imposibilidad no repugna, pues a lo indefinido pondrá término un accidente del planeta o su enfriamiento, sin duda. Así es que se puede prever la imposibilidad y frente a ella sólo le queda al hombre el conseguir por un medio difícil y subterráneo, lleno de desenvoltura y de aceleración, conseguir la muerte en su celo, esta muerte de los miserables, la muerte con que mueren los días en ellos y ellos en los días; y para lograrlo, para inferirse la profunda lesión que necesita el corazón haber sufrido cada día, pereciendo hasta donde él necesitaba perecer, para eso tiene el miserable su intemperie, las indecencias que come y que tienen sin embargo picazones, sabores fuertes y pimentados, las mujeres color de aceituna, con pechos acordeonados, con lomos duros aun en su flaqueza, feroces de encanto, dañinas y atezadas; y después su carne, su propia carne, adquirida por haber salido a las tierras vírgenes de la miseria, en una extensión admirable de plantío, sobre la que gozarán de su egoísmo como de un amplio derecho real. Todo asumido en la irrepresentación y en la aspereza y en la sed, consume el día en vez de hacerlo vivir, como los imbéciles, que creen que el día es para vivir y no para morir, ni para alcanzar todas las lesiones necesarias inferidas por igual, en la circunvalación del espíritu, y que así han dado valor a esa palabra ambigua, refractaria y neutral de: ¡La vida! ¡Ese engaño que prepara por cómo sobrecoge de incomprensión, el desconcierto terrible de la muerte repentina, que así ya no es la muerte, sino la muerte de la muerte!

Los miserables gozan su muerte y así están más cercanos a la muerte y a sus cosquillas más hondas. Recogen la muerte día a día, tremantes de ella, la aprovechan, la mascan y no la intimidan con el miedo a la ¡vida!... Y se crispan, y se abrasan en su parrilla y se hielan de ella, rapiñando sus estimulantes en lo agridulce, en los jardines accidentados de la ciudad y de su cielo, en las exhalaciones más sutiles, y sobre todo, abusando de los simulacros, que se obtienen de todo, siendo cínicos y absurdos, de un modo irrevocable, y que relajan hasta donde necesitaba el miserable relajarse para ser mortuorio. Y el ideal desalado se accidenta y pierde el conocimiento en esa perdición definitiva de *un* día, después de la que vendrá la del siguiente. En esa muerte se enfonda todo lo que hacen los otros. Así de terminantemente: «*Se enfonda.*»

Y en medio de todo recobran su arbitrio, porque siempre queda en ellos su *piedra*, «su piedra», es decir, algo denso, mineral, muy presente a todo, muy duradero y muy duro, piedra penetrada de quintaesencias, y a la que no llega una sensación discutible, sino sensaciones inapelables y homogéneas, tanto si las inflinge el dolor o el placer. Es esa piedra algo que lo aguanta todo con sorna y que permanece siempre, es la testarudez pura, lo más central de todos, lo que si los seres vanos creen perder una tarde de *espleen* reaparece a la siguiente, y lo que si a veces resulta muy escondido es porque le faltan concomitancias con la muerte y con las violencias mortales, pero allí está apostada en medio de todo, descuidada de los barloventos, sean los que sean, y de los temblores de tierra. Es lo que para evitar errores injustos, aunque sería justo que faltase en alguien, no falta en nadie. Es lo que queda en los restos humanos y se place y hace persistir su piedra, fecundando las hembras y los machos gusaniles, y que quizás persista en las cenizas, pues no está su incremento en las formas sino en las densidades, y admite todas las contracciones sin debilitarse y sin dejar de permanecer en ellas. ¡Y qué contracción no serán esas cenizas!

En el miserable, más que en nadie, se conmueve esa piedra y está firmemente hallada, porque el miserable encuentra por espontaneidad, lo que la reflexión sólo podrá vislumbrar después de un desenreden atroz: *El azar*. Y hallado el azar se domina todo desde él y se siente la dura presencia de uno mismo. El miserable, sin ser un enciclopédico, es un sabio, seguro de cómo el azar conmueve todo lo institucional de la vida. El azar lo es todo en la vida social, aunque en la vida de los mundos el azar visto en su límite (pues se limita en inmensas extensiones y en grandes movimientos, para no turbarse él mismo), tenga leyes introcables, pero anchas y genéricas, en las que hay que ver dentro de su legislación las grandes extensiones llenas de azar que bordean y que no tocan. ¡Dejarse deshonrar por su hálito, y ya entonces, sin retirada posible, todo se abrirá en canal, todo se confrontará y destruirán los órdenes con que vanamente se le formaliza! Así los miserables han sorprendido este azar que no es el azar vulgar, sino el azar asumido con atrición después de un acto definitivo.

¡Oh, el azar donde expiran las debilidades, las villanías, los imperialismos, que es lo que *deja en el sitio* y resucita, lo que disocia al hombre y le repara, haciéndole obtener su valor directo de criatura no de la *nada,* sino del *todo!...* ¡Azar!... Palabra que debe asumirse en el estómago, que es donde se hacen las grandes descomposiciones del cuerpo que le reparten químicamente, y donde también se operan las descomposiciones ideales y simplificadoras del alma...

¡Azar vale más que Germinal![87].

¡Azar, gritaré desde mi cadalso!

---

[87] *Germinal* es el título de una de las más importantes novelas de Emile Zola (1840-1902), máximo exponente del naturalismo. En «El concepto de la nueva literatura» (*Prometeo*, núm. 6, 1909) afirma Ramón: «Zola no escuchó a Nietzsche. Nacido en plena eclosión de dos ideologías contrarias, su literatura fue un alarde de riesgos, de barbaries, de temeridades que hay que tener en cuenta porque así comenzó a salvar la vida de su menoscabo. Llena de exageraciones, nos explicamos su desproporción, por cómo brotó entre violencias, arbitrariedades y una fuerte reacción sin lo que se campea ya hoy.» Ese «hoy» aparece para Ramón representado por el «azar», que como sentido de la existencia y concepción artística conecta directamente con Mallarmé.

El azar no es un peligro más que para los contratistas del orden, cuyos contratos serían anulados, porque todo presidido por un criterio sin reservas sería la expropiación forzosa. Y el azar tampoco es el juego de azar, que es donde han creído los hombres interpretar la palabra, pues el juego de azar es lo menos azaroso, con su desigualdad de principio, entre el banquero y los puntos y entre los mismos paños. Hay que crear el equilibrio, pero no en la creencia del derecho natural, sino en el azar.

¡El azar!... ¡Hallarlo todo en él sin malicias técnicas sin *a prioris,* sin truc! ¡Por eso todas mis palabras y mis pensamientos están sometidos a la desorientación del azar y en él los oriento! ¿Pero quién oye desde el azar? Nadie. Todos pusilánimes están agarrados a la ciudad, a los edificios y a las instituciones, sin querer salir fuera, sin atreverse a *distribuir* en el azar, como en las imprentas la letra, la ideología de las literaturas clásicas, y así, por no ir al azar son todas sus palabras fáciles y pobres de procedencia, no dando la literatura la nota vagorosa de ser la insaculación del azar y de haber contado con todo él hasta destacarse en su maremagnum...

¡Azar!...

¡Azar!...

El teatro en soledad

Drama en tres actos

Portada de Rafael Smith para la separata de *El teatro en soledad*.

A Eugenio Noel [88], porque sí, y porque comprenderá este drama por toda la soledad vibrante que vivió en aquel sótano con ratas y filtraciones en que fui el primero en conocerle hace años, una magnífica soledad, de la que aún conservo el pánico y los augurios, y que le mantendrá alto y afilado si sólo deduce de ella y de su negro, toda su videncia y toda su excepción, salvándose a la flaqueza de coincidir con nadie...

---

[88] Eugenio Noel (1885-1936), seudónimo de Eugenio Muñoz Díaz, publicó ensayos en los que reflejó su posición antitaurina y antiflamenca, colecciones de novelas cortas y, sobre todo, una novela extensa: *Las siete cucas* (1927). Representante de la bohemia, tal como se puede deducir de la dedicatoria, Ramón describe ese sótano en el capítulo XXIX de *Automoribundia* y en el artículo que le dedicó en *Retratos contemporáneos*, donde también afirma: «Noel es la figura representativa del escritor que pudo ser genial; que nació para ser genial; pero el medio se empeñó en no dejarle, en hostilizarle, en hacerle vivir de precario» (Ramón Gómez de la Serna, *Retratos contemporáneos*, Madrid, Aguilar, 1989, pág. 80).

PERSONAJES

ACCIDENTALES

LA DEL GRAN BOA
LA DELGADITA
LA RUBIA LASCIVA
LA DE LOS GUIÑOS
LA VIEJA AMARILLA

EL DE LA CHALINA
EL DEL MAKFERLÁN
EL DE LA NARIZ VINOSA
EL DE CHISTERA
EL DE LAS GAFAS
EL GUAPO
EL ELECTRICISTA
EL CONSERJE
EL ACOMODADOR
LOS TRAMOYISTAS

PROTAGONISTAS

LA DE LA FRENTE LUNAR
LA MÓRBIDA
LA DE LOS ARETES
LA DESCOTADA
LA DE LA BOCA VIOLETA

EL DEL PELO CRESPO
EL ALTO
EL RECIO DE PÓMULOS
EL DE BARBA NAZARENA
EL DE OJOS BLANCOS
EL DESCARNADO

La acción hoy

Depuración preliminar

Cada vez uno más pronunciado, más tácito y más lleno de las ofuscaciones y de las fruiciones de antes de nacer. Porque la verdad íntegra está más, orientándose hacia la vida intrauterina que hacia las senilidades de después... A salvo hasta de la oratoria misionera del silencio, tan inclemente y tan imposible. Emblanquecido y mollar por la influencia de todo lo que es cruel y acervo gozado en el pecho con un placer de pecho en blanco, de ojos en blanco, y pensamiento en blanco... Optimista y chiquito por como recojo la crueldad de todo, humillándome hasta conmover de humillación y de la gran desvergüenza que sólo ella provoca, mis quintaesencias más agudas...

De no poder vivir de un placer inmenso, hay que vivir de un dolor inmenso, amado vasta y sensualmente y festejado hasta olvidar su principio y su boscaje. Recoger lo cruel en vez de intervenir en ello como los demás entumecidos por eso, lejanos de todo placer, y reconciliados y admirados para no complicarse en sus fulminaciones. Aceptemos la crueldad porque la carne nunca tendrá bastante placer con toda ella ni suficiente glorificación...

La labor presente sólo debe dar fuerza de belleza, de variedad, y de *carnalidad* al *leit motiv* de la desesperación bajo la crueldad, esa desesperación ardiente de placer, de alcoholes y de cuerpos químicos ácidos y paradisiacos... Sin fe en el porvenir —concepto aniquilado en la vida privada— esta generación debe gloriarse en la desesperación que realza y hace tremar, hasta la exultación más insólita las cosas en éxtasis y las cosas accidentales y frías... Por la desesperación trabajada con entusiasmo, con cinismo y con genio decorativo podrán sobresalir todos los instintos. Es un sustitutivo de la plenitud, tan grande como ella, pero con un valor único y absoluto de actualidad...

¿Que esta obra *prescindirá* del dibujo sereno, directo, tradicional y hasta revolucionario de las cosas? Es natural y es oportuno.

Goces en la desesperada, palabras a la desesperada, amores en la desesperada, todo así más receptivo y más hendido, todo así más apasionado y más vertiginoso, todo así desenlazado del único modo contemporáneo... Ansia macabra de diversión que debe hacer a la obra artística, funambulesca y formidable en su divertimiento, dispuesta centralmente por una dulce serenidad, éxtasis de las fuerzas desesperadas, apretándose entre sí y accediéndose unas a otras...

Esta tarde, con demasiada ciudad y demasiado ruido de coches y carros, de esos carros que en las tardes de atrición parecen estar todos cargados de latas de petróleo, de flejes[89] de hierro, de carnes bovinas, todo está recrudecido e irreparable en mí... La pipa se apaga más que nunca y la palabra es evidente y angulosa...

Se sienten ganas de pintar... Pero en vez de hacer en un extremo de la cuartilla el *mono* antiguo, antipático y duro con que se resuelve la cargazón de estos ratos, acogemos la palabra revuelta y comprometida, esa palabra en que expira uno tan ignominiosamente porque se aspiran en ella todas las ignominias para ser más extremoso y más decisivo. ¡Oh, si todos se predestinaran tan rigurosamente, tan pletóricamente, expirando tras cada pronunciación de su vida, ¡Qué virtuoso, y qué interesante, y qué triunfal sería todo en lo desconocido!

Siento mi cabeza llena de locuras pintorescas, más largas y más vastas que toda cordura, orilladas de una serenidad que me hace más empedernido de ellas hasta no poder más,

---

[89] «fleje»: tira de chapa de hierro o de cualquier otro material resistente con que se hacen arcos para asegurar las duelas de cubas y toneles y las balas de ciertas mercancías *(DRAE)*.

hasta quedar colgante e inerte de tanto consentimiento...
Siento una extensión que contradice la idea de la extensión
y de la perspectiva, una extensión demasiado cercana y demasiado visible, llena de cosas y de ámbito que sólo un sentimiento pánico y antiguo hace que no se vean ni se sospe-
chen, por miedo a encarnizarse alguien el primero y desva-
riar de un modo inaudito, escueto de imaginación y de
misticismo... Las siento cortantes, voraces, necesitadas de
un exabrupto o de una onomatopeya... Y sobre ellas hay
este cielo de juicio final que me envuelve y me estruja
como una instigación urgentísima para que pronuncie lo
último... ¡Oh, lo último!...

¿Qué se puede dudar de este *lo último*? ¿Quién me ha mirado a los ojos con mis ojos! Nadie... ¡Entonces!... Pero ni
me he debido hacer una pregunta tan imbécil y tan peligrosa, ya que a no ser por una fuerza armada e ineludible puede hacerse una pregunta capciosa que trate de psicología...
Una impertinencia así, sólo la justifica la fuerza, pero no se
contesta con razón ninguna defensiva, porque no se debe
poseer, pues se hace ofensiva toda razón común defensiva
por cómo hay que tenerla envainada en uno rasgado por
ella y su tenencia...

Se sienten todas esas cosas y su empotramiento, y la pipa
cierra herméticamente el hecho del descanso de esa sabiduría, en la que lo más alentado es lo último, lo último que estaba en uno antes que lo primero y por lo que se ha podido vivir, y pensar lo demás y por lo que se podrá morir.
¡Oh, lo último!

Pero esta tarde, atribulada, no es la tarde de describir esas
cosas sino de ayudarse de su presencia... Voy a comenzar un
drama, un drama sin disculpa, en el que el protagonista inventa una nueva depravación al final: la depravación del
drama, del drama sin flaqueza indecisa, del drama que sólo
es drama y que así se hace indiscutible y sin la parcialidad y
la angostura de los otros dramas y su quisicosa genuina, tan
episódica... Y antes del drama, impresionado de todas estas
cosas, más lleno de repugnancia en su clarividencia, y de excepciones incongruentes, siento que es necesaria la depuración para no llenarme de vergüenza y de *quid pro quos*... Es

necesario que ya venciendo la apatía de hablar de cosas extrañas y de las que sólo tengo referencias, hable de lo que nunca quise pronunciar: de la literatura y de sus hombres representativos: Cometo el pecado irreparable de la memoria, tengo que confesarlo, pero se necesita sin por qué y sin altisonancia, mostrar que se está curado de todos los estigmas, así como de la definición literaria con género próximo y última diferencia...

El interés encarnado de la literatura es únicamente actual, pues retrospectivamente todo está lleno de cosas gratuitas de las que sería subyugador, pesadamente subyugador, hablar.

Actualmente, con omisiones de cita por volubilidad y banalidad, sólo refiriéndome a esta generación y a algún hombre de la inmediata pasada, hablaré de algunos literatos dejando todo el resto olvidado a la custodia esclava y anodina de Mariano de Cavia[90] ese hombre mediocre, horrible de insistencia, que seguro de la fuerza híbrida y militar de la prensa, sin teoría, sin reserva y sin culminancia ninguna sólo nos llena del *spleen*[91] y del tedio de la escueta mecánica de la imprenta, sus talleres y su injusticia inconsciente... Etcétera...

De la generación precedente sólo quedan unas páginas de Azorin que después se llenó de un miedo y de una pusilanimidad absurdos, recordando el caso de esos protagonistas de cuentos para niños con extrañas conversiones, transformado en piedra a fuerza de entumecimiento, calcáreo sin tener siquiera el ojo central de la piedra. Es la piedra infortunada y ciega. Azorín no puede aparecer siempre ligado

---

[90] Mariano de Cavia (1855-1920): uno de los más importantes periodistas de la época, tanto por la variedad de los temas que trató como por lo depurado de su estilo. Publicó multitud de artículos en casi todos los periódicos de Madrid, recopilados después en obras como *Azotes y galeras*, *Platos del día*, *Grageas* o *Chácharas*.

[91] «spleen», como «ennui», procede del francés y significa aburrimiento, fastidio, tedio... Pero define, sobre todo, un concepto de época, un sentir emocional que se trasluce en el fin de siglo que ya había sido enunciado por Baudelaire y que encuentra su máxima expresión en el personaje Des-Esseintes de *À rebours* (1884) de Huysmans.

a la trimurti[92] de Valle-Inclán, ese hombre opaco de lirismos tópicos, de artificios, de experiencia y larga retención, hijo de una ira artística iracunda en su suavidad y en su cautela, enormemente premeditada, ni de ese Baroja que es la ironía de sí mismo a través de toda su obra, que es la burla de su antes de ayer, escrita entre ayer y hoy; que es el sospechoso de su realidad más evidente y más recién expresada por él, sospecha dolorosa, exacerbada y fría que conmueve; ese Baroja que todo lo hace con una malicia de vaguedad que aparenta hacer algo de lo que se debe, pero que después resulta que es un equívoco del ademán, el enorme equívoco de que está llena su obra. Así como Valle-Inclán es sólo un caso de crítica, Baroja es un caso de depósito judicial, arduo y conmovedor que hace desear su amistad y cruzar una mirada buena con su cadáver más aciago por sus barbas aciagas. Es un caso de depósito judicial, en el que el muerto violentamente no tiene iniciales en la camisa, ni papel que le identifique... ¿Se trata del cadáver de un suicida? Desde luego, pero muerto por algo nada sentimental, por todo lo que no quiso que se sospechase, y a lo que hizo demasiado obsesionado y fuerte de palabra y de gesto y de cansancio... Etcétera...

Después de estos tres nombres suenan otros más absurdos: Unamuno el hombre amarillo sin mundanidad y sin iniciativa, imitador y vulgarizador plomizo de las locuras inimitables... Etcétera...

Y ahora, hace poco, por sorpresa lógica, Martínez Sierra. Martínez Sierra repugna en todas las generaciones en que se le puede colocar. Benavente le ha dado un beso en la sien: ¡será ése su hermano de leche!...[93] Martínez Sierra es un

---

[92] «trimurti»: especie de trinidad en la religión de Brahma *(DRAE)*. Ramón parece referirse, irónicamente, a estos tres autores representativos de la generación del 98.

[93] Para comprender esta acumulación de descalificaciones personales hay que tener en cuenta que Ramón inicia su carrera de escritor desde una postura de total oposición a la literatura española de su tiempo. En *Morbideces* (1908), *El concepto de la nueva literatura* (1909) y, sobre todo, en esta «Depuración preliminar» de *El teatro en soledad*, autores como Unamuno, Martínez Sierra, Baroja o Valle-Inclán son despectivamente tratados.

caso de satiriasis[94], en un hombre cojo, flaco y chiquito que desflorara todas las cosas que la intransigencia reservaba para mayor gloria; será el que arranque la novia al amor, porque es el varón que la pone casa. Ella va hacia él sin denuedo para no hacer la confidencia excepcional, pero sí para mostrársele y obligársele en lo más superficial puesto que es el que *la ha puesto teatro*, ó, *la ha puesto libro*. Él dará todas las simulaciones, y esa juventud que calla se habrá visto precedida por el sátiro enclenque, ciudadano, con un alma sentimental y camprodoniana[95], en el trato con las niñas de trece años, que conservarán toda la virginidad porque con «eso» no pudo arrancársela, pero habrán perdido la inocencia... Etcétera...

Martínez Sierra es el hombre que, por no tener más que una técnica profesional y turista, un turista tratante en blancas, un alma simbólica sin fuerza pero con avaricias y lirismos, no es más que el tratante en blancas de la literatura... Una cosa así con un etcétera.

Como señala Soldevila-Durante: «el talante ideológico del joven Ramón se materializa en un programa de cariz claramente revolucionario (...). Pues bien, en literatura esa previa necesidad de destrucción del sistema y de enfrentamiento con la "clase opresora" se traduce inmediatamente en una serie de gestos que van desde el ataque indiscriminado contra todos los escritores de la generación del 98 (precisamente por ser ellos los más leídos por él en sus primeros años, y por considerarlos traidores al primitivo ideario o vulgarizadores deslavazados) y, en un segundo plano, a los de las generaciones precedentes. De la arremetida sólo se salvan los escritores que no pertenecen al *establishment:* los viejos marginados como Silverio Lanza (...) y, por descontado, sus jóvenes compañeros de generación» (I. Soldevila-Durante, «El gato encerrado (Contribución al estudio de la génesis de los procedimientos creadores en la prosa ramoniana)», en *Revista de Occidente*, número 80, Madrid, enero de 1988, pág. 33). Pasada esta primera época, Ramón no volverá a mostrar este talante y dedicará artículos y libros a glosar a algunas de estas figuras, como es el caso de sus biografías de Azorín (1930) o Valle-Inclán (1944). La excepción será Baroja, con el que siempre mantendrá un distanciamiento no sólo literario.

[94] «satiriasis»: estado de exaltación morbosa de las funciones genitales propio del sexo masculino *(DRAE).*

[95] «camprodoniana»: neologismo construido a partir del nombre de Francisco Camprodón y Lafont (1816-1870), autor dramático de un romanticismo sensiblero y exagerado que obtuvo, sin embargo, gran éxito con obras como *Flor de nadie*. También compuso zarzuelas de éxito como *Marina* (1855), estrenada como ópera española años después.

Después de estos hombres, la gran omisión, pues aunque habría que hablar de otros hombres de más éxito y de más injusticia, esto sería demasiado redundante después para mi vida y mi humildad. Sin aclaración hablemos de todos en una mezcla desdibujada y conmovedora, sobre todo de esta generación.

Todos, mientras el ambiente se quedó un momento sin supersticiones, se han llenado de todas seriamente y se han hecho una síntesis de toda la historia con pusilanimidad. Su austeridad es tan vana y tan obtusa y tan cínicamente austera que pensando en todos ellos y en su penumbra no sé más que, sin palabras, coger una cosa de mi mesa como un delirante y oponérsela. Y basta, porque es de bronce y es una cosa perfectamente distinta esa campana vetusta y negra que compré en el Rastro. Lo mismo se les podría oponer un acto sencillo. El acto de encender una cerilla o de mover la mano con un gesto inexplicable y abierto... Después de ese gesto que me lapiden o que continúen. Habrá bastado como descargo privado, pues la controversia es fatal, ya que toda controversia a la que den ellos estado y valor político, se es tanto el controvertido como el contraventor y queda uno cárdeno e infeliz... Etcétera...

Todos abusan de la gran repugnancia impulsiva de un momento histórico y de una muchedumbre, para hacerse los rigurosos y dar una sensación de altos gestores y hombres simples y directos que quieren volver a implantar el feo sentido del gusto social. Oponen su miedo y su contracción a una franqueza personal, espontánea y definitiva, que si interpreta la historia la interpreta como si dijéramos en su *nonnatismo,* con apostasía y expiración. Ellos, cabezas de metal, con un trabajo inorgánico, mesócrata y tardío, contrarrestan esta franqueza, en una obra sin otra finalidad que la finalidad; sin adjetivos de voluptuosidad y de calcinación, sin corporabilidad y sin paisaje, ni por higiene, ni por paisajismo, ni por esa ansiedad de hacerlo mórbido y campestre todo. Etcétera...

Cerebros en que no se compensa nada ni se redime, van a hacer imposible para siempre la identificación personal y, perfectos operadores, van a evitar la pesquisa personal y hasta la discrepancia. Así, llenos de cálculo, sin ventilación, sin revolución, plúmbeos, negros y nostálgicos, rehusan la solución del problema de la vida, que es sólo, «sólo», solución de continuidad, exasperada y consumida irreparablemente... Etcétera...

Son demasiado cosas correspondientes, fijas, ensañadas, desemejantes, y no teniendo más que un acto de grandeza que cumplir que es el de su creación más que el de su conocimiento, no pueden, porque esa facultad de creación necesita una inanidad fantástica y refractaria, llena de todas las posibilidades, todas indiferentes por igual, sin contacto, sin costumbre, sin creación y sin hipérbole... Algo sin desdoblamiento, indómito y menudo... Etcétera...

De aquí que a todos les falte la procedencia, procedente sin metáfora de un agua hialina[96] y natural. Su procedencia es desconocida... Porque, ¿es que fijaron en todo su significado un grano de arena a lo menos para su exaltación? No. Por eso todas sus asociaciones de ideas son lejanas y tediosas, por eso, porque esa desviación en la procedencia es como una grave desviación de la espina dorsal... Etcétera...

En ellos el principio de sus literaturas es la misma literatura, cometiendo así algo peor que un incesto, algo más monótono y más patizambo, algo más difícil de representar... Etcétera...

Resultan además comprometidas ya por esta generación todas las otras. Sería hermosa una degollación de los inocentes. Si no los nacidos después de todo esto, deseosos de hacer obra cívica, pulcros, irrevelables porque la malicia ha suprimido la revelación de las cosas, como medida del orden, con el deseo de la literatura como vulgarización serán fáciles como no lo fueron otros niños para el pacto con los muertos y con los amos... Etcétera...

¡Oh, esa generación corruptora con sus virtudes arcaicas renovadas bajo los laicismos!... Etcétera...

Trae a la Europa cristiana, que ya estaba haciendo irrepa-

---

[96] «hialino»: diáfano como el vidrio o parecido a él *(DRAE).*

rable su ruina, la restauración que alargara la era de las literaturas literarias y literales; aportando en vez del cristianismo, el protestantismo o una cosa así que evitara aciagamente los contrastes torpes y delatores de que estaba ya hedionda la religiosidad de antes y pactara una transacción definiva, con la teoría del desarme proporcional y el desapasionamiento... Trae un rigor desatento que es peor que el del pasado porque es el del porvenir... Ni se hace decisivo lo pintoresco, ni lo irreconciliable, ni lo contrario, para armonizarlo bien y formidablemente... Acogidos a una neutralidad despótica, societarios y empantanados, aman a la naturaleza, aman a la patria y aman a la mujer... ¡Horrible amor porque es lo que hace incorregible y decidida su propagación y lo que lo inutiliza todo de un modo más irreparable que odiando o matando o fracasando...! Etcétera...

Están llenos del falso alarde de los conversadores y de los trapisondistas y cobran incremento gracias a América del Sur... ¡Hediondas relaciones hispano-americanas que influyen en la incapacidad con su poder y con su capitalización...! Etcétera...

Quedos y timoratos se han detenido en la simple precisión de las ideas autoritarias que repugna a todos y que en todo tiempo a lo menos llevó a las muchedumbres a inventar grandes y fuertes errores y supersticiones estragadas contra las ideas precisas, frías y hostiles, que así descompusieron... Etcétera...

Todos van a lo suyo, llenos de una sorna imbécil y deshecha su cara... Se les podría atacar sólo por su rostro... Miran con las cejas más que con el carbón de sus ojos, y siempre se las encuentra uno fijas y llenas de una visión de primer término incapaz de otra idea que de la idea daga y seca de la propiedad y de la categoría...

Son aspirantes a cátedras, si no son ya catedráticos, aspirantes a periodistas y a que sea conocida su nariz, su barbita o su bigote, única compensación de los hombres que no se rematan con grandeza y expresión, con la insólita expresión feliz y esencial por lo desnarizada, lo inestable y lo eludible... Etcétera...

Asisten sobre todo a todas las conferencias de los americanos y a las de los hombres dignos de ser americanos. Pasan por un día acerado y neblinoso con un chaquet ideal y una gran cartera ideal, haciendo un gesto procaz de estar vestidos, de estar admitidos y relacionados, y se traslucen tanto frente a la arquitectura de la ciudad vieja que parecen cosa de su mampostería, de su mazacote y de su distinción... Sintiéndoseles destinados *al destino*, no a *un* destino ya que no puedan estarlo al albur, sino al destino una cosa tan fría, tan temible, nada personal ni original, retruécano anodino de una palabra, retruécano duro, insistente y recrudecido que se llenara de potestades en la publicidad y en la constancia, pues están hechos por su público, ese público flojo y laxo, que lee y escucha lo que no le abre camino en el aire ni en sí mismo... ¡Oh, ese público compacto y sin héroe! ¿Cómo arrostrará su rostro después de ser influido por sus escritores? De ningún modo, pues están fuera de sí, sin vuelta, sin contacto posible, sufriendo los dolores artificiales, con las cabezas tiradas hacia detrás como bueyes con la coyunda fija al carro de piedra, con la frente atirantada y prendida en la nuca, lapidada a la vez por una carga muy pesada de piedras que labrar, los ojos congestionados y vencidos por el peso, y el alma aburrida... ¡Oh, ese público de bueyes que lleva en el alma ese camión al que han uncido a todo hombre piedras imposibles! ¿Cómo esas gentes atentas se formarán después y podrán hacer su punto y aparte?... ¿Cómo encontrarán sus ojos después de haberles perdido en la visión? ¿Cómo encontrarán después su comadreja, o su lombriz de tierra, ese bicho interior que contiene nuestra inefabilidad y nuestra coherencia sutil y confidencial y retráctil?... Etcétera...

¡Oh! ¿Y la condición más superior del hombre, la condición casi sobrenatural de la retractilidad? ¿cómo la hallarán después de cosas así? Desgracia es todo esto que no merece desdenes porque desdenes son aún veneraciones, ni aún desdenes del desdén, sino un beso en la calavera de todos, en su calavera viva por haber escapado a la cerrazón curiosa de sus libros en que las ooo están tan cerradas, por decirlo así, y en que todo sin paisaje es una O genérica y versal, sin evasiva ya después de haber entrado de algún modo dentro de ella... Etcétera...

En la tarde ya hay un poco de cansancio por este atrevimiento consumado. Hay narices repugnantes que ofenden por la claridad que han tomado frente a uno... Es necesario para reponerse olvidar esta bajeza, evocar algunas palabras refractarias que hagan más supremo el porqué de este irme enfondando, tan tranquilo, tan cuotidiano y tan desgarrador... Siempre también he tenido una dificultad en emplear la palabra literatura por su sentido de generalidad y de enrarecimiento y sebo, pero hoy hay que completar la idea de mi tendencia frente a los otros, tan vivos, tan manifiestos, esta tarde...

La obra literaria tiene que dejar de ser obra literaria, porque así no se justifica de ningún modo, tiene que ser obra heroica, enconada, que muera por sí misma, no por un acto breve como los suicidas, sino por una persuasión arrojada y excesiva, palpitante y dentro del último momento, primero y último, por su actitud conmovedora y restañada en un mismo tiempo... Etcétera...

La literatura es una fuerza de irreconciliación para todo tiempo que no sea presente o toda cosa que en ese presente no se hunda y se traspase de sí misma de parte a parte en todas sus partes, irreparablemente. Debe ser tan compacta, tan atenta que consiga que todo se cree por ella, hasta uno mismo evidenciando así que la palabra crea el órgano... Etcétera...

La literatura es el balance de todo lo iliterario, de todo lo científico y de las moralidades y de las religiones y las políticas, es la manera de darle a todo semejanza, fin y espasmo, es el modo de invertirlo todo para no morir estériles y observantes, es el modo de comprometerlo todo en una síntesis, en la que de una manera ingrata y voraz así como el instante supremo y estrangulado de la mujer, es extraño y divergente para ella, en el momento supremo de la literatura debe verificarse también una estrangulación en el enlace del hombre con la vida y con lo pintoresco y se deben tener todas las divergencias... Etcétera...

Es la manera de vivir interlocutados, con los ojos cerrados y grandes, gozando todos los bienes ocultos, tiraniza-

379

dos u hostiles... Es el medio, gallardo y demostrativo, de ser estériles con una esterilidad sin pena porque sabe bien que lo que se llama fecundidad combate y desaparta de sí todo solitarismo acrecido y admirable, dejando la vida sin arquetipo fijo lanzada a la excentricidad... Etcétera...

Es la consunción de uno mismo y su horario, pintoresca de ceremonial, de totalidad y de pantomima... Etcétera...

Es la usurpación, la trituración, la vendimia y el sacrilegio cometidos a mansalva. Nada conservado en los bolsillos ni en el aprecio. Todo dilapidado así, porque si no, ¿de qué valdría lo adquirido y lo merecido, sin pegarse a la carne y a la plenitud y sin padecer por el gasto liberal y espléndido hasta en su merecimiento? Hay que ir liquidándolo todo, en una liquidación arrasada y grande, con que arrancar a todo su última insinuación y su último hálito... Etcétera...

Es el modo de cerrarse a la vida de infinito, descomponiendo ese resultado de malas asociaciones de ideas, y morir de finitud... Es la única probabilidad de lo improbable y de lo imposible porque los puede buscar con su profundo sentido del tacto más eficiente que el de la abstracción... Etcétera...

Es la compensación de todos los amores a la que contraría todo lo que no es literario en esta forma sin angosturas... Es el pecado de simonía después de haber merecido por gracia absoluta y prolija los bienes del Señor... Es la teoría de las salvedades y las inculpaciones después de haber razonado más admirablemente que nadie todos los deberes, teoría procedente de la facultad de desmentirse después de todos los asentimientos. Pero desmentirse por una gran fe en ellos... Porque a los deberes y a las doctrinas no se les discute si no se es demorador pusilánime, se les falta... Etcétera...

Es un derecho de excepción que burla todos los derechos comunes y blasfema persuadido de lo categórico más que de lo imperativo y fiscal que ha de ser el hecho de nuestra trituración final, llena de un sentido tan nihilista, con un nihilismo que nos será imposible agotar... Etcétera...

Es la verificación de uno mismo más allá del examen y contra el examen, pero después de la voluntad... Es la revolución de uno mismo como ambiente y suelo y cielo, asumiendo todas las cosas en la vida privada, muy recónditamente, mientras en la publicidad oficial todas siguen sólo escrituradas y en litigio... Es el abuso de la propiedad frente a toda retención, abuso en que se niega el derecho de propiedad y se le sobrepasa y se le goza al mismo tiempo, lejos de las negaciones cristianas del anarquismo, tan inorgánicas y tan sequerizas... Etcétera...

Es el trato con las cosas perdiendo la dignidad humana, sin alma de íncubos, sino con deseo de seducir la voluntad en greguerías[97] y fáciles y en olvidos... Etcétera...

Es como el adulterio cometido por uno mismo con la esposa de uno mismo, duplicándose y duplicándola en un sentido más decorativo, porque era muy penoso ser el marido y todo estaba lleno de razones para poseer, que perjudicaban el acceso y le arrancaban toda la autoridad posible y nueva y toda la diversidad. Que el principio de la vida es de infidelidad por la sucesión ardiente y exclusiva de fidelidades, fidelidades subitáneas, que tienen que morir subitáneamente para no desanimar al tiempo y sus frescuras... Etcétera...

Es si no un descubrimiento, la explotación indudable y sexuada de todos los descubrimientos actuales y posibles, la explotación de su acero, sus ínsulas y su matemática, explotación que se consigue con el estado de gracia que es un estado personal y retraído de simultaneidad lleno de toda la gracia universal. Y si esto no es notorio, no es necesario que lo sea porque la notoriedad es la explotación pública, aviesa y envidiosa de una facultad personal intransferible y lejana... Etcétera...

Es en la monotonía y en la elevación de los adornos públicos, miniar dibujos contradictorios y afilados que aconsejen placeres difíciles, curvilíneos y arrastrados... Etcétera...

---

[97] La primera colección de greguerías, en el sentido de creación ramoniana, apareció al final del libro *Tapices*, de 1913. Como volumen dedicado exclusivamente al género, en 1917, pero hay empleos anteriores de la palabra, como en el núm. 5 de *Prometeo*, con el significado que ofrece el *DRAE*, «vocerío o gritería confusa de la gente», o en esta ocasión, con un sentido que parece significar simplemente «agudeza».

Es la perspectiva y la sacrificación que falta en toda filosofía, en toda pedagogía, en toda mujer y en toda elocuencia. En la literatura la perspectiva se rodea de toda si, allanando y sobrepasando todo lo inexplicable, venciendo sólo con su sereno y despojado transcurrir todas las inercias y todos los imperios de todo eso que está escrito con tales vigores casuísticos que sin ella mantendrían en un eterno preámbulo a los hombres y las cosas... Etcétera...

Es el modo de hacer innatural y lejano todo por muy cerca que esté, para que no encarne sino que alumbre y ponga espacio alrededor e insinuaciones limpias de extrañezas. Es lo que debe desmedularnos, de acuerdo perfecto con fatalidades claras, haciendo perder todas las esperanzas con un efectivo desgaste y con una realizada violencia. Es lo que disuade tanto, así como del demasiado de la literatura, de todos los demasiados... Etcétera...

Es lo que hace plásticas a las cosas y a las teorías también como a cosas, corrigiendo así al gran error de la tradición que abrevió *dentro* de la vista y del tacto, por una viciosa razón recrudecida y enfática, todo lo que no era más que plasticidad, plasticidad que reintegrada y esoteorizada hará obvia y consoladora la explicación literaria de la literatura, de la filosofía y de la ciencia, abasteciéndonos, y llenándonos de concavidad y acogimiento... Etcétera...

Aquí, después de todas las observaciones anteriores conviene anotar que en su desarrollo la literatura puede negar todos esos principios si comenzó haciéndoselos o lo sabe en lo que tiene de inevitables aun cuando los salte.

En su desarrollo la literatura debe —con un debe innecesario y funámbulo— iniciarse ante todo en la oposición del motivo, del que todos dan el sentido intomable y directo, defecto por el que nada ha sido autoritario y real porque el motivo en su confesión llana y prevalida, se mostraría imposible, opaco, cerrado y opuesto a ser accedido. Por esto todo debe desnaturalizarse y verosimilizarse en su más extraña verosimilitud para naturalizarse con nosotros, evitando así que suceda lo que en todas las literaturas llenas de dos extremos intermedios y sin asimilación, los dos inertes e imposibles, sin anfructuosidades[98] y sin distinciones, es decir, sin esa gran conformidad con uno, tan honda, tan *sui generis,* en que todo se habrá sobreentendido entre sí de recato a recato. La naturaleza no tiene parecido recto, sino parecido furtivo y extraño, momentáneo y delirante: por eso peca esa visión natural de todos, que preside una insólita teoría de reciprocidad y equivalencia entre el modelo y el artista, entre el artista y el crítico y entre el otro y él y entre él y el otro; y por eso repugna por su vicio seco y soltero, por cómo es toda refractaria, sin saber deformar su dibujo según la estructura, el estado y la voluntad, única manera de conseguir las grandes asociaciones de palabras, de placeres y de paisajes... Etcétera...

Hay que llevarlo todo a la incipiencia, porque en la incipiencia de todo está el valor suave de las cosas, el valor climatérico[99] y sabio, todas pasadas y atemperadas por algo como el sueño físico nocturnal, todas llenas de ese valor de que están desprovistas en las obras usuales que sugieren, el día que se las lee, el presentimiento de pesadilla de que no llegará la noche a su hora y en su oportunidad, haciendo su señal emoliente de identificación. Etcétera...

Hay que venerar y hasta morir por las cosas para salvarse de ellas con un vasto humorismo en el que estará en extensión y en voluptuosidad la más seria y rendida de las verificaciones. El que no hace grotesco y trágico su tiempo; quien no lo agrava hasta la locura y la infamia artística no vive su época y lo mismo da ya que sea anarquista o conservador pues todo le será irrespirable, todo perdido en el nunca jamás... Etcétera...

El vicio de la época es el absoluto de tiempo y de politecnia sin excepción ni demora posible, y en él hay que llenarse de la difícil factura y modulación de este humorismo, que comprometerá y desencajará todos los dibujos hipócritas, haciéndonos afines con el secreto de ingenuidad, de feminidad

---

[98] «anfructuosidades»: «anfractuosidad», cavidad sinuosa o irregular en una superficie o terreno *(DRAE).*

[99] «climatérico»: relativo a cualquiera de los periodos de la vida considerados como críticos *(DRAE).*

y de calcinación, en el que con fanatismos y legalidad no hubiéramos entrado nunca, muertos en su dintel y sin resarcimiento. ¡Oh, la tragedia del humorismo orante y aplicado, acceso invertido del placer, vicio de la época!... Hay que reducirse, enfondarse, despechugarse y reblandecerse con una gran propiciación unipersonal e inauxiliada, única manera de buscar las vueltas al goce neto y esencial... Etcétera...

Todo lo que se escribe debe descomponerse, fracturarse y posarse al fin sin extravagancia, sin dureza y con un agotamiento que estilizará y situará todo en su perspectiva según un arte decorativo comprensible y seductor... Porque sobre todo lo que tiene la observación de verdadero está lo que tienen de subordinado, picardía sobreentendida por «ellos», pues hasta con su Dios tan hecho a su semejanza, han tenido en cuenta esa subordinación. Pero primero, que todo torne a sí mismo, cometiendo un acto como de homicidio sobre las cosas para su salvación. Etcétera.

Solo así, alargando fuera de sus límites todas estas pronunciaciones, se evitará la pesadez y el enrarecimiento de toda la obra literaria, escrita con un criterio demasiado *demasiado,* sin disolvencias, empedernido é infernal —porque la idea del infierno no es más que el vicio de prolongación y de continuidad impuesto a las cosas que han debido saciarse de su arabesco entrelazado, en vez de crear la idea llena de extravío de la recta indefinida—. Hay que solucionar esa literatura que en vez de desviar los objetos en una refracción visionaria, en vez de proyectarlos, los solidifica, los anticúa, los prorroga sin facultarlos de sus influencias privadas y sin concederles su sexo contrario, su sexo bello en contraste de nuestro sexo feo pero activo, porque no sólo necesitamos el tercer sexo, sino quién sabe cuántos otros más. Etcétera... Etcétera...

Pero todo se apisonará y se laminará sin aspaviento y sin dar parte a la justicia. Etcétera.

Vuelvo a la noche ya... Lo dicho, dicho está, aunque después tenga la repugnancia de las *pruebas* en que todo se nota restringido aún, y demasiado distinto del otro presente, de su temperatura y de su destrucción... Saldré en el entretanto y como siempre me sentiré a salvo de esta necesidad perentoria de vivir del vicio de la época, hecho un momento bicho y adherencia, o algo más pulverizado y más sigiloso, sólo con mirar una puerta oscura o un intersticio en la mampostería... ¡Y desearé cualquier metamorfosis, cualquier suplicio, cualquier cárcel, cualquier golpe de los carniceros, cualquier espectáculo del éxito de los otros, todo antes que someterme a ser como los otros el hombre que define el materialismo histórico o el romanticismo!

¡Oh, pasear por la ciudad, con la cabeza muerta, todo hecho como de flojedad, de trapo y de agua, después de estos ratos de asiduidad y de acceso...! Con la cabeza muerta por lo muy fuerte de su acogotamiento, y ver la falsa proeza, sin cólera y sin oratoria... La cabeza muerta más que de muerte, de inmunidad, de corriente, y de facilidad, por lo que se ve bien que no digo muerta más que para hacerme comprender de los que dicen: —*Eso* ha *muerto*—, porque no sienten la fuerza suficiente para vivir de su estado perfectamente asumible, un estado como este mío en que el muerto resulta muerto porque no hay quien asuma su dificultad y su caída y su agravación máxima.

Pasar con la cabeza muerta por entre todo, inclinándose hacia la pared, borracho y persuadido de fuerza de gravedad, contrarrestándolo todo con esa ternura y esa prestancia, lleno de molicie, de piernas y de polichinelismo... Y todos mis amigos trabajando en la prensa y esas mujeres y las otras desfloradas por ellos...

... Y yo encontrando más motivos y más ofuscaciones inenarrables para matar mi cabeza, sin esperanza ni atención para el día próximo porque eso rompería con una acritud imposible mi suspensión llena de dibujos que necesitan su tiempo y su ensimismamiento para quedar terminados...

Y un día ahogarse en concisión, cayendo completamente dentro de una mujer, de una profesión o de un accidente pintoresco y suave... Nos quedará ya indeleble, como idea única, la de nuestro punto matemático y eso bastará después de todo, *después de todo*, es decir, después de haber agotado todas las posibilidades del pensamiento, condición *sine qua non*, simplificadora y suprema.

Acto primero

El Teatro oscuro y bisojo...[100]. *Las candilejas apagadas, y de las luces de las dos lámparas de la embocadura sólo encendida una y esa asordecida... Esta nota desigual y descompuesta de la luz, ya pone obsceno, mugriento y desarrapado el ambiente... Detrás del telón corrido se escuchan voces con un tono de vida privada y desatenta, agrio y chillón... La concha del apuntador se tira hacia atrás, como sobre su nuca, y aparece por ella una cabeza desgreñada y canalla de tramoyista. Ese hombre hace un gesto de rana, avanza haciendo ondular el telón y poniéndose después de cuclillas frente a las candilejas, grita:*

—¡Si no dais luz, bien voy a ver!... Apagadas todas, están todas fundidas...

Desde dentro le responden. —Va *(y la luz se hace en las candilejas). (Desde dentro vuelven a hablar.)*

—¿Es de las verdes o de las azules?...

El que está en cuclillas. —Verde.

(Otro hombre aspira a salir por una esquina del telón y desde dentro le amonestan):

—¡Animal!... He dicho ya muchas veces que se rasga el telón por salir por ahí... ¿No sabes el camino de la concha?... Y, sobre todo, el telón debía estar ya levantado... ¡Paco!... Ya hace una hora que ha salido el último especta-

---

[100] Acerca de la significación del teatro como lugar de la acción y su relación con Pirandello, véase lo expuesto en la introducción.

387

dor, ese espectador como paralítico que sale siempre el último...

(Otra voz.) —No, don Félix, el último no es un paralítico, es siempre el señor que al ponerse el gabán no encuentra la otra manga...

Otra voz.—O el que cree que ha perdido algo, o el que vuelve por los guantes de su señora o por el paraguas...

Otra voz.—Pero el último más gracioso es el que se ha dejado el sombrero... ¡Pues el que después de haber vuelto por sus gemelos olvidados, o por su bastón de puño de ave, exclama: —¡¡Oh!! ¡Caray, si no lo he traído!...

(El telón comienza a levantarse con un cansancio y una precipitación irregulares, de insomnio y de alta hora, terrible su barrote de hierro, y como agotado y malhumorado el brazo de campanero de Paco... Un hombre se adelanta y da una bombilla al tramoyista... Las candilejas se vuelven a apagar, dormidas de desamor... El espectáculo en el escenario es anguloso y grotesco por sus luces, sus maderas, sus hombres y sus mujeres de la calle, sin distinción ninguna, todos arropados y como con chepa, más largos que nunca o más enanos, con las caras largas o achatadas, demasiado amarillos, demasiado cárdenos, demasiado lívidos o demasiado transparentes... Los grupos que hacen, tienen ese aspecto deplorable, necesitado, y enfermo del pecho, que tienen los sitios de desocupados que no pueden estar más que en la calle ciudadana, desocupados que algún día pondrán pleito a la corona porque tienen «su derecho»... El desbarajuste del decorado pone melancólico el escenario como un desván lleno de cosas inservibles, cojas y secas, o como un cuadro de nevada y de inclemencia de melodrama con niños desgraciados, muchachas deshonradas y madres ateridas... El sarcasmo del drama LOS DOS PILLETES *queda en todo escenario como representativo... El árbol del bastidor inclinado en el fondo da sólo el pesimismo y la fealdad del árbol natural... Un flanco de habitación en el que se ve una puerta inútil, da el pesimismo y la ruina de las habitaciones cuotidianas, y así todo tiene algo demasiado final y faccioso. Sobre todo los grandes aditamentos vueltos del revés son los más trágicos y los más fríos, tan laminados, con un perfil tan recortado y tan mezquino, con su esqueleto de listones y todos, no obstante esto, tan representativos y tan corruptores... Y tan divinos...*

Todas las decoraciones burladas por los agujeros que hay siempre en ellas y por sus hilas trágicas...

En todo el ámbito así, parece que se hace menester una gran indiscreción personal, de alguien o algo que se rebele y que explote, que abra los techos, y que salve al teatro de esa humedad y de ese telarañado que viene de abajo y de ese desaliño y de esa desvergüenza... Hay así en su recrudecimiento una tos y una tisis agudas... Y el aire tiene aguijados silbidos sin ruido siquiera, peores por eso... Y unas raras estalactitas se forman sin claridad...

Los tramoyistas —la nota más injusta y más llena de una crueldad irónica y violadora— se afanan alternados en quitar el último bastidor, en coger una mesa que había quedado demasiado ingente y fea, demasiado en medio... O una silla, coja o rebajada por lo muy evidente que quedaba ya...

Fijo, en primer término, hay un grupo de cómicos en que hay un hombre con la nariz afilada y torcida, y con una gran chalina azul con pintas blancas; otro de medio lado calificado de espíritu estrecho y fanático por su makferlán de ala color de mosca muerta; otro exaltado que lo dibuja y lo ofende todo de palabra y obra con su nariz vinosa; una muchacha delgadita, con la ropa ceñida a sus caderas, ostensiblemente desgraciada, dolida de trasnochar, y sobre todo, aplanado su rostro agudo por lo desmesurado, lo repeinado y lo seco de su pelo; y otra mujer gruesa, con una cintura estrecha, la cabeza echada hacia detrás, un sombrerón, y toda llena de guiños y brillos...

Apoyados en el piano del fondo —un piano ladeado y deplorable, roto el satén verde antiguo del respaldo, un piano como vacío y destripado, con teclas flojas y laxas sin primera intención— están una mujer envuelta y como oculta en las vueltas y en la caída de una gran boa, casi acostada por como se recuesta, y un señor de chistera que la seduce, sudando del esfuerzo con la chistera echada hacia el cuello de tirilla, las orejas maliciosas y picudas sobresalidas sobre el ala...

En un rincón de bastidores escalonados, están pegados a uno de ellos hasta ahondar la tela, una rubia lasciva con el cuello muy largo y plano, con el busto imantado, y, abandonando una de sus manos frías y cortantes de sortijas, y un hombre guapo, de esos cómicos con los pantalones muy ajustados a sus piernas en comba, que por no tener voz no es el perfecto cómico de ópera y sólo vivirá de su guapeza en los teatros de verso...

389

Todos; tramoyistas, cómicos y extraños hablan en confusión y precipitadamente.)

EL DE LA NARIZ VINOSA.—Al autor se le ha debido perder el corazón en la barriga...

EL DE LA CHALINA.—¡¿Pero, hombre, qué es eso del corazón en la barriga!?...

EL DE LA NARIZ VINOSA.—¿No habéis sentido en esas horas de profunda emoción, como si el corazón fuera a caer muy por debajo de su sitio y por lo tanto en la barriguita!...

EL DE LA CHALINA.—¡Hombre, no!...

EL DE LA NARIZ VINOSA.—Eso es que no conocéis el éxito... ¡El éxito, amigos míos, es como un percance lamentable, y es fuerte como una pulmonía de la que tiene hasta su agudo dolor al costado!

EL DE LA CHALINA.—Parece que llamas éxito a alguno de los fracasos que te hicieron guardar cama, poniéndote a la muerte... En el parte de enfermería de la prensa todos los críticos estaban conformes...

LA DE LOS GUIÑOS.—La cama después de un fracaso debe ser una cama de hospital... Yo no me acostaría...

LA DELGADITA.—A mí me daría lo mismo... Con tal de que no me despidieran...

EL DEL MAKFERLÁN.— El éxito verdadero ha sido el de esta noche y no sería raro eso que dice Calderón del corazón en la barriga... En efecto; todos los que tienen éxito, parecen lívidos como perdido el corazón y su fuente... ¡Qué desangrados quedan los pobres con las piernas torcidas!...

LA DELGADITA.—Sobre todo debían ensayar su salida a escena... Todos salen de cuclillas y con la cabeza demasiado baja, como guardada en el pecho... Y todos cojean.

EL DE LA CHALINA.—Todos parecen judíos avaros y taimados...

EL DE LA NARIZ VINOSA.—Muchas veces he dicho yo que debían pintarse como uno de nosotros, contando con el ensañamiento de luz, de las baterías... Y salen comidos por el negro de sus bigotes o de su traje... Y no digo nada si tienen barbas, cómo les profundizan y les fanatizan... Ya ves tú hoy al salir el autor, su nariz resultaba feísima y como un

390

garabato y por su descuido se parecía al personaje más desfavorable de su obra...

Un tramoyista en su faena.—¡Cuidado! ¡Cuidado que se te va a marchar el bastidor, cógelo bien!

El del makferlán.—El último acto ha sido una ovación atroz, pero con estar muy bien escrita la obra, el éxito lo ha hecho doña Amalia...

El de la chalina.—Ni dudarlo cabe... ¡Cómo ha sostenido toda la jornada un llanto silencioso y sin lagrimones! ¡Y en la escena de la misericordia, qué aplauso más unánime! Y que no se puede decir que estaba acotada por el jefe de *claque* porque allí un aplauso interrumpía una escena de conjunto...

La de los guiños.—Sí, ha estado bien, pero se veía que no se sabía el papel...

La delgadita.—Y que tenía demasiada cola... ¡Qué exageración!

El de la nariz vinosa *(bajando un poco la voz)*.—Enrique es el que ha estado detestable, porque en vez de estar en el papel del drama, estaba en su papel de Enrique, tan directorial y tan malicioso...

El de la chalina.—Con toda su distinción, siempre está en *pose* de banderillero... Fijaros cómo está citando siempre... ¡No!...

El de la nariz vinosa.—Además no sé qué hace con sus brazos que encima de tenerlos largos parece que lo son más por como los mueve con una gran lentitud y con grandes pretensiones... ¿No creéis que debía cortarse un poco los brazos para ser buen cómico? Sobre todo el derecho, que no deja de extenderlo ni un minuto... ¡Oh ese defecto horrible de tener demasiado brazo derecho!...

El del makferlán.—Y las patonas... Esas patonas que mueve sin ninguna desenvoltura y sobre las que sólo vale ponerse muy en puntillas... Por ese gesto que conserva en todos los papeles parece que no se varía de obra en toda la temporada... Aquel gran actor que se llamaba don Félix Molina de Bendino, nos lo decía a sus discípulos. «Los pies descubren la farsa teatral si en vez de tener el movimiento fácil de la vida, tienen movimientos viciados de tablado.»

¡Y qué razón tenía! Porque hay que fijarse que si en la vida los pies pasan desapercibidos en escena están altos y evidentes sobre un pedestal...

La delgadita.—Sin embargo, ha muerto como él sólo sabe morir... ¡y el gesto de doña Amalia de cerrarle los ojos qué propio y qué original... A nadie se le hubiese ocurrido... El traje es el que no era a propósito para un acto tan triste... Ni tanta joya...

Un hombre de gafas, con los brazos en alto, sofocado por su indignación le grita al electricista que está reparando el flexible de una batería.—¡Fernández, ha sido imperdonable lo del segundo acto!... Olvidarse de todo el segundo término... ¡Por dónde iba a entrar la luz del amanecer sino por la galería de cristales frente al mar!... Gracias que el público no ha caído, que si no el meneo hubiera sido formidable... ¡Y cuidado que se lo había advertido en los ensayos!...

El electricista.—Dispense usted... Pero como no se veía bien el último término desde el rincón de las llaves, no lo noté... También es que no hemos tenido ninguna decoración con tanto fondo...

El de las gafas.—A ver si se repite... ¿Va usted a necesitar también un traspunte?... *(Dirigiéndose al* de la nariz vinosa.*)* Fernando, ¿cuándo querrá usted comprender que no se puede entrar en una escena de gran *soiree*, haciendo un papel de joven, con un puro en la boca? Ya se sabe, siempre que puede usted, aparece con el puro y ya me tiene usted a mí irritado todo el rato, porque además los suele gastar con anillas estrepitosas como lanzaderas llenas de luces falsas... Hoy hubiera entrado a pedirle lumbre y me hubiera quedado así con el puro...

El de la nariz vinosa.—¡Oh, eso no hubiera sido posible, porque yo, como un hombre verdamente distinguido, le hubiera alargado mi mechero y no el puro...

El de las gafas *(dirigiéndose al* del makferlán*)*.—Usted, aunque no fuma los puros con que Fernando adquiere proporciones de protagonista, ríe a carcajadas con las señoritas. En una reunión de buen gusto, no está bien que el que no es el héroe se mezcle tan desaforadamente en todo y ría y haga dar un paso atrás a las mujeres y las tire del abanico a todas... Así, lo que le pasa a un actor, como a usted esta noche, es que termina con el frac torcido, la camisa abombada y el chaleco levantado sobre el pantalón, dejando ver la oreja de la camisa...

EL DEL MAKFERLÁN.—Es que se ve uno tan mal, tan torcido y hecho aguas en esos espejos de escena, que creí que era defecto del espejo, porque según ese espejo, también debía enderezarme la garganta que tenía en él una quebradura de degollado...

EL DE LAS GAFAS.—Si se ayudasen unos a otros en vez de estar cada cual sólo a lo suyo, el uno a mirarse el botón de la pechera, el otro a adelantar hacia el proscenio la mano con sortijas y guantes almidonados, el otro a mirarse las botas o a arreglarse el cuello que el público siente como una tragedia del suyo, perdido su gemelo... Todo eso perjudica al conjunto igual que esa predilección que tienen ustedes por alguna mujer en particular, abandonando todas las otras!... Y ustedes, señoritas, también tienen cosas admirables todas distraídas siempre de quien las habla... Usted, Asunción, esta noche ha tenido un gesto horrible en el segundo acto... Se le cayó un guante a Felipe y usted fue la que se lo cogió... ¡Vaya una distinción! Usted, Lolilla, debe hablar más y sonreír un poco y debe bajarse la falda al sentarse porque esta noche he estado también pasando un mal rato viendo detrás de unas piernas vestidas de medias negras y lisas, el blanco de una enagua por fondo... ¡Eso es deplorable!... Además se ha puesto usted los guantes largos tres veces... Fíjense todos, por Dios... Hasta mañana. *(Todos le saludan y desaparece.)*

EL DE LA NARIZ VINOSA.—Este hombre no nos quiere dejar sobresalir y nos prohíbe todos los efectos... ¡Por qué no he de salir fumando puros? ¡A que no le dice nada a Enrique que entra siempre en escena con gabán de pieles y copa como si no hubiese percheros en las antesalas...!

EL DEL MAKFERLÁN.—¿Y por qué no he de poder yo también ser alegre y elegante? «En los papeles mudos, nos decía a sus discípulos aquel gran actor que se llamó nada menos que don Rafael Molina y Bendino, hay que poner una gran cantidad de arte y de animación que evita esa absorbencia convencional de los protagonistas.» ¡Y no era nadie quien lo decía! ¿Eh?...

La DELGADITA.—Yo creí que me iba a decir que sonreía con mi novio que estaba en butacas de orquesta...

El DE CHALINA.—A mí no se ha dirigido directamente, pero con eso de los que se andan en el cuello me ha querido aludir embozadamente... ¡Pero, ah! es que los cuellos postizos se salen siempre en escena! No sé qué enorme fatalidad hay en eso... En lo que sí tiene razón es que eso hace un efecto de tragedia en el público... Un poco azarado he notado que en los espectadores hay un gesto involuntario de observarse el cuello como para cerciorarse bien de la sujeción del suyo...

La DE LOS GUIÑOS.—Esa Luisa, la afrancesadita, como le ha entrado por el ojo derecho a don Enrique, bien se sienta con una pierna sobre otra enseñando unas medias doradas nada menos... ¡Y a ésa nada...!

La DEL GRAN BOA *(dejando de hablar con el hombre de chistera, levantando la voz, interpela al* DE LA NARIZ VINOSA*).*—Fernando, ¿que ensayo hay mañana?... ¿Sabes?

El DE LA NARIZ VINOSA.—No lo sé... Al pasar sólo he visto que había en la tablilla una tachadura... Algo de lo que estábamos ensayando se ha ido a paseo...

El DEL MAKFERLÁN.—Seguramente le ha tocado la china a *El mal de amar,* desde el primer día dije yo que eso no era escénico... Nadie tenía un papel fuerte y unos se hacían sombra a los otros... Era una obra imposible, parecía una obra sin personajes y yo pensaba ¡en el conflicto de la crítica al no poder hablar nada de los intérpretes!...

La DEL GRAN BOA.—Si, es probable que sea esa...

El DE LA NARIZ VINOSA.—La tablilla nos lo dirá *(sale de escena.)*

Un TRAMOYISTA A OTRO.—Canalla... Te has bebido la media botella que quedaba, al subir yo a telares[101], te he visto

---

[101] «telares»: parte superior del escenario donde están colgados los telones y otros elementos del decorado que se bajan a escena.

aunque tú como se pone uno tan ciego al levantar la cabeza para empinar, aunque me has puesto los ojos en blanco no me has visto ¡eso es lo que me ha dado más rabia y he estado por dejarte caer encima una bambalina!...

EL OTRO.—Creía que era de Benito... Estaba rendido... Bien podía haber hecho menos cuadros ese señor; después de todo para que suceda eso mismo al final, no hubiera necesitado tanto cuadro. Me gustan las obras de don Emilio, porque no tienen casi mutaciones... ¡Y más cuando el jornal no varía!

EL DE LA NARIZ VINOSA *(desde fuera).*—Margarita, mañana a las tres *El mal de amar.*

LA DEL GRAN BOA.—Gracias, Fernando...

EL DEL MAKFERLÁN.—¿¡Así es que lo que han suprimido ha sido *El otoño?!* ¡También es desgracia! ¡Allí que tenía yo un papel tan bonito y que había yo estudiado tanto! Dan ganas de no apasionarse por nada y vivir como los otros del apuntador y levantarse para venir al ensayo!...

LA DELGADITA.—Y yo que tenía un papel de llanto...

LA DE LOS GUIÑOS.—Yo me había comenzado a hacer un vestido de playa... ¡Qué haré yo ya con un traje de playa! Sólo me alegro porque Rosario hacía de Marquesa y eso la iba a poner irresistible... ¡Seguramente, según la idea que tiene de la fidelidad escénica, se estaba bordando coronas en las camisas!...

EL DE LA CHALINA.—¡Yo por lo menos era criado con frac rojo y pantalón corto y tenía treinta y cuatro palabras!

EL DE LA NARIZ VINOSA.—Bueno, niñas, nosotros nos vamos... Debemos festejar con unas copas el éxito de la noche...

EL DEL MAKFERLÁN.—Vamos...

LA DELGADITA.—Nosotros también nos vamos de aquí; ya no queda nadie... Sólo siento tener que dejar de estorbarles a ésos... *(Vánse todos ellos.)*

LA RUBIA LASCIVA.—Gracias a Dios... Ya era hora que lo dejasen de criticar todo... ¡Ese Rojas es el que arma todos los chismes! ¡Bueno es el tal Rojas!

EL GUAPO.—Me gustan poco las tertulias porque en el teatro hay que hacerlo todo solo... Por eso te recomendaba las Varietés...

La rubia lasciva.—Si, quizás... Una vez hice de paje, tú no estaba entonces, salí con toda la pierna con *mallot* y con los brazos al aire y me visitaron los periodistas y me pidieron fotografías...

El guapo.—Sí. Te preparas un poco de ropa y de alhajas falsas y triunfas... Un triunfo que no creas que te lo darán otros públicos, sino este mismo, tan distinguido y tan serio. El mismo aplauso en un lado que en otro y allí hasta la artista resulta hasta autora del *couplet*... Aquí todo se va repartiendo y no queda nada para uno solo, enteramente solo... Tendrás largos descansos y largos viajes y te sorprenderás tú misma de bellezas y bellezas siempre nuevas... Eso sí, no me olvidarás, ¿eh?...

La rubia lasciva.—No... Esto no ha sido más que un paso, mientras mi tía y yo nos atrevíamos a dar el otro... Se lo propondremos esta noche... Ya verás, la podemos decir que me han dado un papel de cupletista y la engañamos, preparándome en actriz dramática, para que no la indigne lo que después haré en otra parte... ¿Tú crees que no me hará feo tener el descote tan bajo?...

El guapo.—No mujer... Todo se arregla y se encanta... No tienes más que permitírtelo, lo malo es que como aquí lo prohiben todo... Sin prohibiciones ni direcciones verás cosas sorprendentes... Y ya es muy tarde, vamos...

La rubia lasciva *(señalando a* la del gran boa *y al de la* chistera).—Mira a esa trágica engañando a ese majadero... Mi tía la ha visto salir del número 10 de la calle de al lado...

El guapo.—¿Sí?... ¿De veras? *(Salen.)*

La del gran boa.—Por fin se han ido... Quería yo tener un momento de soledad completa frente a la sala vacía y ser la protagonista después de toda la fiebre que ha habido en ella hace rato... Parece que hay otro público distinto con los ojos muy abiertos presenciándolo todo... Aun así se siente cierto embarazo de avanzar hacia el proscenio...

El de la chistera.—Está bien, pero ese deseo de usted me hace a mí el protagonista, y en una obra moderna y en el momento más culminante, en que todo calla interesado y ansioso, no es indiscreto que haya un beso. *(La besa. Ella toma un gesto de trágica compungida pero con los ojos perdidos en*

lo irreparable... Él repite... Se oyen unos martillazos en telares...
Los dos se miran y se quedan suspensos, fijos muy a ras el uno del
otro, sin atreverse a mirar a lo alto.)

LA DEL GRAN BOA.—Nos han visto... No habíamos pensado en lo alto... En la Providencia...

EL DE LA CHISTERA.—Pero ha sido un beso convencional,
que estaba escrito...

La vieja amarilla aparece apresurada *(es una vieja con*
manteleta, el rostro amarillento, iluminado de luz de petróleo,
con los ojos mirones y los labios blancos y con un dien-
te).—Niña... ¡Margarita!... ¡Qué!... ¡Ah! Esta usted con
ella... No quiero dejarla sola... Usted dirá que eso es demasiado, pero nunca es demasiado... En los teatros se comenta todo desfavorablemente, y de las demás podrán decir
pero de mi niña nada... No la he dejado nunca sola... Que
a lo menos por mí no quede. Una madre debe de agotar todos los medios para proteger a su hija... ¿Vamos,
Margot?

LA DEL GRAN BOA.—Vamos... *(Salen los tres. En las alturas in-*
visibles hablan los tramoyistas.)

UNO.—Me has debido dejar tirar el martillo; hubiera
sido de más efecto... Hubieran puesto un rostro gracioso,
como de ver el ojo de Dios...

OTRO.—No habrían gritado, creyendo ver salir de los fosos al diablo, pero no nos hubieran perdonado... De todos
modos han salido como Adán y Eva del Paraíso... ¡Ha estado bien!... *(Aparece* EL CONSERJE *con un* ACOMODADOR *y* EL
ELECTRICISTA, *y al oír hablar se encara con el plafón.)*

EL CONSERJE.—¿Qué hacéis ya ahí? Dejad eso para mañana... Todos se han ido ya... Pronto, abajo, que vamos a
apagar y a daros cerrojazo *(al* ACOMODADOR): ¿Has cerrado bien todas las puertas de los anfiteatros y de los palcos? Porque hay puertecita que toda la noche está rechina
que te rechina y no me deja dormir, y hace que mi hija
menor se venga a acostar a mi cama llena de un miedo
cerval...

EL ACOMODADOR.—Todas están cerradas...

EL CONSERJE.—Hay balaustradas que están cubiertas de
cualquier modo, y después las fundas se van escurriendo

por su peso y a la mañana me encuentro siempre con que hay algunas caídas en el patio de butacas. ¡No sé que sea difícil colgarlas bien!... Anda, ya puedes soltar los gatos...

(EL ACOMODADOR *sale. Desde fuera, los tramoyistas que se van, dicen):*—Buenas noches, don Paco... Hasta mañana... ¿No hay ensayo con decoraciones? ¿Eh?...

EL CONSERJE.—No... Adiós... *(Al* ACOMODADOR *que vuelve):* ¿Ya? ¿Le has visto salir a todos?... Lo digo porque un gato parece que ha podido escaparse por el agujero de una cerradura, y porque no conviene tampoco que ninguno quede dentro, porque se pasa la noche aullando, y eso en un teatro solo, no sabeis lo horrible que es, por cómo resuena... Además, todos son pocos... Hoy he visto una rata enorme que asomaba por un agujero de la embocadura cuando tocaba la sinfonía.

EL ELECTRICISTA *(yendo hacia un rincón de entre bastidores).*—¿Apago ya?

EL CONSEJE.—Sí, me parece que ya es hora... *(Todos salen al fin, mientras las luces se van apagando, bruscamente, sin transiciones, con lo que destruyen el efecto de paisaje y de lugar a la intemperie, como iluminado de luces naturales del escenario, y lo accidentan como de subterraneidad y hermetismo... Se escucha el ruido de una llave al cerrar y después unos pasos, el son de un llavero y un portazo lejano... Larga pausa, en que la escena, después de haber olvidado la última palabra, se queda medrosa y ardiente de un ardor negro con inquietudes ultravioletas, toda llena de éxodo, de resolución, y de puro no esperar nada reincidente de todas las esperanzas y las sorpresas de los incrédulos, propensos a dar más realidad y más fe a lo inverosímil, que los hombres crédulos y timoratos... Se siente que tiene que caer una verdad inaplazable de esa bóveda accidentada y empozada de telares... Se siente algo que avanza estándose quieto— y convertido en lo que aparenta— en las telas, en las maderas fijas, un poco astilladas y con goznes de hierro para los bastidores... Resulta hecho demasiado para la manifestación un teatro para que no tenga facultad creadora y posterior siempre, a todo lo que balbuce en el resto del universo... En esa oscuridad se van dibujando un poco las cosas, se van escarbando como en un agua fuerte por la constancia corrosiva de la oscuridad que muerde en ellas, mezclada por el efecto de una lucerna del esce-*

nario... No se pierde de vista el estrago que en la hipocresía del teatro ha hecho la visión de sus carpinterías. Después de esa pausa, y de diferentes rincones, aparecen con sigilo pero sin medrosidad ciertas mujeres, todas de marco oval, y ciertos hombres. Aparecen determinados y seguros y se van reuniendo en el centro del escenario. Sólo se les reconoce por lo que más brilla en ellos o lo que más negrea, y sólo eso se basta de carácter y de decisión. Así son por su pinta: LA DE LA FRENTE LUNAR, *negra y morada en todo lo que no es su frente, aunque su rostro tenga hendida y herida su expresión y su boca, y el resto de su cuerpo esté dibujado con formón desde los pezones al empeine, y apretado del traje de estas mujeres, pegadizo y caído, con una gran fuerza plástica, mojado de sombra, trajes vivos de actualidad después de rechupados y deformados por los desnudos y conteniendo las hemorragias como un tafetán...*—EL DEL PELO CRESPO, *significado por su pelo, lleno de rebeldía, de impulsividad y de altruismo, enhiesto y rutilante en la penumbra, un hombre joven con una juventud larga, mujeriega y pensadora, todas sus facciones bien enjutas, las manos bien adoptadas y el traje gris oscuro ceñido a su cuerpo, elocuente y arrostrador.*—EL ALTO, *armado de una silueta en bloque, más opaca que las otras y más larga pero tan empinada en la cabeza y tan demostrativa y tan férvida en el pecho y tan dura en el rostro...*—EL RECIO DE PÓMULOS, *recalcado y anguloso sobremanera en los pómulos muy aviesos y reseñados en su rostro que en lo muy compacto que se hace tiene viva la teoría de su rictus y de su justeza... Figura, ancha de hombros y firme y larga de piernas...*—LA DE LOS ARETES DE ORO, *con unos aros de oro que lucen en su oscuridad, distrayendo de su rostro y fantaseando una aviesa y perversa feminidad en su texto. Todo lo agudizan y lo irritan los pendientes tan redondos y tan titileantes, para cuya realeza y supremacía ella es además caída de hombros. Después, bajo un traje plomizo, hecho como los de todas, más de color que de tramazón, muestra todo el desnudo blanco por la exaltación que el traje da a sus manos blancas con los dedos muy alargados, suficientes de carnalidad para toda la confidencia y todo el deseo...*—EL DE BARBA NAZARENA, *viva como una palabra esencial y lírica su barba, se recorta en la sombra y despeja su rostro y sus ojos como ninguna otra barba podría hacerlo, toda su figura adquiere así una madurez precoz y sabia, porque esa barba es la de la sabiduría y la bondad: su mascarilla se modela en su plasticidad y en su hondura bajo el antifaz suspicaz y franco de su penumbra y de su barba...*—LA DESCOTADA *viva y mirona en su descote más que en su rostro, que en sus manos y que en su cadera, aventurada en su descote, terminado en punta y dispuesto a una gran propiciación, lleno de sangre interior y de resistencias, muy posado y completamente en carne viva y blanca...*—LA MÓRBIDA, *una mujer rozagante y alta, a la que se siente débil y fina bajo toda su carne por cómo es además de su carne su encarnizamiento. Sus amplios senos que ardentan su silueta esperan demasiado irreparablemente y son una exaltación que implora y clama desgañitadamente, apiadablemente, enamoradoramente. Sojuzgan, disparan y descabezan adelantando más allá del proscenio en un nimbo extraño y lejanizado. Y son nobles sus morbideces por su frente y por sus ojos fijos hundidos y vastos...*—EL BLANCO DE OJOS, *obsesionante de notoriedad, sustraído todo el color de la cara por el blanco especial de la córnea fija a través de todo, un poco vidente y un poco insospechable de intervención pero franco de ademán y de superficialidad. Sus pupilas claras se pierden en el claror mate y pastoso de redor, sin luz ninguna y sin catacumba pero con espíritu...*—LA DE LA BOCA VIOLETA, *es una mujer pequeña, llena de distinción, oscura de este negro astringente y sin brillo de la hora, con una boca en uve, boquiabierta y sin dentar, que sobre su gesto voluptuoso y convulsivo tiene la gravedad de su color, un color violeta que se salva al negror ambiente, un violeta hijo de la exaltación del color carmín con combinaciones de deseo, un violeta que parece influir también en sus senos y en su sexo...*—EL DESCARNADO, *un hombre lívido y demacrado, profundamente negro, línea a línea, flaqueza a flaqueza, con cierto aire y ciertas trazas contradictorias, delicadas y apostólicas y dolorosas, adorables por como figuran y se encaran noblemente tan descarnadas y tan consumidas como son, sin reserva y sin pusilanimidad como si tuvieran un árbol central y garantizado de platino incandescente y genial.*

Todos estos personajes reunidos en un grupo inquieto y apuesto, que se dispersa en confidencias y deja sospechar fuertes pasiones, hablan en voz baja, una voz llena de entonaciones y de persistencias, autóctona y dura, con un dejo extranjero y, sin embargo, nacido de sí mismo en su propia lengua indígena...)

EL DESCARNADO.—Ha sido espantoso... Esos cómicos no obran ni con su sexo, ni con toda la audacia necesaria, y parecen cada vez peores, y más irresistibles, todos llenos de agua fría y de un solo ademán...

LA DE LOS ARETES.—¡Y el drama! ¡Qué lleno de titubeos, qué mezclada la mujer al hombre, sin pasión, como cometiendo en sus relaciones tan estranguladas y tan quietas, un doble homicidio...! Homicidio y no suicidio, porque tienen la aspiración de vivir y se enflaquecen...

LA DESCOTADA.—Y qué mezclados los hombres en una pederastia detestable y sucia, todos amando su semejanza... Yo no podría amar a esos hombres y moriría de castidad y de convulsión...

EL DESCARNADO.—Todo el drama apestoso al autor, a su egoísmo y a su claudicación... atiborrado todo él de historia de la literatura y de delgadez... ¡Hay que ver cómo se engañan estos dramas, de voces de mujeres, de cosas y de lágrimas, y cuando se hace el silencio después de ellos, no queda ni una palabra!... Se ve que en ellos es posible sólo lo que no sugieren y se sospechan grandes posibilidades!

EL DE LOS PÓMULOS.—Sí, es lo que tú dices; no es que quede un drama sino ni siquiera una palabra buena, que por cómo sea irreconciliable con el drama y por lo que repudie, salve o no al drama.

EL ALTO.—Se desconocen a sí mismos y se aplastan y se desviven bajo sus palabras... El público está aplastado también y reconoce con gusto y con sadismo su sumisión y su plasta innoble... Y ríe del ingenio...

LA DESCOTADA.—¡No es verdad!... En todo falta mi descote, presto a vuestras palabras y a vuestro engrandecimiento, veo cómo os hacéis prósperos a cada minuto que pasa, y siento en él un agrado sin nada mercenario... ¿Sentís esta confianza y este sostén en mi descote abierto hasta el centro de mis pechos?... ¿Lo abro más?... Vuestra instigación y vuestra palabra renovadora siempre buscarán su animación... ¿No? Sí... Aunque envejezcamos y aunque no podamos más...

EL DE LOS OJOS BLANCOS.—Por eso son anodinos estos dramas de repertorio, porque falta tu descote y la largueza de María, de Iluminada y de Brazalema... No hay en ellos ni una palabra que no reconozca amistad o enemistad, ni una palabra sola que enseñe un placer nuevo o un nuevo espacio...

EL DE BARBA NAZARENA.—Nada traiciona y salva al acuerdo estúpido del drama, y resulta que el Judas está necesitado por el Dios, para glorificarse con su sacrificio... ¿Qué maldad no hay en humillar a los Judas para elevar a Dios con espíritu de Judas y con su misma mediocridad y sus mismas pasiones?... Se necesita algo diferente, que no esté tan mordido de sí mismo y tan encorvado sobre su enemigo y su abominación... Algo que se levante de sí mismo y que no cuente tanto con la tradición y la fealdad...

EL DESCARNADO.—¡Y cómo han aplaudido, sin embargo, esta noche! La obra había cerrado más la cabeza a los espectadores y a los personajes y estallaban de todos sus sentimientos antiguos y coléricos... Su amor es colérico y se ve cómo desea apretar su deseo hasta estrangularle... Es colérico hasta su ideal por no excluirse de él y de todo y hacer en vez de lo que les es usual algo burdo, lleno de sarcasmo, de belleza y de admisión...

EL RECIO DE PÓMULOS.—Les he visto más que nunca como culebras que en un movimiento erróneo se hubiesen hecho un nudo en el centro, y ya después sin deshacer ese nudo en su carne, aspirasen con la cabeza hacia lo alto la cola retenida en tierra fatalmente, pegada a ella con fuerza, y con la tirantez el nudo se hiciese más cerrado y más doloroso, y cada vez aumentasen las dos tendencias agravando su nudo intermedio, hasta ahorcarse por su sitio...

EL DESCARNADO.—Poco importa; vamos nosotros con nuestro drama... Ya es hora... He recibido algunas cartas de disculpa de Abil, de Eulalia, y del «extranjero» que está enfermo...

LA DE LA FRENTE LUNAR.—¿Qué dice Abil?

EL DESCARNADO.—Algo bueno... Aquí está *(leyendo una carta):* «A todos, amados creadores, un abrazo. Siento no poder asistir al estreno de *Conclusión,* ese drama en que añadirán un esfuerzo y una incontinencia más al deseo de su gran obra cuotidiana, llena de vida privada y desarropada. Tengo placer esta noche. Ustedes tan verdaderos, ¿negarán importancia al motivo? Lo siento de veras porque yo había calculado esta fecha, fantaseando el ejemplo de abertura y de exceso de esas grandes actrices... A la vez me acabo de enterar que el drama lírico y vulgar estrenado hoy ha sido un éxito espantoso y eso me tendrá más inquieto, deplorando no ver cómo curan ustedes la paz violada en ese espacio que debe ser cándido de nuevo, con ese candor que accedido con candidez es la gracia de nuestra vida... A todos mi aplauso y mi promesa para mañana...» Esto dice.

LA DE LA FRENTE LUNAR.—Lo siento... Ese hombre que cada día está más pálido de cosas privadas y persuadidas de su gloria, me ayuda con su presencia siempre... Ya desconfió un poco de mí al saber que no estará... Cuando veo lucir su sortija sobre el rojo terciopelo del barandal de su palco, me doy más al ambiente, no sé por qué, y me impone ella un gran entusiasmo como si fuera un ideal...

LA MÓRBIDA.—Lucirá sin embargo la sortija del Marqués de Ori. Pon tu mirada allí... Es necesario que te entregues y tengas toda la fantasía... Tu papel es difícil y necesita todo tu ánimo...

LA DESCOTADA.—Es verdad, en el teatro sin luces, una sortija facilita la palabra y hace reaccionar al corazón... Es como un talismán para las confidencias y opera en el corazón...

EL ALTO *(dirigiéndose a la sombra muy elevada de ábside —rigurosamente perpendicular y subterránea— de telares, el lugar de las inmensas rendijas).*—¡Baja rezagado, y tú Ana!... ¡mucho habéis tardado en separar vuestros pechos!... ¡Está todo ahí, cada vez más permitido y más templado y más lleno de cosas!... ¿Eh?

EL DE LOS OJOS BLANCOS A LA DE LOS ARETES.—¿Tú aún no te has arreglado?

LA DE LOS ARETES.—No... No he entrado aún en mi camarín... En un momento estoy... Lo que temo, como siempre, es que esa mujer advenediza que ocupa mi camarín a deshora, me haya gastado mis cosas de tocador... No sé por qué toca allí, tan mediocre y tan injustificada.

LA DE LA BOCA VIOLETA.—Yo el otro día me encontré mi peine sucio y la polvera vacía.

LA DESCOTADA.—Son mujeres livianas que no saben de la suprema distinción de no dejar huella... Hasta el feto de un niño me he encontrado un día abandonado por miedo y puerilidad, se conoce... ¿No es bastante esa señal de cobardía y de timidez para explicarse lo abandonadas y lo sucias que son? ¿Qué trabajo las hubiera costado dejarlo caer ahí en el foso, que es como un pozo en el que no se oye caer la piedra? ¡Su belleza se hubiera llenado de desmemoria y de frescura de nuevo!...

EL DESCARNADO.—¿Estáis todos ya? *(Un murmullo de afirmación.)* Bueno; tú, César, ponte la capa y vete al *foyer* para preparar la entrada a los invitados... Cuando oigas el golpe en la tarima, hazles pasar... *(Vase el alto.)*

EL RECIO DE PÓMULOS *(a* LA MÓRBIDA*).*—Tú no te has pintado bien... Necesitas hacer más violáceos tus labios, más azul prusia en tus orejas y más oro en las cejas... Parece que no sabes cómo la oscuridad en vez de ennegrecer los rostros, los pone lívidos y blancuzcos... Necesitas más morado en las mejillas y más rojo cereza... Ve un momento... Aún tienes tiempo... Púlete las uñas, que quiero verlas brillar como fósforos...

LA DE LOS ARETES *(a* EL DE LOS OJOS BLANCOS*).*—Contrae tus ojos como unos labios y bésame con su claridad... Si no, bésame sin ruido, llevándote el pedazo de carne en que des el beso... He escogido mi papel sólo para que me beses tan en medio de todos y para sufrir ese beso que dejara escocido el hoyo que haga. ¡Cada vez sé imitar menos en los dramas la pasión que te tengo, pero lo poco que acierto me hace una gran actriz... ¡Qué sería si pudiera mostrarla toda!...

EL DE LOS OJOS BLANCOS.—Te prometo que sentirás ese beso con mucho hierro, según hables por tu cuenta, en lo que nos está permitido improvisar... Yo sé hasta dónde hay que activar el corazón para que se sienta a continuación exhausto y nos contemple... Es por lo que me quieres de ese modo... Y por lo que yo te quiero... Porque según sea tu palabra, harás más loco el tropel de tus senos y engrandecerás materialmente tu arquitectura...

EL DESCARNADO.—Bueno. ¡Atención! Vamos a comenzar... No creo necesario insistir mucho una vez más en que aunque vendrá una nueva noche, no se puede ni pensar eso y es necesario que os deis en cuerpo y alma a esta noche... Ya sabéis que el «groupier» recoge la puesta sin atender a reclamaciones finales... En todo el fondo de esta obra podéis gozar una realidad estrellada y mataros por ella, y en cómo encerréis en la proporción de una noche vuestra vida, estará el secreto joven del brote de mañana. Yo sólo sé deciros que os induciré con mi ejemplo... *(levantando un poco más la voz)*. Bajad un poco más el bambalinón... No tenemos que enseñar nada al anfiteatro y el escenario hace mejor apaisado y recogido, porque los grandes techos aplastan y desmienten vuestro ardor privado y voluptuoso, mujeres... Esa «corredera» corredla a un lado... Abajo el telón y cuidado con él, que la otra noche a poco descabeza a Eloísa...

La de la boca violeta.—Sí... Sentí su guillotina fría en la garganta, y cerré tanto los ojos, los cerré atrozmente y los aparté hasta no sé qué incalculable sitio recóndito con tan extremo deseo de vivir la vida que me quedaba, que hoy me siento medio vacía y coagulada y me parece que sólo voy a vivir de un resto de vida que no agoté ayer porque me repuse cuando casi iba a violar ya irreparablemente ese resto... ¿No soy más transparente y más larga?

El alto.—No, eres sólo más afilada.

El de pelo crespo.—He aquí una mujer que en vez de retractarse pecó hasta el disparate... He aquí la doctrina...

La de la boca violeta.—Sí... Pero debí terminar el paroxismo en vez de sobrevivir... Hoy he echado un hilillo de sangre por la boca y he amanecido pálida y transparente... El terrible hierro del telón, fue demasiado varonil conmigo y me violentó con su susto... Me duele el pecho de verdad y estoy un poco afónica...

El descarnado.—Bueno, que les sirva de enseñanza a todos tu caso... ¡Pronto! ¡Telón!... Que son ya las dos y después con la luz se ven demasiado los estigmas y la fealdad de los otros, y no se creen las palabras... Vamos a procurar que nos coja en nuestro lecho de violencia y de compensación... *(Baja el telón lentamente, con la manera particular de un*

telón sin público y sin iluminaciones. Suenan dos golpes de tabla-
do, como sonantes sobre un parietal de excepción y de paradoja.)

(En el entreacto la sala queda a oscuras, con balbuceos y extra-
ñas verificaciones, fuertes de aroma y de color.)

Acto segundo

La escena aparece cubierta de una cortina corrida, de terciopelo negro, que cae en grandes pliegues absolutos, y que disimula sus entradas. En el centro de la escena hay un hombre de cuerpo presente, en una apariencia de muerte violenta, sin ciriales y sin catafalco, blanco el rostro, vertida la frente, blandas las manos y largos y desviados los pies, arrojado sobre un lienzo negro; junto a él, LA DE LA FRENTE LUNAR *llora cubriéndose hasta la frente con el manto negro que la enjuga. Inclinado su pecho sobre el muerto, hace su dorso una curva de un ahínco profundo y pervertido. De pronto se endereza, y dejando de llorar, su frente más llena y más acrecida pero más mate, le mira con espanto, sin párpados, el ojo y la ceja como una eñe y se levanta y grita desde fuera, desapareciendo tras la cortina:* «¡Socorro! ¡Socorro!»... *(Pausa, después de la que vuelve y con ella* EL DESCARNADO, *con el sombrero en la mano y continuando una conversación comenzada fuera.)*

EL DESCARNADO.—Sí... Pero no se debe gritar fuera de nuestro recinto en la oscuridad tan llena de todos... ¿Tú sabes quién es un cualquiera? Siempre es un enemigo... Menos mal que sólo te he escuchado yo...

LA DE LA FRENTE LUNAR *(señalando al muerto)*.—Mírale... Es ése... *(Se arroja de nuevo sobre él.)*... ¡Todo mi amor y toda mi vida... muertas violentamente!... Es el final del drama de mi vida perseguida por el «otro» mal hombre... Mírele tan honrado y tan muerto... Perdóneme... Le he llamado, porque he creído ver crecer la sombra de sus pestañas y parpadear después, como si fuera a ver sus ojos castaños... Me ha mirado por un boquete en lo tupido de sus párpados...

El descarnado *(con una flema recia y conmovedora.)*—Eres la mujer de todos los dramas... La pobre mujer de todos ellos, llenos de dolores falsos que te han ocultado al dolor... Sólo has llorado siempre deteniéndote en tu drama, inutilizándote en él con toda tu carne sin iniciar... Hay que mascar y asimilar todo lo trágico... Llorar no, eso inferna y hace demasiado exterior y demasiado definitivo lo que ha de internársenos y ha de hacernos pasajeros... Llorar es hacerse irredento, porque sólo nos redimimos por un acto más dramático que el drama reciente, pero no por unas lágrimas... Por un acto audaz y decisivo, que nos agrave más que hacernos felices... Y tú lloras porque quieres ser feliz... Sécate las lágrimas que hacen perder la ocasión fatalmente, y sé irreparable y afilada según tu nueva vida... Te ha pervertido el drama con delicia y con engaño, dejándote sin voluntad y sin albedrío y ahora te tiene cogida más que nunca... Ese hombre es un hombre de cartón y tedio... No he tenido más que oír tu primera palabra para ver que no te ha dado fantasía ni precisión, y que me señalabas a un cualquiera. Te han distraído los acontecimientos por lo visto como a todos, cuando no has dado antes el grito de socorro...

La de la frente lunar *(que le mira y le escucha atónita).*—Pero ¿por qué todo eso?

El descarnado.—Porque soy el que quiere ver tus blancas vacunas, no tu belleza. ¡¡Tu belleza!!, como te decía flacamente este cadáver, lleno de una procacidad inútil y aferrada a ti, con el belfo caído y los ojos ligeros, exclamación con que te ha debido debilitar mucho, por lo que quizás tengas vacías tus nalgas... Me supongo todo lo que él te ha dicho de resignado y de inerte, ¡pero tú maldecirás aquello!... ¿Para qué decirte más palabras? Sería poner en ti algo discutible y sin la fatalidad desatada que se requiere... Adelanta tus senos a tus pensamientos... En ti lo que hace falta poner son tus pechos con toda su inexistencia... ¿Ha podido con ellos este drama? ¿Queda alguna de sus palabras más que tus pechos? Eso es señal de que no te comprendía, ni te siguió, y eso lo deja solo y como insistente... No te dio tus facultades, éstas de que estás ahora facultada por como me miras... Lo sé, sostente en ese pensamiento que ha ensanchado tu cuello tan fuerte y tan noble... Cuando entré caía su tersura como lágrimas y ahora está vivo y duro...

La de la frente lunar *(resuelta y con exaltación).*—¡Pues sí!... Nueva...

El descarnado *(levantándola y cogiéndola las manos).*—Escúchame ahora bien... Sigo hablando a tus pechos, geniales y valerosos... Trae tus manos... No desconfiarás, quiero hacerte sentir no sólo un homicidio, cometido con él, sino también conmigo...

La de la frente lunar.—Ninguna de mis gentes me hubiera dado tu consuelo... Siento cómo me hubieran podido hacer más oscura y más perdida porque para eso estaba dispuesta... El muerto se ha perdido donde yo iba a perderme y de donde tú me has sacado con un gesto tan fácil... Me da no se qué, verme no sólo sin depresión y sin lágrimas, sino llena de anhelo... Sobre la vergüenza como de estar desnuda y entregada con sacrilegio, está el que soy superior a mí y eso me da todo el ánimo... ¡Pero ha sido tan vertiginoso! *(abierta su nariz y poseída).* ¿Cómo?... ¿Por qué, di?... ¿Quién eres?...

El descarnado.—Porque yo he hecho toda la fuerza posible contra el acontecimiento y me he atrevido a decir una palabra, trabajada por toda mi vida... Y mi vida de pensamiento y de revolución, no es poca... No se te había ocurrido sospechar de él, y eso hubiera sido definitivo porque encontrar la prueba o la razón de la indignidad es ya más difícil... Con una sospecha hubieras hecho lo bastante... Mira, atiéndeme con toda tu blancura carnal y todas sus manchas azuladas y rojas, y siente todo lo raquítico que ha sido todo después de lo lírico que te debe haber parecido... Porque ya te lo he dicho, tú eres la protagonista de todos los dramas, abatida de monotonía y de una grandeza y una verosimilitud repugnantes...

La de la frente lunar *(desatándose los cabellos en un solo ademán, de una sola vuelta todas sus vueltas).*—Mira, para que veas que te comprendo... ¡No he sentido cosa mayor que hacer que la de desatarme los cabellos!... No necesito las explicaciones de siempre, sino contestarte con desenvolturas.. Dudo tanto de mi alma o la creo tanto que por no contar con ella tan llena de preparaciones, me he podido renovar... ¡Si no me hubieras hecho sentir mi cabello tan refrescado y tan facultado, y si no hubieras hecho inapelable mi busto y mis muslos, no te hubiese creído y te habría rechazado como a un blasfemo!... ¿Pero que intención tan admirablemente y tan clara es ésta?... *(Se remueve como en un desperezo con contradicciones, y después se le cuelga al hombro.)* ¿Qué hacer esta noche embarazosa hasta el amanecer que se le encierre? ¡¿Cómo iba yo a suponer después de tanta solemnidad que se me propondrían tus palabras, que me han vuelto del revés y me han retorcido y me han llenado de una carne imperiosa?! Reténme fuerte... ¿Necesito que me agotes y me enseñes así de lo que soy capaz, después de todo lo que me has hecho sentir y que aún es para mi un desmayo en vez de la honestidad enorme que preveo?...

EL DESCARNADO.—Te traeré a mi gente y ella sabrá manifestarte... En el velatorio sentirán todos violencias y resarcimientos exteriores...

LA DE LA FRENTE LUNAR.—No tardes... No es que tenga miedo al muerto, es que tengo deseos que a solas con él se van a volver desesperados y trágicos... ¿Podrás responder a ellos después? ¿Podrás resistirlos? Mira que te apurarán demasiado...

EL DESCARNADO.—A todos, aunque calcinen mis huesos... Vuelvo en seguida, porque es cercano el rincón de mi gente... *(Sale.* LA DE LA FRENTE LUNAR SOLA *espera sentada en los divanes bajos de alrededor, contemplativa a lo lejos sin pasar siquiera sobre el cadáver; se hace un gran moño caído sobre su nuca, entreabre su cuerpo en una rendija de luz y de ambiente y se levanta las medias caídas con ese gesto femenino tan real y tan lleno de posibilidades y de suscitaciones... Se tiende sobre su asiento y se yergue con los brazos en alto... Da unos pasos, se acerca al difunto, le mira fijamente y se queda serena, como única en el ámbito... Se remueve y como desesperada de estrechez, con un gesto pueril y nimio, se quita el corsé y pone sus brazos en jarras con sopor y con abrazo y alentación, coincididas las dos emociones como en los dos tiempos de un parpadeo... Por fin, después de arrojar sus anillos y su pulsera y su collar al muerto y de taparle el rostro con su pañuelo, se asoma a la rasgadura de la cortina y espera... Se escuchan voces y pa-*

sos leves, privados y emparejados, y aparecen EL DESCARNADO, LA MÓRBIDA, *del brazo de* EL ALTO, LA DE LOS ARETES *con* EL RECIO DE PÓMULOS, LA DESCOTADA *con* EL DE LA BARBA NAZARENA, *y* LA DE LA BOCA VIOLETA, *con el de* LOS OJOS BLANCOS.)

EL DESCARNADO *(presentándoles con un gesto sin brazos).*—Mi gente. *(Y acercándose a ella y enlazándola por el cuello en un gesto avezado y soberano.)* Mi hembra... Como os he dicho, ha resistido el empuje y es virgen y siente vuestro nidero de cosas en el pecho... lo enconado y sólo deba quedar ya uno sólo para gozar todo el resto... Yo quiero ser el que muera... ¡Eso será morir con optimismo y con fortaleza, no morir como este hombre, lleno de días muertos, grises y obcecados y sin rescate en una mujer... Muerto por que estuvo muerto antes de morir, eso es lo que hiede en su cadáver fresco... Antes de morir así, todos los suplicios... El muerto debe no dejar duda sobre sus días y sobre su libertad; si no apestará su muerte siempre...

LA MÓRBIDA.—Me siento en presencia de un hombre de un día, que no es un niño de un día por su falta de inocencia y por su carga de cosas torpes y estrechas... Para mi imaginación es un hombre sin imagen... Siento el encanto de estar vengada de todos los otros y tener probado lo deleznables que son y lo parecidos a él, tan tieso y tan imitativo... Redímeme dándome tu excepción... *(Se atraviesan más y sólo se escucha el deje de su siseo y de sus manos.)*

EL DE LA BARBA NAZARENA.—Morena, al reír se profundiza tu vello sobre los labios y eso es lo que te hace más grave y más deshecha... deshecha por mí... ¡Con eso compongo mi vida y la hago festiva y experimentada!... Por eso odio la calle y hasta los jardines... Día a día, sin dejar obrar al día, te he deshecho y has estado más bella al perder... Después te has estacionado y has necesitado perder más para reponerte y ganar... Y has vuelto a estacionarte y a tener la cara desencajada y manchosa y he necesitado volver a tu destrucción para recobrarte excedida, siempre más bella que antes, pero siempre después más consumida y más cumplida, pero bella y satisfactoria aun así... Aún así...

LA DESCOTADA.—Eres bueno por cómo comprendes mi ajadura, por eso me es más simpática mi ajadura que la con-

411

servación que pudiera haber hecho de uno de aquellos retratos tan cuidados de entonces... Ámame en mi ajadura, en mi variación y te querré como nadie... Tú también sigues ese derrotero y yo me siento también consumada en tu demacración... Tus barbas son cada vez más profundas y tiran cada vez más de tus mejillas, y tus ojos son cada vez más negros y más fijos... Pero así me muestro cada vez mejor y más largamente, juntas todas las reincidencias de mi vida. Mira en mi mano este rasguño que no desaparece... Mi encarnadura está demasiado entretenida en su placer y demasiado exhausta por ti...

EL DE LA BARBA NAZARENA.—Y así viviremos sin que muera más que el último momento, un momento accidental y aún sin formar, pero sin nada de nuestro pasado ni de nuestro porvenir, que es lo que da dolor y trae su sensibilidad a la corrupción en quienes no se agotaron con la contribución de todas sus fuerzas y todo su albedrío... Siente la presencia de ese muerto tan imbécilmente dramático, y empeora tú, empeora como yo empeoro, quiero ver mañana en nuestra serenidad completamente inmortalizado el resto de hoy, por como lo hayamos arrancado sin residuo a un accidente como el de este hombre tan vano y tan abominable que no lo comprometió y no lo exaltó todo... Quiero ver cómo en tu sonrisa de mañana se profundiza más el bello de tu rostro porque te pertenesciste más que nunca coincidiendo conmigo, haciendo más contentadiza y más leve mi vida... ¡Así, sentirnos leves, leves a costa de estas cosas máximas e irremediables!

EL DESCARNADO *(a* LA DE LA FRENTE LUNAR*)*.—Todos los días me irás matando... No tendré para ti ese ansia del otro, de vivir de cosas invariables y temerosas, demasiado fijas... Esas cosas con que te ha retenido... Me deslizaré al lado tuyo, en vez de retenerte quieta y falsa, para evitar esa rebelión que sólo temen los que no son capaces de rebelarse al unísono o de dar la prueba de una rebelión mayor... Siento cómo nos alejamos y cómo ningún encanto se tiraniza sino que se pierde y así facilita nuestra innovación...

LA DE LA FRENTE LUNAR.—No puedo volverme contra ti, aunque tú me instigues con tanta independencia... Siento

412

que mis carnes se hunden en mí en vez de verterse fuera, como bajo la palabra de los otros y su complicidad... ¡Se hunden en mí y ese placer que te debo me inspira la mirada más rara y más persuadida para ti, hombre mío! ¡Qué rencor no miraría en mí antes, aun en la mirada apasionada! ¿Cómo no lo notó él? ¿Cómo no lo noté yo misma?

EL DESCARNADO.—Así, así, no me ames por el corazón, eso es poco, ámame ensimismada, con un gesto que me diga sin rendiciones, cómo estás llena de ti, de toda ti en mi presencia... Así tu cuerpo no consentirá la infidelidad en mí ni en cosas tan ajenas a nosotros como el tiempo y la fortuna, ni en ti misma... Acerca tus ojos... Quiero ver cómo dominas tu vacío y te insinúas ante ti misma... Impúber mía...

EL RECIO DE PÓMULOS.—Brazalema, tienes los ojos quemados...

LA DE LOS ARETES.—De mirarte... Esta noche te veo tan lleno de pasión para sanear la muerte, que me matarías por salvarme a esa presencia tan lamentable... Y mis ojos se han irritado de verte tan hecho de fuego vivo... Soy más débil que tú, ya lo sabes... Siento dolor en el costado pero me es inefable porque tú me has quitado todo miedo... Por grave que sea lo que me pase nada me lo parecerá... ¿Quién me ha curado tanto?...

EL RECIO DE PÓMULOS.—Brazalema, mira mi mano; no alcanza a cerrar tu mano, siendo tan pequeña; mira si se tiene más de lo que puede la ambición ambicionar... Lo que hay que hacer es darse cuenta de una mano, sólo de una mano tan totalmente como yo. Satisfacerse sólo de una ma-no, compensada toda la imaginación por una mujer como tú y vivir de una mano, sin imaginación porque la mano la habrá sobrepasado perdidos los sentidos en un goce tan extremo y tan palpable... y ser un rezagado en los escalafones...

LA DE LOS ARETES.—Y me tendrás siempre en esa mano, toda yo recogida en ella y salvada al frío que me da muerte... Toda: cabeza, entrañas y visión comprimidos en ella, se llenarán de ceguera y de finalidad... ¡Qué fácil es consagrarse!...

EL DE LOS OJOS BLANCOS.—El corazón que siempre siente su puñalada en esta hora está desimpresionado...

413

LA DE LA BOCA VIOLETA.—Un muerto así cura todas las aprensiones, suscitando un optimismo vigoroso con su soledad y con su muerte retrasada... Mira, apriétame en este seno que tú sabes cómo me dolía, y verás que no grito... Estoy más dura y más resistente. Compruébalo...

EL DE LOS OJOS BLANCOS.— ¿No será mejor un beso? Lo resistirás mejor que nunca y veré cómo tus ojos se ponen más negros, más llenos de disposiciones... Y un beso además te apretará los pechos; los besos saben hacerlo... *(La besa.)*

EL DESCARNADO.—Hermosa noche para estirarse y sentirse sin obligación y sin temor... ¿Qué severidad se esboza siquiera, después de ver a ese hombre comido y maltrecho de severidad, tan inutilizado por su severidad, sin nada que aprender ni que afirmar?

LA DE LA FRENTE LUNAR.—Me siento abrazada por ti y abrazada por mí... ¡Abrazada por mí, mira tú! Quizá vale por toda mi abstinencia de siempre el faltarla hoy...

EL DESCARNADO.—Pero, ¿por qué te has vuelto a hacer el moño? Un peinado en esta ocasión es un pecado... Se opone a muchas audacias y al dibujo de tu apoteosis... Destrénzate para que yo te vea mejor y seas más incomparable... Así irradiará más tu cuerpo y yo me sentiré sobrecogido como quiero... Mira todas nuestras amigas destrenzadas... ¿No animan a todo, así?...

LA DE LA FRENTE LUNAR *(soltándose el cabello).*—¡Qué no haré por ti! Díctame el ritual... Tú me has sanado, como por milagro con sólo exponerte con imperio a decirme una palabra... Yo, hasta hace poco sostenía sin manos una bandeja con mis ojos y con mis manos arrancados, y sonreía como una boba. Tú has hecho el milagro... Siento un desmayo incomparable en mis rodillas...

LA MÓRBIDA *(al ALTO).*—Tienes unos ojos para hacerlos feos de puro grandes... Hay en ellos algo que fomenta ese deseo, por amor a ti... Lo necesitan, pugnan por ello, lo merecen... Parece que así sentirían más suave su vida...

EL ALTO.—Sí... Eso que tú has visto en ellos es lo que quieren... Pero que se agrande en ti todo lo que ellos desean y eso será como si se agrandasen hasta el infinito... Yo ten-

414

go los ojos que tú quieras; más que los que me vea en tus pupilas los que tú me digas... Los espejos siempre me los ponen demasiado oscuros y demasiado incomprensibles... Amor, pero yo te quiero por tu boca más que por tus ojos, cuando la gracia de tu boca la ponen quizá ellos, porque nunca se sabe lo que hay en el rostro, que no sea más que imaginación de los ojos. Pero quiero a tu boca mucho...

EL DE LA BARBA NAZARENA.—Huele a cadáver imbécil...

EL DE LOS OJOS BLANCOS.—Sólo encubrirá a ese olor el olor de mujer, es el único olor ocre, duro y dominante que triunfa del olor a cadáver... En todos los brebajes ácidos y sales que emplean las funerarias se mezcla y reaparece el olor a muerto. Sólo el vuestro, mujeres, es más riguroso y tiene más imperio, un fuerte imperio déspota y horrible del que yo deseo llenarme para fortalecerme y no tener que taparme la nariz y tener el pensamiento valeroso...

EL RECIO DE PÓMULOS.—El olor a mujer es implacable y fulminante y por eso aplaca los sentimientos más pretensiosos... Nos hace cuerdos y densos, muy macizos de lo que debemos ser macizos... El aloe y el ámbar desazonan, son capciosos y nos hacen por entero aspiración dejándonos postrados como odres vacíos, mientras el olor de mujer nos llena, si no de lo que esperábamos como mujercitas supersticiosas y crédulas, de lo que nos emplaza como hombres sin superstición y sin desvelo ni religión...

EL DE BARBAS NAZARENAS.—¡Oh! Que sea más compacto y más duro ese olor, que atenace y acometa, más comprimido y más esencial y con más fuego negro.

LA DESCOTADA.—Hacedlo a fuerza de voluntad, os queremos ver más fuertes de esa fuerza que nos asombra ver nacer en vosotros, de lo que es más ocre y intimida más... ¡Pero que es ciertamente lo que os hace más musculosos, más animosos y más nuestros!...

LA DE LOS ARETES.—¡Por vuestra visión y por vuestra palabra, en cambio el olor a cadáver nos es sutil y se va lejos, como cosa baladí en aires y espacios de calma! ¡Porque la calma la dais vosotros con vuestra audacia imposible y vuestra libertad!...

LA MÓRBIDA.—Cerradnos más con vuestro arco... Os damos todo lo inmenso que pierden en Dios las otras... Cerradnos, apretadnos de nuestra dicha... Cerrad más vuestro arco, sobre nosotros, enarcaros más, que nuestra espalda nos cierra ya bastante en un círculo material y compensador...

EL DE LOS OJOS BLANCOS.—Vuestro olor no es un olor, ni una idea, es más, es algo que nos llena de la humanidad que necesitamos acoplar a nuestra humanidad para llegar al paroxismo sereno y continuo, lleno de realidad y de finalidad...

EL DE LA BARBA NAZARENA.—Es como si fuera una cabeza cumplida y llena de saciedad en que meter la cabeza... La depura bruscamente, inapelablemente. Es un metal en fusión que solda y cuida nuestra ferradura, tornándose de pronto frío y rígido, y decisivo... *(A* LA DESCOTADA.*)* Blanca mía, no te puedo tener más cerca... No hay ya más cerca en mí ni más lejos para todo lo otro... Mira, ese cadáver no puede estar más lejos de mí... Y de ti ¿no? Tú también tienes todo el imperio... No es que estén las cosas lejos de nosotros, que eso es lo que ciega de impotencia y provoca en los pusilánimes todos los misticismos y todos los pesimismos... No es eso... Es que estamos lejos por voluntad personal y única de todas las cosas que están lejos... Perder la dirección de la vida privada, es dar valor íntimo a términos de mera expresión, es perderse... Estamos lejos, que no es lo mismo que el que estén ellas lejos...

LA DE LA BOCA VIOLETA *(al* DE LOS OJOS BLANCOS*)*.—Oyes... El ruido de los coches es lo que insiste más después de todos los abandonos... ¿Si no hemos cogido ningún coche nosotros esta noche, por qué suenan tan lamentablemente? Es lo que más daña a mi imaginación. Cuando van ocupados es cuando veo más expuestas a su escarnio a las gentes, llenas de sus ideas inciertas e invariables... ¿Por qué no les convence esa soledad tan pura y tan de reos en capilla? Se ve lo fanáticas y lo enfermas que están, porque cuidado que es emocionante y apiada de todo, la soledad menuda y penitente de los coches de alquiler... Y cuando van desalquilados, siempre me parece que llevan alguien dentro completamente convencido de todo y anonadado de convicción como un herido transportado con urgencia al que no llevaran nunca a la casa de socorro, alguien mudo y tirado dentro, ocre en las sienes, como he visto pasar alguna vez a algún herido, después del accidente, hacia la próxima enfermería...

EL DE LOS OJOS BLANCOS.—Dame un beso para que yo recoja la excitación de tus palabras... Debemos angustiarnos siempre de palabras tan conmovedoras y llenas de tan bondadosa fantasía, tan trágicas con la tragedia de que vivimos inundados, y que sazonan los besos como nuestros besos. *(Se besan y se maniatan manos con manos.)*

LA DE LOS ARETES *(a* EL RECIO DE PÓMULOS*)*.—Mira, se me ocurre que estaría bien yo negra, con un negro de ébano... Algo que me hiciera más fulminante en esta hora, para sobreponernos más aún a esa decepción del cadáver... Y no de un modo artificial sino porque me transformara desde dentro mi voluntad de ser negra, sin variar de formas, y ofrecértelas así más visibles y más cuajadas...

EL RECIO DE PÓMULOS.—Me basta tu voluntad... Si lo fueras me parecería demasiado artificio... Todo será así, sólo diciéndomelo tú... No desentonará nunca, será blando siempre y estará dentro de nuestra sencillez... Dímelo todo como una cosa pasajera y sin espectáculo, como una cosa que no deseas realizar porque eso la expondría a dolorosos contrastes, algo que sólo me dices a mí para desflorarlo en la confidencia... Así, negra mía, toda del color del ébano, tan plástico y tan terso y tan iluminado en tus muslos. *(Se repliegan uniendo más sus lados.)*

LA DESCOTADA *(a* EL DE LA BARBA NAZARENA*)*.—Me siento nueva para ti, frente a la viuda tan nueva para él... Mírala, se ha rizado más su cabello bajo la exaltación, y su cuello es blanco y expresivo como no lo volverá a ser... Mira sus manos cómo oyen y cómo se inician... No se podría hacer teatral su estado por lo parecida que está bajo la caricia insólita... Fíjate cómo toma aire su bata y cómo se entreabre para oír mejor, todo su cuerpo lleno de perfiles...

EL DE LA BARBA NAZARENA.—Cruza de su impubertad a su pubertad por momentos... Y ese hombre, tirado en medio purga su engaño lírico, secretamente, desapareciendo como una sombra... ¡Qué recóndita es esta hora de justicia y cómo sustituye todo vuestro deseo de justicia pública que siempre estaría lleno de menoscabos y de desmerecimientos... Su amarillo de cadáver hace vivir tu rosa y me lo hace más inapreciable... Nunca ha sido la lividez de tus labios tan viva y tan cortante... Ni la fortuna, ni la complicación son necesarias para gozar, en una ciudad pobre, de la entereza privada... En la vecindad de todos, se descompone su número y todo es cuestión de uno a uno y a uno... ¿No te complace esto? Repítete siempre este estribillo, y ríete de las ornamentaciones que quisieran complicarlo... No hay nada ornamental. No hay más que tu rendición y mi rendición reunidas, posibles todas las palabras y ante todas más agarrados el uno al otro, agarrados, ésa es la palabra permanente, agarrados, más que crédulos aun ante nuestras mismas palabras...

EL DESCARNADO *(con voz fuerte)*.—¿Sentís cómo nada nos espía porque el muerto ha desvanecido por un momento las luces artificiales y el dominio que nos rodeaba? ¿Os gloriáis bastante? Que todo se oiga más y será el oficio de difuntos que nos conviene... ¿Que mañana estamos un poco amarillos y no podemos cruzar el día con ligereza? ¡Qué más da, hasta gangrenarnos por voluntad no habremos llevado a cabo nuestra vida!...

EL ALTO.—Será inolvidable esta noche y nos comprometerá a unos con otros como ninguna bendición...

LA DESCOTADA.—¡Oh, yo me brindo por completo, para que no quede ni mi cadáver... Me quiero poner fuera del alcance del porvenir, para que mi cadáver no me coja viva y grotesca, llena de incumplimientos... Hay que tener la dignidad de no perpetuarse muerta e impotente y para eso hay que desear con todo el deseo, sin dejar nada para después y sin dejar que nadie desee para entonces... Rematarlo todo, desinteresarse de todo y hacer a todos desinteresados... Así no será tan fea nuestra muerte y nadie se rebelará contra ella, como todos los que sobreviven a los muertos se rebelan después de todas las muertes, y si no se rebelan es peor porque están llenos de apatía... Un espectáculo de fuerza y de fe que les sea favorable, no queda nunca detrás de ellos... ¿Nosotros nos seremos favorables ¿no? para desmentir y orear la muerte?... Ninguna sospecha antes ni después de la muerte, porque ésa es la flaqueza horrible que ahora se ve y es tan amarga y tan infame... ¿Por qué este hombre no se puso al cabo de esto, ni puso al cabo a quien le atendía!...

EL DE LAS BARBAS NAZARENAS.—Sí, hay que prepararse con un consuelo cruel y eficaz, del riesgo común... Hay que consolarse como víctima y como superviviente y para eso hay que tomar una medida neutral y niveladora, pagándonos de nosotros mismos y enseñando ese ejemplo tan comprometedor para los que quieren cobrarse de los demás y no saben que la quiebra está en que los demás puedan por el mismo ejemplo cobrarse de ellos... Que arda siempre en los pebeteros el mal olor de la mujer...

EL DESCARNADO.—La aflicción ante los muertos, es un acto que provocaron dejando inútilmente pobres de espíritu y de orientación a sus deudos... Y es una aflicción que se vuelve contra ellos aunque sea sumisa y desconsolada. Debían espantarse de la pusilanimidad estéril que les sucederá y debían sentirse dolidos de esa pesadilla y de ese círculo vicioso que hará durar los dolores en su cadáver, sin el preciado descanso siquiera...

LA DE LA FRENTE LUNAR.—Gracias que he sido ayudada... Todo él fueron evasivas, cosas que necesitaron melosidad y tiempo, más tiempo que el tiempo real, un tiempo fofo y enrarecido... ¡Oh, qué obsesionante se me hace la idea insistente de ese tiempo largo y lírico que él siempre hacía imprescindible y que prueba que nos engaña quien nos diga que lo necesita y nos lo haga necesario...

EL DESCARNADO.—Si muero no te cierres contra mí, llenando de pánico lo que no debe tenerlo... Crearé en ti grandes preferencias optimistas y perspectivas sucesivas que no deberán dejarse de suceder porque yo me oculté... Lo que mata es que las preferencias optimistas y reales del cadáver no consientan el optimismo y la preferencia en la hora de su exhumación con lo que se vuelven contra él y lo lapidan en un dolor cualquiera y sobre todo en el dolor cretino de su viuda... Tu héroe vivió siempre lapidado, por no concebir tanto en él como en quién le debió ser unánime que las preferencias optimistas deben ser panorámicas y proseguidas, para no nacer muertas y estranguladas... ¡Todo es estrangulación en la vida común!...

La de la frente lunar.—Enséñame a ser así como quieres... He estado acogotada por cosas bonitas y ahora siento libre mi cuello... Es una cosa que siento en la nuca sobre todo.. Bésame en la nuca, que tu beso se abrirá, en dos alas que no me cargarán de peso y de insistencia, porque sólo sentiré su expansión y su placer y su soplo.

El alto *(a la suya)*.—Que yo me entere de tu identidad para que yo sepa y tú conmigo qué responder airadamente a todo el tiempo, porque ese tiempo que se encara con uno y pregunta qué convivencia fuerte se tiene, es todo el tiempo en total, todo el tiempo que se pierde o se gana... Dame tu contradicción para que yo la haga identidad amando todas sus contradicciones y defendiéndolas...

La mórbida.—Oye, mira, el muerto tan resistido por todos y tan esquilmado, ha provocado en mí no se qué materia caliente y broncínea que ha renovado mi plástica...

El alto.—Dime que es verdad y lo sentiré en mi tacto. Dime que sí y habré ascendido...

La mórbida.—Todo me es fuerte y macizo como nunca... Todo lo siento plagado de yemas y de brotes... Todo tiene en mí un nuevo aliciente... En un velatorio como éste, tan comprendido y tan profanador parece que se dispone una a todas las creaciones, a todas las responsabilidades y a todas las alfarerías...

La de la frente lunar.—Sí... Quiero ir a tu rincón... Ahora mismo... Siento necesidad de tu casa como de tu pecho... El velatorio ya puede terminar y mañana lo enterrarán los vecinos escandalizados y sorprendidos de un acto tan extraño en su heroína... Pero mi carne se ha rebelado por ti, con rebeldía y con rebelación al mismo tiempo... Deseo ahogarme de ti y quedarme completamente floja un día, sin enfermedad y sin herida... No buscaremos la luz de la ciudad sino la sombra interior de nuestro cuarto, agujereada y agujereada hasta donde no pueda ser ya más...

El descarnado.—Iremos... Te quiero, porque sin tu solidez el Cristo que sufre en mí, moriría sin gloria y sin voluptuosidad... Abre los brazos en cruz, que todo y todos quieren crucificarme, que todo necesita esa prueba final, sin saber que es ésa toda la exaltación que deseo, morir clavado en tu carne, crucificado en ella y dedicarte mis siete últimas palabras.

EL RECIO DE PÓMULOS.—Cuidado que es pequeña siempre la tragedia, cuando se piensa en la obra de voluptuosidad y de locura que debía hacerse cada día...

EL DESCARNADO *(poniéndose en pie).*—Nos vamos... Quiere huir a mi casa de todo lo que la vendrá a buscar aquí, en el epílogo...

EL DE LA BARBA NAZARENA.—¿La ha convencido esta violencia que nos lleva a ellas, para satisfacerlas de la otra vida y satisfacernos? Hay que vulnerar la eternidad a nuestro modo ya que por la muerte no es vulnerable...

LA DE LA FRENTE LUNAR.—Sí, estoy convencida... ¿Pero se nos absolverá?

EL DESCARNADO.—Abandona la idea de la absolución porque mientras no suceda eso estarás aún perdida para el placer. El placer no necesita ser absuelto, necesita penarse en sí mismo, y anonadarse de gloria al final... Esto, y después nada más, infinitamente nada más... Yo te llevaré a pronunciar bellas palabras sin sentido en la excarcelación... Haré que las sientas junto al anonadamiento y que eso sea tu única y enorme exaltación... Nuestra única libertad está en nuestros actos privados de amancebamiento... No hay más... Vamos...

LA DE LA FRENTE LUNAR.—¿Y no habrá drama en nuestra vida?

EL DESCARNADO.—Nunca... Sabemos todos los trucos.

EL DE LOS OJOS BLANCOS.—¡Oh, vendrá el drama...! Y pobre de vuestra vida si no os humilláis y si no sois dramáticos... Será que vivís una vida falsa sin ningún optimismo verdadero.

EL DESCARNADO.—¡Bah, calla!... Vámonos...

(Todos salen silenciosos, sin mirar al muerto, cogidos por la cintura o por el cuello, ellas con sus cabellos supremizados.)

(Cae el telón después de un momento reflexivo.)

Acto tercero

(El mismo sistema de decoración que el acto anterior aunque la cortina es más clara. Hay un solo diván de media herradura en un rincón y un puf amplio y remansado en el centro... LA DE LA FRENTE LUNAR, echada, en el diván, parece fumarse, en argile, su propia vida. Viste con un nuevo traje, claro, traslúcido y pegadizo: sus joyas, que son más radiantes y más amplias, parece que la aumentan los senos y agudizan su encanto; su cuello es más fuerte y se hincha mejor a intervalos y sus caderas tienen un retorcimiento más fuerte y más tenso... Un momento la escena queda silenciosa y única. Después entra LA DESCOTADA, más amplio su descote y abierto como en las mujeres de Tintoretto)[102].*

LA DESCOTADA.—Hola, Iluminada... Mal día... Los hombres están tristes...

LA DE LA FRENTE LUNAR.—Y nos debemos a su tristeza... Están tristes por nosotras, porque todo lo sienten en nuestra eterna convalecencia... No es el gris que hace hoy en la ciudad, ni el del campo el que les irrita...

LA DESCOTADA.—Necesitaríamos un nuevo velatorio como aquél en que blasfemar como aquella noche, sin blasfemias, sólo poseyendo más indudablemente por la grandeza del acto, nuestra razón y nuestra pasión...

---

[102] Tintoretto (1518-1594), junto con el Veronés el pintor veneciano más importante de la generación posterior a Tiziano. Su obra fue elogiada por Ruskin y Henry James. Tal vez Ramón tuviera presente en esta alusión la obra titulada «La dama que descubre el seno», conservada en el Prado.

LA DE LA FRENTE LUNAR.—¡¿Como podríamos variarles un día la ciudad y esa terrible angustia de los campos!?... Por qué los campos se hacen completamente de la ciudad y tienen la hostilidad de todos los sentimientos ciudadanos... ¿Cómo, si ni esas pobres mujeres que se entregan a cualquiera pueden encender la decisión de ser grandes, en los hombres que se las acercan? Si las pobres prostitutas misioneras no les convencen desnudándose y bautizándoles de la gracia humana, ¿qué podremos hacer nosotras que no llegaremos a extremos tan indecibles!... ¡Qué más grande eucaristía que la de las prostitutas, tan pródigas de claridad con su acto supremo, aun siendo tan asiduo y tan menesteroso!

LA DESCOTADA.—¡Si las paredes y todos los atributos de nuestras casas están llenos de pesar y de sentimientos ajenos! ¿Qué hacer con este sentimiento propio ante tanta fatalidad? ¡Pero si al mar mismo, lo he sentido en mi travesía atribulado de los mismos hermosos sentimientos hostiles de todos!

LA DE LA FRENTE LUNAR.—En nosotras mismas no cabe hacer más... Ellos lo ven, pero como todo es imposición, calumnia e insistencia mezquina, padecemos también por el ambiente que les aplana y les abate duramente.

LA DESCOTADA.—¡Pero esto no puede ser irremediable!... ¡Oh, en la novedad de mis caricias llegaré a la caricia más grande!... ¿Como serán de pequeñas las caricias de esas mujeres discretas, resignadas y crédulas?

LA DE LA FRENTE LUNAR.—Estarán de acuerdo con el deseo de caricias de sus enamorados... ¡Son ellos tan poco y tan fáciles de palabra!...

LA DESCOTADA.—Vengo aterida de la calle... ¡Ah, esas mujeres sanas, sin ninguna huella grabada en el rostro son atroces!... No están agraciadas por su locura ni su ambición, esta ambición nuestra, ni por el gran desconsuelo que hace bellos los ojos... Yo no sentiría belleza en mis ojos si nos los sintiera así de desconsolados por ese desconsuelo, tuyo también, que es la belleza, una belleza que prolongar con la raspadura de todo esto que nos sorprendió y que estaba tan retirado en nosotras mismas...

LA DE LA FRENTE LUNAR.—Hay en tu boca caída una belleza que yo quisiera para la mía, pero ganada por lo mismo, por todos tus excesos y todos los rigores... Yo sé que tú has avanzado más que yo y te has dicho todo más veces y de un modo diferente al mío y más fuerte que yo quisiera imitar en lo que me es de diferente... ¡Tus lagrimales se ven mucho y eso es una cosa tan viva y tan bien dispuesta!...

LA DESCOTADA.—Todo es que soy más vieja que tú y que él y yo hemos gozado más el desconsuelo de todo lo que no hay, a través de muchos días, muy calladamente, en una evocación muy cultivada y muy viva... Nada más, muchos ratos de decaer por bondad y por franqueza... Pero en tus ojos hay una belleza recta tan decidida a aniquilarse como la que pueda haber en los míos... Así está en ellos toda su facultad, junta con todo su destino...

LA DE LA FRENTE LUNAR.—Para gozar mucho ¡cómo tenemos que coincidir de admirablemente, qué ensañado debe ser el uno con el otro y qué humillados debemos de quedar, muy humillados de placer y de consumación!...

LA DESCOTADA.—¡Cuánto! es verdad, para llenar de un interés insustituible nuestra vida privada... Hay que asordecerle a él todo entero y asordecerse una *(pausa)*. Tienes una bella nuca, que me cautiva porque siento en ella todo lo irreparable...

LA DE LA FRENTE LUNAR.—¿Estaría mejor rubia? ¿Qué te parece?...

LA DESCOTADA.—No... Tu moreno es un moreno tan negro, tan ofuscador que no deja pensar si no eres también rubia... Además eres tan blanca que tu blancura te hace rubia y rubia serías más morena, sin otra rubiez entonces que la del pelo... Serías menos rubia, ya ves tú...

LA DE LA FRENTE LUNAR.—Siento ansias de tener algo nuevo y sorprendente, y no en las joyas que es lo único que se puede renovar tan súbitamente, sino en algo que pudiera ser de mi fisonomía... ¿No es esta voluntad nuestra que ellos conocen tanto, toda nuestra belleza?... Yo ya para admirarme no siento mi rostro y mi desnudo sino mi voluntad, lo único original y expresivo...

LA DESCOTADA.—Yo en mi vida he sentido también que la voluntad es lo único por lo que se me debe amar y muchas veces he sentido ese deseo de la voluntad que no es de embellecerse sino de agravarse, de hacer más fiero y encarnizado todo el cuerpo para crear en el hombre la enfermedad que sólo se cure en una y le retenga siempre. ¿No es eso lo que tú quieres? Debe haber un milagro que puede hacer una de puro desearlo con fuerza... Quizá lo hagas tú... Tengo fe en tu juventud y espero que un día resplandezca en ti esa fatalidad... Estás demasiado convencida de lo que no hay que amar, para que después de haber salvado todo tu amor, te sea imposible ser definitiva como nadie... Yo ya voy de vencida...

La de la frente lunar.—Pero en tu descote hay una grandeza extraordinaria que desde que la vi sólo el pensar en ella me ha hecho desdeñar todos los espectáculos... ¡Cómo se siente todo vano frente a algo tan sabio y tan recogido! Aquellos grandes amores místicos por la Virgen María y las santas que yo tenía, están ahora en tu descote...

La descotada *(abrazándola la cabeza).*—¡Mujer, tu descote asombrará más y recogerá más luz... Tú no sabes lo que es llevarse un día en estos tiempos... La novedad, para quien la recoge como tú, será más grande y más fuerte cada día...

La de la frente lunar.—Me falta estar tan macerada como tú... Tener ya tu experiencia y tu envolvencia... Te envidio como una neófita...

La descotada.—La puedes tener con uno de tus días si tienes decisión y te ayuda la hora... No hay paisajes, ni casas, ni acontecimientos, hay sólo la hora con más fuerza que todo el resto. Sé ingrata a todo y apóyate en la hora, haciéndola todo lo solitaria que sea necesario hasta que te aniquile y te pierda... Saldrás de ella con este descote mío tan lívido y tan transparente, que pasó por él, acabóse de todo y se salvó el solo... Que sólo quedes tú y que lo demás sea nuevo e improvisado cada momento, así lo sentirás todo muy entrañable y muy difuso y eso lo hará todo más sólido y más principal. ¿Me entiendes?

La de la frente lunar.—Te entiendo y quisiera realizar lo que comprendo... Quisiera comprometerlo más todo, y comprometerme más...

LA DESCOTADA.—Eso necesita una gran cautela y una gran malicia. No te precipites, sé ensañada y sórdida... Enróscate a él en la casa, en lo más sombrío de ella, y sálvate a todo lo que padece una mujer en la calle de todos... No le hagas sentirse recargado y que vuestro juego sea un juego sencillo de culebras sutiles en un espacio que siempre ha de dar la sensación de ser más pequeño y más desembarazado... No quieras cautivar ni con lujo de palabras ni con ningún otro lujo... Comprometeros por lo que hay de inmutable en los rincones privados en que toda bajeza es posible... No veáis en vuestra vida ningún brocal, sin descender, sin dudarlo por él...

LA DE LA FRENTE LUNAR.—Sí... Ese rincón privado es el que me complace y el que quiero poseer más... Sí, tengo el terrible temor de la calle y de la publicidad y siento en ella que me pierdo toda fuera de mí... Lo siento, lo siento, aunque paso de prisa y sin asentir a nada... Llego a casa sin sexo y con vaguedades imposibles... Y siempre resulta que hasta he asentido en algo, y eso es lo que más me ultraja...

LA DESCOTADA.—¿Y él a qué hora volverá...?

LA DE LA FRENTE LUNAR.—Le espero ya y le temo... Cuando sale vuelve precipitado con una prisa atroz y cierra la puerta con cerrojo. Después se frota las manos y sonríe como no le he visto sonreír ayer... Lo primero que dice es lo que me trae... No vayas a creer que es tan trivial que me traiga una alhaja, me trae cualquier cosa, algo que no ha desprendido de su espacio pero que me trae... Una noche me dice: «Mira, al pasar por las calles he visto una mujer muy hermosa; la he seguido unos pasos hasta quedármela, iba persuadida de su engaño, de su castidad y de sus sortijas... Mírala aquí y a tus pies, contándote su pobre historia de vigilancia y de deber... He querido que nos vea enloquecer acostados...» Otra noche me dice: «Mira, estaba sola la arboleda en la pequeña glorieta pública, era demasiado extraña a los focos con luz civil y te la traigo: suponte que en nuestro oasis y que nos deja mudos y nos damos un beso», otra vez es una casa demasiado sola y pequeña en medio de cosas muy grandes, otras una ventana llena de promesas, otra un farol de esquina de una calle antigua y otras una niña que parecía perdida... Siempre algo de lo que da tales detalles que hay que creerle y besarle por el presente... Nadie sabría encontrar lo que él encuentra y por eso, a cada nueva hora que pasa le siento acreedor a cosas que quiero aprender o crear...

LA DESCOTADA.—Sí, lo merece... Hay en su gesto un gesto de poder que tienes que corresponder... ¿Pero que te puedo yo dar para eso como no te diera el secreto imposible de mis formas y que eso te duplicará hasta enardecerle un poco monstruosamente? Te lo daría con fe y de verdad...

LA DE LA FRENTE LUNAR.—Gracias, gracias, lo sé... Y tienes razón: hay que ser un poco monstruosa para descomponer la gracia llena de demasiada naturalidad de lo discreto y de lo vulgar; y sobre todo diferenciar nuestra belleza de la de las mujeres bellas... Lo necesito más que nunca... Me das confianza y te diré lo que me inquieta... Sospecho que en él se prepara algo oscuro y trágico y lo sospecho también en mí...

LA DESCOTADA.—¿Qué?

LA DE LA FRENTE LUNAR.—No ves que no sé lo que será en mí ¿cómo voy a adivinar lo que pueda ser en él?... Parece que está cerca un fin de drama injusto por tratarse de nosotros que sabes lo fuera de todo tópico de conflicto que vivimos, pero parece como si fuera a llegar el drama imposible, el drama irreparable... ¿Tú no has pensado que si se llena de serenidad la vida y no llega el drama accidental que todo lo turba y que imposibilita las cosas supremas, vendrá el drama grande y sereno por como posibilitaremos las cosas supremas?...

LA DESCOTADA.—¿Pero si estáis tan identificados cómo va a ser verosímil ese drama?

LA DE LA FRENTE LUNAR.—Porque todo se conmueve por la vida moderna que ataca en ejército y en suspicacia... No basta que nos cercioremos desnudos y firmes de nuestro poder... Suenan fuera los demás, lo demás, la coacción que ni el anarquismo piensa suprimir... La más pequeña idea común que se soportó transigiendo un poco con los otros, sólo por fuerza, aunque sin transigencia íntima, trae el drama...

427

LA DESCOTADA.—¿Pero que drama es ése? Como no sea que llames drama a ese sinsabor diario y callado sobre el que se goza fieramente la compensación del emparejamiento...

LA DE LA FRENTE LUNAR.—No... No es eso: es la sorpresa inusitada del drama, es algo violento y excepcional... Parece que hay que perder la paciencia por muy libertaria que la hubiéramos hecho... ¿No nos imponemos del modo más atroz y máximo paciencia, dándonos como nos damos en nuestra soledad? Pues contra esa paciencia, se revuelve el drama, porque esa paciencia favorece aún la moralidad del mundo, desprovistas aún de la desazón extrema con que únicamente se justifica una... ¡Después de habernos desazonado tanto!... Parece también que ese drama es necesario para evitar que perdamos la inteligencia que un día se pierde por anticuar una tranquilidad...

LA DESCOTADA.—Sabes que me vas a hacer sospechar que en mi vida haya también un drama así... No es el drama del amor, ni el drama de la miseria, ni el de la intriga, ni el del dolor, es... es... el drama de no sé qué... Estamos quietas y hay una última observancia que no nos aconsejamos faltar y esto es en lo que hacemos mal... Hay ya en mí esa inquietud tuya...

LA DE LA FRENTE LUNAR.—Es un temor y una audacia esa sospecha del drama, que ya tiene que suceder; me sentiría defraudada y torpe... ¿Cómo nos explicaremos? No lo sé... Ni me importa... Necesito la violencia y la presencia del drama... Seremos más terminantes, porque lo que más necesitamos, aunque para eso todo se revuelva y se golpee, es terminarnos, solos, caídos, destroncados, desmentidos como sea, pero arrojadamente...

LA DESCOTADA.—Todo drama que se inicia tiene que desenlazarse... No nos puede contrariar nada que no seamos nosotros mismos sin que vayamos a ello, para eso, para pasar el drama metiéndonos en él sin repulgos...[103]. Los repulgos son los que sacrifican y horrorizan la vida...

---

[103] «repulgo»: recelo e inquietud de conciencia que siente el hombre sobre la bondad o necesidad de algún acto suyo *(DRAE)*.

428

LA DE LA FRENTE LUNAR.—¿Lo ves ya bien? Estos días se hacen grandes silencios en nuestra tertulia... Él extiende las manos hacía mis senos pero es en vano, después vuelve la misma necesidad de desnudarse en la holganza de esos pensamientos no resueltos aún... Él ha hecho la experiencia de la denigración en las cosas de alrededor, pero quizás ha creído que por respeto a mí o por respeto a él también, en lo más cercano no se podía hacer esa experiencia de aclaración que desimpresionaría más nuestros cuerpos, y todo eso que no se ha denigrado nos desvía de ese espacio que tiene que quedar informe y transparente, y todo eso ahora crea el drama que debió abortarse a su primer signo...

LA DESCOTADA.—Nos han hecho abominar de todos los dramas, nos han movido contra ellos. ¿Pero y el drama? Eso que no es ningún drama y que es sin embargo el drama... No nos han salvado de ello. Yo me siento aún demasiado dura en mi desnudez... Dura, dura, tú sabes con qué angustiosa dureza... Tenían que resolver esa dureza que aún pesa...

LA DE LA FRENTE LUNAR.—Dureza que sólo puede comprobar una misma y que es a la postre después de todas las salvaciones, el último sentimiento de dolor que nos queda... La he sentido aún y eso es lo que me irrita... Lo que me hace estar en acecho... Pero no equivoquemos la sospecha, el drama que presiento ya la justificará bien...

LA DESCOTADA.—¡Qué después de no mezclarnos con ninguna creencia ni con ningún romanticismo pueda surgir el drama!

(Aparece EL DESCARNADO, *con un viso manifiesto de pesadumbre, sus ojos más parados y más indelebles.)*

EL DESCARNADO.—¡Hola! ¿Cómo estás, Paz? En tu descote hay siempre una nueva gracia y sin saber por qué se sospecha siempre lo que del cielo de todos los días, que algo cambia en él todos ellos... Te he conocido tan erguida como hoy y con ese gesto tan constante. ¿Qué no habrás dominado y qué no te habrás hecho consustancial?... Yo no sé qué tenéis vosotras las mujeres que todo en vosotras parece poder poseer y después disimular lo que posee en una ocultación que sólo pondrá un reflejo de su disposición oculta, en lo visible de vuestra carne...

LA DESCOTADA.—Soy la de siempre... En mi descote no hay más que más huellas del placer... Esas huellas que lo hacen todo más conmovedor y más lívido, y que un momento asustan porque no se sabe si la han dejado a una demasiado fea o demasiado guapa...

EL DESCARNADO.—En ti también, Ana, encuentro variaciones hoy... No me explico por qué cae tu boca a un lado con tanta voluntad...

LA DE LA FRENTE LUNAR.—Cualquier pensamiento de que no me acuerdo me ha dado ese gesto... De toda ajadura tiene la culpa el pensamiento pero sobre todo de las de la boca...

EL DESCARNADO.—No es una ajadura, mujer, es una cosa que se puede borrar... Quizás un beso, quizás otra caricia...

LA DESCOTADA.—Me voy entonces, para que borres esa crispadura, que si es verdad, que tiene Ana...

EL DESCARNADO.—Lo que quieras, Paz... ¿Y ese hombre infame que se esconde cada vez más?

LA DESCOTADA.—Bien... Ya me estará esperando, preocupado por la luz, buscando una entonación delicada, porque la luz artificial, según dice, perturba todo el espíritu y roe la carne...

(Se despiden. Un momento solos y silenciosos los dos se asientan bien y se tranquilizan. Pausa. EL DESCARNADO *la coge una mano y se la besa.)*

LA DE LA FRENTE LUNAR.—¿Por qué me besas en las manos y no en los labios? Es extraño, es como si tuvieras piedad de ti o de mí... ¡Un beso así de comienzo es una hipocresía!

EL DESCARNADO.—Te he besado en las manos y has debido sentir tus labios en ellas. ¿Por qué te has replegado y te has rebelado? ¿No me has dicho en horas de besos extraviados que tus labios me respondían donde quiera que ponía los besos?

LA DE LA FRENTE LUNAR.—Pero recién venido siempre me

besas en la boca... De todos modos mis manos te lo agradecen pero quiero uno en los labios. *(Él la besa un poco superficial con los brazos demasiado hacia él mismo. Ella se desprende airada.)* Sí... Me has besado pero como cuando los labios del otro saben mal y se les siente abrirse de sequedad...

EL DESCARNADO.—¡Mujer! ¿Qué te pasa? *(Le coge la mano.)* Qué mano más dura. ¿Qué te pasa? Te he notado algo al entrar, doblada sobre tu pecho, sin cintura y sin esternón, floja como nunca...

LA DE LA FRENTE LUNAR.—Que no tengo corsé...

EL DESCARNADO.—Pero sin corsé sabes estar gallarda... Pareces más pequeña y pesando tanto sobre tu corazón no me extraña que estés tan amarga... Parece que tienes miedo. ¿Miedo a qué?

LA DE LA FRENTE LUNAR.—Miedo... No sé... Sí, quizás, pero sólo miedo a que mis pechos no sean duros...

EL DESCARNADO.—¿Tú crees que soy tan innoble como los demás y que no sé que yo los ablandé? Yo sé el ardor de tus muslos y el escalofrío repentino de tu vientre... Lo sé y sé que le debo haber saciado mi sed de infinito... No he querido olvidar la memoria de esas cosas. Son mi fortaleza y mi seguridad suprema..

LA DE LA FRENTE LUNAR.—¿Qué me traes hoy?

EL DESCARNADO.—Hoy no te traigo nada... Todo era claro en la calle y vengo sólo horrorizado de la claridad, huido de ella, lapidado y burlado... Todas las mujeres hoy estaban más carillenas y más sonrientes de traición que nunca... Toda la calle llena de buscones y busconas... Tengo más deseo que nunca de ocultarme del cielo azul.

LA DE LA FRENTE LUNAR.—Lo ves... No me has traído nada... Todo da la razón a mi sospecha.

EL DESCARNADO.—¿Tu sospecha?

LA DE A FRENTE LUNAR.—Y la tuya... La sospecha del drama que tenía que llegar... Un drama que no puede ser el drama pequeño de los otros, después de todas nuestras repugnancias.. El drama... Yo no sé, pero hay algo que como una alta presión influye hasta sobre los más a salvo de todo...

EL DESCARNADO.—¿Ha llegado la hora de la sinceridad mayor y de decir hasta lo que parecía indecible?...

LA DE LA FRENTE LUNAR.—Será lo único que me consuele...

EL DESCARNADO.—¿No es verdad que no hay ninguna figura que se mezcle a las nuestras?

LA DE LA FRENTE LUNAR.—Ninguna... Siempre hay alguna piedra que me ronda, pero como tú dices siempre y como yo lo creo con lo más sensible de mi piel, es otra piedra...

EL DESCARNADO.—¿Hay algún acontecimiento que se mezcle a lo que nos acontece, que por identidad y por amor no puede ser más que lo que es de un modo tan retraído y entregado?

LA DE LA FRENTE LUNAR.—Ninguno.

EL DESCARNADO.—¿Entonces?... *(Pausa. Las cabezas dan una sensación maciza y rígida, caídas sobre el brocal de sus piernas. La desolación está en el momento de romper y engrasa los cabellos.)*

LA DE LA FRENTE LUNAR.—Respóndete y respóndeme... Tú puedes decir la verdad... Serás infame hasta que no la digas... Cometeré lo que quieras que cometa, pensaré el pensamiento que me digas, pero el trance de responderme es fatal... Todo lo resistiré, una herida en mi matriz, ya ves tú si acepto un gran dolor... Todo menos que tú no te sobrepongas a este momento... Sé que puedes... Insúltame, porque eso no importa, yo te doy todos los insultos, quisiera tener una gran fantasía para escarnecerte, pero sin separarme de ti, sin que tú te vuelvas contra la afrenta... ¡No! *(en un arranque histérico le despeina y le besa).* Te insultaré para que te acerques más a mí, para que me beses por eso... Porque eso es amor a ti, porque yo no espero en nadie, y ése es más deseo de ti, un deseo en que no me complaces y que me tienes así de desazonada... Algo me debes y quiero que me digas qué, quizás no es más que una palabra...

EL DESCARNADO *(súbitamente, poniéndose en pie).*—Hay que afrontarlo... No tengo nada que achacarte... El drama de amor es imposible porque no hay enemigo... Te veo llena del ansia de enterrar todo imbécil rostro de hombre que te mira. Sé que les conoces... Eres más hermosa que nunca, pues aunque parece que ya no te veo, porque de tanto convivirte he perdido los ojos, eso les ha llevado más dentro y es menos vana la sensación de las manos y de la palma del pecho, tan

432

inmensa para aceptarte, y así en vez de contar con la luz y contigo, cuento sólo contigo... Todo es definitivo, pero tú has sentido el drama, y yo también... A él hemos llegado por nuestra alegría y por nuestra demasía de espíritu... Nos hemos abandonado al fin, pero nos salvaremos porque no hemos callado y no nos hemos desorientado al vernos hostiles... Es el drama, el drama y no los somos nosotros... ¿Lo reconoces?... Hay que escarmentar cosas líricas que aún nos quedan y que nos obligaban aún a algunos imposibles...

LA DE LA FRENTE LUNAR.—Sí... Necesitábamos ser dramáticos y mirarnos así... Nos animábamos a cosas que en este momento han tropezado con su límite, y es humano en vez de deshacerse recurrir al drama, este drama que es el de los que como nosotros se han complacido distraídos, olvidando un poco la obra de exterminio sencillo y cuotidiano, en mimos íntimos llevados al extremo... Nos hemos despertado un momento y necesitado el paisaje, un paisaje libre, emocionado por el mismo sentimiento nuestro, el paisaje imposible... Esto es lo que hemos debido suprimir, como una esperanza inútil...

EL DESCARNADO.—Hay que anonadarse, para vivirlo todo en uno mismo, hay que ser más fuerte y más destructor con uno mismo para colmar de un placer solitario ese deseo imposible de paisaje que deseando todo eso que se vive con cinismo... ¡Qué quieres! Quizás sólo podemos vivir de desesperarnos, de suprimir obcecación pero no de consolarnos, porque eso sería como quedar en la inanición y vivir anodinos. *(En un arranque violento.)* Removiendo todas nuestras seguridades más íntimas quizás yo debo morir en ti de no tener mujer y quiero que tú me digas que morirás de no tener hombre... ¿Te prestas a esa amargura?... ¿Me entiendes? No es tu supresión ni la mía, porque esa mujer que me falta está en ti y ese hombre que morirás sin tener ésta en mí. ¿No?

LA DE LA FRENTE LUNAR.—Sí... Y es dramático... Sólo nos falta el paisaje, que es lo que nos sobrepasaría... No es la fortuna ni ningún otro éxito, es el paisaje en que esparcirnos y desmesurarnos...

EL DESCARNADO.—Mujer mía, después de habernos dicho esto, sé fuerte y sé nueva y seamos adúlteros con nosotros mismos... Nuestro drama es un drama de que hartarse y al que no rechazar... Vivamos de él... Siéntete grande en medio de él, necesítale como paisaje sustituto en medio de tu placer y de tu dolor... Rotos todos los motivos de todos los dramas, llegó el drama absoluto, franco de fuerza y de extensión... Seremos más virtuosos cuanto más vivamos de este drama y más lo justifiquemos... Es el drama sin remordimientos de conciencia... El drama que no está en el conflicto de la hipocresía con la inmoralidad, sino en no poder sobrepasar la inmoralidad... El drama, en fin, nada más que «el drama», sin ningún argumento pequeño ni grande... Sin ningún tercero entre nosotros, y sin ningún tercer pensamiento, sólo hecho para nosotros dos, que lo hemos asumido con nobleza...

LA DE LA FRENTE LUNAR.—Me siento más cerca de ti, más tuya, más dispuesta a rebajarme hasta donde quieras... Nos ha renovado el drama... ¡Y decías que no me traías nada y me traías tu dominación y mi constancia!... Querámonos siempre dentro del drama para no desmerecer y para no llenarnos de hostilidades supersticiosas...

EL DESCARNADO.—Estás trasfigurada, estás más hermosa y serás más resistentemente virgen, siempre virgen, antes y después... Hemos triunfado del drama, acogiéndole como nuestro acicate y nuestra emulación... Él reducirá los grandes optimismos, los optimismos que necesitan grandes fuerzas naturales que hoy están invertidas por los hombres, y nos los aplicará para que los desmenucemos en pequeños optimismos y en privadas exaltaciones... Desnúdate... Hay que exaltar el momento, lleno de este drama que nos personaliza más que ninguna otra emoción y nos exceptúa de toda grandeza inútil... Desnúdate.

LA DE LA FRENTE LUNAR.—Y tú también... *(Comienza a desnudarse.)* Mira... La noche está llena de la exaltación del drama y el pecho es más denso y desea escanciarse...

(Cae el telón sin gran prisa, cuando se ven ya su descote y sus brazos, fascinadora de materialidad y de desvergüenza.)

FIN DEL DRAMA

El lunático

Drama en un acto

El Lunático.

□ □ **DRAMA EN UN ACTO**
por Ramón Gómez de la Serna.

A Ismael Smith, que ha dibujado el antifaz sobre muchos rostros, como transido por su belleza rigurosa y bastante, por su terciopelo negro, por su dramática ninfomanía y por su sésamo incomparable.

PERSONAJES

EL ANTIFAZ.
EL LUNÁTICO.
EL BUSTO DE LA BELLA DE LAS MANOS DEL VERROCCHIO.
LA ANCIANA DE AIRE NOBLE.
LA JOVENCITA MÍSTICA
EL CONTRISTADO.

Primera página de *El lunático* en *Prometeo*.

A Ismael Smith, que ha dibujado el antifaz sobre muchos rostros, como transido por su belleza rigurosa y bastante, por su terciopelo negro, por su dramática ninfomanía y por su sésamo incomparable[104].

---

[104] Referencia a la portada de la separata, dibujada por este pintor relacionado con Prometeo. «Sésamo»: con el sentido de alegría.

PERSONAJES

EL ANTIFAZ
EL LUNÁTICO
EL BUSTO DE LA BELLA DE LAS MANOS DEL VERROCCHIO
LA ANCIANA DE AIRE NOBLE
LA JOVENCITA MÍSTICA
EL CONTRISTADO

Este drama es un drama de capricho y voluntariedad, entretiempo antes de otros dramas más acervos y más irreconciliables. En este drama todo se ha hecho en concesión a un dibujo que «me hacía bien» de trazo, de solemnidad y de verdad, una verdad si no verdadera, perfectamente asumible —acto de voluntad que es lo que decide al fin de lo verdadero de la verdad...

Es grave, pueril y vago el aire de este drama, pero se acompaña bien con uno y con su capricho, que es el que decide el efecto temperamental de algo tan increado como las literaturas, las filosofías y todo sentimentalismo...

Es un drama que debía haber hecho otro para que yo lo sacara de su plúteo[105] la tarde de veleidad en que se quiere leer una cosa así precisamente, muy precisa y muy fijamente así, palabra a palabra, sostenimiento a sostenimiento, sin desvío ninguno y sin otra sinceridad, una tarde tan absoluta como las otras, pero más rara, más difícil y más necesitada de resolverse con palabras desafectas, por lo muy humanas, de todo lo fundamental, de todo lo autoritario y de todo lo anodino.

Y estas primeras insistencias en cuanto al drama, porque el antifaz necesita su trisagio aparte, incomunicado y profeso.

El antifaz es un signo cerrado y representativo, no por parecido con lo representado sino por arbitrariedad. Es lo que se sobrepone al alma y la reduce a sí, sin divagación, sin

---

[105] «plúteo»: cada uno de los cajones o tablas de un estante o armario de libros *(DRAE)*.

convencionalismo directo, y sin extensión que la desorien-
te y la suplante...

¡Oh, el antifaz está en toda música, en toda obscuridad y
en todo ideal, como lo único unánime sobre todas las femi-
nidades, contradictorias, borrosas y parciales!

El antifaz tiene toda la agresión de la mujer, todo su denuedo, todo su anonadamiento, y ninguna de sus eufonías,
de sus ocultaciones, de sus romanticismos, ni de sus teatra-
lerías... En casi la resolución de los problemas finales y es
violento y respondiente para todas las elocuencias, desvián-
dolas y reduciéndolas, muy catequista su retal denso y recrudecido.

El antifaz puebla la tierra con omnipresencia cuando
todo rostro de mujer es sedentario y local. Sin ningún titu-
beo literario ni demasiado típico, es decisivo, y en él todos
estamos de acuerdo...

¿No es verdad, Salvador Bartolozzi[106], que cuando hace
tres meses hemos hablado de esto, han coincidido nuestras
seguridades, y usted, dramático, vidente y alto, ha sentido
contraído a un punto inaplazable y supremo todo tesoro
posible, sobre todo el tesoro femenino, que conservando
todo el prestigio de las mujeres mitológicas, consiste materialmente en el ardite de una mujer común, abyecta, excepcional y vagorosa por común y apretada de carnes, con una
solidez crudísima, cubierta de antifaz?

¡Oh, el antifaz no es una divagación, es algo irremisible e
impío, cuotidiano e irreparable, que delata el secreto anterior a toda superioridad, toda religión y todo platonismo,
devolviéndolos a la realidad y a su embargo.

El antifaz es blasfemo y no tiene ni silencio, ni escrúpulos, aherrojando por aherrojado y simple; simple, con la

---

[106] En lo referente a la relación de Salvador Bartolozzi con Ramón y *Prometeo*, véase la introducción y, en particular, la nota 78. En *Automoribundia*
hay una alusión concreta a este encuentro y al busto de «la bella de las manos del Verrocchio»: «Su padre era el encargado del sótano de los vaciados
oficiales en la Academia de San Fernando, y allí le iba yo a buscar cuando
estaba por acabarse sus obligadas horas de taller (...). Hoy tiene usted que
esperarme un rato más porque tenemos que sacar del molde a "la Bella de
las manos del Verrocchio"» (Ed. Sudamericana, 1948, pág. 246).

simplicidad del cuerpo más simple de la tierra, el cuerpo que descubierto explicaría tanto el espíritu como la materia y la fuerza...

El antifaz está siempre sobre un rostro de mujer que oculta, y al que así da toda la fatalidad inhumana y cordial, siendo lo primero que le justifica el pelo que cae sobre sus sienes de antifaz, las oculta y entonando su negro superior al de la tinta china, lo hace raíz, contando con que la tela más carnal y más hembra es el terciopelo, y el terciopelo negro sobre todos... La boca de la mujer bajo el antifaz es estupenda y grave sobre todo el resto, y el antifaz la hace sonreír hasta los pendientes en una ondulación en alto sobre sus labios, sin rasgarla, ni desdibujarla, conservándola más chica, más pitiminí[107], sumidos los lagrimales de sus extremos en una depresión suave y sutil, en dos hoyuelos conmovedores... Hace la boca más de corazón y corre y excede el pétalo de su labio inferior sin turbar su plástica, sólo corriendo su color y el rizo vuelto hacia abajo de su carmín, como espuma trasparente de refresco de grosella... Es más fresca que un aljibe en el estío que sugiere, es chuparrosa y mielada, y está llena de ironía, una ironía floreal y delgada... En su intersticio parece que despuntan los dos cabos vivos y temblones, incisivos como hoces y voraces, de una lengua bífida, enseñando también el labio superior, veleidoso y chongo[108], la punta de unos dientes que dan una dentera sugestiva y son como congelación del agua limpia de su boca... La boca bajo un antifaz no está al lado de uno, no tiene fidelidad ni atención justa, es cereza en un árbol demasiado de nadie, demasiado de sí mismo y demasiado para todo merodeador furtivo, y se siente su ansia de besar, provocada por el antifaz, irresistible por el antifaz...

La barba de la mujer bajo el antifaz, es fresca y carnal, es mollar, con blanduras de crema, de fresada y de adulterio, es mimosa, besucona y es lechosa como el requesón...

¡Oh barbirrosa, agudizada de sombra bajo el labio infe-

---

[107] «pitiminí»: de poca importancia *(DRAE)*.
[108] «chongo»: americanismo que significa «moño de pelo», pero tal vez Ramón se quiera referir a «chungo» en su sentido de burla, actitud irónica.

rior, emperillada ahí de una cosquilla leve y musgosa; su barbilla se arquea con un relieve, mórbido con morbidez de senos, y con una pinta de sombra de verano en el vértice, como hecha y granada esa pinta de una carne más viva y más irritable. Toda la barbirrosa más avanzada que la nariz y clavada y convincente de frivolidad y cercanía...

Los ojos del antifaz son del antifaz, de esa sombra chinesca e inmejorable que tiene ojos japoneses y venusinos, dentro de una orla de un color caliente y venenoso, como un violeta o común un bermellón oscurecido... Los ojos del antifaz parecen, como los dientes también, ojos de negra, aunque con una gracia blanca y de raza superior bajo su negrura, un blanco que si no se ve «se sabe» con exaltaciones inauditas. Se sabe y se lo tiene uno *tragado*.

Los ojos de los antifaces se abren más veraces, más próximos de fondo, más coritos y más netos, deseando como el descabezamiento, la demacración y la maceración de quien se les acerca, glotones de una sangre varonil y de materia gris, en un precipitado espeso que parecen sorber con delectación por una cánula invisible... Tienen algo hermafrodita y obsceno, hipócrita y santurrón, cortante, pinzante y punzante, ensañado en meticulosas y destejedoras disecciones interiores...

¡Oh, los ojos de los antifaces, que asisten a la consunción de quien los mira y le violan y le enferman el corazón!... Ojos lesbianos que tienen el pensamiento más audaz y la ofensa más sostenida: pero se hacen adorables porque someten y hacen languidecer los sentimientos lapidarios y celosos que se levantan en el fondo de quien los mira...

¡Ojos de vulpeja que se hace perdonar porque son femeninos su desnudo y sus senos, que sobre el escarnecimiento de su alma serán inefables!... Ojos picantes, ojos de gula y de desgana, ojos secos.duros y picudos con un pico rapaz e insectívoro... Ojos llenos de instinto sutil, pudiente, y persuadido más que de pensamiento de acción... Ojos más llenos de identidades con todo lo inmutable e inconcebible, que llenos de originalidades pasajeras y ciudadanas... Ojos imposibles, atrapadores, y convidados de todos los convites... Ojos que miran como si el destino por fuerte y rígido les hubiera hecho dóciles, con una docilidad llena en cuanto a lo demás de todos los rigores y las impasibilidades y las complacencias mercenarias impuestas por el destino con su moral indeterminada pero eficaz... Ojos pequeños siempre, faltos de pensamiento conmovible, sólo llenos de perseverancia o faltos de ella... Ojos internos con un reflejo de espejo espión y lejano, mirones con el ensañamiento de la materialidad de mirar, desaprensivos y sin idealidad, con demasiada indiferencia —apasionada por demasiada— y con demasiada impasibilidad —llena de predilecciones por demasiada. Materialidad de mirar, que deja a quien mira atónito, descubierto, mirado de arriba abajo, demasiado total y desimpresionadamente inerte y anatómico, sólo anatómico, irritado de anatomía, cuotidiano de anatomía, incapacitado e incomprendido, porque la mirada del antifaz tiene una materialidad escueta y presente... Ojos que miran como en el primer momento de las prostitutas, siempre en una primera entrevista, como queriendo reconocer en él que adoran al otro, y al otro, y al otro, alumbrándose del tachón luminoso de su pupila, que reduce a un punto fuerte y conciso su cabeza de plata...

El antifaz hace todo corrido y precipitado, el efecto de la carne y le hace resbalar definitivamente, formidablemente fácil a la sensualidad... La carne de mujer se hace bajo el antifaz de niña cuidada y lechaza; de una calidad monjil con blancuras nacidas en la sombra de gabinetes rosas o de claustros blancos: es beata y pecaminosa por primera vez... Parece carne de una madraza que con un hijo reciente, lleva los senos enlechecidos y rezumantes aún... ¡Oh esposa cuidada en silencio, a través de muchas nocturnidades de bondad bajo la presencia de un hombre de hogar, mujer con la carne pulida, congraciada con uno, limpia, jabonosa y llena de fe, tan incondicional, que da miedo de puro fiel, de puro intangible y de puro intrasferible y que después de todo eso se compromete por apetitos desordenados y es hollada por la aventura del antifaz, quebrantada su fidelidad por primera vez, como parece que es siempre la falta al «otro» en las mujeres con antifaz... Se llena de caricia, de friolencia y de tersura su carne, se hace boba y fofa encan-

tadoramente y es pulposa y madura, con madureces preco-
ces y recientes, agravadas y próximas a pasarse...

Una mujer con antifaz es de algún modo reptil, falta a
todo amor, al primero, al último y al próximo, falta a toda
convicción y a toda tradición, y sin embargo, envuelve a su
caballero de todo eso... Se hace la mujer de cualquiera y
aunque sólo sea de uno apretadamente e inseparablemente
de uno, es uno ese cualquiera...

Una mujer con antifaz habla en la perdición para extensiones y multitudes en medio de las que uno se siente ateri-
do, muy en el centro y en la interposición nada más... El antifaz se hace una gran verdad que desmiente todas las otras
verdades sin deshacerlas, adornándose con ellas, su sabor,
su tacto y su esencia, con un gran ensañamiento y un refinamiento flexible, del que no queda el misterio sino la depravación, una depravación indemostrable de la que no
cabe tener celos sino desesperación, desesperación de sentirse saciado de mujer, y sin embargo, sediento, con la lengua saburrosa, maltratado y desgranado por un masoquis-
mo indecente y leve...

La mujer con antifaz se hace demasiado deseosa y vili-
pendiosa y parece haberse mostrado demasiado con todas
sus nalgas llenas del frescor auténtico de las nalgas bajo una
luz ciudadana y sodómica y parece, aunque lo llore y lo nie-
gue, que las ha rozado con desvergüenza con un hombre
que no reconocerá más pero que se ha justificado y se ha in-
culcado en su fatalidad de mujer con antifaz. La mujer con
antifaz se vuelve la especie entera, en un conjunto de Venus
negras, sucias o blancas después de una misa negra, misa
muy ciudadana y urbana en la ciudad disimulada y civil...
Se contradicen en ella propensiones antiguas y toda su finura trabajada en misticismos histéricos y en deliquios purita-
nos, es llevada a una torpeza mezclada del único genio seguro: el genio del antifaz lleno de una viva fuerza recalcada
y sardónica prevalida en la nariz ancha y chata de audacia,
comprometiendo la altura de la frente, su cielo y su estrella
—esa altura de la frente desmayada y sensata tan distinta a
la frente baja que es la frente sodómica y sanguinaria del antifaz— y comprometiendo la comulgante bondad de la par-

te baja del rostro que enseña y que se hace obscena y «ma...

La mujer con antifaz sostiene siempre sin perderlo jamás, el cabo de su desnudo, aunque parezca que da todo su cuerpo por delante, que se echa sobre todos, que se desmiga, que se vierte en un vertimiento largo que se aleja muy a lo largo, lleno de la velocidad irreparable y corrida de lo que se ha derramado y es tan efusivo y tan fluido como la miga carnal... ¡Oh, la mujer con antifaz queda reconcentrada, absuelta en medio de todo derrame, porque el antifaz absuelve y centra de un modo inapelable, absuelve como absolvería un Dios único porque iguala a Dios...

Acto único

El despacho está empapelado de rojo y está hermético de cortinajes; en el decorado hay todas las cosas cuotidianas: un diván, un espejo apaisado que mira de soslayo, una librería en desorden, una mesa de escribir, sólida y cubierta de objetos que brillan, un cuadro, lleno de romanticismo francés sobre la mujer, y sobre un bargueño, rompiendo el cuotidianismo del resto, hay un busto de mujer del Verrocchio, ese busto de la bella de las manos preciosas, tan acordes y tan ciegas porque la mirada del busto no tiene pupilas; está patinado en madera y así adquiere más presencia y más representación trascendiendo a su época, a su vida pasada y a su calidad de imagen, por eso de que sólo en madera la imagen es imponente y mueve al culto... Su rostro está parado y fijo, con la crueldad de la mujer reproducida en una materia sin consunción y materialidad que contradice lo que su carnalidad haya tenido de dulce y de campesino antes... Sitas en su lugar, creando el conjunto y habitándolo hay más cosas...

El lunático, tirado en un diván, mira con su lividez, con sus ojos y con sus manos abiertas y opalescidas, muy abiertas atónitamente sobre el terciopelo... Es de esos videntes que tienen los ojos claros y mates de esos que cuando se asientan meten la cabeza en los hombros como las aves en sus momentos interiores, y tiene una barba gris; gris, no por vieja, sino porque se transparenta en ella deplorablemente el blanco lívido y plata de su mejilla... Tiene la corbata torcida y eso desencaja su rostro y da un cierto aire grave a su frente... Hay un momento de pausa y de contemplación perdida; después saca de su bolsillo un antifaz y le sonríe, mirándole solo a los ojos, embizcándose un poco de obcecarse y mirar tan concentrada-

447

mente, inclinando la cabeza, con la frente muy despejada y los ojos muy blandos, sucediéndole lo que sucede en los rostros de los hombres que miran a las cabezas de mujer desmelenadas y caídas... Su gesto es cada vez más inefable y más abrazado con fuerza, y su sonrisa se complace y se acucia cada vez más. Un momento siente el alrededor y gira la mirada... y algo sorprende... Para su vista y mira con una mirada soslavada y llena de prevención al busto del Verrochio, y su mirada se desarrolla con una insistencia material que cuaja como en una tela de araña aviesa y sutil alrededor de él, lentamente, como buscando las vueltas a la mirada del busto tan alta como ancha y sin escape, contra la que él se proteje y se disimula en su tupido desapercibimiento... Después se levanta con decisión pero en el centro de su camino se detiene frente al espejo, receloso de su figura inmersa en él, como sorprendido, con sus manos detrás, retorcidas y violentas, sin hacer daño al antifaz... Se detiene, pero poco después se decide y mirando hacia el lado del espejo y de su hombre plano de quien ha sentido la presencia, apaga la luz en un rapto supremo... La escena queda un momento a oscuras, sin ningún ruido preciso... Se enciende una luz leve de encendedor que enluce las manos del busto del Verrocchio y muestra al lunático adosado al bargueño: levanta más la luz y se descubre el rostro de la estatua vestido de antifaz. Él aproxima su aliento a ella elevando su cabeza de puntillas todo él, y prorrumpe en un hilo largo y sordo de alegría, una alegría solitaria... La mujer del Verrocchio con el antifaz es desconocida y honda, tornando contradictoria, desorientada y suspicaz su mascarilla, también se arquea su boca y sus ojos se llenan de toda la ironía femenina y toda la puntuación, en una mirada en lámina, llena de compilaciones y de oblicuidades, muy larga de pestañas y muy artificial de ojeras, mirada que parece ser grande y caliente como el antifaz, todo él una pupila de terciopelo de seda; su nariz desaparecida tiene un aire mulato y lleno de aspiración y su óvalo se hace más fluido y más agudo... Su frente se llena de una luz brillante con siete reflejos, se abomba más, tiene más cielo raso y una tersura resbaladiza y repujada... El lunático está atónito ante la trasformación del busto que cada vez se acentúa más, tornándose más blanco con esa blancura enconada, extensa y compacta de copos de los rostros y los descotes de las mujeres con antifaz, y sus labios descoloridos llenan su ampolla de un carmín caliente, gelatinoso y extraño; el cuello se hace más largo y más atento, enigmático

*como el rostro, secreto como él, más abierta y más puntiaguda la
orla sutil de esa camisilla que tiene en el descote el busto; sus manos,
menos inmóviles y menos eternas, se ajustan más sobre su pecho,
hacen una presión violenta sobre él, y en vez de su gesto ingenuo tienen el gesto lujurioso y ardiente de las coqueterías y de los ensaña-
mientos de las máscaras, volviéndose sus flores más efímeras y olorosas, al calor con bochorno de las noches de mascarada. El lunático de nuevo apaga la luz y la escena queda dentro de una pausa
oscura y sorda...*

De pronto se escucha fuera una voz de mujer:

—Pase usted, César, aquí está él... (*Casi en el dintel de la
puerta ya): —Hijo. ¿Qué haces a oscuras? (Se enciende la luz y
entra la anciana de aire noble sin perfil, recta y de frente, un poco
baja la cintura para más emergencia de su busto, llena de una gran
inmovilidad en el cuello como en las doloridas y con esa apostura
rígida, ceñida, sin curva ni codo en los brazos, detalles todos que
completan el aire con que se llevan las largas colas de crespón de los
dolores. Detrás de ella entra el contristado, un joven de unos vein-
tiocho años, con un tono triste, blando, que descansa en su fisonomía preparada de un modo sentimental, tanto en el corte de su barba como en el de su cabellera y como en el de su nariz. Un momento desorientado en el centro del despacho descubre sorprendido el
busto con antifaz.*)

EL CONTRISTADO (*señalándole*).—Señora... Vea usted.

LA ANCIANA DE AIRE NOBLE.—¡Oh, es desesperado, desesperado!... Cada vez refina más su obsesión... ¡A quién se le
hubiera ocurrido una cosa así, tan temible y tan peligrosa!...

EL CONTRISTADO.—No en vano es tan inteligente y ha tenido siempre una fantasía incalculable... No crea usted que
esto es tan desesperado, no; es que entretiene su fantasía, la
prolonga y la emplea... Yo me quedo admirado muchos ratos oyendo cómo dota cada vez de más gracias y de más facultades al antifaz, de un modo ímprobo y artístico... Él hubiera sido lo que hubiera querido si no le hubiese parado
esta obsesión... ¡Lo hubiese sido y lo será cuando sane porque todo poder en el mundo se debe a la fantasía.

LA ANCIANA DE AIRE NOBLE.—Pero mire usted, César,
¿cuánto no le habrá sobrecogido ese busto con antifaz?...
Le ha debido conmover con fuerza... Fíjese usted lo dramá-

tico que resulta y cómo tiene algo de mujer aventurera y peligrosa... Temo que él haya decidido algo lleno de una credulidad nueva y más grande que nunca... Vaya usted despacio hacia su alcoba y mire solo, sin sorprenderle, porque eso le sobresaltaría demasiado... *(Sale un momento el contristado. la anciana sola mira con tiesura y reconvención a la mujer con antifaz, adoptando el gesto más prohibitivo y más dominante de su moral... Después de una pausa suficiente reaparece el contristado.)*

EL CONTRISTADO.—Está poniéndose el frac muy de prisa... Está lleno de inquietud dentro de un fuerte ensimismamiento...

LA ANCIANA DE AIRE NOBLE.— ¡Como siempre que surge en él la idea del antifaz!... De frac da espectáculo a su manía y eso es lo que me angustia más...

EL CONTRISTADO.—Se porta con tanta distinción siempre, que parece un místico que lo hace todo por un sentimiento natural aunque un poco excesivo. Con ese cuidado suyo de ponerse el frac cuando entra en sus coloquios a media voz con el antifaz y sin hacer ningún gesto de loco, sin dar un solo grito y sin perder la serenidad de las manos parece tan normal como aquella noche en el baile de la Ópera, hablando con aquella máscara tan distinguida y tan rubia...

LA ANCIANA DE AIRE NOBLE.—Yo soy su madre y no puedo ver esos pormenores tan continuos, la gardenia para el ojal que manda subir todos los días, la camisa de frac que tira cada día también... Yo veo cómo es todo eso incoherente y enfermo y cómo es pueril y se consume con el frac puesto en sus horas de crisis... ¡Pero hoy qué fe no le habrá dado esta encarnación de su antifaz tan excepcional en su vida...!

EL CONTRISTADO.—Su rostro estaba radiante y sus manos eran torpes en vestirle... Se ponía la botonadura buena cuando he entrado, y le irritaba la ceguera de los ojales...

LA ANCIANA DE AIRE NOBLE.—Antes de que venga quítela usted el antifaz...

EL CONTRISTADO.—No sé si sería mejor dejárselo... Divagará un rato, estará alegre y quién sabe si volverá de su fantasía...

LA ANCIANA DE AIRE NOBLE.—No le podrá hacer más que

450

daño esa mujer tan engañosa, tan hipócrita y tan inmoral...
Él interpretará su frialdad por crueldad y su corazón se pondrá más enfermo y su frente sufrirá más de ese blanco cardenal que me parece que la cubre y le duele hasta el hueso...
(EL CONTRISTADO *quita el antifaz al busto, con un trato carnal que no hubiese usado la mano con una cosa sólo y se le queda mirando sorprendido.*) Ya ve usted ahora, ¿eh? No puede ser más pacífica ni más buena esa mujer. Podría ser una santa o un busto relicario... La maldad y el pavor está en el antifaz... Uno más que le quitamos y él lo repondrá mañana... Yo no sé cuántos guardo ya... Créame usted que con tanta insistencia hay ya cierto extravío de mi parte, cierto extravío o algo que es como si lo fuera, cierto miedo inverosímil...

EL CONTRISTADO.—Señora, por Dios... destrúyalos todos; destrúyalos...

LA ANCIANA DE AIRE NOBLE.—No sé qué siento al pensar destruirlos... ¡Los ha tomado tan en serio, le han seducido tanto que me parece cruel destruirlos, como si fuera eso encarnizarse con él en secreto y como castigarle por la espalda...

EL CONTRISTADO.—Pero no importa, hágalo por usted... Un antifaz solo y desprendido, aun para quien no tiene ninguna neurastenia parece algo vivo que palpita lleno de fondo y de entrañas, simulando una boca torcida y gangrenada que no se ve... Mírele usted así en mi mano boca arriba, tan inútil y tan cualquier cosa; ¿no parece que en él echa la cabeza con volubilidad una mujer?... ¡Oh, lo que le agrava más es que le asiste un poco una razón obscura, indecisa, pero al fin y al cabo un pedazo de razón común, impulsiva y con los ojos fijos... Tiene usted razón; tanto de su parte como de la mía, hay ya un poco de locura... Yo mismo me siento cautivado ya por la novela pueril de los antifaces aunque fuera de la novela, y queriéndole salvar a él... Antes de que comenzara todo esto, tenía yo un antifaz que me metió en el bolsillo una sofocada por él, y no había ocasión de que yo buscase algo sin que lo encontrara... Siempre, siempre al buscar cualquier cosa lo encontraba.

LA ANCIANA DE AIRE NOBLE.—¡Silencio! Me parece que he oído su puerta... *(Pausa. Después* EL LUNÁTICO *aparece por una*

451

rendija de la cortina, con sigilo y cuidado, impecablemente vestido de frac con guantes blancos y una gardenia en la solapa... Se queda atónita y retráctil, con la boca apretada y despegada por su contacto en zig-zags, que latiguean mientras mira a la mujer del antifaz en una desmemoria y en una desorientación sin indicio... Mira después a su madre y a su amigo y sorbiéndose la desolación, hipócrita de súbito, sonríe, avanza, saluda y se quita los guantes blancos.)

EL LUNÁTICO.—¿No había nadie aquí cuando habéis entrado?

EL CONTRISTADO.—No... Nadie...

EL LUNÁTICO.—¡Ah!... Sentí pasos, pero habrán sido los vuestros. Parecían pasos con demasiado silencio, de un pie desnudo o de un zapato de baile Luis XV...[109] Pero por lo visto ha sido un error... Y tú, ¿qué has hecho hoy?

EL CONTRISTADO.—Lo que te dije ayer... He ido al museo y he comprobado que la sonrisa demasiado novelesca y demasiado fina de la Princesa de Orange, se acerca tanto al público; porque no miro al pintor, sino al amante, en Van-Dyck. ¿Por qué el príncipe al ver el retrato no mató al artista? Hay tanta fijeza, y lo que tú dices, tanto...

EL LUNÁTICO.—Sí, dilo; tanto adulterio... Es un retrato que estaría bien, admirablemente bien con un antifaz. *(Se detiene de pronto. Cambia la mirada y después, un poco embarazado, dice:)* Pero hablando de otra cosa... Desde que he entrado os debéis de estar diciendo: ¿Por qué está éste de frac?... Pues porque he pensado de pronto irme a la Ópera... No sé lo que echan esta noche, pero el teatro de Ópera es delicioso como un lecho real con estrado y pavés... ¡Oh, hay allí una molicie que no se consigue en ningún otro sitio!... Está lleno del prestigio de sus máscaras como escondidas en los vanos de las escaleras y en los fosos y en los mil cuartos oscuros a que dan esas puertas pequeñitas, de las que nadie tiene la llave... y tiene esas mujeres que miran por las ventanitas que en la embocadura tienen los palcos de

---

[109] La forma fina del tacón alto de los zapatos de señora. La forma de tacón grueso se denomina americana.

luto, y de las que se ve lucir los ojos y la piedra de un pendiente...

EL CONTRISTADO *(Sonriendo con media cara).*— Tú siempre tan humorista.

EL LUNÁTICO.—No te rías... Toda sombra, toda veladura que mantenga el brillo de los ojos y el de las joyas da a la mujer un aspecto apasionado y fulgurante... La mejor mujer no es la que descubre anodinamente la mujer, sino la que la hace recordar... La que frente a frente en vez de dejarse ver se hace recordar...

LA ANCIANA DE AIRE NOBLE.—Hijo, no seas tan brusco en tus réplicas...

EL CONSTRISTADO.—Entre nosotros todo está bien, señora...

EL LUNÁTICO.—Puedes sonreír. ¿Por qué no?... Todas mis cosas son humorismos... No las interpretéis nunca de otro modo... ¡Oh, la ironía es lo que me mantiene conforme y dichoso!

EL CONTRISTADO.—Esta noche echan *Fausto*[110].

EL LUNÁTICO.—Lo mismo da... Eso es accidental... Me gusta el quitarme el gabán en el guardarropa y sentir el aire del coliseo y su templanza a través de mi pechera. Me gusta el espejo del pasillo de entrada en que se ve uno en una confusa vaguedad delante de unas mujeres de blanco y con *esprit*[111] que entran detrás de sí, y cuyos brillantes y cuyos ojos no brillan nunca tanto como en esos espejos tan bruñidos en que se ven también otros hombres con sombrero de copa y una gran altura que son la comparsa sensacional y grave de uno mismo y de su etiqueta... Me enamora el girar de las mamparas de terciopelo con su ojo oval y lleno de fantasía y de atisbos... Y ¡oh! me hace desfallecer el *foyer*[112], con sus terciopelos cuantiosos, con sus arañas de luz, con sus divanes, su ancha escalera llena de exhibición y su alfombrado de antiguo palacio real de provincia... Faltan sólo

---

[110] Ópera de Charles Gounod (1818-1893) estrenada en París con libreto de J. Barbier y M. Carré e inspirada en el *Fausto* de Goethe.

[111] «esprit»: del fr., con el sentido de gracia, estilo, elegancia.

[112] «foyer»: la sala donde se reúne el público en los entreactos.

[113] «ambigú»: del fr. con el significado de bufé, comida ligera.

los retratos de los antepasados... Pero en algún rincón están... Muchas veces no entro en la sala y sólo presencio el *foyer*... ¡Y la florista del *foyer,* más abonada y más sustancial que todos los abonados y menos advenediza! Me gusta tomar una flor de ella y pagársela bien, porque parece que alguna vez ha favorecido un amor y lo volverá a favorecer dándome un ramillete, gran joya de ocasión que la sentó tan bien a aquella sobre el descote, haciéndolo más mórbido y más joven, y que aún no se le ha pagado bien...

LA ANCIANA DE AIRE NOBLE.—Hijo, parece que hablas como un enamorado y no me has dicho quién es ella, cuando yo debo ser la primera en saberlo... No me ocultes nada, que a todo daré mi consentimiento...

EL LUNÁTICO.—¿Ella? Ella... No es nadie aún. Me es simpático todo eso sólo por lo confortable que es... Los pasillos de los palcos tan remansados, llenos de distinción, de luces que se hacen delicadas por el rojo del papel y de la alfombra... Pasillos llenos de la vaguedad de las mujeres que han entrado en los palcos y de las que aún parece verse el retazo final han entrado en los palcos y de las que aún parece verse el retazo final, más solemne y más pueril de su cola... Pasillos dados a la sorpresa de los antepalcos... Fumo y me paseo a lo largo de esos pasillos, para eso, para ver si abre un antepalco y poder sentir la ráfaga de perfume, de espectáculo, y de vida privada de sus elegantes que sale de él... Tienen en el fondo los antepalcos una dicha de alcoba de hotel en un viaje de novios, un candor de cuarto tocador de una virgen colgado del lujo de sus ropas y todo eso dentro del cinismo de la fiesta...

Y parece que en ellos hay sentada en lo más sombrío una máscara que espera allí el otro carnaval... Y reluce el espejo antes de cerrar la puerta y se ve el interior casero de esas mujeres frías de las aristocracias... Y se vé su nuca y su espalda descotada, que vale más que ver su rostro... Los rostros me defraudan y prefiero a ellos ver apenas el retazo de su cola... Todo es simpático en el interior del teatro, hasta el *ambigú*[113], en que me gusta beber *champagne*. Es donde única-

---

[113] «ambigú»: del fr. con el significado de bufé, comida ligera.

mente puedo soportar la bebida y donde únicamente calma mi sed...

EL CONTRISTADO.—Sí, es verdad, tiene un gran encanto todo el ambiente de los teatros de ópera y parece un refugio inviolable... En el de París, cuando les fue adverso a los reyes el palacio de Versalles y el Palai-Royal, hollados por los revolucionarios y violados sus reales regazos, fue donde se refugiaron con todo su espíritu y su ritual y donde siguen refugiados... Es donde se conserva la corona de Francia con toda su pedrería... Yo he sentido eso allí como muy lejos de las calles republicanas...

EL LUNÁTICO.—Sí, sí, muy bien visto... Los teatros de ópera no se pervertirán nunca... Son los que no se incendian. Su buen tono será eterno y en ningún otro coliseo se conserva ni de un día para otro siquiera, como en ellos, el buen aire de la primera noche que se estuvo, la misma temperatura, el mismo perfume augusto y mundano... ¡Oh, está embalsamada allí, tanto nuestra primera noche en que vestidos de marinera azul nos asomamos sobrecogidos a la balaustrada de un palco como yéndonos a caer de un balcón peligroso, como todas las otras noches, toda nuestra vida muy recogida, muy suave y muy blanda... ¿No?

EL CONTRISTADO.—Es verdad; en ningún teatro siendo tan grande la ópera es todo tan íntimo y tan bien nocheriego... Todo está bien preparado para la fantasía y para creer que las gentes son delicadas y están unidas por un vínculo inimitable de distinción en un palacio común en que la progenie y la corona es de todos...

LA ANCIANA DE AIRE NOBLE.—Algo de eso que piensan ustedes he sentido yo, y mi juventud nunca tuvo tanto realce como en la Ópera... El espectáculo de mí misma nunca lo he sentido tan enteramente como allí... En los demás teatros fui efímera... Cuando vuelvo a la Ópera todo siento que lo tiene conservado: aquella salida de teatro y aquel perfume de mi juventud, muy pinturera también, no vayan ustedes a creer; y cuando voy, en vez de una tristeza insoportable la tristeza que siento me hace soportarla... ¡Oh, la Ópera también es un gran cobijo para la ancianidad!...

EL LUNÁTICO.—¡Y asististe tú también a algún baile de máscaras de la Ópera?...

(Se hace un silencio pesante y apretado.)

¡Que inolvidable y qué pasional es un baile allí!... En el último conocí una máscara admirable, vestida de terciopelo... No he visto brazos, ni descote ni barbilla tan blancos, con un blanco de esmalte que excluía el aire, para lucir más y ser más limpio... Me heló de blancura porque se marchó sin esperanza de volver y no recobraré mi temperatura de antes hasta que no la encuentre. ¡Oh, y si no hubiese hablado a lo menos! ¡Pero habló tan bien, que como recuerdo su descote recuerdo sus palabras!... ¡Oh, su antifaz; qué expresión tenía aquel antifaz, el antifaz!...

LA ANCIANA DE AIRE NOBLE *(vertiginosa y emocionada.)*—Ya nos lo has contado otra vez...

EL LUNÁTICO *(parándose el corazón).*—¡Ah! ¿Sí?... Pues eso... Sí. Allí la conocí... Allí conocí a Blanca; la llamo Blanca por darle algún nombre... Eso... ¿Pero por qué os he contado esto? ¿Por qué tenía yo que haber hablado de esto? ¿De qué hablábamos?...

EL CONTRISTADO.—Preguntabas a tu madre si había estado en algún baile de la Ópera...

EL LUNÁTICO.—¡Ah, sí!... ¿Y no has estado nunca?

LA ANCIANA DE AIRE NOBLE.—Dos veces; pero hasta primera hora.

EL LUNÁTICO.—¿Por qué hasta primera hora y no hasta la última? ¿Es que crees que una mujer admirable y honesta no puede estar hasta última hora? ¿Es que una mujer admirable puede carecer de grandes curiosidades, de esa curiosidad de la última hora? ¿Por qué entonces?...

LA ANCIANA DE AIRE NOBLE.—Hijo, no; no es eso... También una vez estuve con tu pobre padre hasta última hora... Pero vas a llegar tarde...

EL LUNÁTICO.—Sí, me voy; vendré pronto... Sólo la primera parte de *Fausto* es interesante, después todo es demasiada fatalidad en esa ópera... ¿Me acompañas hasta allí, César?

El contristado.—Vamos... Señora, hasta mañana... *(Se despiden. El lunático sale delante... El contristado tienta sus bolsillos al salir, con ese gesto tan obligado, y al sentir el antifaz guardado, se para, lo saca del bolsillo, lo mira y con cierta superstición, en silencio, vuelve hacia la anciana, se lo deja torpemente y vuelve a darla la mano... La anciana sonríe con finura. Pausa.)*

(La anciana, recta, alto el corsé y como con una dura gola hasta la mejilla mira como en el rosario, con los ojos oblicuos y como cerrados, el antifaz que tiene en su falda... Se levanta después, guardándose el antifaz dentro de su blusa negra, y se acerca a la mujer del Verrocchio, a la que mira fijamente... En eso llaman al timbre y a poco entra la jovencita mística, mística como una virgen gótica por como su frente avanza contemplativamente y se tiende y retrocede ya en lo alto, sin flequillo, viva aún de lontananza y de beatitud; sus ojos son altos y claros, de ceja muy clara, apenas como un toque de aguada, con párpados finos y de pestaña de carne antes de su pestaña de sedas; su boca se enmima, saliente el labio superior como una llave de puntuación sobre el labio inferior que gana además en candor jovencito, porque la barbilla es abuela y cariñosa, destacándose en punta... Está vestida de hábito, con su cíngulo colgante y en su peto hay un medallón con una virgen con capa pluvial y triangular. En sus manos hay una sortija con luces antiguas... Saluda a La anciana dulcemente como se saluda en los novenarios y alarga las dos manos.)

La anciana de aire noble.—Te he visto salir esta mañana a misa, muy madrugadora y de mantilla.

La jovencita mística *(mientras se quita y abandona en un sillón su sobretodo)*.—Iba a comulgar... Y una cosa, doña Ana, ¿no estoy más pálida?... Me parece que los días que comulgo quedo más pálida...

La anciana de aire noble.—No... Pero sí estás más bella y tu cutis parece más terso... ¡La gracia, hija mía, la gracia!... Estás en gracia. ¿Y es eso poco?... *(Pausa.)*

La jovencita mística.—¿Y él?

La anciana de aire noble.—Ha salido a la Ópera...

La jovencita mística.—¡A la Ópera! Yo no sé qué daría porque ardiera ese teatro... ¿No se queman los teatros un día, necesariamente? Comienza el fuego por el escenario y

457

arden en un segundo. ¡Claro está, yo deseo que arda cuando no haya nadie!... Eso sería quizás su salvación, porque la Ópera le renovará la idea de aquella intriga...

La ANCIANA DE AIRE NOBLE.—¡Qué buena eres! Hoy hubieras sufrido de verle, porque verás lo que ha sucedido: Vino César y le traje aquí para reunirlos... Estaba esto a oscuras, le llamé, y al no responderme encendí la luz... ¡¿Y tú sabes?! El busto ése estaba cubierto de un antifaz... En el primer momento me inmuté mucho porque estaba como animada esa mujer, como llena de pecado y de cálculo...

La JOVENCITA MÍSTICA.—Sí que es fuerte la cosa... Sí que debía estar falsa y picardeada, con los ojos extremadamente blancos y atravesados...

La ANCIANA DE AIRE NOBLE.—¡Oh, unos ojos que me han ofendido con su descaro, el descaro que tienen para las madres de los que engañan las mujeres malas... Él se estaba vistiendo el frac, con esa corrección que él adopta en sus ratos de esperanza, frente a los antifaces, y que le hace más extraviado... Esperamos aquí y apareció sonriente, con esa sonrisa de chino amarillo que él pone a ratos, esa sonrisa que su madre no le ha podido dar, esa sonrisa del revés...

La JOVENCITA MÍSTICA.—¿Y él, qué hizo?... ¿Deliró? ¿La faltó a usted?...

La ANCIANA DE AIRE NOBLE.—No hizo nada porque le había escondido César el antifaz, cambió de expresión, volvió su sonrisa del derecho y viéndose de etiqueta dijo que se iba a la Ópera... Imagínate todo el daño que le ha debido hacer todo eso en la cabeza. ¡Ah, he sentido todo el susto y toda la angustia de cuando de niño se hacía un chichón, porque sigue siendo un niño que tiene la torpeza de darse golpes en la cabeza... Nunca ha debido sentir tan próximo el hallazgo... Cada día temo más que no pueda estar en casa y eso me asusta más que su muerte... *(Pausa. La JOVENCITA MÍSTICA hace un leve puchero con sus ojos, con sus pestañas, con su nariz que curva su cartílago, y con su boca que se mueve en un latido que la viene del pecho... Después mira a la mujer del Verrocchio, reconstruye firmemente su rostro y poniendo ojos de perdiz exclama cogiendo las manos de La ANCIANA.)*

La JOVENCITA MÍSTICA.—¡Doña Ana! ¡Doña Ana! Nadie lo

458

ha pensado nunca. El médico sólo sabe darle arsénico, ese veneno que le pone más pálido y le escoria el corazón... Ya sé lo que le puede salvar...

LA ANCIANA DE AIRE NOBLE.—¡Hija! ¿Qué es! No te excites, dime...

LA JOVENCITA MÍSTICA.—Yo lo sé... En vez de apartarle del antifaz como se ha hecho siempre, había que hacerle conseguir la confidencia del antifaz, había que darle esa mujer y resolver así su imposible, el imposible que por imposible crea las locuras... Yo me pondré su antifaz y luego, cuando llegue, usted dice que le espera una mujer en su despacho... Él ya no dudará y el resto lo sabré hacer yo...

LA ANCIANA DE AIRE NOBLE.—¿Serás todo lo resistente que se necesita para una cosa así? ¿Qué palabras no le diría aquella mujer que tú, hija, me podrás reanudar?...

LA JOVENCITA MÍSTICA.—Con el antifaz veré su deseo y sabré ver la respuesta que quiera... Le sobrepondré... Necesito un traje de *soirée*. Con mi hábito quizás le defraudara... Necesito el descote que hace interesantes a las mujeres con antifaz y que ayuda su palabra...

LA ANCIANA DE AIRE NOBLE *(besándola)*.—Hija, eres admirable... Buena mía, yo tengo un traje de baile que te estará bien, además de que en los trajes de baile su mucha apariencia oculta los defectos del corte... Además, estarás bien un poco anticuada y harás más delicada tu silueta.

LA JOVENCITA MÍSTICA.—¿Y habrá un antifaz?...

LA ANCIANA DE AIRE NOBLE.—Mi cómoda está llena de ellos... Parece que en cada rincón debe haber uno... Ya me obsesionan como cucarachas o como algo animado y negro, de sangre fría... Pero aquí está el último *(lo saca de su pecho y se lo entrega)*. Todos son el mismo puntiagudo y felino, sin barba ninguno para mayor juventud y más pasión, porque la barba larga los hace más discretos, los apaga y los avejenta. Pero no hay que perder tiempo. Voy por el traje...

(LA JOVENCITA MÍSTICA *sola, mira el antifaz con emoción, parece que atisba un misterio y una mirada extraña y rival, ensañada, experta, segura, sediciente por el encono de muchas noches y muchas madrugadas, y corruptora de menores para hacer más extremo su*

vicio... Se levanta, se acerca al busto, lo mira con llaneza e inmuta-
bilidad como esparciendo su mirada en un azul de cielo, le coloca el
antifaz entorpeciéndose al hacerla la lazada en la nuca vuelta a la
pared. Se separa de él ya emboscado y perdido, lo mira, nerviosa de
sorpresa, con las manos detrás, vibrantes y retorcidas, lo mira de
perfil, por debajo y casi por detrás como quien busca un parecido
imaginable a través de un resquicio... Se detiene, le quita el antifaz
con torpeza y precipitación, y desimpresionada de pronto le mira
con la ingenuidad llena de luna llena con que se mira a la luna lle-
na o a cosas que son como la luna llena, de astrales, de bien encara-
das y de claras... Vuelve su mirada sobre el antifaz, se rehace su
ceño y su dramatismo, pero en una brusca decisión en que se levan-
ta a pulso sobre su pusilanimidad, se pone el antifaz cegándose con
él en principio, pero recobrada en cuanto se lo ajusta, se mira en el
espejo y como de lejos aunque no se ve ciega no alcanza a ver sus
ojos con su blanco y su detalle, se acerca a la luna y se queda quie-
ta y firme, los brazos caídos, la boca fruncida y fiera como atónita
frente a su novedad alentada y concupiscente... Saca sus senos más
sobre la taza del corsé, alisa y socava su cintura afinándola más, se
retoca el peinado echándoselo hacia el rostro y rebelándole con la
vorágine que necesitan los antifaces, abre su descote en punta con
saciedad en el largo, aunque no en el ancho, se mira de perfil, bajan-
do la cabeza, volviéndola a erguir, y se queda un momento ensimis-
mada en el espectáculo de sus ojines como demasiado lejanos. Se es-
cucha ruido fuera, y ella, toda trémula, se quita el antifaz y lo guar-
da. Sin antifaz es ahora de nuevo y de súbito ingenuo como la luna
llena, más pálida, más violeta, más abierta su frente, más suaves
las esquinas de su boca; se cierra el descote con ese gesto que aún en
las vírgenes parece el de las madres después de dar el pecho a sus hi-
jos, y que lo llena de más voluptuosidad, y se mira en el espejo reco-
nociéndose la boca ya movible, despreocupada y tímida... Se atusa
hacia atrás los cabellos, y en eso entra LA ANCIANA *de aire noble*
con un traje al brazo y unos estuches.)

LA JOVENCITA MÍSTICA.—Doña Ana: he perdido todo el
miedo al antifaz porque me lo he puesto... El defecto es mirarle de frente, por eso es por lo que la ha conseguido preo-
cupar a usted. Hay que mirarle del revés... Ha debido usted
ponérmelo de vez en cuando para vencerle... Ponérselo
para resistirle, ponérselo sencillamente como jugando...

460

¿Decirle esto es irrespetuoso, doña Ana?... Lo pregunto para arrepentirme...

LA ANCIANA DE AIRE NOBLE.— No... Yo lo espero todo de esta prueba... Vete desnudándote... Te traigo además mis alhajas... *(LA JOVENCITA MÍSTICA se desnuda de su hábito y queda en cubrecorsé y falda bajera. LA ANCIANA de aire noble la comienza a poner el traje de cola.)* ¡Qué tono de fiesta tienen los preparativos, pero qué triste es su lujo y su objeto! Parece que te visto para que operes a un enfermo, mi enfermera guapa, y parece que si no serás salpicada de sangre sentirás esa salpicadura fría del delirio...

LA JOVENCITA MÍSTICA.—¡Doña Ana, ya verá, ya verá, porque si el antifaz tiene eficacia para crear una locura la tiene también para curarla porque se llega con él a lo más hondo siempre... *(Poniéndoselo sin prenderlo mientras doña ANA le abrocha el traje detrás)* ¡Oh, con el antifaz no es mía mi frente, ni mi boca, ni mi cuerpo y las manos siento que quedan libres sobre mi voluntad... Es bello, doña Ana, hay que confesarlo: es muy bello. *(Se lo quita y se mira ya vestida.)* ¡Oh, me está muy bien!... Es de un tisú de plata riquísimo... Hace bien esta caída de encaje sobre los hombros con su fleco de azabaches... ¡Los azabaches tienen un peso antiguo y un perfume como de cuarenta años!... El descote queda muy bien... Yo creo que por una cosa así no faltaré a la regla de mi hábito...

LA ANCIANA DE AIRE NOBLE.—No, hija, dentro de casa y para lo que es, ganará en virtud. Acércate que te pongo estos pendientes de arracada de perlas de lágrima...

LA JOVENCITA MÍSTICA.—¡Oh, muy bien! ¡Qué hermosas perlas!... Las perlas parece que se hacen de carne a la vez que la prestan algo de su oriente, y sobre todo en los oídos, ponen ese oriente muy rosado de su concha... Mire cómo influyen en el pelo y en el cuello y hasta en la punta del descote los pendientes de lágrimas... Hacen más gracioso y más ondulado el pelo y alargan y afinan el cuello...

LA ANCIANA DE AIRE NOBLE.—Déjate poner más joyas, todas mis joyas que te mereces y que te regalaré... *(La va poniendo las sortijas con esa lentitud que da la probatura en dedos que no son los de ellas por estrechos o porque son un poco más an-*

chos, la cuelga un medallón de oro con una mosca de esmeraldas y brillantes junto a una perla como junto a una flor, la pone una pulsera de media caña pesada de quilates y de piedras.)

(Y se siente en la pausa toda la divagación de las joyas burlonas y avaras, congeladas y flamígeras bajo un sol frío y ártico, alargando la fina leyenda de su destello para clavarlo hasta el pomo... Las piedras preciosas son más duras que la mujer, lo único más duro que ella y más puta, parecen dueñas celestinescas que han abusado todos los vicios y ya yertas y sin la sensualidad blanda y cálida de las primerizas, tienen una picardía sagaz, corruptora, sádica y harpía, que hace limpio de aguas el pecado, y lo facilita así de urbano a todas las hipocresías y todas las honestidades... Las de la frente la destinan; las de los oídos son una confidencia capciosa, llena de languidescencias; las del cuello le dan una sangre fría y ensañada de voluptuosidades agudas que amoratan la carne: las del descote le incendian con su ascua, lo emblandecen y lo encaprichan de ninfomanías dislacerantes; las de las muñecas inician los brazos en el sueño de los desvanecimientos y son esclavas para esclavizar; Las de las manos las vuelven pálidas, como manos baldadas de enervamientos, manos breves y pungentes, como una distinción y una superioridad a su pecado, que intimida, no sólo en el goce, sino en la expectación; y las de los pies en la rara mujer que se los alhaja los hacen danzar por la fuerza de su adorno y la descarnarán a fuerza de lanzarla a tratos excesivos.)

LA ANCIANA DE AIRE NOBLE.—¡Qué bella estás! Sólo te falta este collar de perlas, mi joya más hermosa y la de mejor recuerdo... Regalo de boda de mi esposo...

LA JOVENCITA MÍSTICA *(exaltada).*—Traiga, traiga... ¡Qué encanto!... *(Se interrumpe con el collar ya en la mano, se acalla, afloja los brazos, se cubre el rostro y se tira sobre la anciana a quien abraza.)* Perdón, perdón, me he excedido y la he faltado con mi alegría intempestiva... Perdón.

LA ANCIANA DE AIRE NOBLE.—Hija, también yo me he sentido alegre de verte tan guapa... Te ayudará mucho ese ánimo y esa locuacidad... Vuelve a él... Ponte el collar... *(LA JOVENCITA MÍSTICA con cierta pena, bajando la cabeza con resignación se cierra el collar en la nuca.)*

462

La anciana de aire noble.—Parece que abren a alguien el portal... ¿Será él? *(Sale un momento la anciana).*

(La jovencita *se pone el antifaz con premura buscando la difícil coincidencia de los cuatro ojos... Frente al espejo chapa sus cabellos sobre el antifaz, se pasa la mano por su cuerpo, se ajusta el corte extraño del traje, y se queda sobrecogida y pegada al bargueño, con las manos atadas y la cabeza encogida en el apuro... Se levanta la cortina y ella coge su antifaz y lo aprieta con las dos manos, inclinándose hacia detrás... Nada al fin. Es* La anciana *que vuelve, reservada, recta, la cabeza como las cigüeñas, andando con menudencia con pasos que no ve...* La jovencita mística *se quita el antifaz.)*

La anciana de aire noble.—No era él... Era el vecino del segundo... ¡Y sabes lo que he pensado—para que veas tú cómo está una ya— que a solas en la escalera obscura, parece tener el que entra un gesto desesperado y la misma obsesión de un antifaz... Lo he pensado en serio... Ya ves tú si yo también estoy un poco trastornada...

La jovencita mística.—Yo tendría un miedo invencible de subir sola una escalera a oscuras. *(Pausa.)* Me alegro de esta tregua. Si hubiera sido él me hubiera desmayado de sofoco... Necesito un abanico por eso y porque un abanico me favorecerá... Además, necesito que usted me ate bien el antifaz, si no se me caerá... Lo he sentido flojo y ya estaba turbada por el peligro de que se desprendiera... No hubiera podido hablar con desahogo...

La anciana de aire noble.—Voy por el abanico, un abanico de pluma con dos espejitos... *(Vase* La anciana. *La* jovencita *mira sus manos y las compara con la bella de las manos del Verrocchio, poniéndoselas sobre el pecho, se queda mirando las sortijas, y en eso entra la anciana con un abanico grande, de pluma de ánade y, con dos espejos ovales que brillan en lo ancho de las varillas extremas dispuestos para hacer la miniatura perfecta de su dueña, y trae también unas rosas frescas de té.)* Este abanico te hará más persuasiva... Resultas, niña mía, más, más...

La jovencita mística.—Más ir.verosímil, ¿no? Déme el abanico; con él puedo esconderme la boca cuando insista en conocerme... ¡Oh, estas rosas tan bellas! ¡Me harán menos flacuchona! *(Abren otra vez el portal.* LA ANCIANA *prende de prisa y fuerte el antifaz a* LA JOVENCITA *y sale precipitadamente.* LA JOVENCITA, *nerviosa, saca punta a sus senos y se hace más ancho el descote, con violencia, ahogada y deseosa hasta rasgar un poco la tela... Se sienta en el diván, de espaldas a la puerta, cruzando las piernas con un gesto inaudito, y reclinándose en un brazo con su mano abierta de par en par sobre el diván, para mostrar su delicadeza y sus sortijas, más sutil porque adelgaza sus dedos el terciopelo abullonado y hundido. En la rendija de la cortina aparece el rostro lívido del* LUNÁTICO, *asombrado, elevadas sus cejas y un poco bisojo de atención,... Se detiene sin resuello, sonríe y cierra la puerta con llave. Avanza hacia* LA JOVENCITA MÍSTICA, *la hace un saludo acendrado, besa su mano y se sienta junto a ella.)*

EL LUNÁTICO.—¡Por fin!...

LA JOVENCITA MÍSTICA.—Por fin... Hasta hoy no he sabido sus señas...

EL LUNÁTICO.—¡Oh! ¿Me llamas de usted ahora? ¿Por qué?... Amor, tú no sabes cuánta desesperanza, cuánta sed desde entonces, desde entonces sed; figúrate, y sed de agua, de agua clara... Pero todo el tiempo con tu recuerdo, con la identidad perfecta de tu mascarilla. *(Sacando del bolsillo un antifaz.)* Mira... Éste y más... Muchos más... Tú, invariable en todos...

LA JOVENCITA MÍSTICA.—Bien, pero rómpelos todos para siempre, el mío es el único verdadero y el único que te comprende...

EL LUNÁTICO *(rompiéndolo).*—¿Ves cómo te obedezco? Ahora me distraerían de ti... No quiero que quede ni uno solo escondido... El tuyo ha de ser el único... *(Se levanta y va sacando antifaces, que reúne, de dentro del bargueño, de detrás de la librería, del cajón de su mesa, de detrás del espejo... Después vuelve al lado de la jovencita con ellos.)* Mira, mira cuántos... ¡Pues serían muchos, muchísimos más si alguien no me los hubiera ido robando!... *(Los va rompiendo.)* Nunca hubiera roto ninguno, pero hoy quiero quedarme sólo con el tuyo, para sentirle más después de haberlos roto todos... Hubiera sentido que destruía su parecido, la vida de sus ojos, tan presente y tan pequeña y la honda feminidad de su frente, pero hoy se han quedado sin parecido y tienen las órbitas vacías...

Estás aquí tú, y tu antifaz tiene senos y una largueza soberbia. ¡Cuánto más grande que ninguno! *(La jovencita se turba y se arroja hacia detrás, después de esa insinuación, sobresaltándole a él a su vez.)* ¡Ah, pero no pensarás desaparecer ya más, eso que contigo lo temo, pues eres como un viento muy colado, que pasa sin sentir y deja con una pulmonía... Sí. Quizá se ha parecido a una pulmonía mi dolor de toda tu ausencia... ¿Pero por qué callas, tú tan locuaz en aquellas horas?

LA JOVENCITA MÍSTICA.—Me gusta saber que te complazco igual. Temía no gustarte...

EL LUNÁTICO.—Mujer, ¿por qué? Tus ojos están tan brillantes como recién lavados por la gota de limón que se echan las coquetas... Tu terciopelo es tan audaz y tan negro, y tu boca es más joven aún y más leve... ¡Oh, así con antifaz tienen que ser eternos y reverdecidos todos tus encantos!... Nadie conservará tu pasión y tus labios y tu descote fresco como tú...

LA JOVENCITA MÍSTICA.—¡Oh, no; no me digas eso; yo quiero conseguir mi tránsito en Dios, después de haber amado tu bondad, porque lo que yo amo en ti es tu bondad...

EL LUNÁTICO.—¡Oh, esa candidez tuya me hace desear tu alma... Déjame morderte. *(La jovencita se aparta un poco asustada.)* ¿No te dejaste acariciar aquella noche? Pues puesto que vuelves es que vienes a traerme la flor de aquellas caricias en los labios y en las manos...

LA JOVENCITA MÍSTICA.—Sí, traigo la flor, pero es la flor de azahar... En mí no puede ser otra la flor y ahora se ajaría si repitieras las caricias de aquella noche que sólo deben ser de aquella noche... Un amor que no me lleve al altar con la flor de azahar viva, es un amor que quiere la blancura sucia la carne áspera y hortigosa...

EL LUNÁTICO.—No lo creas... Crecería el racimo de tu flor de azahar más blanco y más encapullado en uvas más grandes... Crecería en una larga guirnalda que te adornaría hasta la cola envolviéndote como una enredadera...

LA JOVENCITA MÍSTICA.—La flor de azahar en una virgen tiene contados sus capullos, pequeños capullos de aljófar porque el exceso sería una perversión... Además, después de tu caricia no podría ya quitarme el antifaz y volvería a hundirme con antifaz en el enorme antifaz de la noche en que he estado...

EL LUNÁTICO.—Huir, no. *(Iracundo.)* ¡Oh, eso no!... No, ¿verdad?... En cuanto a tu antifaz, es hermoso, lo conservarás siempre y nada deprimirá tu gracia y tu optimismo... ¡Yo te querré siempre, porque si nadie ha podido terminar un amor es porque ninguna mujer ha tenido tu rostro obscuro, con esa tersura negra e invariable... Así es un rostro que no tiene calavera, la dura calavera que se transparenta, fea y fatal, y que un día hace saltar los cutis blancos y débiles... Deja que te mire siempre así y bese tu boca rozándome en su terciopelo...

LA JOVENCITA MÍSTICA.—Espera... Mi antifaz guarda los labios de mis mejillas que te serán más suaves...

EL LUNÁTICO.—No quiero tus mejillas... ¿Pero por qué hablas así? ¿Has perdido quizás tu grandeza? Tu antifaz es tu blancura suprema... No peques como una mujer cualquiera, perdiendo tu fascinación... Todo depende de tu artificio... ¡Ah, es que crees que yo no sé que es artificio!... Lo sé... Pero todo depende de él; la gracia de tu frente que tiene la luz tenue de las aureolas... Tu antifaz evita que la luz rapte tu belleza y la vulgarice como lo está en todas las mujeres... Él te hará dura en el placer que es lo que se necesita y lo que alarga la vida y serás la eterna virgen porque nadie te habrá desflorado en definitiva mientras él dure y te renueve... Por él será siempre tu cuello blanco y tu barba y tu descote incomparables de una plumosa suavidad. *(Lleva hacia ella las manos, pero ella se defiende.)* ¡Me rechazas así a mí, que anduve en tus senos, ¿no te acuerdas?... ¿No queda en ellos la huella aurina de mis botones de fuego? ¿Y los besos en tu espalda desnuda? ¿No te acuerdas que me dijiste que eran fríos como el contacto del bromuro de plata y ardientes como su estrago? No olvidaré nunca aquella imagen superior al goce de besar... ¡Qué hermoso es tu rostro así de reconcentrado, de dueño de sí, con toda su pasión resguardada e insaciable!... Serás siempre insaciable y yo no dejaré de gozarte... En tu completa desnudez el antifaz te hará siempre impúber, nueva y llena de inéditos secretos venusinos. ¡Siempre inédita y original como nadie...

LA JOVENCITA MÍSTICA.—Mira; si me prometes toda tu inteligencia a mí sola, yo me dejaré ver...

EL LUNÁTICO.—¿Desnuda?... Serás tierna como tú sola y tus muslos tendrán una mejilla cándida...

LA JOVENCITA MÍSTICA.—Piensa en mi corazón...

EL LUNÁTICO.—Pienso más en tu rostro y en el signo de sus ojos voraces... No puedes tener un gesto indiferente y extraño a la voluptuosidad mientras te encares así de superior y de negra por tu terciopelo y no se cerrarán nunca tus ojos... ¡Oh, yo espero esas noches interminables en que velarás ardiente, sin decaer, y yo me sentiré débil... Tu antifaz no te dejará llorar y no me dejará llorar ante él. ¡Llorar ante un antifaz! ¿No se sentiría mucha vergüenza y mucha inferioridad?

LA JOVENCITA MÍSTICA.—Hablas y hablas y no dices verdad... No soy perfecta si no puedo llorar, y no seré tuya ni podré amarte si no puedo llorar; por el contrario te seré fría y hostil, volviéndose mi blancura por esa frialdad de mujer que no puede llorar, arma blanca contra ti... Persuádete...

EL LUNÁTICO.—No flaquees, no tengas la desidia y la prostitución de todas las mujeres, que no pueden con esa belleza que tú tienes y se arrancan el antifaz... Eres bella y grande y... *(Avanza las manos hacia ella, la prende la cintura, pero ella se esfuerza violentamente y se levanta.)*

LA JOVENCITA MÍSTICA.—Ahí está mi sobretodo... Me voy porque es preferible la soltería en que la flor de azahar no se aja nunca a este asalto sin amor...

EL LUNÁTICO.—*(Conteniendo el tono de las palabras).*—Te vuelves a ir tan irreparablemente, y mientras yo me desesperaré tratando tu imagen sin labios y sin senos... ¡Otra vez!... Bueno... Bueno... Déjame que te ponga tu abrigo.

(Ella está asustada, temeroso su pudor de la violencia. Él coge el sobretodo con una gran serenidad, la ayuda a entrar una manga despaciosamente y después con toda una violencia veloz y sin ripio

la coge del cuello y la aprieta con una precisión y con una limpieza médica, de buen operador... Las perlas del collar caen, roto su hilo, y LA JOVENCITA MÍSTICA *cae, enseñando las piernas como en los crímenes verdaderamente trágicos de lujuria y de muerte...*

La escena queda en silencio, rendida al mal de imaginación, que se agranda violentamente en ese trance... Ella ha caído sin la expresión de los muertos, más pelele y más polichinela... El antifaz desencaja su cara ahora, y parece·que en vez de morada la ha puesto negra de coagulación... El blanco de los ojos es blanco como el de los ojos orantes, místico y de porcelana de un santo en talla de madera, elevados a un quinto cielo, perdida casi la niña en lo alto del cuenco, ojos en que aún vive un rescoldo de fuego, frío de luz lívida. La boca es idiota y clara, gelatinosa y fría, ya sin la sonrisa, la humanidad apretada y el mimo vivo de los antifaces... La lengua es gorda y empastada... La nariz tiene ese gesto respingón e inerte de los antifaces tendidos, feo, terriblemente feo, cuando no sirve a esa sonrisa a la que asienten las narices de los antifaces... Todo el rostro resulta inexpresivo e incomprensible, con cierto aspecto grotesco, payaso y hocicudo en que la frente se va de su sitio... La boca se hace oblícua hacia abajo, aflojándose la barbilla en una colgazón desquijarrada y laxa, y sobre su mejilla la cinta de encaje hace una sombra de filigrana que profana y reduce la muerte, siendo la única gracia del rostro... El antifaz desimpresionado y amazacotado, espesa y fría de negro su diafanidad negra, parece haber muerto también, del único modo que puede morir un antifaz y quedarse sin vista... Ahora es lastimoso no ver la belleza de la muerte por el antifaz, y el lunático, que ha estado mirándola con decepción, en la pausa se arrodilla junto a ella y trata de reconocerla sin quitarla el antifaz, muy dueño de su complacencia y de su tiempo...

Contemplativo e inefable, busca en su pañuelo la inicial y piensa; abre el medallón de la mosca y queda sorprendido perdiendo su sonrisa y acercándose a los ojos, bisojo de nuevo... Intenta quitarla el antifaz pero se contiene su mano temblorosa y fiera de uñas... Se procura serenar, pero de pronto y de un modo irresistible y lóbrego, haciendo daño a la muerte, se lo arranca... El rostro de LA JOVENCITA MÍSTICA *se vuelve bello por lo despejado, lo místico y lo terso. Su expresión se completa tanto que ya no es fea su boca que se armoniza, y sobre todo se exalta por su cutis...* EL LUNÁTICO *se llena de rareza y contención un momento, sintiendo como si aquella mu-*

*jer no fuese la de su rencor y su venganza, sino una víctima casual
y débil que se había interpuesto y había caído... Se muestra en su
gesto toda la contrariedad de quien ha matado otra mujer porque la
mujer del antifaz era sólo la mujer del antifaz que no podía haber
caído tan pesada y vulgarmente, de un modo tan humano y con un
rostro tan usual y tan colegial... Se irrita y se exalta a medida que
se repite en su mirada la misma visión ingenua y fácil, la visión de
esta infanta virgen como víctima de una mujer cruel, perversa y tó-
xica, con un rostro áspero y más viejo. Se contrae un momento su
rostro y de pronto, lleno de lucidez y violencia, grita:*

—¡Madre! ¡Madre!... Teresa se ha desnucado. *(Abre la
puerta y entra* LA ANCIANA DE AIRE NOBLE, *que al ver el cadáver se
arroja sobre él torciendo su imposible rectitud y perdiendo su aire.)*

EL LUNÁTICO.—¡Qué desgracia!... ¡Tan bella!... ¡Y este antifaz!

LA ANCIANA DE AIRE NOBLE *(volviéndose hacia él, sorprendida,
y abrazándole con cierto júbilo mezclado de histeria).*—¡Hijo!...

EL LUNÁTICO.—¡Por qué te arrancas a ella y me miras de
ese modo!... Sé para ella sola ahora...

LA ANCIANA DE AIRE NOBLE *(volviendo a* LA JOVENCITA).—Verdad...

EL LUNÁTICO.—¡Qué desgracia!... ¿Pero cómo se explica?...

LA ANCIANA DE AIRE NOBLE.—No me preguntes... No hay
medio. Piensa sólo que es una gran desgracia... Sólo puede
pensarse que es una desgracia... Quizá ha sido el corazón...
Vete a llamar a nuestro médico... ¡Oh, él lo justificará todo
y demostrará que sólo ha sido una desgracia!... Ve... (EL LU-
NÁTICO *sale, sensato y acorde, los ojos ya sin estrabismo...)*

TELÓN

Pantomimas y danzas

Portada de Bartolozzi para *Tapices*

La Bailarina

(Pantomima en un acto y dos cuadros)

SE PROHÍBE HABLAR

A Salvador Bartolozzi[1], que lo dibuja todo como si dibujara bailarinas, poniendo en todo —hablando más simbólicamente— una sombra de misticismo, un halo de perversión y una ingenuidad gris perla, trébol difícil de las tres hojas que hace la suerte de sus cosas; beau-diseur *pantomímico, que patina de algo quimérico todas las violencias, que las hace en un blanco suave y duro como de jade, dedico esta pantomima en que se quiebra una bailarina como una tanagra porque a él le emocionará más que a nadie, ya que todo lo hace como si dibujara bailarinas y como si fuera novio de ellas...*

---

[1] Salvador Bartolozzi: téngase en cuenta lo indicado sobre este artista en nuestra introducción.

PERSONAJES

LA BAILARINA leve	*(ave).*
OFELIA	*(tiple de ópera).*
HAMLET	*(barítono de ópera).*
EL EMPRESARIO obeso	*(empresario).*

CORO DE BAILARINAS, TRAMOYISTAS Y GENTES QUE PASAN.

Prólogo

La bailarina vino a mí cayendo sobre la punta de su pie —mejor— sobre el aire de su punta, timoneando en el espacio con el otro y haciéndome la carantoña más volátil de sus carantoñas...

Como esos monigotes de estampa de los teatros de cartón, en que el alambre que los sostiene se nota demasiado y hace una fuerza de demasiado cuerpo dada su gran sutilidad, en ella se observaba, delatándose en lo alto, que la había lanzado sobre mi mesa sin abandonarla, algo más fuerte y más decisivo que ella misma... Quizás la colaboración de todo el espacio...

Acababa de descender. No podía ser de otro modo. El gesto de levantarse de la tierra es un gesto pesado y difícil que inicia, y su ademán era fácil, con esa facilidad con que se posa uno después de haber hecho un vuelo de altura...

Y con ella trajo su pantomima. (Su pantomima, es decir: *la* pantomima que es en lo dramático como entre las flores la gardenia, que no huele, pero en cuya perfección y en cuya inquietud de forma se adivina que es que se reserva para sí y sólo da en la gracia de su *pomo,* su perfume.) Toda la expresó, sufriendo un buen rato toda su fragilidad, anhelante en ese gesto nadador sobre la punta precisa de un pie, en ese gesto de Mercurio[2] que en las esculturas necesita siempre un fuerte eje de hierro. Toda abierta, toda al descu-

---

[2] Se refiere a la representación habitual de Mercurio, dotado con pequeñas alas en los pies y en actitud de vuelo.

bierto, toda en cruz, parecía como querer mostrar una herida del corazón, en el gesto preciso que para una angustia tal habíamos soñado que había que tener mostrándose desgarradoramente al consuelo.

Y así la vimos, y olvidando que era una pequeña lacería me delecté y sonreí y fumé la pipa más caudalosa, como en los ratos de encanto...

Y pensaba mientras muchas cosas. Pensaba que en una bailarina enseñan las piernas las vírgenes, hasta las vírgenes de *Boticelli*[3], de las que era más difícil el incógnito que el de los brazos de la Venus de Milo[4]. Y las enseñan porque ninguna mujer se desnuda para tan poca y tan santa cosa, ni ninguna sumerge su vientre tanto. En ellas además el sexo está excedido, sin nada acerbo, pues siendo una gran avidez y una gran inquietud, de la que sólo salva la muerte, su linón dibujado de plumas en su plisado, lo aplaca y lo da en la alta y extensa comunicatividad deseada...

Y pensaba mientras también que en una bailarina enseñan las piernas esas mujeres de *Watteau*[5], de *Mengs*[6], de *Fra-*

---

[3] Botticelli: Alessandro Di Mariano Filipei (1445-1510), conocido como Sandro Botticelli, fue dibujante y pintor italiano, que desarrolló casi la totalidad de su carrera en Florencia, allí pintó para los Médicis cuadros de tema mitológico célebres: *La primavera* (1478), *El nacimiento de Venus* (1484). Igualmente numerosos cuadros de tema religioso como *Coronación de la Virgen* (1488), *Madona de los candelabros, Madona del Magnificat* (1485) o *Madona de la granada* (1487). Sus últimas obras ponen de manifiesto la búsqueda de un cierto expresionismo y reflejan en parte la crisis moral provocada por la predicación de Savonarola en Florencia: *Piedad* (1498), *Crucifixión, Natividad* (1500). En España se conservan cuadros suyos en el Museo del Prado —tres cuadros de la serie *Nastaglio degli Onesti*— y en la Capilla real de Granada, *La oración del huerto*, éste de su última época.

[4] Se refiere a la célebre estatua griega actualmente en el Museo del Louvre.

[5] Watteau: Antoine Watteau (1684-1721), pintor francés, célebre por sus cuadros de tema galante y escenas de la *commedia dell'arte*. Entre sus obras más notables sobresalen: *Los comediantes italianos, El amor en el teatro francés, El embarque para la isla de Citera* y sus *Fiestas galantes*.

[6] Mengs: Anton Raphael Mengs (1728-1779), pintor bohemio de tendencias neoclásicas. En 1761 se trasladó a Madrid como pintor de cámara de Carlos III. Pintó grandes frescos para el Palacio Real —*La apoteosis de Hércules, La aurora, La apoteosis de Trajano*— y retratos de los que conserva varios el Museo del Prado: destacan éstos por su pulcritud y elaborados paños.

478

gonard[7] y de *Chardin*[8], en las que bajo el *pompom* de su falda con miriñaque, no se podían presumir sus piernas, no se podían centrar bien, se daban un poco vencidas, un poco atormentadas, pero sin imaginar esa rectitud gallarda y delicada de no contar con el miriñaque y con la sombra, haciendo un precioso juego con la cabeza. Hasta este descubrimiento frente a las bailarinas, no habían sido más que *bustos* sobre un bufete, esas mujeres de la regencia, de las que es el traje con el vuelo cortado y haciéndole *costume de ballet*, este traje de las bailarinas... ¡Qué delicadas y qué plasticas piernas tenían!...

Y además pensaba, que en las bailarinas toda la humanidad de mujeres bonitas enseña las piernas, porque unas piernas que danzan un baile de ópera son todas las piernas, por como adquieren todas las morbideces.

Y no salía de la sorpresa, que fue como la de las mariposas de luz en las noches de verano. Llegan sin transición. Han salido de la lámpara o han venido de fuera demasiado de pronto para que se sepa... Sólo se siente su turbación y ese sonido con que abaten el aire al fondear de pronto y que es muy profundo porque no se sale desde qué lejanía han venido para caer aquí.

Estaba bien preparado para recibirla. En mi poder obraba una de esas papeletas santificantes:

> Comulgó en la iglesia parroquial de San Ildefonso, de Madrid. Año 1910. Mes de *Diciembre*.

---

[7] Fragonard: Jean Honoré Fragonard (1732-1806), pintor francés discípulo de Chardin y Boucher, se especializó en pintura galante y sentimental, a veces de tema claramente erótico, que le proporcionaron gran éxito: *El beso furtivo, El debut de la modelo, La cerradura.* O la serie: *Los progresos del amor en el corazón de las jóvenes.*

[8] Chardin: Jean Baptiste Siméon Chardin (1699-1779), pintor francés, que destacó como pintor de naturalezas muertas, interiores y retratos. Se acercó decididamente hacia los temas cotidianos lo que le ha valido ser considerado como el «pintor de la burguesía»: *El niño con la perinola, El joven violinista, La proveedora, El conejo muerto,* etc.

Gracias a eso la pude ver. Porque la bailarina es una cosa mística. Tan blanca como es y tan estilizada, siempre me había emocionado como un símbolo del Señor. Y yendo más allá de los heterodoxos he creído siempre que no sólo se debe comulgar con pan y vino, sino también con bailarinas. Así ella integra ya una patena con la hostia en alto.

Su baile es uno de los pocos gestos religiosos que quedan y es una plegaria al cruel Dios que es el hombre y que como cualquier teógono ofrece a la mujer todas las crueldades, todas las cosas extremosas y los premios más difíciles; y es religioso por lo que todas las plegarias se hicieron religiosas, para no ser ofensivas y cruentas y vindicativas, y decir en lo alto, sin eficaces referencias, lo que estaba hecho para ablandar a las tetrarquías y a las multitudes. Tiene aires incoherentes de letanía y todas las mujercitas y hasta uno mismo, ha sido contado en el gran coro de los *ora pronobis, Kyrie eleison* y de los «Líbranos Señor» que provoca ensanchándose en su ámbito...

Se piensa ante ellas y su baile que si dicen los «libros de horas»: el cordero redimió a las ovejas; es por el contrario: la oveja la que salvó a los corderos...

¡Oh si intercediera por uno una bailarina en la corte celestial y bailara su baile!

En la bailarina se quiebra esa continuidad lógica y trascendental con que se grava la vida, y cobra un sentido religioso ingenuo y exquisito, que conviene fijar bien, que no es una religión, ni una religiosidad, sino un deseo que está prohibido pensar profanamente porque las tetrarquías así lo hubieron menester...

En la bailarina todo vuelve a la serenidad, y a la brizna que es... Todas las complicaciones están en su blanco... ¡¡¡Y no es Kantiana ni mucho menos!!! ¡¡¡Oh!!!

No hay ratos de tener toda la vida y otros de no tenerla, ni hay tampoco ratos de especulación y otros sin ella... Todo está perdido, y por eso asumido como de ningún otro modo en su perdición...

Pobres de los que han encontrado más, y lo que han vinculado y lo quieren hacer valer... No ponen en peligro la armonía sideral porque el corazón y la vida, testaruda en su química, les puede y les somete... ¡Qué inefable es saber que van viviendo y van muriendo, por tanto, esos hombres duros! Sólo hay que encontrar la perdición, y hacerla el camino bueno, halagador y definitivo, olvidando el ansia de los caminos vecinales y los caminos reales, con que se desdeña la estructura hecha de perdiciones del bosque... Ellos quieren tener un Dios, es decir, un «director de obras públicas» que les haga caminitos y ese ferrocarril estratégico que les conduzca a él como a la luna...

No hay quien tenga la verdad ni quien no la tenga. Ella se tiene por fuerza en todo y no necesita más... Todo necesita, silenciada —claro está— esa sabiduría que los otros monetizan y todos la tienen y a esos que le dividen y la quitan su mitad mejor porque la llaman mentira, o heterodoxia, o utopía, o maldad, a esos que se resisten, les entra por detrás... Esto es... Si no sucedería que... No se sabe lo que sucedería, porque no puede ser, y quizás si pensamos eso nos suceda lo que a esos hombres que se resisten... No podría haber extensión en unos si los otros no fueran profundamente extensos. Si todo no fuera igual en extensión...

¡Oh una paradoja acaba de saltar frente a mí! La paradoja es como el saltamontes, de difícil de coger, pero cuando salta en la lámpara se muestra bien. Aquí está: si la propiedad supiera el derecho de propiedad y lo razonara, no habría propiedad. Se negaría a sí misma la tierra, al romper, al limitar su obrar de consumo en la exclusión superior de todas las canalladas de los hombres en las que ni para mientes...

En la reserva de todo, está todo, si no ese todo sería sólo apostasía y se hallaría negado, y aniquilado, y frustrado...

La sabiduría reflexiva y suprema sólo es un simulacro falso para este concurso mundial de las dominaciones y sólo es posible porque todos no pueden vivir por igual la falsedad ambiente...

No se puede decir esto sí y aquello no. Todo se trastornaría, todo se empobrecería y se moralizaría de ese modo y todo eso no sucede porque todos son más una fuerza contraria a sí, adversa, que les da de empellones, que esa fuerza dialéctica y estúpida con que toman un gesto cómico y digno al sufrir los empellones... Hay que lanzar a la vida a una gran decadencia, hay que divulgar esta pedagogía más que disolvente, fundente, abracadabrante, asesinante... ¿Pero a qué ser fanfarrones? Ella va a esa gran decadencia en la que el decaer no tiene una fea acepción genérica, sino que es decaer de sus alturas, de sus apogeos falsos, de sus sensateces y de sus filosofías y de sus amores... Porque ellos sólo dicen malignamente ¡¡¡decaer!!!, pero no es eso sólo.

Hay que deskantianizar[9] la vida... ¿Pero qué harían sin símbolos, sin historia, sin lecciones y sin años de Koenisberg los estafadores? ¿Cómo ser altamente desinteresados y perder las razones que hay que alegar, las declamaciones que hay que lanzar y las consignas que hay que cumplir en todas las poternas para no ser muertos? ¿Cómo no decir que el latín... ¡oh el latín!...? ¿Cómo perder la moneda como ese Remy de Gourmont[10], tan gran latinista y que es el único latinista que ha dicho tan violentas cosas sobre el latín, olvidando que lo sabía?

La bailarina levemente cuenta con todo el espacio y demuestra levemente toda la fuerza universal, como esa burbuja que señala las más altas presiones en los registros de las máquinas...

La bailarina es la mujer dada en el aire, en el aparte, frente por frente, liberada, en su carne. Y entiéndase bien esto. La carne de la mujer es como un traje hechura de sastre, hechura del hombre, y así sólo frente a la bailarina es cuando me he visto más lejos de la mujer del hombre y más sólo con la mujer de la mujer, corita[11] de su *traje de sastre*.

¡Qué sola es la mirada, el ademán y la vida en una bailarina pantomímica!... ¿Puede pecar? ¿Puede hacer bien?... No.

---

[9] deskantianizar: con este neologismo se refiere a la negación de la filosofía racionalista de Kant.

[10] Remy de Gourmont (1858-1915), escritor francés. Bibliotecario de la Biblioteca Nacional de París, fue separado de su cargo por su artículo «El juego del patriotismo». Fue uno de los críticos más autorizados de los simbolistas y autor de novelas como *Sixtine, roman de la vie cerebrale* (1890). Sus escritos son frecuentes en *Prometeo* y Ramón mostró interés por su literatura.

[11] corita: desnuda.

Sólo puede cernerse y estar abandonada... ¿Cómo serán capaces de hacer relaciones en estas cosas los hombres?... Cernerse como todo... Porque la tierra que nos une a todos no nos comunica, es aisladora y sólo tiene piedad (?) y sentimentalismos (?) para todos los vuelcos sobre ella, por como les abre un pequeño regazo, pero sin calor, disciplinando la vida en un nuevo sentido de aislaciones... Ella es tan aisladora como el espacio, porque todo es tan aislador como ese aire en el que se cree que sólo viven las Walkyrias. Y sin embargo, todo es nebuloso, porque las relaciones que ella hace sin distingos son las que malician los hombres...

Hay ratos en que esta aislación en la mujer es definitiva. En que el sexo se la ha adentrado siendo formidablemente de su interior. En que el sexo no es posible. En que todo es suavidad, buena relación, y las desata de ese suplicio que como hijas del Cid, más que como hijas de Adán, soportan las mujeres. Y éstos son los ratos pantomímicos. La pantomima es lo más grande.

En el caso bailarinesco este, lo ha definido todo la pantomima y todo se ha consumado y se ha profundizado, cosa que no sucede en las cosas que se dicen mucho y que no comienzan por causa de ese interregno inorgánico de la palabra. Apasionada toda ella, cerrada en malla blanca su pasión, tiene vencida a la muerte, viva en su entretanto de pasión. Porque la muerte es sólo una mala fortuna de la pasión, es una debilidad, es vida que tiene de pronto un escape y que se va a la vida, claro está, aunque parece que se va a la muerte...

Todo sostiene a la especie por su pantomima más que por su solidaridad y su emparejamiento, y más que por sus habladurías. Y en los hechos históricos y en los dramas y en todo, el mejor momento no es el más lírico, sino el más pantomímico, que siempre se pierde.

Chamfort[12] ha llegado a decir frente a estas mujeres: «*La verité, ye ne l'ai trouvé que chez les danseuses.*»

---

[12] Chamfort: se refiere probablemente a Sébastien Roch, llamado Nicolás de Chamfort (1740-1794), autor de diversas piezas teatrales y ballets que se representaron en la corte francesa. Aunque ingresó en la Academia escribió un *Discurso contra las academias* y sostuvo posiciones polémicas.

La bailarina consigue ser definitiva porque según dice en *La Vagabonde* Colette Willy[13] esa gran bailarina y esa gran pantomímica, que se inclina en sus libros, sobre uno, ya no sobre la punta de un pie como las bailarinas ingenuas, sino más reflexivamente, sentada en un diván del *Foyer* —«...en la escena es donde me siento más sola y más defendida de mis semejantes».

Y por esto, porque está sola y arrancada, sobre una escena, es por lo que las bailarinas han podido ser el ideal. Porque se dan en su baile como si nada las pudiera turbar, ni tocar, ni poseer: un momento desprendidas como «bellas dormidas en el bosque...»

Y el ideal necesita ser de sí mismo, porque sólo consigue «al ideal, el ideal», que mientras los hombres y las mujeres al fin siempre hacen equívocas bodas morganáticas, él vive como Narciso mirándose solo y sin cautividad en su regato, pues perdería su sugestión al perder su soledad.

Sin embargo, sólo dura un momento esa idealidad, al cabo del que viven ya sólo de él. Un momento, el momento pánico en que las aves *cogidas* por las extremidades, aletean locamente, desconcertantemente, como yendo a volar alto y a llevarnos consigo pudiendo absurdamente con nosotros, y que se termina cogiéndolas precipitadamente por las alas. Ese momento. Pero quedan al fin con su posibilidad, como ordenadas *in sacris* y en «blanco mayor».

Esto me hizo pensar el día de su anunciación y todo ello explica más la pantomima y la hace más orgánica.

Después sonreí. Más que una tragedia era una noche, una noche a eso de las dos, que es cuando trabajo y ella

---

[13] Sobre esta escritora y mujer de mundo, téngase en cuenta lo indicado en nuestra introducción. Sidonie Gabrielle (1873-1954) fue una escritora francesa que alcanzó gran popularidad en los años del cambio de siglo. Tras su boda en 1893 con el escritor Willy (Henri Gauthier-Villars) se instaló en París comenzando a publicar sus novelas, que aparecían firmadas por su marido, sobre todo la serie de Claudina (1900-1903). En 1906 se divorció y para ganarse la vida trabajó en los music-halls de París, sin que ello le impidiera escribir obras como *El retiro sentimental* (1907), *Los zarcillos de la viña* (1908), *La ingenua libertina* (1909). Son éstos los años en que Ramón la conoció en París en cuya vida cultural y social participaba muy activamente.

vino a sorprenderme. Así. Una noche. ¿Para qué adjetivar terriblemente?

Yo me dije al final después de su pantomima: «Ya dormiré ahora hasta las once de la mañana a lo menos.»

Y eso me fue inefable. El sueño todo lo vence y todo lo salva. Es como lo arregla todo y lo inocencia todo y todo lo compensa la vida, sin hacerlo imperdonable ni *duro*. Es como lo borra todo. Es el momento en que su madre vive en ellas y se vuelven al seno de donde han venido. Para volver a aparecer mañana sin el vano pecado original.

«Ese señor de las altas ideas severas dormirá esta noche», nos hemos dicho al verle tan *duro* de expresión. El sueño está hecho más que nada para salvar de sus creencias a los creyentes, para no hacerles tan timoratos y para hacerlo todo tierra boba de labrantío a una hora, hora de idoneidad y de laminación. Sólo me duelen un poco las vidas con una calentura de 40°, porque no podrán dormir y porque quizás no se morirán tampoco en la noche sin sueño.

«El criminal ése habrá dormido después de cometido el crimen, quizás ya en la madrugada, porque su pusilanimidad no le dejó dormir antes.» «¿Qué se le podrá decir después de su sueño mañana por la mañana?... Debería hablársele de cómo están las cosechas en el campo y preguntarle qué trabajo va a hacer en su predio por deberá de tener su campo, su tierra.»

—Se le dirán todos los exorcismos. Hay que castigarle, hay que hacerle criminal durante veinte años —dicen los implacables.

No discuto. Como decir se puede decir todo.

Estas cosas o se piensan sobre todas las razones, o no se piensan. Porque si se piensan debajo, es preferible su empedernimiento a querer desembarazar el pensamiento aplastado. ¡Por qué hay tantas razones belfudas, razonables y hórridas!

Sólo matándoles para preguntarle al cadáver la verdad podría adquirirse esa contestación en lo alto de todas las razones amontonadas de derecho natural y de derecho usual...

Acto Único

CUADRO PRIMERO

El entre bastidores de un teatro de ópera. Todo discipli-
nado severamente, todo demasiado del revés, demasiado artificial y demasiado engañoso. Todo reseco de color y contundente y cínico... Se siente la gran flaqueza de la que más
allá todo tiende a sobreponerse... Todo es desolado y conyugal y muestra a lo vivo su secreto y su olor a sexo en ese
deshabille que da tanta procacidad a los faranduleros, de los
que por no saber bien esto, se espera un gran romanticismo... ¡Y viven de las suplantaciones y del tedio de todas las
grandezas!

Entre bastidores, hasta la música deja de coquetear, los
deja desamparados y vuela hacia allá porque todo la cuoti-
dianiza y la sojuzga...

Se ve el cordelaje y los travesaños allá arriba en «telares»,
y se ve el entarugado a los pies de los grandes bastidores
—grandes como bastiones— con la frialdad de su maderamen al reverso y su signatura escrita con cinismo...

Todo hace un gesto cabrón.

El entarimado se abre en algunos sitios y da paso al infierno de golfemia, de cicatería y molicie, donde se goza el
sarcasmo de todos los símbolos de aquí arriba. Los tramoyistas, que son los grandes destripadores de esta caja de
Pandora que es el escenario, gozan la de Dios con estar enterados.

La batería arroja sobre todos su destemplanza, no simula

y no ilusiona y les da su gracia también ácida y conyugal-
mente. Aumenta el escepticismo y la absurdidad.

Es como si se hubiera abierto la sala de familia y de vida
al desgaire y en la prosa y en el apocamiento mortal, que
hay en las casas de lenocinio y donde se cose y no se galan-
tea y está el gato famélico y se dicen las otras palabras sin
obscenidad, sin voluptuosidad y sin lirismos y no hay el
perfume de alcoba de las demás habitaciones...

Colgados en puntos estratégicos hay carteles en que está
escrito imperiosamente:

SE PROHÍBE HABLAR

En el silencio y en la apatía y en la huesa esta, se escucha
desconcertada la música de Hamlet, ansiosa de proezas de
las que aquí todo es frío.

Las bailarinas dispersas, esperan en silencio encendido su
linón como por la batería dando un efecto de plenilunio...
Así debe estar la plaza de San Marcos en Venecia, en la hora
en que aterriza el cielo palomar... Parecen sus faldillas como
alas de unas aves que quisieran volar, pero que retenidas
por el arte supremo y la supremacía de sus piernas, tan insuperables como sus alas, no se decidieran a dejar de bailar
pero tampoco a desprenderse de sus alas y de sus posibilidades, que a la postre son las que hacen estable su gracilidad...
Quizás sí y quizá no es esto. Quizás son *aves cazadas* que se
ven obligadas a bailar en sustitución a sus vuelos de el principio. En su espera tienen sus alas esa movilidad quieta, esa
pulsación del vuelo sereno, que hace variar las fases de sus
pliegues y de sus picos, trasformando su gracia y mostrando
que vuelan...

Su cabeza en esa obscuridad de los bastidores, se pierde
de su medio cuerpo y en esa clara albura de sus dos alas
abiertas, es el centro y parece empechugada sobre la cintura, en medio de sus homoplatos...

Su busto se pierde y sólo bajo la luz y en esa obscuridad,

es, cuando más: el cuello de cisne de su cabeza, que sólo es remate de sus alas. Por esto no se imaginan los senos de una bailarina sino sumergidos y pequeños —mejor dicho— traslúcidos, pues ni vientre ha de tener su torso, que eso sí, puede estar construido hacia atrás, viento en popa, por bajo de sus caderas, y hacer su pompa esbelta y ave...

Las bailarinas, junto a los hombres zafios de entre bastidores y las mujeres zafias de los coros se ve que no están más que posadas sobre lo más frágil y lo más accidental de ellas como hecho para posarse, posadas sólo un momento en espera de una gran esperanza, posadas más sobre algo sutil como las aguas, que sobre la tierra firme, porque su sutilidad consiente más la infirmeza... Junto a todo el *surmenage* de su alrededor, las mantiene alto su plumaje, rizado en una rueda horizontal que a la vez las pone lejos de todos estos bípedos implumes...

Pero *ellas,* son todas ellas.

Ella, la bailarina, es una sola. *La bailarina leve,* que por leve se separa del grupo de las otras. La mujer leve, es la que cae más, la que ama, vuelve a amar, y al fin exangüe, cae o se levanta —que lo mismo da— en el fondo del cielo o de la tierra. Cae o sigue en pie: las dos cosas son subir para cosa tan leve. Y de subir tan alto se muere...

Siendo tan leve ya no se puede ser más que el placer a todas horas; y hoy el placer no lo asume el ambiente en su proporción. Así llegará en alas de su levedad al lugar deshabitado donde languidecen las mujeres leves, chafadas porque los hombres machucan en vez de acariciar y son violentos en vez de leves para no continuarlas y dejarlas ir solas al fracaso que no es más que soledad... Su levedad la hará menos dolorosa porque será más fugitiva pero aunque eso salvara el intermedio no salvará el final...

La bailarina leve parece volar a distancia de algo que la arroba. ¿No se siente en los éxtasis más profundos de las aves, que vuelan sobre algo próximo? Es un vuelo perpendicular y heroico.

Está suspendida sobre algo porque su facultad permanece en ella y eso la mantiene así...

Cada nueva nota de la orquesta dibuja su posición, y por

ellas se sabe el trazado de su vuelo ahora más amoroso que funambulesco.

En las notas altas se acrece, se admira, teme y recula como reculan las aves: hacia lo alto, se pierde, se remonta hacia el plafón como un *fresco* de él, pero sin perder de vista lo que la abstrae; y en las notas bajas en que toda la orquesta desciende queriendo mullir un lecho a la voz que se tiende y se arroja hacia atrás, desmayada, desmelenada y languidesciente[14], ella se acerca, parece ir a adueñarse, propende más hacia el corazón que percibe y aletea su nariz como la de Judith sobre Holofernes...[15].

En los calderones hace el vuelo difícil, dramático —que es como una plancha en el aire— de las aves ya sobre el sitio donde han de posarse pero donde no pueden: se sufre de que no se posen. Se ve lo insostenible que es su vuelo sin esa base que hay del suelo a la altura, en las grandes alturas, y sin esa extensión de horizonte a horizonte en las grandes anchuras.

Busca la mirada de la culebra, pero la culebra ni la mira ni la atrapa. La cautiva el público.

Es sentimental esta mirada que no se dirige a las butacas de orquesta y que no contraviene la consigna queriendo mirar más allá en el centro de la sala.

Su atención alarga el lienzo de espacio en que ama. Y tiene todos los vuelos. El vuelo bajo de las golondrinas, el vuelo corto y oblicuo de los pardales, el vuelo ramoso, muy apretadamente arborecido de las alondras, el vuelo invisible de los ruiseñores, el vuelo recto y terrenal siempre a nivel de la próxima loma de las perdices, el vuelo pueblerino y honesto de las palomas, el vuelo de corte a corte de los pavos reales o el alto vuelo de las quimeras... A veces, cuando más desespera o más pueril se hace, adquiere el vuelo de las mariposas, y si la coge en él la violencia de una ráfaga musical,

---

[14] languidesciente: languideciente.

[15] La referencia a Judith y Holofernes se debe integrar —como Salomé— en los mitos finiseculares sobre la conflictiva relación entre amor, violencia y muerte. Véase al respecto, al menos, Erika Bornay, *Las hijas de Lilith,* Madrid, Cátedra, 1990, págs. 203-218.

se siente que van a quebrarse sus alas y se quiebra la línea de su serenidad...

Sus ojos se abren y cierran, como restañando el párpado la fiebre y el vértigo de la pupila. No se desorbitan como en los momentos trágicos, sino que se aplanan y se redondean y se hacen todos *niña* como los de las aves... La boca tiene el gesto de la sequedad, el más dramático. Tiene los labios pegados sin *rictus* ni emoción, en el momento de la incandescencia, en que parece que va a cicatrizar esa herida abierta de la boca... Es cuando se siente como que se van a perder los labios... Sus mejillas tensas de histeria crean una ojera de relieve, fija, por bajo de la ojera vulgar, que hace una mueca de fiebre.

Sonríe, sonríe porque él ha triunfado en una nota alta y sostenida a mucha altura sobre el nivel del mar, y hasta la que ha ascendido ella con su linón. Pero no sonríe del todo porque sabe de lo inaccesible que es su deseo, por bajo más que por alto. Casi siempre sucede que cuando ríe el rostro llora la nuca.

Se mueve por el escenario. Parece que hace ese vuelo de alegría, de aspaviento, que los pájaros hacen un momento para volver al mismo sitio, porque la expresión de la risa la tienen en las alas... Y al hacer esos correteos ligeros, han hecho algo como lo que hacen los niños alejándose de la plazoleta para volver enseguida, saltando y cantando: «¡Ambó!!! ¡Ató!!! ¡Matarile-rile-ró!!!...»

Vuela en ese revuelo moviendo y plumajeando su carne, como las aves hacen con todas sus plumas cuando se apasionan... Hasta sus senos, que en las bailarinas son sobre el plumón de sus alas una brizna de pluma, un enhiesto remolino de ésos en que la pluma es más tenue y más hueca y más cálida —¿los senos de las muertas estarán fríos?— que en otro sitio, sitio de pluma *cobija*, más que pluma plumón, plumón, sin cálamo ni cañoncillo, la ayudan a volar y la hacen aviadora como sus volantes. Los mismos senos de las mujeres vulgares, que en ellas son el único plumaje que conservan, cuando se apresuran, sus senos plumajean, y eso las da la gracia de sus revuelos perdidos. En los pájaros todo coopera a su vuelo y hasta vuelan con el anhelo de su pico

que parece pesado y que tan abajo y abajo y tan lamentablemente hace caer la cabeza de las aves muertas, pero que con
su avidez aspira las distancias... En la bailarina leve las ale-
tas de la nariz ayudan también y hacen adelantar la figura...
Así de ingrávida se hace menos voluptuosa, porque la carne
para ser voluptuosa ha de pesar, ha de hacerse maciza y someterse a las uñadas, al hundimiento, y dar un espectáculo
mayor de hundimiento, de desplomamiento, de estar derrengada por pesadez, de estar vencida por su peso...

Mira en ese sitio a que se mira en las grandes esferas pasionales, más allá de la pasión, más en lo victorioso. Parece
que ha ido a buscar su mirada un horizonte, porque las miradas no se explican las cosas, no eran ellas las que busca-
ban ninguna de ellas, buscan constantemente un horizonte
ya en el descampado, detrás de todo, pero fracasando se
convencen a sí mismas cuando ven que no han pasado del
acá al acullá, de que era cosa de primer término lo que bus-
caban... «No me quites el horizonte», dirían las miradas a la
cosa que les hace sombra, pero saben lo inútil que es esa
observación...

Se siente en su agua, en su nado, en su pinito libre de
mala madre. Tremantes sus plumas remeras y sus plumas ti-
moneras. Vivos todos sus astiles.

Se queda pálida un momento, quieta la expresión, como
derretida la cera de su carne, caída en esa arandela que es la
tierra en que se pisa o sobre que se vuela; y es que en las
mujeres, cuando la sangre y el rostro y el desnudo acuden
al corazón, parece como que se consume y cae en la arandela esa todo el resto... Hay que esperar un largo momento
a que el rostro haga una nueva aparición como en un nuevo florecimiento.

Terrible es requerir a una mujer cuando así lo es todo en
su corazón... Ya no responde a todas las miradas ni es fácil;
es cuando el mismo amante se pierde si llama, pues habrá
dejado su continuidad y habrá dado lugar a una sorpresa de
nuevo original en vez de consabida, y eso a veces es adverso...

Es más fácil ir con la mujer a su corazón que encontrarla
en él... En él no hay falsa seducción y hacia él sí... Lo que

pierde a las mujeres en los amores estrafalarios y desiguales con los libertinos, es que estaban fuera del corazón...

Aunque es muy absurdo pensar esto, lo sugiere la bailarina leve: «Sería mucho más difícil que llevar a la mujer, de la calle al nido de amor, el ir de un nido en que ella se hubiera iniciado en lo que inicia un nido de amor —pero sin desflorarse—, ir a la calle a ser del amor y de la desfloración»...

La bailarina leve, después del resurgimiento, siente la mirada, lejana del barítono, que quizás mira también detrás de ella. Al creerse agraciada se hace un rostro para él, como todas las mujeres hacen el rostro que sueña el que las mira, porque siempre hallan lo que buscan (mientras son vírgenes de ese hombre) porque lo... lo... inventan... Ha sacado del corazón todas sus cosas...

Después ya no ha sentido la mirada...

Se siente su maternidad bajo su plumajería. Esa maternidad que se fecunda a sí propia en los grandes amores, va haciendo un hijo, la fantasía de su hijo, lo más plumado de él... Las piernas ya las hará un cualquiera, como un carpintero... Ahora se trata de su grandeza... Se llaman padres los padres y no lo son... De sus contemplaciones hizo la mujer su hijo; lo mejor de su hijo; de su pantomima, de éxtasis cluecos como éste... De todo arrancan algo las mujeres, sin saber, *cerrando los ojos,* como en la violación vulgar... De todo, de la flor que llevan en el pecho, del claro de luna, de los campos, de las tinieblas, del mar, de... A los hombres les incumbe una tercería siempre, y encubren una falta con su matrimonio, como no hayan sido por extensión y mundalidad de espíritu y consanguinidad eso que las galanteó y las hizo un hijo... Por eso algunas veces en vez del cornudo, se es el seductor que abandonó a las mujeres embarazadas ya, con el embarazo de un hijo en el corazón... Pero es que no se supo y por eso se llama por celos «frivolidad» al nuevo amor de ellas hecho de pronto e inminentemente conyugal, cuando es un amor que va a cubrir un desliz sólo a hacerle las piernas al niño en el que sólo eso faltaba...

Sus manos cogen las puntas de sus alas, como ansiosas de enarbolarlas. Se quitan y se ponen las sortijas... De pronto, en un vuelo de su faldellín cambia una de ellas por un ramo de flores con una bailarina que se pierde más entre las otras... Se lo pone al frente de su descote, para ser más mujer, para agravar sus pechos y la sombra de entre los dos... Con su mano derecha quiere cuidar el pelo, pero se lo desmelena y se lo alarga, pues las manos de mujer cuando quieren peinar su pelo, ya en las horas supremas, parece que lo hacen más intenso y más ímprobo y más fulminante...

Su deseo de ser amada pone en sus flaquezas la morbidez que las faltan, modelándolas con el hálito interior de un suspiro o de un vigor sutil, que se abomba aquí y acullá... En sus senos sobre todo, lo mejor es su fuerte voluntad de enamorada, alentándoles de ilusión... Por esto en las mujeres exánimes no sólo hay menos fuerza, sino menos belleza...

De una polvera guardada en el descote —¿no sería esa polvera el engaño de uno de esos senos?— saca la brocha y se empolva.

Con una barra de carmín tinta sus labios y se los laquea, porque están demasiado secos para asumir frescamente la pintura... Los siente como creados porque se habían sumido como sin color y sin preciosismo en la calentura de su rostro...

Perfuma su pañuelo y perfuma su corpiño... Su gesto ya no la pertenece y es como si no se viera. Está perdida como en la sombra de esos lechos con cortinas y sólo la puede ver ya y sólo es ya del hombre por el que se ha ido a esa soledad... Arranca una flor al ramo y la huele japonesamente como acercándose un sueño o una vida, y más que respirándola, como respirada y dominada por la gran avidez de la flor...

Tiene dominado todo el espacio y todo él lo hace su bagatela como en las fuentes se hace coquetón el cauce ligado con el río y ligado con el mar.

De pronto, rebasa su sueño, que ya no podía estar más en lo dormido, y yendo más allá se despierta en él más encaramada en su sonambulismo. Se plisa más el linón y da vuelo a todo su plisado, como las alas abren todo su varillaje en sus grandes deseos... Se oyen unos aplausos...

Hamlet, con sus aires de barítono optimista que viaja en *sliping* fuma grandes puros y le gustan los *lendaulet,* sale un momento al bastidor, se vuelve a asomar y vuelve a venir...

Ella espera, y en un rasgo genial, hace resbalar una hombrera para enseñar más un pecho, porque ella sabe que el pecho sin caer en rampa continúa desde el hombro, tiene menos vértigo y menos decisión, y se quita con la lengua el carmín del labio porque se ha vuelto a abrir su frescura de pronto ya que sólo servía para empalidecerla...

Hamlet la ha sentido sobre su cabeza más que a sus pies, mediándole la estatura, pero un solo momento... Después nada, ha cogido la flor que le ha ofrecido, y la ha hecho esa caricia bajo la barbilla de quien tiene otra amante mejor y no tiene tiempo...

CUADRO SEGUNDO

El pasillo, medio obscuro, a que dan los cuartos de las «primeras partes».

La bailarina leve, vestida ya de calle, espera. Ha vuelto a ser así de esa fosa común, de la que se sacan las mujeres para la vida lírica. No se la conocería... Sin embargo, se sugiere bajo su traje ceñido, que todo va plegado en su desnudo vestido según el siglo; y en eso que ahora son caderas está adosado todo su velamen blanco y sutil... Quizás lo ha guardado con castidad para pasar la ciudad, y al desabrocharse en su alcoba después de quitarse la camisa todo conquiste su encañonado y su bailarinismo y después de un vuelo, levantado el embozo, se acueste con ello, desnuda en su plumajería, en su lecho como de ánade, cubierto de plumajería *vivo* —que ya saben los plumajeros cuán superior es al *muerto* de los lechos vulgares— arrancando de su pechuga y de su vientre. Entre lecho y mujer, hay una gran hipóstasis. Completamente desnuda no es explicable que esté, sería lamentable. Sólo lo había plegado y bastará que use la virtud con que todas las mujeres con los extremos de sus dedos, dan vuelo y aliento y rizado y pétalos a todas las cosas chafadas. Las rosas sobre el peto de su traje son rosas declinantes, rosas en un búcaro en vez de rosas en su macizo, como lo eran sobre sus senos al aire...

En como tiene soliviantada su vida está la virginidad perdida, que se vuelve a recobrar excediéndose... Además, su malla blanca, depilada y limpia será su virginidad siempre, una virginidad incorruptible como la de Diana[16]. No tienen que dar las bailarinas más que su descote, y todo hombre no debe buscar más porque sería perder la bailarina y no vale tanto una mujer...

Se oyen unos pasos allá, es el tenor que vuelve ya después de su escena final. Ella se vuelve sobre el espejo y tose levemente subiéndosele a los brazos con una tos tan delicada. El Hamlet de ópera la ofrece por detrás la rosa roja de antes, pues de las mujeres leves no se guarda recuerdo... Y pasa...

Ella se ha dado cuenta... Tiene un ademán de querer tener su traje de bailarina, de echarlo de menos, de irse a desnudar...

Quizás la conviniera un manto negro.

Quizás un Kimono...

Quizás desmayarse...

Quizás enseñar el rosario de sus besos, sutilmente dibujado en su espina dorsal y con una gracia como adquirida en Jerusalén...

Quizás darle un hijo suyo... Habérsele robado para podérsele ofrecer aun con todo el dolor de un parto... Pero no se pueden robar estas cosas ¡oh, ingenuidad!

Quizás morir para que él la socorra...

Quizás...

Revuela un momento y entra en uno de los cuartos como recatándose. Por la puerta entreabierta se ve cómo abre apresuradamente todo y amontona los trajes...

Se desabrocha el peto y se hace un descote frente al espejo donde se sumerge, como todas las mujeres... Porque en los espejos se sumergen desnudas las mujeres para poderse vestir mejor y para ponerse mejor, en su *toilet* acabada, un alfiler... Se pone un sobretodo de armiño con esa suntuosidad recargada de las óperas; se arregla el peinado haciéndole más bajo y se pone una corona... Se pone un collar con ese gesto de quien se deja abrazar por él, como intimidada

---

[16] Diana: Divinidad latina que pronto se identificó con la Artemis griega.

toda la belleza, y que saben hasta las que no lo tienen y sale al espejo del pasillo. Se vuelve a sumergir, se siente que ella se siente desnuda otra vez frente a otro espejo y ve a ver lo que puede necesitar en su evocación el traje para evocar más el desnudo... Y se cruza el sobretodo real...

Espera un momento.

Rechina la puerta de allá y sale el barítono, más cuadrado que nunca y más *cargado* de espaldas, de cabeza, de brazos y de piernas y en conjunto más *cargado* de altura... Ella sigue vuelta al espejo...

El barítono sonríe al pasar. Lo ha comprendido todo pero no puede quedarse... Es bien frágil su reinado y es contraproducente y es advenedizo, porque nunca una reina debe dejarse coger mirándose con corona a un espejo...

El barítono pasa...

Ella se reclina sobre el espejo sintiéndose como en el quicio de una puerta cerrada y sin respuesta, en esa postura de las estampas lacrimosas. Es toda una estampa de esas y parece dar el pecho como en ellas sucede a un niño huérfano, el resto de ideal, del que murió el padre y que siempre les queda por su maternidad a las mujeres y para el que por muy famélicas que estén siempre tienen lactancia en sus senos...

Siempre lo tienen al pecho y cuando no, es por confusión, por la culebra sigilosa que mama como el ideal imitando su dulzura... A la mujer el ideal, que siempre pasa junto a ella, la deja un hijo a lo menos, un niño ni sietemesino, porque lo tenían ya todo hecho para darle a la luz inmediatamente después del encuentro... Se habían dado tanto a su sueño antes de que viniera ese rato... Hasta en las mancebías, esos niños que corretean independientes a la farsa, son según sus madres, hijos de su ideal, de un Bombita, de un grande hombre o de Lohengrin...

Silencio.

Hacia ella y a sus espaldas, un señor obeso que se afirma la copa, avanza de puntillas y de puntillas parece caprípede... La enlaza por la cintura dándola ese beso a traición, de esos desleales que se dan lejos de la mejilla. Se vuelve, pero al ver al empresario se debilita, levanta un momento los brazos para ir a salir hacia arriba, en esa ascensión con que se escapan de los brazos que no quieren todas las mujeres, y más que ninguna las mujeres leves... Pero el empresario la coloca una sortija como un grillete, y como la mujer no necesita más que un pretexto encuentra el pretexto y languidece, apaga su lámpara de Virgen loca, y se va a morir de sí, más que del señor obeso, a la obscuridad... Es una reina de guiñol, inexpresiva, con los brazos extendidos y sin articulación, la boca unida, la corona ladeada y en el cuenco del gran sobretodo ya nada más que ese gran vacío de los polichinelas. Parece que como Salomé es complacida por el Tetrarca que le ofrece venganza y en el epitalamio la cabeza cuadrada del Hamlet reacio estará presente...[17].

Silencio.

Hamlet abre la cortina y aún presencia la sombra del rapto. Pasa Ofelia con sus dos trenzas rubias y su traje de Margarita[18]. Al entrar en su cuarto entreabierto y verlo todo desconcertado, da un grito como de «¡Me han robado!...»

El barítono se da cuenta... Y corriendo con dolor, haciendo valer todo su amor quiere hacer valer una gran piedad para el otro, e impone silencio con el dedo de la diestra en los labios y señala con la siniestra el ramo de flores y las peinetas que ha dejado al peinarse la leve bailarina como garantía de que volverán la corona falsa, el collar falso y el gran sobretodo de un armiño falso...

---

[17] Continuando con el juego de referencias culturales, Ramón acude aquí irónicamente al tópico finisecular de Salomé: el desenlace de la relación entre La bailarina leve (Salomé), el Empresario (Herodes de Tetrarca) y Hamlet (Juan el Bautista) tendrá el mismo desarrollo paródico que el citado tópico tal como éste fue desarrollado en la estética finisecular. Véase Erika Bornay, *Las hijas de Lilith*, Madrid, Cátedra, 1990, págs. 188-203.

[18] Continuando con la parodia y resumiendo en cierto modo la trama montada sobre la relación entre La bailarina leve (Ofelia) y el tenor (Hamlet) se concluye ahora el texto dándole en cierto modo un alcance mitológico —el rapto— y añadiendo un nuevo referente cultural contrahecho: Margarita, la heroína goethiana.

Accesos del silencio

(Tres pantomimas originales de Tristán)

A Guillermo Castañón[19]*, que vive en una ciudad vetusta, soñando con estos teatros de arrabal y con Collette Willy*[20]*, dando escándalos, odiando el orfeón como a estos intelectuales, alcoholizándose en los chigres*[21] *y presenciando a sus anchas el atentado de la muerte en los cofrades y en los profesores, aunque sepa que alguna vez como víctima accidental y equívoca morirá en la explosión de esa muerte natural dirigida sólo contra los otros que la temen, la merecen y ponen gestos tan grotescos y tan transidos al caer... Morirá de eso, es verdad, pero bien merece ese pequeño sacrificio el espectáculo. A Laurent Tailhade*[22]*, el anárquico, le dejó sin un ojo una bomba insospechable, y continúa tuerto y desfigurado, amancebado, con su ideal.*

---

[19] Guillermo Castañón: fue compañero de estudios de Ramón en la Universidad de Oviedo; mantuvieron después una cordial amistad, que puede apreciarse no sólo en esta dedicatoria, sino en las cartas conservadas que le escribió y que reproduce José Manuel Castañón en *Mi padre y Ramón Gómez de la Serna*, Caracas, Casuz editores, 1975.

La referencia a que vive en una «ciudad vetusta» parece referirse a Oviedo, más aún si se recuerda la Vetusta de *La Regenta*, de Clarín.

[20] Colette Willy: Sidonie Gabrielle Colette (1873-1954). Véase la nota 13.

[21] chigres: en Asturias, tiendas donde se vende sidra al por menor.

[22] Laurent Tailhade (1854-1919): escritor francés autor de diversas obras poéticas y en prosa. Colaboró en publicaciones anarquistas, cuyas ideas apoyó. Su poesía, ordinariamente satírica y caricaturesca, contiene un brillante despliegue de formas de versificación e imágenes que hacen eficaz su mensaje satírico.

Revelación

La calle era sórdida, había en ella una carnicería de caballo, con las tres cabezas hípicas de metal sobredorado en el frontis, que son el distintivo de esas tiendas... Había una delegación de policía con ese letrero usual, en caracteres azules, sobre el cristal iluminado, de: «Socorro a los heridos». Y se veían los heridos, y se miraba con recelo el extremo obscuro de la calle que no era el del boulevard, sino el de no se sabe qué callejas, sin cafés con mucha luz siquiera, y con *impasses* obscuros en que todo se hacía con tranquilidad y hasta se daba unos pases de un lado y otro a la navaja sobre el canto de la acera para afilarla bien antes de matar al pasajero...

El teatro tenía luz, luz sucia de teatro de arrabal con malos sudores y malos pensamientos. Esa luz que se entinta irremisiblemente en casi todos los rostros, porque son esa clase de rostros que no cogen la luz...

Había música, esa música que no se sabe qué es lo que toca, pero que toca y se hace oír de la concupiscencia y siempre se puede llevar con la cabeza, primera condición que exige de la música cierta gente, esa música que hace pom-pom en la barriga de esas mujeres de mostrador que se sientan con ella en brazos, y clof-clof en la de sus esposos.

El telón era un telón con anuncios de muebles, de fonógrafos y de chocolate, todos en amarillo ecuatorial, azul de prusia y rojo republicano. No caía bien y se veían —como siempre— pies grandes con la punta de la bota vuelta como

503

la de un coturno, entre los que eran particularmente cínicos los del que asomaba un ojo canalla, emboscado en el agujero, del telón, ese agujero en el que se siente la presencia de una providencia desvergonzada y desconcertante, con un ojo de avestruz, de esos en que está arrasada la córnea por la negra pupila... un ojo oscuro como la boca de lobo y muy mal pensado...

El paisaje de la decoración, era en su hojarasca el aprovechamiento de la que se barre en los otoños, desteñida, raída y seca...

El frac del *couplet* con la nariz roja, tenía en las solapas las luces bisojas y lamentables que da el mal planchado, sobre la seda, y era muy alto de talle o muy bajo.

La mujer de detrás de mí que me había mirado como iniciada en el primer amor, miraba a todos lo mismo y esto era muy desagradable porque no me había parecido *cualquier cosa.*

La divette[23] de la falda con lentejuelas ya no resistía las lentejuelas de su falda, y su descote tenía la gracia rechupada de la carne vieja, tirante, y falta de transpiración por el exceso de pasta seca. Sus senos eran abismados, tendenciosos como la plomada, aunque el corselete rojo o azul de su traje hacía un esfuerzo máximo. La que venía después tenía un colmillo con empaste de oro, tenía también lentejuelas, pero tenía una juventud, una juventud de... de no sé cómo... De pronto en el lugar menos pensado, en el momento menos oportuno, quizá en mi última hora, de un significado preciso de aquella juventud... Con la Sarah Bernhard[24] me ha sucedido este fenómeno extraño. Había estado mucho tiempo

---

[23] *divette:* en francés, cupletista o canzonetista.

[24] Sarah-Bernahrdt: célebre actriz francesa del cambio de siglo, que hizo de su propia vida un brillante espectáculo. Fue así una de las atracciones permanentes del París de la Belle Époque que tan magistralmente describe, por ejemplo, Roger Shattuck en *La época de los banquetes,* Madrid, Visor, 1992. Aquí es descarnadamente criticada al considerarla como una momia egipcia —algo debe tener que ver su conocida costumbre de viajar con un ataúd— y representante del teatro burgués establecido.

en ciernes del hallazgo, hasta que un día paseando por el Museo Guimet la encontré en el fondo de un sarcófago egipcio, en una momia enflaquecida y seca; en el rostro de la momia, mejor dicho, porque yo no sé si la Sarah tendrá las costillas, como un abanico sin paisaje, manifiestas y rotas sobre una cavidad terrosa con posos de hojas secas y esos otros restos indefinibles que amontonan los remolinos en las plazoletas. Pero el rostro sí que era el de la Sarah, todo pegado al hueso, quintaesenciado, las narices oprimidas, el hocico replegado y sumido como cuando quieren las mujeres simular una boca de *pitiminí,* y los ojos pintados como los de ella, no pintados siguiendo su realidad, sino siendo la pintura lo único existente ya, hasta simular la pupila con esa pasta dorada de los embalsamadores egipcios.

Había otra rubia, muy carnosa, con una carnosidad sin sangre, carnalidad de potingue, de uno de esos potingues compactos y blancos que hemos visto sin saber para qué servían en un tocador o en el fondo de una alacena...

Había un viejo también, con un descaro inaudito, que traslucía muy a deshora, cosas privadas y feas...

Entre los demás no sé si estaba el de la nariz roja del frac que entonces puede resultar que no tuviera más que frac; o por el contrario, el que estaba entre ellos era el que tenía frac y el otro no tenía más que la nariz; no sé tampoco si figuraba entre ellas esa rubia que es probable que yo haya confundido con la de la carne de potingue, y que me parece que era una que sacaba un traje de cola y tenía unos pechos licuescentes que envasaba el corsé y que sin embargo parecía que se iban a verter en un reguero inaudito sobre el tablado, pero de lo que sí estoy seguro es de que había una con una grave sombra entre los senos, ante la que se pensaba en el absurdo de una mujer abierta en canal hasta el empeine, y otra que se decía española y de la que desconfié desde un principio, pues eso de la nacionalidad es una cosa que hay que creer por la palabra, y como saben los buenos comerciantes, en la sola palabra no se debe confiar...

505

Después de toda esta primera parte se bajaba el telón, y parecía que bajaba ya con el ojo desconcertante de avestruz o de buey, pegado a su agujero, porque en seguida se veían las botas grandes y los calzones cortos y desmañados.

La música comenzaba una cosa especial que ya no se podía llevar con la cabeza...

Y aparecía ella. La misma Collette Willy.

En el primer momento, al ver que la sensación de su rostro era engañosa y caratulesca, se hinchaban los ojos ya que no las manos hechas garrote vil, como se quisiera, en sus biceps desnudos y blancos, biceps de mujer hechos más que de músculos o de nervios, de carne, sólo de carne, y se hincaban con ese gesto preciso con que se fija a la mujer desnuda, cuando se la va a hacer la pregunta más turbadora o se la quiere ver de frente sin excusa, muy en total y muy humana...

Después de eso, se cercioraba uno de lo vibrátil, de lo muelle y de lo cálida que era y se volvía a su rostro...

Y se comenzaba la restauración. Queríamos su expresión del miércoles de Ceniza después de enterrado el carnaval, su expresión de recién lavada, en la hora más fresca de su · casa en la mañana... Iba saliendo...

Pero venía, ya adelantando, la danza de amor, que ella danzaba alrededor de sí, colocada en el centro matemático de su oscura y de su vorágine, y nos distraían sus piernas desnudas, hasta la frente quizás, pues la sombra que quedaba sin esclarecer en el centro de su falda sesgada de arriba a abajo, no resolvía el quizás... Eran unas piernas de un blanco lavado, de ese blanco que tienen las piernas de las pantorrilleras más mayorcitas y en las que hace mate el satinado, el aire de los jardines... Unas piernas sin la mácula de la media, piernas como las de Bilitis, piernas corredoras, en una palabra; como debieron ser las de aquellas mujeres que corrieron tras de la manzana de oro de la fábula; corredoras más que bailadoras en un tablado, entonando por eso mismo, más que con esos fondos eléctricos y calientes sobre los que ven las carnes los voluptuosos, sobre la tierra blanca de sol, sobre la que la vieron los sensuales... Se volvía a su rostro después de la danza y se veía ya más acostumbrados a su sombra, ya más dentro de su artificio, su rostro agudo, aristado hasta la fealdad, esa fealdad que se besa con la belleza, pero lejano a la caricatura de su mascarón pintado. Era un rostro que se había resistido a ser bello, porque la belleza ya es un poco rastacueril, y está lleno el mundo de vaciados de ella, mientras que la fealdad original y maravillosa no es tan de dominio público, es menos inerte, menos desidiosa, y tiene que ser más intencionada y más pasional...

Sus ojos no eran esos ojos de actriz, que recogen la luz de las candilejas, y que recogen el teatro entero, sino ojos ajenos al espectáculo, con una cerrazón negra en la pupila, esa pupila que como no puede ser pintada sufre el efecto de lividez con que daña la luz de las baterías... Apagaban todo el resto de luz, y su negro era un negro violento, un negro irresistible que desviaba la mirada...

Alternantemente se volvía a ver lo que su rostro tenía de cerámico, y era cerámica de máscara japonesa. Sus cejas, como dos culebras venenosas, coleaban hacia la sien y se engarabitaban encabritadas como enseñándose la lengua bífida hacia lo alto de la frente; sus ojos cerámicos eran una rasgadura, un horizonte de sus ojos verdaderos, que por lo prolongados que eran, por como se tendían, salían como muy fuera del óvalo restante; la nariz era cerámica, sin línea, resultaba más que nada compuesta por los ojos y la boca... ¡Oh, la boca! Parecía pintada por el revés, en su entraña y como si hubiera mascado flores de azafrán, o hubiera echado un mordente en un sorbo de sangre, los dientes, las encías, el paladar y hasta las anginas estaban coloradas de un rojo febril y áspero... Un rojo alegre como el azul de un buen día...

Y en esto, llegaba el momento culminante de la Pantomima en que sintiéndose amenazada por los celos del gaucho, su esposo, dejaba caer su manto sobre el cinturón y enseñaba su pecho, todo su pecho vasto y sereno, sin más aparato que el que adquiere en el desnudo de mujer que va a entrar en el baño, bien cerrada la puerta y los cristales del montante biselados. Era un momento sin parar, sin voluptuosidad, en que se eternizaban sus pechos, aquitándolos, sin usar esa coquetería trepidante que saben las otras mujeres, no esa malicia de abullonarlos con una aspiración sostenida a plenos pulmones, hasta ahogarse en el hálito...

Era un pecho secreto y fulvo[25], en un torso amplio y denso. Y al mirar a sus ojos para saber en definitiva a qué atenerse, se sentía su constitución superior, como si contuviera un hermafroditismo y una asexualidad juntas pero graduadas ascendentemente: feminidad, en lo más bajo; masculinidad, en el intermedio; y asexualidad en lo más alto, siendo así ella la *Rosa Triplex* definitiva.

Eran unos pechos ante los que no se podía pensar eso que en lo mejor del lirismo de los pechos vulgares, desmiente el orgullo y la infidelidad de que están llenos, y que es como el abracadabra. No se podía pensar. No, no eran los mismos que llevan las vacas y las cabras, colgantes entre las piernas traseras, muy a remolque, sin empaque y sin metafísica...

Frente a ella la crudeza y la esquivez del abracadabra carecía de virtud. Todo su torso era algo fiel y sobrepasado; muchos pecados, sí, pero de todos, del peor, del más sacrílego quizás, había nacido esta carne suya, ulterior, mestiza y densa, como en esas natividades de las antiguas mitologías, del cruce de un dios y del animal más calenturiento...

Se había llegado a la exaltación... Después desaparecía un momento, y cuando el gaucho con un ademán falso en un salvaje, en un rasgo de justicia intermedia y cristiana, se abría el brazo llenándolo de una sangre de jeringa, en vez de matar al amante y a su esposa, ella ya no era más que había sido y aunque simulaba el espanto de la sangre, su serenidad adquirida antes con una firmeza de cuerpo y de confines inaudita, ya no daba de sí más ductilidad, ni más allá, y se sentía más que la tragedia del mimodrama, la tragedia del telón rápido...

Esto fue lo que vi y de lo que no puedo vanagloriarme. De ahí su grandeza. Porque sólo es grande lo que no crea la vanagloria, por significativo, por arduo y por perenne en sí

---

[25] fulvo: leonado, de color pardo rojizo.

mismo, enseñándonos de un modo supremo nuestra perennidad...

Ella estuvo sola en la noche y oculta en su espesura... Y quizás ni aquella luz a lo lejos fue la de ella sino la de una cabaña de pastores demasiado incautos... Por eso sentí su presencia; una gran presencia ni claudicante ni vana...

Hoy en la lejanía de aquel recuerdo, no esforzándome después de haberme esforzado un poco por recordar, sólo queda en mí una suscitación en medio de todo su cuerpo y todos sus alrededores, viva como en el extremo de ella, y es un pequeño triángulo con un ojo inscrito en el centro, un triángulo ocular más en lo alto de su frente, que cerca de sus dos ojos accidentales, abiertos a daga y enconados, muy enconados. Un ojo que miraba con tranquilidad como un ojo de ave o de pez, que por no estar en ningún ser, sino montado al aire se hace algo superior y sagaz...

Estaba sola en la noche, a flote. Ya había dicho en sus obras lo dueña que es de su alma y cómo la gobierna, y ya desarrollada la forma geométrica en absoluto, no tiene modo de ser incontinente e irregular. A lo más puede someter pero no someterse.

De nada servía que enseñara las piernas blancas, de una blancura de carne palpable y tierna, carne que debe ser como de lechazo, y que sin duda es blanca en toda su densidad, aun mostrada en cedazos; ni que descubriera sus dos senos circunferéncicos[26], con el vértice pintado como los labios, pintado por dentro, labial y enconado como ellos y como los ojos, ni la posibilidad de su sexo, quizá en su color puro de aguas y de cristalización como un rubí para corona de imperio, pues un sexo tal, debe haber cuajado en algo diáfano e insólito, ni que mostrara ese toque de realidad, de vulnerabilidad, que es el bello de las axilas. No era posible alcanzar en ella la impersonalidad, la renunciación y el anonadamiento que buscan los ladrones de mujeres a los que no sirve el cuerpo más que como entretiempo y merodeo, mientras preparan ese acceso cruel y arrasador imposible en ella.

---

[26] circunferéncicos: redondos.

Quizá aquella muchedumbre de arrabal no sintió claro la imposibilidad, pero la vio, porque las pupilas de todos estuvieron un momento obscuras y sin imagen, exasperadas, cerradas, hasta donde les consintió su retractilidad porque habían tropezado como empotrándose en ello, en lo oscuro y lo intransferible que había en el espectáculo.

Mejor fue que no se dieran cuenta cabal. Eso hubiera sido doloroso, pues hasta uno mismo se hubiera llenado de desconcierto y de melancolía de no saber bien a qué buena fortuna quedaba ella reducida después del espectáculo, alejando así esa melancolía que se siente ante esos clowns en que se transparenta el cargador irremisible, el paisano irreparable, porque la harina no cubre bien la mancha violácea de su barba rasurada —¡cuando pensábamos que eran unos niños grandes!— o bajo el acento circunflejo de sus cejas de payaso se descubren las cejas horizontales y abatidas, o en la línea roja de su boca en media luna, no se pierde lo bastante la boca cuotidiana y racional...

De aquella noche, por el contrario, en vez de una melancolía me han quedado como una revelación de su plasticidad, tres pantomimas inéditas, estas tres pantomimas:

La rosas rojas

A Salvador Bartolozzi[27], que ha visto a Dios como yo.

---

[27] Salvador Bartolozzi: véase lo dicho sobre este artista en nuestra introducción.

PERSONAJES

LAS ROSAS ROJAS   SOR MARÍA

Muebles, luces, una Comunidad de Carmelitas, etc., etc.

—Pasa, Clavel...

(Palabras de una hetaira, lan-
zadas en la noche al tránsfuga
desde el fondo de su portal.)

Es una celda conventual y sombría, enjalbegada de un
blanco antiguo y basto. Tiene una puerta al fondo y otra a
un lado. Está obscura, sola y cerrada. Arde una lamparilla
colgada como un pensamiento reducido a sí mismo, a su
quietud y a su sordidez, pero devoto y contemplativo, a los
pies de un Cristo grande, con los brazos muy largos, los
pies muy largos y la cabeza torcida, un Cristo ya sin la suposición de resurrecciones ni de ascensiones, recrudecido
ensañadamente a perpetuidad. Un cuadro de las ánimas lleno de un fuego voraz, que amarillea y lengüetea[28] en lo obscuro, anillándose a las carnes desnudas que resplandecen y
huelen a chamuscado, sin que el Dios pintado en lo alto
huela nada. Un aguamanil con ese agua florida de perfume,
de color, y de coquetería. Un lecho, bajo y magro en un rincón. Un clavo de martirio cabezón negro y largo, clavado
en la pared; dos sillas de enea y un reclinatorio ahinojado[29]
ante el Cristo sosteniendo un búcaro amplio y hondo con
un gran manojo de rosas rojas admirables y fragantes, en-

---

[28] lengüetea: se llama *lengüetada* o *lengüetazo* cada movimiento hecho
con la lengua para lamer o para coger agua o comida. A partir de estos términos crea Ramón el verbo *lengüetear*, «lamer», para utilizarlo figuradamen-
te: las llamas —lenguas de fuego— lamen a los representados en el cuadro.
[29] ahinojado: arrodillado.

cendidas al rojo como carbunclos o como ocasos; y que logran curar todo lo incurable del resto.

Son las rosas rojas que martirizan, las sádicas, las que acardenalan, las febriles, las ávidas, que piensan en el cielo y en la tierra como en un goce más espléndido de perfume, que el del perfume que tienen en su pomo. Son las rosas excesivas que se quedan lívidas pronto, con esa lividez del rojo, con visos claros y mates. Las que aman las mujeres de presidio, las mujeres sin hombre, en las que resulta inefable y violento como en ninguna otra ocasión una rosa prendida al pecho como todo el halago y todo el ideal membrudo y barbudo que saben las espera a la puerta cerrada con diez cerrojos. Son rosas de sed, de todo lo que es abstinente en todo el resto, un gran resto, rosas de desierto, por como resumen toda la frescura que imagina el desierto desolado, que se resarce en ellas. Porque el sueño de las abstinencias ácidas y difíciles es algo que las sobrepasa y las compensa. Las cosas más bellas las imaginó una gran carestía. Por eso las rosas rojas son rosas de un gran desierto y cuajó en ellas el deseo pacífico, galante y dulce, de oasis, y de mujeres, y de Dios, de su agosto, de su desolación y de su ardor terrible. Las rosas rojas no cogen la luz. Es su rojo un rojo reconcentrado y leonino como un amor violento. Son como los ojos negros, las cabelleras negras, las carnes de ébano, y como las mujeres que matan y que muerden. Se entregan por lo que aspiran y tienden hacia algún sitio en el Oriente, en palabras de Kásida[30], de esas Kásidas moriscas en que se siente morir de exceso el que las ha soñado. Pero las rosas cuentan con la muerte de una vez, en un principio, desde neófitas, y comienzan la muerte y no la vida, para ser más afrodisiacas. ¡Oh Afrodisia[31] predicadora de las rosas rojas a

---

[30] kásida: casida, forma estrófica árabe de treinta a ciento cincuenta versos, cuyos últimos hemistiquios tienen la misma rima. Conceptualmente, la casida consta de un prólogo amoroso, de la descripción de un viaje por el desierto y finalmente del panegírico de la persona a quien se dedica.

[31] Afrodisia: Afrodita: Por influencia de la diosa asiria Astarté, cuyo culto fue difundido por los fenicios, Afrodita fue originariamente una potencia primordial en el universo: genio del deseo femenino, de la fecundidad de los hombres y de la naturaleza, somete a sus leyes al mundo entero,

las mujeres rojas! Predicación del pecho descubierto, del vientre desnudo y fresco, predicación de las piernas desnudas y de los pies rosas, predicación de la cabeza llena de videncias como perfumaciones de una rosa, caída en su espasmo, con la frente tirante, lisa, rizada hacia el occipucio como un pétalo vencido por su deseo, abatido por esa necesidad imperiosa e insólita, que las rosas rojas enseñan a vivir del todo, sin más objeto, como mostrando que la necesidad es hermafrodita y se vive por lo necesaria que es no por como adquiera el objeto extraño que necesita. La necesidad se debe hartar en lo necesaria que sea.

Un momento más queda la celda en silencio, un silencio que sólo turba el *scherzo* del perfume y de la luz de almizcle de la lamparilla.

Se escucha el picaporte, como una provocación repentina y se siente un miedo, una turbación, una tribulación repentina en la celda, en la noche y en el Cristo, que parece que va a ser visto después de la catástrofe, todo reciente —no es posible que no lo hayan descolgado si es antigua su crucifixión—, visto en ese momento absurdo que han dedibo sufrir los que han entrado en la habitación sola y sin auxilio donde pendía un ahorcado, un momento inaudito en el que quizá pueda decir aún siete palabras y mire al que entre, del que también se siente en la parte fuera el darse cuenta del nuevo ámbito.

Entra Sor María. Se miran la lamparilla y ella. Mira al Cristo como la que ve al enamorado que se colgó por desesperar de ella, y cree ya en él como en un mártir, después de esa prueba decisiva que se perpetúa y que ya ella deja perpetuarse complacida, sintiendo toda la dulzura de los brazos abiertos en cruz frente a su cintura y a su cuello.

Es bella con esa belleza sin cabellos y sin senos de las monjas, una belleza de cuadro, sin plástica, que si no se funde con el blanco de las tocas, tan invisiblemente como su

---

como diosa del amor, da a los animales lo mismo que a los hombres la posibilidad de obedecer en su nombre al instinto de procreación. Pero al mismo tiempo es una deidad seductora que inspira las pasiones violentas.

cede en las procesiones o en las parejas de monjas, es por lo sola que ha entrado y está, y por la excepción de sus ojos negros, de sus cejas negras y de su boca negra con ese negror del rojo, en la sombra, negrores que fijan su belleza y la manifiestan y la forjan. Enciende la estancia hasta el plafón y sus ojos hasta el dorso, hasta el pensamiento, encendiendo un resto de vela de comunión que hay en un candelabro... Cierra la puerta con cerrojo y se quita la toca de la cabeza, renaciendo, como al sol o a una luz más fuerte, con el nuevo negro de sus cabellos... ¡Oh su belleza con cabellos! Es como una resurrección de la carne, pues su belleza parecía vista, demasiado sólo en el rostro, como suspensa y tendida en el ataúd, asomando sólo a través de ese cristal tamaño del rostro que hay en los ataúdes para ver por última vez. Sus cabellos enredados y crespos por el asueto fatal, se engarabitan, se nutren del aire como un incendio, y ponen en su rostro toda la intención y toda la voluntad y en todo su cuerpo toda la testarudez, los deseos, la pompa y la irreligión, con el sexo, el vello y las axilas. Despunta. Se ha quedado sin máscara y sin engaño y sin cautividad. Ha hecho una alcoba de mujer la celda. Tiende hacia todos los puntos cardinales y se enrosca a todas las posibilidades. Hay algo en sus cabellos que arrastra toda su figura y que está por encima de los pensamientos y de sus renunciaciones; algo que la impulsa y la enhiesta. Está en sus cabellos toda la pasión y toda la humanidad que pintan el rostro y lo hacen más plástico. Se hace instintiva, propaladora y caliente y se ve que el cabello evitará siempre la extinción, mientras sea negro y pintoresco y encrespado. El pelo lo sugiere todo, lo aduce todo, lo enloquece todo y lo violenta todo, y al pelo se le antoja todo. Mantiene en pie hasta su altura como cogiendo a la figura por sus trenzas, planteándolo todo y adelantando los cuerpos de mujer al nivel del de los hombres, a nivel de los besos y de los placeres irremisibles. Se insinúa más todo el rostro, se hace más de molicie, más palpable y concupiscente y más comunicativo. Así ha reconquistado el mundo, la libertad y sus deberes de mujer, tiránicos y duros.

Sin toca, adelanta hacia el reclinatorio. Inclinada sobre

él, ya su cabeza es de Magdalena[32] y no de *virgen irrevocable.* Sus cabellos la lanzan a la calle de todos, al peligro del hombre y de su pasión; la desnudan, la arrojan hacia atrás, todo su frente posible y dispuesta, y la violan. Ya no parece que ha tenido ningún olvido y ni tiene clausura, ni imposible, ni alturas desconcertantes, pues los cabellos proporcionan e invisten, y parecen colgar y estar desmelenados siempre en ese gesto, inolvidable y de excepción, tan recio, en que se ve lo hacia atrás que cuelgan, que pesan como una quimera, lo que desvanecen la cabeza en el placer, lo que pueden con ella, lo que son, lo que lanzan, lo que juegan, lo que gozan, lo que necesitan, y lo que siempre imaginan de más fulminante y de más ígneo. Son la vorágine que no puede menos de regir en la vida y de aspirar en ella.

No tiene espejo, pero sus manos los tocan y se enteran bien... Siente todo su deseo y su electricidad y pronto las separa y los abandona solos a su tentación sobre la cabeza. Ha habido algo que desde ellos la ha conmovido hasta los talones, en donde está el último fervor de la vida, el más nervioso y el más irresistible, donde se manifiesta con la más grande de las punzadas, y donde el placer se apodera más en extremo de la cabeza.

Se mueve en la alcoba, mira al Cristo suspendido y es formidable el orgullo de mujer, de mujer de nervios, de corazón, de médula y de espina dorsal que adquiere al mirarle. Es una exaltación frente a una maceración que ha llegado hasta la muerte y hasta la cruz, y la pone más en pie, y la hace más carne. Siente el alma, que es la emoción de sentir apretado el cuerpo por muchas cosas enfrente, alrededor, en contra o en favor, pero todas apretando, avivando, afirmando, envolviendo fuertemente, haciéndose notar en el centro, en lo que todo lo comprimido, lo violentado, lo forjado, llega al máximo.

Abre su cama, comienza a desabrocharse, y su vida y la celda se enteran de que es mujer, de que siempre ha sido así y de que seguirá siéndolo. Se interrumpe de pronto, como

---

[32] Magdalena: evoca el personaje evangélico, que aúna sensualidad y misticismo.

todas las vírgenes se interrumpen en ese momento de desvelarse porque sienten una gran inquietud, más grande que todas las otras y más indiscutible. Se asoma a la ventana, se mira en la noche, que la devuelve sus cabellos, su rostro y su boca, agravados y desorbitados, y la cierra en seguida a todo el amor furtivo que campea por ella.

Con todo el vértigo de la noche y de haberse mirado en ella de cuerpo entero, se arrodilla en el reclinatorio, y parece que va a hacer nueva ofrenda de todo el azar y de todo el *siglo* que lleva de nuevo en sí. Se inclina, se inclina, se dobla, y cuando después de ese momento, sin olor y sin visión, parece que va a romperse o a saltar con esa fuerza distendida de lo que se ha torcido hasta el absoluto, se decide por el salto, levanta su cabeza hacia las flores, buscándolas con un gesto de serpiente, con toda la gracia alta, hacia las nubes, toda campante, suelta, envolvente, llena de aspiraciones, de las serpientes... Se vuelve flaca como ellas, se queda hasta sin brazos, para poder concentrar su fuerza en su tronco y hacerle más grácil, más sutil, más ahilado, más levantado, más supino y hacer triunfar la cabeza y la nariz que en la mujer frente a flores tan cuajadas es como un sexo. En un escorzo difícil y en un ejercicio de fuerza parece que se suspende sobre ellas, por como las cubre en la cabeza escapada a la garganta y sostenida en alto con sólo el perfume que recoge y que se lleva, y la *aeriza*[33] dotándola de una fuerza superior. Parece que va a *morderlas* para *saberlas* mejor y se hace temible que algo de ellas anide en su maternidad como una decisión y una nueva y larga vida que pueda sobrepasarla y cuidarla a su cabecera de moribunda y persista en su velatorio y en su centenario. Pierde su actitud de hinojos; se fijan sus puntillas con tanta fuerza, que mientras su cuerpo se queda en un abandono langoroso[34], ambos pies de puntillas parecen preparar, como un muelle veloz, un salto por encima de las rosas rojas recogiéndola esa corola de los perfumes que se extralimita y que se radia de pistilos en la distancia... Las envuelve, muy aguzada; escon-

---

[33] aeriza: la convierte en aérea, es decir, ligera.
[34] langoroso: ant. langor, languidez, por tanto «lánguido».

de su cabeza entre sus hojas, como en un baño fresco de agua de rosas; parece pintarse de su rojo y llenarse de su sangre y perfumarse de su perfume hasta en lo más intrincado, más agrio y más axilar. Ya no podrá más que devolver el olor de las rosas en su boca, en sus palabras y en su misticismo. Se la siente trémula, tendenciosa y feroz, con esa ferocidad de lo que quiere irse a la luz, de lo que quiere diluirse mucho y muy lontano y muy para siempre en el Siempre. Las aboca con más firmeza, con toda su receptividad, toda su alma y toda su fidelidad. Y parece que pone sobre ellas, como sobre un pecho liso y sensible, sus senos turgentes, deseosos de empotrarse para siempre en el Siempre. Sueña sobre ellas un sueño que es como otro manojo más grande y más ferviente y más rojo, con un rojo de sangre; más alto y más abierto y con más de cien hojas en cada una de sus rosas. Se concentra, se pega a ellas, encoje las piernas sobre su rojo de llama, remolina[35] la cabeza entre las piernas, en un escorzo de placer, se hace oruga de rosal, se sostiene en ellas en un equilibrio de insecto, con la carne muy blanca y muy femenina, pero a la vez carne de insecto, de esa carne que es blanda y mórbida y a la que preside en sus movimientos algo más voluptuoso que un hueso y que es un alma, un alma blanda y ziczacgueante[36]. Se deshuesa y se ductiliza[37].

Las rosas suben de color, se arrebatan, se congestionan. No tenían rizados más que sus primeros pétalos, esos que son los envolventes y que en seguida se vencen y se rizan de la pasión interior que late en las rosas, ésos pétalos que tientan a las mujeres, que enseñan a languidecer, por como languidecen, por como están rendidos, imitando con sutileza ese gesto con que se doblan las mujeres, los brazos sobre la nuca, y la cintura en ángulo agudísimo, con el vértice puntiagudo en el cielo o hacia el cielo. No tenía más que ese rizado como una perversión, seducida, a la que respondía en

---

[35] remolina: creación lingüística a partir de «remolino». «Remolinear» figura en *DRAE* como «arremolinarse».

[36] ziczacgueante: zigzagueante.

[37] se ductiliza: formado sobre dúctil: maleable.

su perfume una flaqueza semejante como rizada y seducida también. Pero después de tentar a la hembra, a Sor María, han languidecido por completo, se han seducido de fuego hasta su pétalo de corazón, ése que aun en las rojas resulta de un carmín claro y tierno, que se conserva fresco y sin consumir después que se han secado y se han consumido de insomnio y de placer todos los otros. Han retorcido sus pétalos hasta su arranque, dando cada pétalo ese vientre que es su centro abombado, ofrecido en relieve, gastado en el esfuerzo, declinante después. Así, después de sus contorsiones, no como las rosas que después de iniciadas toman una plástica y una expresión de dalias, sino como las orquídeas, de un modo desigual y descoyuntado y anfractuoso por las sombras que hace su rojez. Han llegado a no poder más de color, con el mismo «no poder más» de una mujer fiel y sincera que no la importa matarse a continuación o en el mismo momento, que acoge la muerte como un medio de sobrepasarse, esa muerte que a las rosas rojas las sirve para ser más rojas, y más fulmíneas, y perfumar más, deshaciéndose con precocidad. Una de ellas, la que más ha gozado, la que más se ha debatido, cae deshojada bajo el búcaro. Sus hojas, desprendidas, parecen más que hojas, flores; y en ese momento parece excedida y triunfal más que rota. Se ve toda la voluntad que ha habido en ella y que aún dispersa continúa llena del hálito de un esfuerzo y de un espasmo muy grandes. Su púrpura es la púrpura inverosímil del sandix.

Sor María, llena de embriaguez, pero no vencida por ella, desciende del lecho del ramo, huyendo de él. Ha padecido la transverberación, pues al jugar con las rosas en su cabeza, entre su pelo, sintiendo en la calvicie los besos belfudos y rojos de las rosas rojas, ha sentido una espina. Despierta tan de improviso, arroja las rosas y mira con la mirada espantada al fondo lóbrego de su celda. Entonces ve a Lucifer, hermoso y perfumado... Y comienza la danza del miedo, una danza isócrona, sinuosa, pavorosa, retorcida, garrotinesca, en que la mujer pierde sus cabellos, todo sus cabellos, en largos mechones, y pierde sus labios, sus senos y su sexo. Se siente perseguida, retenida por la cintura... Y como desolada por la resistencia, cimbreándose de un lado para otro, impacientándose, y como yendo a terminar entregada y rendida, pero muerta, a salvo en la muerte, sus brazos se tienden hacia lo alto, como queriendo escapar por encima, danza su cadera a la vez que los brazos, en ese deseo de vuelo; la cabeza en un deseo de escapatoria, va cayendo hacia atrás, como marchándose y libertándose hasta que pierde el equilibrio y cae como desasida en el suelo, desasida por quien se ha sentido tan rechazado... Un momento de bruces sobre tierra se siente libre porque está lo bastante abatida para que *él* la conceda una tregua... precipitadamente se arrastra apretando su belleza contra sí misma, se levanta, se vuelve a sentir cogida por la espalda, y baila de espaldas la misma locura en que todo su ser se siente retenido y todas las fuerzas se contonean, alándose, volándose... Se salva al fin, corre, tira la luz que se apaga, se pega a la puerta en esa nueva tregua, en que el *otro* de siempre en esta lucha de las violaciones se suele detener en su porfía al ver a la mujer tan desmelenada y tan inútil, esperando que se reponga en ese descanso frente a frente en que ella se pega a la pared como a una protección... Anhelante, la nariz abierta como en las mulatas, con las manos a la espalda, descorre el cerrojo, levanta la falleba, arranca la llave y huyendo de frente, sale, cierra con pavor, como venciéndole y dejándole detrás con los dedos cogidos en el quicio, quizás sangrantes y cercenados. Se escucha la segunda vuelta de la llave y se la oye alejarse, huyendo de la puerta cerrada.

La celda se queda obscura, sola y serena. El cuadro de las ánimas arde como un infierno, sin pausa y sin fin; las heridas del Señor arden; la lamparilla arde, y las rosas arden con el violeta, el último color de las consunciones. Todo es pacífico y molicioso porque todo espera a la que debe pernoctar en su calma. El Cristo espera de nuevo que una nueva mujer más caritativa que las mujeres cuotidianas entre por la puerta, y como la última mujer de Barba Azul[38], descubra

---

[38] Barba Azul: cuento de Perrault *(Barbe-Bleu)*. Barba Azul ha degollado a seis esposas y ha colgado sus cadáveres en una habitación cerrada. Para

que está allí colgado y mal herido. Lo mismo esperan los del cuadro de ánimas. Está tan persuadida de sí misma la celda que nada es medroso ni cerrado.

Se siente de pronto en la puerta el ruido de la llave que gira muy lenta y muy discreta. Se siente que el Cristo quizá vuelva la cabeza y diga sus siete palabras para ver si le comprenden alguna vez. Siempre esperará esto su cruz. La puerta se abre de par en par y en su dintel iluminado por las luces de los candelabros buscando en la obscuridad lo que debe lucir como un efebo o como un gato, aparece la Comunidad arredrada y prudente. Sor María asoma por entre todas con su pelo crespo y caliente, como un pecado. Un momento todas se abstienen; después entra un grupo con sus luces y miran en derredor con sigilo; detrás, entra todo el resto. Al pasar junto a las rosas caídas, muchas se inclinan y cogen una y siguen en procesión por la otra puerta lateral en que todas van desapareciendo siguiendo sus pesquisas; de entre ellas una pone en pie el candelabro y lo enciende siguiendo su camino, y Sor María pasa entre las tres últimas, ayudada por ellas como una convaleciente. Vuelve la escena a quedarse sola. La colgazón del Cristo es ya inaudita y resulta inverosímil que no haya dicho sus siete últimas palabras y que el cuadro de ánimas siga ardiendo después del pasaje de tantas gentes.

Las monjas al cabo, después de dar la vuelta se detienen en el dintel de nuevo, apretujadas y suspensas yendo a encontrar al que han creído llevar delante, buscando sus vueltas. Muchas llevan colgante de la mano sobre su toca blanca una rosa roja con perfiles bermejos, áureos, mírrinos[39], de vidriera, resultando así en sus manos las rosas rojas, místicas *flores aurei*. Todas sostienen sus candelabros. La supe-

---

poner a prueba a la séptima esposa finge marcharse de viaje, confiándole la llave de la estancia, pero prohibiéndole abrirla. Apenas se ha ido, la mujer penetra en la habitación. Horrorizada ante los cadáveres deja caer la llave que se mancha de sangre. La mancha es indeleble; Barba Azul regresa y al comprobar la indiscreción de la mujer, decide matarla, pero llegan los hermanos de ésta, la liberan y matan a Barba Azul.

[39] mírrino: de mirra, es decir, de color rojizo.

riora alarga su mano a Sor María, que la besa, y toda la comunidad, cumplida su misión, se pierde en el fondo de los corredores. Sor María entra de nuevo sola, cierra la puerta con llave, avanza hacia la otra y echa también su llave.

Después, pegada a ella, con las manos atrás como en el momento pánico, espera extasiada y temerosa algo tan indefinido, que quizá sólo sea el temor, de que sus cabellos caigan sobre su frente y la cieguen con su miedo y su fantasía y su lumbre.

TELÓN LENTO

El nuevo amor

A Emiliano Ramírez-Ángel[40], en-
venenado de buen corazón.

---

[40] Emiliano Ramírez Ángel: escritor español hoy prácticamente olvidado, que participó activamente en el mundo literario madrileño de las primeras décadas de nuestro siglo. Colaborador de *Prometeo* y asiduo de Pombo.

PERSONAJES

EL TRANSPORTADO   LA INMOLADA

Un interior pintoresco, de gentes trashumantes, en que todos son objetos de voluntad, no objetos sedentarios y de decoración. Quizá en la calle hay una feria, quizás un arrabal antiguo y típico, quizá el campo despoblado.

El Transportado, un tipo de razas, de muchas razas, todas conseguidas en su rostro cambiante y como tornasolado de todas ellas, para el que viven todas sus sangres y todos sus nervios y todos sus deseos en la multiplicación de su cuerpo, recio y largo, no con una largura detenida y fija, sino con una largura alargable, pronta a excederse, en una noche cualquiera, en un camino poco transitado, en una hora de decisión, o sobre una mujer más espléndida que las otras y más colérica. Está sentado, como tirado en su banqueta, con las piernas sueltas, caminantes y extendidas, el cuerpo combeado[41], acomodado lo mejor posible, en ese escorzo de meditación que toma el pecho, reconcentrándose, reclinándose, angulándose, asumiendo el valor y la alentación de todas sus vísceras, de sus carnes de colores, y de su calor; sobre sus dos manos curvadas en horquilla, sostiene como en una nueva espina dorsal, ayudado de la mesa que tiene delante, su clavícula, basamental, resistente y fiera, cargada de esa ojiva alta y catedral con que se siente en la propia simplificación el propio cráneo, lleno de un ámbito sutil, practicable a todos los vientos, lleno de sombra y de atmósfera y de tránsitos, sin nada denso, ni gris, interpuesto y cerrado; mira a lo lejos o a las cercanías, empantallados sus ojos por dos cejas nutridas y obscuras, tendidas de sien a

---

[41] combeado: combado.

sien en una línea de un pelaje radioso y proyectado, que se extiende como sobre la mirada y la impone su rasero y su aplomo, camino adelante.

Su mirada es todo el interés de su figura y está en ella el corazón, exhausto de pulsación todo el resto. Es una mirada de cuadro por la suficiencia que tiene para perpetuarse sin parpadear, una mirada para consumir a un hombre tan alto y tan formidable, una mirada que señala todo el límite de una vida extensa hasta el máximo, y ya en ese punto excedido y tapiado, tan lejano al punto de partida, torna al corazón, mullido como un regazo, hecho el trayecto muy en sigilo, de un modo tan poco manifiesto, tan ciego y tan sordo como el de la circulación...

La Inmolada, vestida de colores eléctricos, le mira recelosa, las manos cruzadas y la cabeza torcida en un desfallecimiento grave y dulce. Tiene una belleza encontrada y desigual, pues si los hombres hijos de las deshonras y las bastardías se reponen de ellas y las justifican, la mujer las soporta y las sufre, retiene todas las bellezas de sus abuelas, pero también toda la violencia de sus rasgos y de sus explosiones, que ponen una nota de escándalo, de facilidad y de qué abusar en su rostro. Así su belleza y su rostro están sometidos a lo que tienen de pintoresco, de pasional y de hecho sólo para *eso* y por *eso*.

Sigue la mirada del Transportado. Se nota todo su esfuerzo, toda la angustia de avanzar en lo escarpado y fragoso, todo lo largo del camino por recorrer; la caída en una cañada en que después de bajar de una altura vencida se está frente a una nueva altura que vencer, la salida al campo raso, en el que no hay más enigma que el horizonte que puede tener en su remate lo definitivo porque un horizonte parece ser el remate del mundo, o el punto estratégico para verlo bien y todo, pero detrás de él aparece un nuevo horizonte; a lo mejor, el pasaje angosto de una trocha que parece que después de su atajo se caerá encima de lo que se quiere capturar al fin... Pero al fin sólo la desesperación de seguir las miradas perdidas y hundirse en su mar por flaqueza, por no poder nadar ya más, con un calambre en toda la vida, de pies a cabeza...

La Inmolada avanza, saliendo de su frío, da media vuelta, se le acerca por la espalda y deja caer desde detrás de él sobre la mesa —que como todas las mesas en que hay acodado un hombre suspenso, es una mesa petitoria—, las flores de su pecho, como dejando caer sus senos en una cascada imposible... Él ni se vuelve, las coge, detenido un momento en el camino de su mirada como bordeado a ambos lados de un nidero de árboles tupidos y superpuestos y el cielo cubierto sobre los árboles; un camino cerrado y severo, con una revuelta al final, en vez de una desembocadura...

La Inmolada se desespera en el silencio y en la desatención y escarmienta todo su amor, batiendo sus fuerzas, apurándolas, en un gesto de sus brazos prendidos a la nuca como agarrotándose por entero, volviendo al fondo de su mar.

Él permanece en su mirada, aunque sin dejar de caminar, con esa quietud, entre cuyos brezos compactos y altos anda siempre hasta ese límite invulnerable, desde el que instante seguido vuelve, para tornar a ir, pues la mirada perdida es en la que se pasean los hombres ansiosos, en sus ratos de desasosiego, de celo o de ideal, como dentro de un recinto cerrado, de un lado a otro, con monotonía, como andando leguas en un espacio imaginario, pero sólo andando y desandando un espacio cuotidiano y fatal entre dos dinteles imposibles...

La Inmolada se sienta detrás de él, no queriendo ver la mirada infiel, huida con otra mujer o con otro ideal. Tiene la expresión que se elige cuando ya es inútil el llanto y las voces, porque hay demasiada tierra por medio y demasiado tiempo entre la ignominia y quien la sufre y quisiera clamar. ¡Y una mirada perdida pone tanta tierra, y tanto mar y tanto tiempo, entre quien tenía esa mirada y quien se la daba! Es su dolor uno de esos dolores en que se llora por la boca, en que se siente la necesidad de los ahogados de despedir por ella todo el agua salada y acre de que están hinchados en el vientre y en los pies, y en que lo más doloroso de la inundación está en la cabeza, desde la que se siente bajar el agua a la boca, la boca llena, y difícil de cerrar.

Sin embargo, está tan cerca su hombre, con su cabeza, crespa de besos antiguos, y todas las añoranzas, que la Iluminada tiene un arranque instintivo, se peina, se descubre los brazos, se ajusta las ropas a la cintura y al pecho, abre su cofre, saca las sartas de sus corales, se levanta y comienza una danza de amor, de retrospecciones, de oblación, de agonía, con la agonía más agónica, en la que se piensa apiadar, merecer lo que hasta ese último momento ha reservado el destino, pero que en la agonía todos esperan que les sea concedido, no para jugar con ello toda la vida, sino para jugar sólo un momento más, inextenso e irreprimible. En su danza como un calderón[42] patético, que la entrecorta a intervalos, hay un gran desaliento en que no se la ve, en el que parece que se acabó todo, en que desaparece en lividez, todas las facciones caídas y colgantes; calderones al cabo de los que se repone y prosigue, hasta que en el último, más herida que todos los demás y más cansada, cae a plomo sobre un cajón, viendo que la mirada del Transportado sigue su vida privada y laberíntica...

Fija, como cogido todo su rostro por una neuralgia, los ojos sin el apoyo, ni el calor, ni la hilaridad de la carne, fríos de ese horror de los ojos atónitos que se sienten sin párpados y sin el paliativo de los lagrimales, se queda muerta e insepulta un rato.

Él continúa; la ha dejado muy atrás, sin conflicto y sin carta, ileso de gritos y de temores, ido en la serenidad de la mirada que lo realiza todo, aunque después puede volver, con las manos vacías, del ensueño y del vacío. Persistiendo tanto en el extravío de una mirada perdida no se puede ya desconocer ni negar el acto de voluntad que ha sido un pensamiento tan continuado y tan convivido. El antiguo amor, si en la mirada perdida se ha pensado en un nuevo amor, es cosa de la espalda, a la que ya no puede llevarse el pensamiento, porque el escorzo que necesitaría es imposi-

---

[42] calderón: es el lenguaje musical, el signo con que se indica la suspensión del movimiento del compás.

ble. Sostenida tanto una mirada perdida, el hombre que la ha dado pábulo y libertad, desconoce en absoluto la puerta de entrada, y todo lo que le esperaba allí y estaba de aquel lado no le encontrará ya nunca más, tan cerca y tan de partida...

La Inmolada no se resigna, sale de su muerte y con ese valor que deben tener los resucitados para exponerse, para sangrarse, y hasta para degollarse, ella, a espaldas de él de nuevo, con un gesto menos doloroso que el de su atonía, pero más manifiesto, se hiere en la mano, y con la mano crispada y resuelta, en el cabestrillo de su voluntad de heroína, se le acerca en el silencio, la extiende sobre la mesa, se desploma en el asiento de al lado, sin interponerse en su mirada, a la que sólo quiere esperar sin desviarla por cólera, y después de un momento de vida artificial en la espera, sintiendo que el color de la sangre —último extremo para atraer de un modo inevitable y salvador las miradas y los amores perdidos— es inútil y baldío, se desmaya sobre su brazo con la mano extendida, como inmovilizada y clavada toda ella en su herida...

Él persiste en su contemplación, ya ciego después de haber perdido tanto la mirada, ciego hasta que se la devuelva el límite en ese nuevo destino de amor y de amancebamiento que ve...

Sobre la mesa sangra la mano, sin limosna, sola y sin caridad en la penumbra, como las céreas ofrendas votivas que no salvaron de la muerte al enfermo, y que quedan colgadas en su clavo, no obstante.

TELÓN SOLEMNE

Los dos espejos

A Francisco Martos[43], visionario de todas las visiones desde su ópalo, y capaz de todo por falta de voluntad.

---

[43] Francisco Martos: amigo de Ramón y contertulio en Pombo.

PERSONAJES

EL ESPEJO
LA ILUMINADA
EL TRÁGICO

Un cuarto tocador iluminado por su lámpara, por sus telas rosas y por sus espejos. Sobre una silla una falda desmayada, llena de una presencia femenina, que insiste sobre sus pliegues y su campana de un modo extraño, confidente y custodio. Rastro en todo, como en todos los tocadores de una infidelidad y de un adulterio escondido e inenarrable. Un espejo de plata sobre un mueble, un espejo pequeño, capital, de los que no son más que un rostro, el mismo rostro, sin el ambiente frío y la frivolidad y la impersonalidad de los espejos grandes, en los que el rostro es visita del espejo, y el espejo no deja de ser espejo sin contaminación y sin transmutación. Un espejo que es mirada de dos ojos, no mirada de la luz ni de la extensión deshabitada como lo es la de los espejos desolados que son más amplios que un cráneo y una garganta. El resto tiene todas las cosas de tocador que impresionan como el vaciado de una mujer en el que se invierten su rostro y sus senos, y todo deja una cavidad como un envase que dibuja, exalta y acoge como una caricia, modelada sobre lo plástico y lo agudo y lo expresivo de ella.

Aparece la Iluminada, mujer de una belleza incógnita, envuelta en una gran serenidad. Se la siente pensativa de un pensamiento casero y superficial, que marca más su rostro con la franqueza de la carne de siempre que quiere quedar simplemente en cómo la han visto, en cómo se ve y en cómo se debe a la lealtad.

En una coma de su pensamiento coge el espejo pequeño y aparente y se mira en él con descuido, como quien se detiene sobre un regato un poco turbio más que sobre un espejo, y mira la piedra del fondo más que la dualidad de la superficie, con los labios caídos y olvidados, la nariz sin voluntad y el pelo aplanado y greñoso. Parece mirar al pavimento ajedrezado bajo el espejo abierto a los ojos, desazogado y hialino. En un momento en que tropieza sobre la piedra del fondo con el rostro intermediario, se cierra la blusa, mira su medalla de oro y la guarda dentro entre la carne para llenarla de gracia. Vuelve al espejo como mirando el fondo verde, musgoso y sórdido del fondo y el canto rodado detenido en su riada.

El Trágico aparece con sigilo, la ve, la teme, la odia, la ama, la conjura, la sorprende, la ve como en la sombra de una cita, que como no contiene al que debía estar, parece sólo un rato de languidez y de soledad. ¡Pero y el espejo! Un espejo mirado desde lejos por alguien ajeno al que se cita en su pasaje y en su mata, es el camino por el que pasan los caballeros, es un camino de herradura antiguo, lleno de pasajeros fantásticos, en el que hay un rincón admirable, guarida desde la que puede verlo todo la pareja sin ser vista y puede él huyendo por los aledaños fragosos, llenos de erial desaparecer sin rastro y sin temor. Siente el Trágico toda la tragedia de los espejos, de los que no se ve quién las mira a ellas, sino como él es mirado por ellas, y de cuyo cambio de miradas no brota una palabra en que detenerse y vengar.

La Iluminada sonríe volviéndose, como si hubiera sorprendido la mirada del Trágico en el espejo, pues un espejo es comunicativo como el campo raso y silencioso para los que pegan su oído al suelo para oír unos pies lejanos que ya pueden ir de puntillas o volantes. Mira con la mirada en que se reconoce una antigua asistencia. Él está detenido y parece buscar el rastro de quien ha podido huir. Avanza, y con un arranque de celos irritados por ese sentimiento en que se mezcla el deseo de haber sido justificado en la sospecha, con la alegría de que se haya desvanecido, con esa brusquedad encontrada, la besa y la mira. El Espejo resbala y se rompe. El Trágico tiene un gesto supersticioso, porque un espejo que se rompe es un mal presagio y hace temer, con ese temor vago y encarnizado de los presagios indefinidos, en los que se puede sospechar tanto del lado aquí de la vida como del lado allá de la muerte. Ella sonríe, como quien se ha quedado detrás en el presagiar y parece que se ha salvado por un minuto y por un paso más que no ha dado.

Se besan y él se va como pensando sortear un dolor posible.

Ella se queda un momento inanimada y perdida, un momento en que se cae sin vida, y después del que se levanta con una nueva y ferviente. Se dobla y coge el pedazo mayor del espejo quebrado, nuevo, original, recién creado en la rotura... Ha cambiado de expresión y de carne y su carne porvenir ha manado sobre su rostro y su poquedad. Algo se descubre en ella, se despierta y consigue un nuevo pecho empezonado y tendido como dos brazos pedigüeños. Su boca se levanta, se extiende y bate alas; sus ojos se entornan como dejándose besar en los párpados, consintiendo ese beso definitivo de rendición y de postración absoluta. Pierde su aspecto bonancible y busca una nueva manera de estar, la más bella y la más desarmada. Medita y estudia, frente a un aliento que si no la enajena desde el espejo ha provenido del espejo y la sojuzga y la vence la nuca de un modo inverosímil, y que es el de alguien que siempre mira en el espejo, porque si no se asoma a él, ve el espejo a espaldas de la mujer con la barbilla apoyada en el remate de su medallón y cae en su luna. Saca del cajón de la mesita unos pendientes fastuosos y granados, se pone un collar de topacios, se alarga el descote, y sonríe de un modo especial, descocado y valiente, como sintiéndose dentro de uno de esos *flirt* que hacen pensar en comprometer toda la vida y en que ellas se ven saliendo ya por la puerta de los criados con manteleta y un hatillo...

El Trágico aparece en el dintel, se oculta tras la cortina plisada, sórdida, como todas las cortinas obscuras.

La Iluminada, pinta sus cejas, alarga sus ojos con un corcho quemado, ríe como con todo el cuerpo desnudo y gestero[44], y más que nada con los senos ardorosos y manotean-

---

[44] gestero: «gesticulador».

tes como sólo manotean en las grandes provocaciones. Ríe como no se ríe a quien ya sólo se debe la sonrisa fiel, sino como se ríe con quien se principia y se escapa. Deshace su pelo y busca enrollándole y desenrollándole, el peinado absurdo de las locuras, el peinado vivo del idilio espúreo y acre, el peinado flamenco y todo corito, pues el peinado se viste de sus vueltas, prietas y compactas, de su plegado, de su encogimiento, de su modestia y de su reducción. Al fin encuentra el peinado más en pie, con toda su tentación y toda su carnalidad al aire y muy dibujados sus flancos en el espacio sobre la frente ingente, pues todo el poder lo adquiere en su gallardía supina que pecha con todo, el largo pelo desenvuelto y sin secretos y sin curva por hacer y por abombar. Hace ese gesto femenino de poderío, de volver la nuca hasta donde puede el ojo soslayado rasgarse, y la acaba de perder la intimidación de su nuca blanca, depilada, con todos los rostros, la más bonita imaginación de bocas y de sumisiones y tersuras, la nuca bastante fuerte y recia para sostener el beso más inverosímil, el beso de los descabellos.

El Trágico siente todo el adulterio y avanza... Ella al verle se desprende los cabellos que caen, con esa nueva desnudez de los cabellos que ya no es la que se remonta y provoca muy en todas direcciones, sino la que se recata y triunfa y se tiende para uno solo en la intimidad, con la gracia de su abatimiento en lugar de su subversión la gracia que se debe al marido. Guarda el espejo apresurada como quien guarda el pecado y se tira sobre el sofá.

Él, anhelante y borracho, la brutaliza[45] y la hunde. Después se aparta, se detiene, la mirada, coge el trozo de espejo, se mira y siente como una lapidación, dejándole caer. Se queda sorprendido y lejano, sin rencor y como esperando su sonrisa. Ella en el gesto más seco y más despavorido piensa dónde ha sido lanzada.

Él desaparece.

---

[45] brutaliza: «violenta».

538

Ella entonces, sola, vuelve a coger el espejo caído, limpia lo que tiene empañado, se mira y sonríe como después de matada por el marido, con los hombros pegados a tierra levantando sólo la cabeza, congestionándola y amoratándola, para mirar al hombre imaginario que comienza a tenérselas con el esposo, yéndose tras él.

TELÓN

Las danzas de pasión

A Rafael Cansinos Assèns[46], *judío, judío sobre todo, judío sabio en cabalística,
que acierta con el salmo más que con el adjetivo de las cosas, y que tiene como judío po-
deroso, su antro lleno de esa argentería inapreciable de los salmos, avaro de ella hasta
estarse matando de avaricia y de escondite y
de nocturnidad.
   Él como salmista conoce el valor de las
danzas y muchas veces le he encontrado solo,
y pálido de ganancioso, acopiando versícu-
los, en los teatros canallas con garrotines,
golfos y hetairas...*

[46] Rafael Cansinos Assèns (1883-1964): escritor español nacido en Sevilla, pero que residió desde 1901 en Madrid, donde comenzó a colaborar en
distintas revistas modernistas. Después se convirtió en uno de los principales valedores de la literatura vanguardista española, impulsando el Ultraís-
mo. Participó en las tertulias de Ramón y colabora en estos años en *Prometeo*. Sus obras más notables, sin embargo, corresponden a años posteriores
como su novela *El movimiento V. P.* (1922) o libros de crítica como *Poetas y
prosistas del novecientos* y *La nueva literatura*. Desarrolló también una amplia
e importante labor como traductor. Véase Francisco Fuentes Florido, *Rafael Cansinos Assèns (novelista, poeta, crítico, ensayista y traductor)*, Madrid,
Fundación Juan March, 1979.

Subsconciencia de vivir...

Pleamar...

Matemática…

Uno receptivo, abierto como un valle; acogiendo todo el fragor y la montuosidad y la aspereza de alrededor, como un valle verde, plácido y remansado...

El pensamiento se calla sus otras cosas, sus cosas de siempre y su política…

Obsesión aún de la mujer recién vista al pasar por la calle del Teatro, acodada en el balaustre del balcón, el brazo al aire con pulsera de colgante con luces...

Público de corazonadas...

Uno que piensa matar en sus amores, otro que piensa engañar, otro que espera romantizar, otro que espera trabajar por ella y otro que sueña reponerse en el amor, de todas sus ruinas...

Torería...

Pobreza...

El viejo fallido y viudo; la mujer vuelta sobre sí y sobre el espectador, comida por su asiento...

El escrofuloso de la *clac,* hululante; manos de piedra por como aplaude; piernas largas; la cabeza siempre torcida, los ojos uno encima de otro y la boca grande y belfuda...

En uno de los dos únicos palcos una mujer con un sombrero inverosímil, que no se deja ver los ojos, como una gran dama; el empresario con ella, el que brutaliza a pesar de su cara sentimental y tierna, y un joven de barba rubia, al que ha debido perder su barba, la cabeza vuelta en un escorzo difícil, deseoso de tener dos frentes, una para los artistas que le miran y otra para el público de detrás; está congestionado y su barba rubia enrojece frente a las expectaciones...

Teatro canalla inefable de inocencia; todo en el ámbito dando la cara como en ningún otro sitio...

Teatro español, cándido, lleno de vecinos y de buenas gentes...

Todos los problemas humanos retrotraídos a Adán y Eva, en una inefable evocación de tabla primitiva, conmovedoras sus flaquezas, necesitada la mano del uno de la del otro, solos y neófitos en un mundo antidiluviano, espacioso, sin ciencia, sin edificaciones, sin filosofía, sin palabra...

¡Oh simplicidad de la tabla primitiva, sin claro obscuro, en medio del ambiente este, recargado, sucio y mate, surgiendo como un consejo de aproximación a este público, tan leve por como la sugiere!

¡Adán y Eva, desnudos con simplicidad, bien desnudos, como sólo lo estuvieron en aquel momento después del cual comenzaron a investirse, progresivamente siglo a siglo, un desnudo borroso...

Adán y Eva, blancos con mucho ocre y mucho rosa, desnudos, largos, aguijonados, en un bosque virgen, demasiado por descubrir, todos los continentes y los mares innominados e irrevocables...

Valor de la tabla primitiva y nemorosa en este teatro canalla lleno de eclecticismo, de conciliación y de ovicuidad[47].

Sobre cualquier crimen de estos hombres, o sobre la bomba que explotara cogiéndonos a todos, quedaría como un efecto de arco iris subsanándolo todo la figura perdurable de Adán necesitado de su Eva y desequilibrado por no poderla tener acorde con su vida, con su suerte, o con él...

Contra todo dicterio momentáneo, aparecería la tabla

---

[47] ovicuidad: ¿ubicuidad?

primitiva joven por paradoja y sin pátina, con su Eva de trenzas rubias, en bucles largos hasta los tobillos, la cabeza un poco inclinada, los hombros con alta hombrera, los brazos sostenidos a pulso en una ingenua postura, las manos abiertas y sus dedos abiertos en el ademán más grave de llaneza, los pechos redonditos, ligeros de emoción, como fruslerías, hechos porque no podían dejar de fallar, pero apagados y mínimos; las piernas largas, redondas, muy señaladas las rodillas, dulcemente vencidas por como pesa sobre ellas demasiado la figura de Eva; y Adán nunca más alto que Eva, femenino como ella —¡oh, qué conmovedor es saber lo cierta que es esta gran feminidad de todos los hombres, y qué duro es olvidarla!—. Adán, con un rostro sensato y sereno, con la barba descuidada y el pelo largo, indistinto junto a ella, los dos siluetados en su bosque sin perspectiva, demasiado pequeño para ser en la certeza demasiado grandes, sin perspectiva, humillado por las figuras ateridas, altas y resaltantes...

Las diversidades de la vida y del Teatro se borran, después de haber encontrado la añoranza de la tabla primitiva de Adán y Eva arrojados del Paraíso, tabla silenciosa, plana, infraganti[48], llena en su panorama sin perspectiva subordinado, de árboles hechos hoja a hoja, y en el césped, de un verde sin mezcla, con florecitas azules, de un azul de temple... —¡han sido arrojados del paraíso!— se piensa para indulgencia plenaria... Y con sólo ese pensamiento resulta que todo se explica como necesidad del Paraíso, inquietud de él, falta de su frutería, y que todo después de ese descargo es divagación; urgente sólo como compensación absoluta, el socorro de Eva, de la Eva verdadera, que después de multiplicarse, sólo está en todas las mujeres idonizadas su identificación...

¡Tabla primitiva en esta hora de Teatro, olvidada la mampostería y el maderamen decorativo, insólitamente primitiva, en inmejorables condiciones de luz, como en ningún museo, con su Adán y Eva, recién llegados a una tierra in-

---

[48] infraganti: *in fraganti,* expresión que se aplica al hecho de sorprender a alguien realizando una falta.

forme, sencillos, como si fueran de la flora más que de la fauna, y tan explicado el por qué de su presencia y de su pareja que desaparece esa leyenda de las tablas primitivas, bastándose y gloriándose a sí misma, hecho plástico y de similitudes su valor más que sentimental y teológico...

Teatro sin denominación, fuera de la ciudad comercial y de D. J.[49].

No se ha venido tras del espectáculo, ni tras el espectáculo, sino tras la síntesis final, serena y hecha sin combinaciones, de la tabla primitiva y clara...

Sorpresa de estas mujeres, de las que el cartel, invariablemente, no dice más que el nombre y de las que el amigo que las ha visto antes no nos ha dicho nada de verdad...

Escenario pequeño, obscuro en los bastidores y traidor en esa obscuridad que llena de celos al público...

Mujeres muy altas, sobrenaturalmente altas, en ese escenario pequeño. Y dentro de esas mujeres las danzas de pasión...

---

[49] D. J.: enigmáticas iniciales. Tal vez se refieran a don Jacinto Benavente y lo que representaba irónicamente. O a Joaquín Dicenta. El antidicentismo de *Prometeo* es permanente.

El garrotín

Preludio que viene desde ella, comenzando el *largo solo* que sostendrá hasta vencerse... Preludio en el que ya está su movimiento, en el que ya blanquea su blancor, el más extremoso blanco que de puro blanco que es, azulea con un añil puro a contra-luz; como desvelada del octavo de los velos consubstanciales a la carne en los trances más coritos menos en este... Negrea también a ratos con el último de los negros, que fulmina el blanco por paradoja, para ser más blanco.

Está tan desnuda, con esa desnudez raspada y difícil, porque no hay nada que desnude tanto como el movimiento acorde con la carnalidad de la postrera desnudez... Y nada más acorde que el garrotín...

Abre el desnudo su movimiento, lo desgarra en hondas y rigurosas desgarraduras sin hemorragia y sin pavor, con tersuras y formas nuevas en el fondo, resultante el último desnudo aquel del blanco vulgar, como una cáscara amarga y negra, de un negro sucio...

No hay nada que desnude y simplifique tanto como el movimiento. Porque, ¡qué es lo que diafaniza[50] las hélices vivas en el aire! ¡Qué es lo que las da un alma sutil e inverosímil!...

¡Oh, la exposición de la danza!...

Sórdidas Venus desnudas de los museos, absurdamente vestidas, por quietas, vestidas como no lo está una profesa.

Sórdidas muertas bellísimas que ya no podrá soportar el

---

[50] diafaniza: formado a partir de diáfano: «aclara», «hace transparente».

desnudo, llenas de inmovilidad, ya todo su cuerpo hecho un traje caído, macizo, pesado y sin vuelo...

El movimiento desnuda porque la plástica y la gracia del desnudo es una cosa de voluntad, es movimiento, lo único transcribible a la eternidad...

¡Oh, sobre todo esos movimientos arbitrarios que entrecruzan el garrotín y que lo vierten y lo desordenan, rompiendo ese algo compacto y reducido, ya demasiado opaco, de lo muy acompasado y exquisito que se abre así en una brecha más honda...

Entra ella, como una aparición superpuesta a la otra aparición del preludio solo... ¿De qué sombra viene después de bailar ya una eternidad, prodigando su sabiduría, su alma y su vida?

Comienza la melopeya[51], con lo que de recital admite el ritmo de las melopeyas, un recital en esta prosa...

Danza de introspecciones...

La danza que demoró la mujer en su minuto de flojedad máxima y de iniciaciones supremas... La que no pudo danzar en el momento lívido del placer y de la maceración.

La danza que bailó en su adentro y en su placer, acompasada con él, la que vio más que danzó, en ese instante de tenuidad y de cristalería en que se vidrian los ojos y la carne, como un vidrio diáfano, en que el placer está sólo en como se vé todo y en la promisión que se obtiene de todo en ese lunatismo fugaz, sin poder realizar nada de momento, lo que es la tragedia de después, cuando la incorporada no baila el garrotín y se encara con un todo mayor por realizar, más difícil y más aventajado...

Por eso ella no pudo levantarse y *mimar* su visión, ni danzarla, ni volarla, pero la estudió de oído y de vista para más tarde, después de la reposión[52].

---

[51] melopeya: del lat. *melopoeia:* arte de producir melodías; es decir, «melodía».
[52] reposión: ¿reposo?

Se alzó con la concepción del garrotín como si lo hubiese bailado, después de esa inspiración secreta, y sublunar que la rindió en el aprendizaje...

Sus piernas resultó que lo habían bailado en el desfallecimiento y en la agonía, y su cabeza perdida, como cercenada, bailó también siguiendo el ritmo de los pies y de los brazos, caídos, maniatados, clavados más que maniatados en ese momento, como crucificada por su placer, sintiendo en su dédalo la dirección de la danza...

Así se concibió el garrotín, que no es un impromptu[53] caprichoso, sino una cosa pasada que madura, cosa del décimo mes... La danza que divulga el secreto de la mujer, todo lo que corre por ella y la inflama, todo lo que se alumbra cuando es más ígnea en su recinto cerrado y subterráneo... La que es su revelación, la que ella no presentía y ahora más que saberla la dice con inocencia; lo que la había florecido hacia dentro y ella ha desviado haciéndolo flor en vez de fruto, pues el hijo de las otras mujeres es algo denso, compacto y severo, pesantez, solidificación del baile que no bailaron debiéndole bailar, fracaso de ese baile, nota perdida, entorpecida, reservada, que anida en ellas como cosa sin perfeccionar y sin sobrepasar, restringida por eso hasta formar un nuevo ser que quizás no sabrá dónde encontrar el descanso de su inquietud, ni la absolución de su pecado originario, pecado de haber reducido su madre una danza, dejándola cuajar, angustiarse, replegarse y carnar[54] en un hijo... La melopeya sigue sus palabras, su baile y su música, de consumo...

Ella baila tendida, en un lecho de música, como de plumas, porque si bien la visión es pina y aguerrida, el sentimiento, el origen y la música, son supinos, apaisados, la mujer debatiéndose en la horizontal, con más desembarazo, más tentáculos, braceando mejor y más extensa en las piernas y en su contorsión.

La que baila esta danza íntegra y densa, se salva a todo lo

[53] *impromptu:* improvisación.
[54] carnar: encarnar.

que desea y la pesa, desembarazándose de un modo tremante[55] y vendimión...[56].

Se salva de ese modo a sus sentimentalismos y a sus intestinos...

Jugando el cuerpo por entero, en sus fisuras más recónditas, se salva también al alma.

Porque ¿en qué sitio está el alma si todo el hueco interior se ha abastecido de danza y se ha mostrado al tacto del hálito de la música material, cubicándose sin error de diferencia ninguno?...

La música a ratos no se ve, porque la danzarina avanza y se interpone o porque ha tenido que callarse frente a un acorde irremontable, que sólo pueden dar el rostro y las manos...

Es una música, en síntesis, no siendo posible por eso esa disociación de las músicas instrumentadas...

Está labrada como las estofas entre dos lienzos, el de la carne y el de la danza, y siempre se la escucha como con retraso, sugerida antes por la videncia y el contoneo, como el trueno después del relámpago...

Desde luego no la lanzan los instrumentos fríos e inquebrantables de estos músicos viejos y desastrados...

A veces desaparece tanto su estofa, que es todo baile sin música, mientras en ocasiones, percute en la médula reblandeciéndola... Reblandeciéndola.

Parece que toma sus resonancias en los huesos destetanizados[57], llenos de registros, aflautados hasta la sutilidad del violín; de cada hueso una nota, organizándose todos como un órgano de una tubería ilógica y desviada, soplada por un viento de voluntad en un tiempo *prestissimo,* todo con sumisión al conjunto, a su plástica de mujer, motivo capital, limítrofe del silencio cromático y blanco...

Es como un ventriluoquismo[58] que no sólo es desde el vientre desde donde irradia...

---

[55] tremante: tembloroso (de ant., *tremar:* temblar).
[56] vendimión: ¿cortante?
[57] destetanizado: «sin tuétano», «sin médula».
[58] ventriluoquismo: ventriloquismo.

Suena del lado allá de ella, como en esos efectos teatrales de los dramas, en que una acotación dice: «Música en la enramada»...

Es una música serpentina, movida como las largas banderolas de la danza serpentina, por sus brazos y ajustada y desajustada a ella por intervalos...

Desajustada aparentemente cuando se ajusta en lo invisible al busto que alienta su busto, y a la cadera que alienta su cadera; y ajustada como un molde preciso, semejante a ella en su concavidad...

Cada nota busca una morbidez, una depresión, o un hueco...

Hay la que da un beso, beso de hermafroditismo; la que realza sus pechos y suena con deliquio[59], como un *pizzicatto,* en sus cabujones; la que baja a las piernas en un *scherzo* como un calambre, y ya en los pies si no se remonta de nuevo, se pierde como la electricidad en la tierra, neutral y trágalo todo...

El tablado, esa caja de pandora, altitonante en los *allegros furiosos,* da todo el valor, con su ruido seco de catafalco, a esa ejecución en que lo vive todo la bailadora...

Es el *grave,* que como un *passe-partout* violento, de un color crudo, sienta bien a todo su resto y la exalta hasta en los ojos...

Convenía que la danza no pareciera un preciosismo, una caleología, sino algo primitivo y hosco, cuya música y cuya belleza no se adelantarán coronándose, y para eso, como resistencia, se necesitó este ruido seco de los tacones y del tablado, que deshace el engaño aparente que pudiera haber...

En ese tan-tan fortísimo, se siente más que la fuerza del ruido, la fuerza de la mujer, lo más substancial de ella, la fuerza de las piernas florecidas y granadas en los muslos y vigorosas en las rodillas, bien atadas a las ingles, bebiendo en ellas su fuerza y las ingles en las caderas y las caderas en el tronco, y toda la fuente en el pecho, lleno de todas las coincidencias...

---

[59] deliquio: desmayo ligero, pérdida momentánea del uso de los sentidos por una entrega afectiva absoluta.

¡Oh los pechos en el garrotín!...

Pechos y no senos.

Se hacen menos livianos y menos de divagación...

Son recios, fulminantes, racimados como las ananás, y mollares; imperiosos con una fuerza reducida y directa como un puño cerrado y dueños de algo volátil retenido como pájaro en mano, dulce como pájaro en mano...

Su aspiración es terrible, se tunden, se duelen en el golpe de que brota la chispa que lo incendia todo después, se retuercen y se desmigan; señalan el ritmo en lo más sutil, en notas breves pero nutridas, a veces de carillón, a veces de crótalos, a veces de violín punteado...

¡Oh la medalla de oro de la Virgen bailando sobre ellos, como una dedicación, como una reverencia o un amuleto, que conserva toda su ingenuidad y es su indulgencia plenaria!...

¡Oh los pechos lácteos, de nieve de cumbre, de la nevera más alta cara al sol, flameando como una banderola, con el simulacro en sus cabujones de un movimiento de ojos, ojos de hidra, multiplicados por el histerismo y la locura que los juega!...

¡Oh esos dos ojos de carmín en una córnea de un blanco de nieve perpetua estriada de venas, de esa nieve introcable que quema como el fuego!...

Han dejado un incendio que ya ha remontado después de su primer choque...

Es el incendio de que tenía esperanza la mujer de deseos y de imposibles que baila, hecha toda pasto de él, brasa central en el ombligo, brasas sus caderas, brasas sus cabellos inconsumibles por su óleo interior, brasas en el descote, más avivado por el viento que coge, y brasas en los pies...

Es todo su fuego un fuego que se ve demasiado hasta quemar los ojos...

Tiene sus oscilaciones, su posibilidad, su altura creciente, su comunicación, y los colores fuertes del corazón del blanco de luz...

Sus manos sobre todo, el verbo del baile, son lo más pánico y lo más flamígero, lo más culminante, lo que sobresale y alarma, y da para siempre, con fluidez, toda su hora...

Llamean, se crispan como sarmientos pero con menos dureza, delectándose como mártires, con diez torcidas que hace titilear[60] y enhiesta, y tumba, el soplo de la música congénita en ella...

El dedo meñique, el más delicado, es el más desprendido, y el más vivaz y el que más flamea; el pulgar es el más severo, es el de la fuerza en reserva, el incombustible, el que se deja en las vides al podarlas, con sus yemas para que por ellas arroje los vástagos, porque de él brotará otra mano que hará falta después de la consunción; y los otros larguiruchos, con más tiro y más altura, conmovidos como los demás en efectos de claro obscuro, efectos azulados, efectos argentinos y rosas metálicos en las uñas.

A veces se afilan, ascienden y perecen como los pábilos que se quiebran y se funden, perdiendo falanges en el espacio incandescente y obscuro, despavesados...

Después se apaga, se corta su fuego y su sudor, y viene el pasmo, muy piano, muy piano, con toda sordina, la cabeza caída hacia detrás, la nariz achatada, la espalda fría y contraída y la boca deseosa de agua fresca y corriente...

Y comienza a arder de nuevo...

Se inyectan sus ojos, que como los de toda mujer que danza el garrotín téngalos azules, rubios o verdes, se hacen ojos sarracenos, la pupila negra, siempre en ese *molto allegro e con brío* del garrotín, llenos de fiebre tifoidea, contrastantes, violados en el paso circular de color del blanco al negro, mucho blanco en extensión y mucho negro con densidad y en hondonada; un negro prolongado como un túnel, con su última boca abierta a la luz, muy allá, desde donde llega a su superficie, ese tachón diminuto, esa tilde desconcertante que se hace irresistible de blancor atunelada de negro...

Sus brazos, se hacen visibles sobre todo, nimbándola, excendiéndose en número y en resplandor, fuertes en los codos y agravados, agudizando su obsesión en las manos; los brazos con pulsera de oro, esa pulsera que más que su lujo

---

[60] titilear: «titilar, oscilar».

da la medida del brazo, su dulzura y su carnosidad, porque todo se resuelve en medida, en intimidad y en logaritmo carnal... Los brazos suben altos, hasta donde no puede ser; señalan lo que alienta y piensa en la mujer, con sus manos pequeñas y transfiguradas, que en la cercanía de un modo extraño son inertes, grandes y llenas de un sudor frío...

Son lo que hace tender a la bailadora al baile de las voladoras, que las piernas evitan tendiendo a la tierra y a su paraíso central, recio y candente...

Cuando los brazos suben y se derraman para después volver, los ojos por fuerza buscan el blanco, el blanco completo, sin residuo de pupila, el blanco de las estatuas que reconcentra el alma de la bailadora y la eterniza y la pierde; y se muestran las axilas...

Las axilas crespas, prohibidas, entrañables, primitivas y arduas, las axilas leonianas, sin gracia engañosa, turbadoras y acres con una acritud brutal e irrevocable, ensortijadas, vulnerando el ideal. Son las que muestran lo cotidiano, lo inconfundible y lo selvático de la mujer y como es un fruto sobre el suelo, áspero, real, sabroso a tierra y humedad de tierra, muy silvestre y muy áspero; como debe ser, de ese modo instante lejano a las soñaciones...

Anubarrado por las axilas el blanco de la carne se hace más blanco y más voraz...

Se rompe la línea que aman los profesores de dibujo y los extáticos, y se inferna[61], se hace más mortal y más conmovedora y más vecina de la cercanía y de la perdición...

Así, después, cuando los brazos caen de nuevo, vencida su voluta, y los hombros y la espalda suben con fuerza para infligir todo el imperio a la nuca, se buscan las axilas como la posibilidad de la mujer y la confidencia bravía...

Sin embargo, caídos los brazos brota una nueva posibilidad y dentro de la desnudez del movimiento se hace una nueva desnudez más zanjada y más llamativa, porque se han desprendido las hombreras de su corpiño y se ha quedado más toda al descubierto, más contorneada por esa línea tan mórbida de los hombros y del brazo en el bíceps,

---

[61] se inferna: forma espontánea de *infernar:* «se exaspera».

que dibuja toda la mujer, en un dibujo que resbala, tactea[62], se burila y se prolonga desde ese punto, patinando velozmente hasta recorrer toda la hechura bailadora...

¡Oh, los hombros moliciosos, *emblandecidos,* tersos, resbaladizos, rizadura de carne!...

¡Cómo ofrecen la cabeza más inclinable, más indefensa y más seducible que nunca!

La bailadora, ya muy avanzado el garrotín, se descompone y se desfigura hasta donde tenía que ser. Su boca se llena de seriedad, de severidad y de grana y sobre ella hay una sombra de bello que la hace más trágica y más grave y más exasperada...

La lengua lívida y seca y cae a un lado de los molares como en un momento bochornoso del estío.

La nariz se hace aguileña, imperiosa y judía...

Los oídos son una incisión más honda y sus dos lóbulos son como dos uvas ácidas y blancas con ese polvillo mate de las uvas en junio, y ese ardor rosado de las insolaciones...

Se siente cómo el corazón se ajetrea y se lapida de un modo bárbaro, oscilante y sinuoso, hasta un punto de que no creíamos capaz al corazón, sin que se rompiera su eje de diamante. ¡Hasta el punto a que no llegaron otros corazones en un momento máximo de condenación en que creíamos verlos saltar sin demora!...

Es un estertor de todo el corazón y como de toda el alma invadidos. Se les presencia, escarlata el corazón y escarlata el alma, hasta cuando se vuelve de espaldas...

¡Oh, cuando se vuelve de espaldas, la sorpresa de otro rostro, con nuevo vértigo y nuevas pronunciaciones! En su nuca, se clava su rostro del anverso, se hace más intencionado y muestra más su secreto y es donde suspira sobre todo.

En su espalda se dibujan eses y otras espirales más largas, como en un vidrio o como en un río en que riela la luz en sutiles serpentinas de colores que culebrean y se apagan cayendo en un verticalismo abismado; se ilumina de lengüeteos vivaces, se deprime y se escarpa, se abre en la dorsal, acanalándose de un modo dramático; señala cómo está la

---

[62] tactea: «toca».

carne prendida, dura y tirante hacia dentro, como aspirada por el interior; y hay como una huella de cinco dedos a ambos lados de la espalda, en lo más alto y lo más aplomado, en lo bajo de los omoplatos...

Y el garrotín termina; termina en un panorama de serranía que se ha llenado de olivos como distribuidos por Böcklin[63], porque toda figura de odisea suscita su fondo de árboles.

El olivar se muestra como un símbolo trágico, duro y apasionado, del antiguo apasionamiento de la tierra, que nadie mejor que la mujer podía anunciar.

Ha resuelto muchos misterios en el espectador, con un misterio mayor, saciándonos así en lo posible. Ha creado la palabra insospechable y ha mostrado cómo el espíritu de la decadencia puede ser lúcido y definitivo como ningún otro.

Ella, gran mujer desclavada por su baile, queda postrada, trémula, los pechos rendidos, aplanados y caídos, estrujados y elípticos como no lo estaban antes, perdida un poco más su longevidad.

Sus brasas han exhalado todo su perfume, pero como el Fénix resucitará en una próxima hora.

Queda como yacente por de pronto en un lecho vulgar y sólo, el rostro cubierto de mechones, boquiabierta, con la nuez trágica y punzante sobresalida en su garganta ensan-

---

[63] Böcklin: Arnold (1827-1901), pintor suizo, discípulo de Schirner en Düsseldorf, visitó París (1848) y Roma (1850). Trabajó en Basilea, Múnich y Weimar, ciudad donde fue profesor de paisaje en la nueva escuela de bellas artes en los años 60. Más tarde se instaló en Italia (1876). Sus *Villas a orillas del mar* tienen más calidad que otras pinturas de género. Pero se le recuerda, sobre todo, por una serie de cuadros con una mitología mixta —romana y germánica— de extraño impacto: *Día de primavera, Centauro y ninfa, Los juegos de la ola,* y en especial, *La isla de los muertos, Vita somnium breve, Paolo y Francesca* y *Venus Genitris.* Ramón se está refiriendo a sus paisajes mediterráneos.

chada, como sólo sobresale la nuez cuando la cabeza ha caído vertiginosamente en el último abismo, tendida con las piernas lejanas y los pies abiertos...

Como recién parida.

Bien es verdad que ha bailado todo su destino desciñéndosele y desgranándole, con toda su dolorosa y todo su narcisismo, *su narcisismo,* porque la mujer tiene también su ufanía egoísta y hermética, enjuta en ella, y ése es el enternecimiento de ese baile.

Que es el baile de la mujer.

La danza de los apaches

Suena todo el tiempo el corazón y todo el resto se le adhiere arrecido... Dureza de la pasión reprimida, sostenida en vilo antes de gozarla, jugada al azar frente a todos los malos auspicios de la ráfaga criminal, pasión preambular, en agraz, toda llena de un pánico que se inventa, porque da la gana, como se inventa frente a las perspectivas oscuras de las ciudades populosas y frente a la perspectiva oscurecida y laberíntica de la danza, bailada en ese recodo con solares y con una iglesia, que suele ser el esquinazo más ingente de la ciudad...

Fue, hace seis años, la primera vez que hice ese viaje, cuando vi el estreno de esta danza, que ahora baila esta otra mujer... Aquella noche la Polaire[64] era más sugestiva que una mujer de sedas y de perfumes *royales,* con su traje callejero y miserable y su fuerte perfume a menta *cortada,* un perfume agrio y procaz, revuelto de otros olores *tostados...* Su cara larga, aguda como trabajada en madera con el primitivismo de las cabezas reliquiarias, tenía en la obscuridad de la calle como un antifaz, ese antifaz que cubre a las mujeres de la vida en los trechos sin farol, un antifaz que partía de su frente y se remataba en la nariz con un respingo, que oblicuaba sus ojos haciéndolos de luz, despabilándolos como *ojos de tejado nocturno,* como ojos sin ceja adentrada su

---

[64] La Polaire: entonces era una célebre bailarina, cuya importancia traspasó las fronteras francesas. Su talle mínimo producía verdadera admiración (véase *Blanco y negro,* 975, 8-I-1910).

niña y hecha una línea vertical, en vez del disco negro, que son todas las pupilas...

Los ojos de la Polaire eran como esos de las pinturas murales del Egipto, ojos siempre de frente, por difícil que fuera el perfil, hasta ganar a veces la espalda, en un ademán inaudito de girándula...

Su boca, bajo esa negrura del antifaz, que continuaba su negro hasta la nuca, se hacía roja, pero con el rojo de los labios deshechos, mordidos y abiertos que no permiten reír; una boca como con una estomatitis y esas llagas profundas, de un rojo obscuro, que se adquieren del amor de los apaches... ¡De tal modo se curvaba aquella boca y caía en sus comisuras, que parecía que sufrían sus encías, aquejando el hueso de la mandíbula, que duele como un dolmen inmenso, con un dolor pedernal, sustentado más que nada en el vértice del agudo ángulo mandibular...

La Polaire, magullada y acardenalada, como con *placas* de colores preciosos en su descote[65] y en sus brazos, de esos colores insólitos de que no ha hablado ningún pintor, pero que son los colores de excepción, de una química escabrosa, que en el verde aventajándose verde que deja el mar como musgo en los rincones obscuros de los *fiords* y que luce en la obscuridad de las grutas extrañas con esos visos áureos, que tiene mirada de bisel el añil... En fantasías de color tiene las genialidades más brutales lo trágico, lo corrosivo y lo pavoroso, y nada más trágico que esa enfermedad secreta que, a veces por sobrepasarse, inventa con depravación bellezas admirables de ensañamiento... Admirables, porque fantaseando *in extenso*, ¿no sería de un ensañamiento y un rigor mortal y cruel sobre los hombres, de donde provendría esa gran belleza multitúdine[66] que se espera? ¡Oh, manchas mates, de colores inapreciables en la incertidumbre y en la oscuridad de la calle, toda cubierta de una sombra con silueta de iglesia macabra por su cúpula rematada en cruz!...

¡Oh! La Polaire más estilizada, más hechas sus caderas, suavizadas por una graciosa relajación, más imaginarios sus

---

[65] descote: poco usado, «escote».
[66] multitúdine: ¿multitudinaria?

pechos, reformada su flojedad, por influjo de las contusiones y de la enfermedad latente, llena de sadismos intravenosos, formidables, afilados y poderosos para hallar las más bellas y las más raras sustituciones a la mediocridad... Aparecía desfigurada, con ese desdibujo[67] artístico, lleno de originalidad ante todo, que aman los apaches[68] y los dibujantes decadentes y estupendos... Ciegamente su apache había punzado en ella su agua fuerte, invisible el dibujo provisor, vidente de su videncia, sin corregirlo ni reflexionarlo, ni amarlo como un imbécil, lineándolo sólo con austeridad en la sombra del cobre...

¡Así era de oscuro el encanto de la Polaire, aglomerado de *quizás!* Quizás tenía el encanto desesperado e insólito de haber estado en la Morgue y haber podrido y fermentado y dramatizado allí su belleza, una gran belleza normal, sin cuya contribución no se hubiera verificado una deformación tan inédita y tan bella, pues es necesaria una gran ofrenda de belleza, de fuerza y de salud que involucrar, para la supervivencia después de remontar la crisis de esas grandes gestaciones sabáticas... Quizás había pasado unos días en el fondo del Sena, completamente deshecha y reblandecida, como se reblandece el barro seco de los bocetos antiguos para poder formar los nuevos y construir, con un deseo calenturiento, la obra magna, y cuando apareció a flor de agua, sentándose en su margen, se arregló sus cabellos y arregló su belleza de pies a cabeza, según el capricho de esos amantes neurasténicos de las ahogadas, de las lapidadas y de las asesinadas, que cuando han matado o han visto muerta a la víctima, han pensado verdaderamente compungidos al no ver la resurrección —¡porque ellos no querían *matarlas tan así,* ni verlas muertas *para siempre!*— han pensado que si aquello se subsanase tendrían la belleza apetecida, gracias al reformatorio de la catástrofe, que desflagraría esa belleza usual y molesta que es sólo para las familias y los

---

[67] desdibujo: probablemente se refiere a la manera en que los pintores del cambio de siglo pintaban a sus personajes, con cierta imprecisión.

[68] apache: nombre con el que se conocía a los miembros de ciertas bandas marginales y delincuentes parisienses desde comienzos de siglo.

amigos pusilánimes... ¡Oh, si los amantes de las asesinadas, de las ahogadas y de las lapidadas, pudieran decir cómo no era lo que querían esa deformación inútil y crisálida de la muerta, muy desencajada y muy inerte, sino un ideal al que pensaba dedicarse!... ¡Cómo ganaría la absolución y el respeto del porvenir!...

Quizás...

Todos los quizás absurdos se planteaban frente a la Polaire, porque hubiera sido imposible su rostro sin el pasaje por la tragedia, por el pavor o por el insomnio excepcional, como su danza y su pantomima hubiéranse hecho inexplicables, no pensando que habían sido un sucedido y que su teatralismo eran sólo una *reprise*... ¡Oh, aquel rostro y aquellas puntuaciones de un color exótico e inconcebible! ¡No puedo dejarla de recordar siempre que después de aquella noche veo bailar esta danza!...

La música continúa en este teatro de ahora, sin haber dejado de sonar en el entretanto de las remembranzas... Porque es una música que recala las distracciones y se hace oír, lo que hace necesario en la bailadora un rostro aguzado y abrupto en el que pueda morder esa luz lejana y como astral, que llega siempre hasta las calles obscuras, y así pueda sobresalir sobre la música y se le vea apuntar, siquiera en ese avance oscuro de las notas que llega hasta el público y le hiere en el pecho bajo la tetilla, el lugar donde se sienten físicamente las tragedias que sólo se presencian...

Es una música con esas genialidades extrañas que incrustan las heridas de suerte como la de Nietzsche[69], y con anor-

---

[69] Nietzsche: Friedrich Nietzsche (1844-1900), filósofo alemán cuyas obras tuvieron gran influencia en el cambio de siglo, sobre todo *El origen de la tragedia* (1872) cuyo mérito radica en el descubrimiento de la dimensión dionisiaca de la cultura griega. O sus polémicos ensayos, *Humano, demasiado humano* (1878), *La gaya ciencia* (1882) o *Así habló Zaratustra* (1885) y las derivaciones de este radical escrito filosófico: *Más allá del bien y del mal* (1886), *La genealogía de la moral* (1887) o *El anticristo* (1896 ed.).
Su presencia en el ámbito cultural español ha sido delimitada por Gonzalo Sobejano: *Nietzsche en España,* Madrid, Gredos, 1967.

malidades de Pernot, del que parece estar bebida, a veces como ripios y traperías que la descomponen hasta donde debe estar descompuesta para ser del arroyo, o influenciada de otros vals y otros bailarinismos grotescos, en que se confunde el compás del apache con el compás limítrofe del hortera.

Es una ráfaga que se exalta y momento seguido se quiebra... No ama la lógica, ni la asiduidad... Es patética como una violación, al mismo tiempo que *maestosa* como la vida, regular y apacible; una u otra cosa, hasta que él se da cuenta de la condescendencia y la rectifica con celos y con temor de enamorar a su hembra como los que ellas escarnecen, en vez de *enchularla* como los que son y serán bien retribuidos con posterioridad a cualquier ruptura y a la más honda puñalada... A veces, sin embargo, por olvido se lanza en un trémolo y desarruga su entrecejo y ceja en su intimación, pero bien pronto, colérico, por su flojedad sentimental, vuelve a la rigidez del que sabe cómo se gana la pasión y la fidelidad, con qué dificultades, con qué rigor y con qué contradanza...

La guía temática de este baile es en diez líneas de pentágrama, un contrapunto en el que lo que duele y espanta, y parece irrevocable, fenece en otra nota sin presagios... Todo sin paso de color... Se sucede, interpolado en la danza, ese momento en que el arma se va a asestar de improviso, pero se contraviene y descansa abierta antes de cejar por completo y cerrarse en las dos flexiones del brazo, con que después de enarbolarse caen los brazos con un peso o con un arma... Pero es que con el arma en alto, adherida a la muñeca, como para cortarse, le ha bastado saber a él, cómo en esa prueba a que se somete a las ciegas dudosas y a las dormidas, hasta donde no teme ella su arma porque es de él, con una gran fe y una gran unción, hasta donde la ha resistido, propicia y leve, clavada con toda gravedad por el ademán y por ese gesto de los dientes y de los labios que hunde más las armas. Ella sólo ha plegado sus labios más, teniendo de través un culebreo veloz, retenido a tiempo con una fuerza de voluntad imposible... Él entonces, conmovido frente al simulacro de su expiración —porque si pudieran obtener los hombres el simulacro de muchas cosas, no darían más pasos irreparables —¡Oh, el ansia de simulacros más que de autenticidades!—, conmovido de lo ciega que es, de lo inmerecida que sería la puñalada, se contradice en esa improvisación rápida con que va creando la danza, y como si ella estuviera en un tris de ser muerta, matada por él, la salva a sí mismo; la abraza, pasando su brazo derecho sobre su hombro caído, con ese ademán largo, en que se siente la talla entera de la mujer y como la probabilidad de rozar con la mano la tierra... La adhiere a sí, secándola los pechos y entallándoseles de tan prieta como la coge, con ese sentimiento de protección brusco y admirable del *apache* con que se interpone entre él y su sombra, que ha quedado perpleja con el brazo enhiesto y el puñal en la mano, argentado de esa luz de luna que hay en la obscuridad de las noches sin luna, sólo para hacer brillar las armas blancas... ¿Pero, no obstante su sentimiento de protección y de valsista, no la matará su sentimiento de asesino, olvidando a la pareja por la víctima?... Dejará su matriz más deshecha...

Éste es el contratiempo, cruzado de un *adagio* lento y lleno de sorna que hace más paradójica la danza.

Se siente al hombre que sin alarmarse lo ha dejado pasar todo, que ha sido retribuido, pero que después en su arbitrariedad exige todas las reparaciones y se venga... Y desfallece a poco, de no tener motivo, devuelto a la resignación y al beso, evitado un mal mayor, aunque las muñecas y la garganta de la querida queden ya arañadas... Y la matriz más deshecha...

Se recuerdan, frente a la golfa contusa, todos los dolores sentidos, los de las enfermedades, el de aquella pedrada, el de aquella herida, y de aquel golpe en la espinilla, pero después de todo, para el dolor de sus pechos no hay dolor semejante con que comprender todo el valor macerante de la danza, porque la sensibilidad de los senos femeninos es un problema insoluble para el hombre... ¿Qué sienten ellos y hasta qué punto amontonan y entroncan emociones? Sobre la obsesión libidinosa de los senos queda esta obsesión llena de perplejidad... Deben guardar una gama más que cromática, que los emocione en círculos sucesivos, múltiples y acordes... Deben percibir cosas sutiles y gráciles... El hombre que sólo tiene su base, su última sección, prevee un vértigo de opresiones, de calambres, de ansiedades, y un regurgiteo constante de predisposiciones menudas y compactas... ¿Qué fatalidad no hay en ellos? ¿No serán para ellas las sensaciones de sus senos como perfumes imperiosos? ¡¿De qué consternaciones no se llenarán también, como en una caja de resonancias, agravada de vibraciones, del mismo modo con que gozan sus grandes efusiones y sus imposibles?... ¡De qué modo sufren y se desvanecen bajo la crueldad de este apache que los magulla!... Quizá no sufran una penalidad sino un amor, porque si la mujer resiste con heroicidad el dolor de sus senos, sin objeción ni rebeldía, ¿a qué ceguera no puede arribar, haciendo indecible todo reparo contra el hombre que los ha hecho frenar tan intensamente?... ¿No encona más el corazón femenino de servidumbre y de poesía épica, una congoja formidable que una dulzura formidable? ¡¿Y la congoja de los pechos, hasta dónde no enconará y encastillará el corazón sin que pueda ya resistirse?!

Misterio insoluble; porque habría que tener sus senos para explicarlo, siendo vano exacerbándose de ansiedad, hacerlas dar esos gritos atiplados y horribles con que ellas se quejan al sentírselos punzados, esos gritos que acallan mordiéndose los labios al ver el gran gesto de estupor, de ignorancia y de falta de intención que ponen los hombres al oírlas y al ver que se las saltan las lágrimas... ¡Vana curiosidad irreprimible en la que es vano desesperarse y tener esas indiscreciones dramáticas!...

El apache quizá, sólo se ensaña con sus senos, para minar todas las caricias mercenarias, para hacerlas irrecordables, con esa dominación por el dolor que la anestesia en este entretanto en que se entrevista con ella... ¡Y qué cárdenos deben quedar después de la prueba del terror! ¡Horrible color cárdeno en lo más blanco y en lo más tenso de la carne!... ¡Si a lo menos fuera el cárdeno genial!...

La danza continúa y la noche... Se sigue más que la línea y el color de la danza el secreto que sucede y que no se pue-

567

de intervenir... Parece que se presagia que si todo sigue así en el gran mundo, habrá un crimen en cada calle y en todo bailará el apache... La mujer se dibuja de sensibilidad y se la ve la sensibilidad como lineándose sobre la palma del pecho en una línea eléctrica que da su forma en su sacudida sin luz y sin huella, de un modo mate y presentido...

El apache la *trepaniza*[70] y cierra la herida de su cráneo en un beso... Quizás hace algo más sangriento y difícil, pero no se ve. Porque dos seres que se han hecho todas las confidencias y se han enseñado sus gracias, y sus debilidades, y su virilidad, obran entre sí mismos, de un modo privado y tácito... Se siente cómo se verifica una transfusión silenciosa y redomada, en que él la fuerza y ella se encanta... Una transfusión recóndita y sin una gota de sangre extraviada, pero que se realiza. ¿Porque dónde, si no, se pierde la sangre de las mujeres, que día a día son más lívidas cuando la naturaleza lo que conserva sobre todas las cosas, es la sangre!... Él sigue su escarceo de cirujano, porque en la mujer no le basta ya la regularidad del desnudo, después de tantas mujeres y después de haberse expuesto a abrir la carne de su primera víctima, necesita la irregularidad interior, el núcleo pintoresco de la carne y otras imágenes soterradas en ella, nítidas y depuradas...

Ella se deja hacer ya un poco cansada del baile mortal, sintiéndose corita[71] y empedernida como nunca, toda rehecha y definida según una realidad nueva, sintiendo la maternidad como madre de sí misma, en ese dolor de parto que la ha infligido él, y que, como dolor de parto, es en el que no se jura ni se siente la esterilidad, ni la injusticia, ni la falta de persuasión de los otros dolores... Y hasta resulta un dolor admirable que le afianza al apache... Madre legítima de sí misma más que madre natural... Madre legítima de sí misma, porque tanto en la mujer como en el hombre la dura consciencia de la vida en cualquier momento en que toda ella se sienta estrangulada de dolor o aislada de un modo recio y formidable o abrasada en un amor criminal,

---

[70] trepaniza: de trepanar: horadar el hueso del cráneo para realizar una operación en el cerebro.
[71] corita: desnuda.

bastará a relegar toda otra idea correlativa y todo parentesco... Y más si es una mujer de mala vida la que se siente arrancada a todo el resto en una calle como la de la danza y es en brazos de un hombre como éste, donde se reduce su vida a un solo punto de dolor, de sobrecogimiento y de restricción, eliminados sus otros sentimentalismos y sus otras historias banales... Y su matriz más deshecha...

Ella siente cómo converge en un solo punto... Así, el día que está expuesto el Señor, toda la iglesia converge en el oro solar y en el blanco lunar de la custodia... Ya sólo se deja llevar en la danza, toda apelotonada como una fruta alrededor de su pepita consistente y perdurable... Se deja conducir, sosteniéndose en un sosiego difícil, sin oscilación y sin temblor, eternizando todas sus posturas, por como en cada una de ellas es inflexible y recogida... Se pega al pecho varonil como al confesonario, sumisa, repasada toda su conciencia, muy queda, como en el momento de las auscultaciones en que se llama a la verdad al paciente que adopta una gran cordura y una gran inercia, interesada ella en que su apache note bien en la germanía que hablan los corazones empedernidos. Sin mezcla de alarma ninguna ni de ruido, la serena heroicidad de su corazón y su fidelidad, claras en medio del equívoco de sus tratos carnales...

Y la nota tierna del contratiempo se sostiene todo lo que puede, abriéndose los ojos de la pareja como sólo se abren en esas grandes ternuras que suscita una tragedia, abiertos en esa mirada que se cura de la brecha abierta por el dolor, agrandándose suavemente hasta apagar la violencia y agotar su resquemor, como los lagos heridos por una piedra curan el estrago y restablecen su candor inmóvil, orillando su herida de una onda que undula[72] dulcemente, agrandándose con blandura, hasta orillarla con extremosidad junto a la ribera... ¿Hasta dónde no se orillan de su mirada los ojos que han sobrepasado un dolor? ¿Hasta dónde no se agranda con elasticidad la onda provocada? ¿Hasta qué extremidad que no es la de las *extremidades,* no llega esa mirada excedida?...

Y el baile termina...

---

[72] undula: ondula.

Los dos parecen ahítos, compensados en las violencias del baile de toda la violencia densa y dura que esperan de las riquezas... En simulacro —¡oh los simulacros bien fuertes—: han vivido una pasión ventajosa y amplia...

Sobre todo el hombre, pues ella tiene su matriz deshecha... Porque este baile es el baile del hombre...

Se siente cómo después de ese rato de baile macabro, con notas de *carmañola*[73], vuelve el apache a sus crímenes más sereno y más saludable... Ha investigado sobre su hembra, en la experimentación difícil y conmovedora de la danza, como todo lo que se engalla en los otros no es más que ridícula altivez, contra la que va más seguro en el paso porque tendrá más sigilo en el crimen; a cada danza más sabio en muecas humanas y en lo que de reacio hay en las víctimas, sabiendo mejor que ayer dónde el arma no tropezará con el hueso en una pifia, ni con la carne fofa, que resiste la puñalada, sin que ceda al golpe la vida, sabiendo dónde está el hueco en que está encallejonada y dónde está el dolor cerval y el canto de la palinodia...

Se sienta también cómo ella tira por su lado, volviendo a su vida, esperando su tránsito, sabiéndolo como Jesús y pudiéndose oponer como Él, pero no oponiéndose, como Él no se opuso, y hasta se volvió contra Pedro, que cortó una oreja a aquel sicario... Y espera morir de su apache, de su discípulo, para salvar a los otros hombres que no son su apache, de los pecados que cometieron con ella... ¡Pobre enferma de la matriz y del corazón!...

Y se la ve descendida a la postre de su cruz, tendida sobre la sábana, albísima y bien oliente a lino, de José de Arimatea[74], destrenzados los cabellos negros y enmelenada su sangre como unos copiosos cabellos rojos, distribuidos y aterrizados en largos mechones...

---

[73] carmañola: canción revolucionaria francesa de la época de la Revolución de 1789.
[74] José de Arimatea: al evocar el personaje evangélico y su participación en el entierro de Cristo, Ramón sugiere analogías.

La danza oriental

Danza bailada frente a un plenilunio oriental, que tiene el público a la espalda, y que simula el reflector...

En esta danza el *leitmotiv* es oriental siempre, aunque el resto sea, con todas las variaciones, un *argot* de gran puerto... ¡Se piensa en Marsella frente a todos los *poutpourris* de las danzas...

Es la danza más exterior en que la bailadora siente en el olfato y el tacto, con sutilidades de brújula, los horizontes orientales, sus costas y sus plantaciones... Todo es contemplativo en la epidermis y en los trechos en carne viva, y las posturas se deciden por contemplación, desde el juego del vientre al juego de las caderas y al ademán de los brazos en asa sobre la nuca... Es una danza sometida a todas las incitaciones de un jardín nocturnal cuando los perfumes son irresistibles y se llena la atmósfera de ácido carbónico... No se resiste a nada la mujer, ni flirtea, ni se complica en refinadas perversiones, sino que se llena de un deseo magno y elefantino... Su ritmo lo reflexiona y lo ventea la extensión oriental, «alma» y prolífica...

Por eso la danza oriental necesita una mujer que siembre la mortandad con su morenez, alta, amplia, sobrenatural, los ojos como pozos de agua dulce y potable y la boca como un dátil sin el hueso amargo y correoso de los dátiles vulgares...

En la danza oriental no hay senos, ni pormenores, sino una mujer bien cuadrada, expresa en todas sus dimensiones, total, que obra por representación y a la que ampara todo el oriente prosternado a sus pies, con ese gesto que ponen los iluminados al besar la tierra con los brazos idos y alargados sobre la cabeza...

Es la danza opulenta, en que nada se escapa, ni se personaliza... La danza del fatalismo, de la correlación, de la plasticidad sin interior, influida como las marcas por la luna y el sol, sin que la turbe el hombre intermediándola, porque el espacio en que hacen el pasaje sus influencias, es un campo vasto y raso...

La nota culminante de esta danza es una nota como de bordón, la más verbosa de esa feminidad expandida en la naturaleza, y que por ser tan unánime se piensa si no será el hombre quien procede de una costilla de mujer... De esa nota como de bordón, grave, compacta, llena de ecos mates, que queda vibrando como en muchas lomas, con una vibración tramontana, viene este hedor como de la sexualidad de todas las cosas, de todas las flores y de todos los bienes terrenos, una sexualidad particularmente femenina... Un hedor suficiente para hacer triunfar de la inquietud de todos los perfumes, porque en él se hallan todos y todos le sahuman, los más exóticas y los más lejanos... Un hedor máximo que aplaca todos los perfumes, porque en la escala ascendente de los perfumes, el perfume mayor es el hedor máximo, mientras los *buenos* perfumes quedan en el bajo cero...

Danza flemática que recuerda una noche estival, la tierra abierta en cráteres, y el hombre con la lengua bífida como las serpientes, dispuesto a cruzar, como ellas, tierras, planteles y árboles... Danza que cuenta con el paisaje y lo desarrolla siempre, oponiéndose a que se aquiete en una mujer pusilánime el efecto decorativo del conjunto, y ronda a la mujer que hemos convertido, como una tolvanera que levantan vientos lejanos e inevitables...

¿De qué flores se arpegia, de qué bronceado se colora, y de qué materialismo se idealiza?

Frente a esta danza se languidece con esa contemplación clara y cerúlea que se vive en los campos, tumbados sobre ellos, con la cabeza almohadonada por los brazos cruzados bajo el cráneo, sintiendo más que las inminencias de la mujer sus procedencias y su prolongación... Cae en ella el pensamiento, descomponiéndose como la luz en el prisma, y se rodea de impresiones simples, párvulas e iniciales, haciendo dudar de las mujeres que no han desflagrado los pensamientos ideales y engañosos, como de mujeres de traición, de novedad, de casuismo y de desviación...

Así el adjetivo en esta danza es un adjetivo de color, turbados y ciegos los otros adjetivos cerebrales, inquietantes y occidentales. Por eso el tapiz de esta danza es un tapiz sin reverso y sin figuras humanas... Es un tapiz de colores, casados como sólo se casan los colores en los tapices orientales y de una geometría extraña y simple en la que se descompone la flora en unidades... Hilos azules, hilos rojos, hilos verdes, hilos amarillos, hilos blancos, hilos negros, hilos rosas... Y nada más... Y, sin embargo, ¡cuánto más hay en él...! Hilo azul, hilo negro, hilo rojo, hilo rosa, hilo blanco, hilo verde, hilo amarillo... Sólo hecho de ellos asume todas las semejanzas de todas las formas, y celebra la vehemente fiesta de las formas...

La danza persiste en su panorama, coincidida de muchas vertientes, recalcitrante de un *sospiri arioso e dolente* que viene y va a través de ella como un deseo que brota de la noche y del hombre abierto en canal, como un deseo frutal, escultórico y paisajista, turbación de la realidad intestina en los hombres, más que de su alma, y concepción en *cosas* más que en *palabras*...

La bailadora, pesada y carnal, se recarga de puerilidad y de cuerpo, señala hasta dónde se apaisa y hasta qué punto es ella en estatuaria y en dureza, dando su medida exacta por analogía con el principio de Arquímedes, deducido su volumen de las *imagenerías* pretéritas, de las quimeras delezables y de las divagaciones inorgánicas, que desaloja en el espectador...

Todo el trabajo de la danza ha sido ese despuntar, afirmarse, modelarse más que representarse en imágenes, logrando con su testarudez, su aparato y una vigorosa sustentación, aguijar a los hombres del misterio de los cuerpos y las plásticas, que es el misterio de las desazones frenéticas, que se rehuyó inventando esa quisicosa sin virilidad, blanda, espicena y susceptible de flojedades, que es el misterio de las almas...

Y termina la danza...

Ha sido lacónica como es lacónica la sensación envolvente de los campos...

Porque éste es el baile de los campos...

La bailadora queda como haciéndose la muerta, para mayor dulzura y más hilaridad, tumbada en el lecho arenal de desierto, como encadenada a él por sus brazaletes orientales... Se siente una música de danza oriental en la luna con la sordina que ponen todos los kilómetros que hay de ella acá... Y parece que la virilidad despertada se magnifica en la bizarría de un león dibujado sobre la luna en la arista del horizonte, su cabeza enhiesta como un busto gallardo y garrido, quieta y despavorida como queriendo adivinar de dónde proviene el perfume de la noche, en vano porque no hay una huella singular que seguir, llena como está toda la noche y todo el desierto de la irritación de ese perfume de mujer...

Los otros bailes

Bailes execrables... Bailes de ejecución, bailes de concierto y bailes de circo... No muerden bien... Y no se sabe qué ocultan. Bailes en que las carnes están tupidas de blanco... Agudeza de las sevillanas, descocadas y en desorden, llenas de aire y de vacío... Torpeza de jota, desarticulada y hecha sólo de las extremidades, sin valor en el tórax... Bailes con castañuelas, atronadores, ceceantes, para los señores de sombrero de copa y los que aman las novedades de los carteles... Bailes irrepresentativos, hechos de deberes, de reglas y de profesorado... Bailes sin glosa, reverberantes, en los que el rostro de la bailarina conserva una expresión carillena sin surcos y sin honduras... Bailes de atracción que no restañan la inquietud del baile y llevan a los hombres hacia otras mujeres... Bailes desenfocados, sin música natural, con música de músicos, del viejo del violín, del jovencito del violín, del bizco de la flauta y del catalán desdentado, y con el pelo crespo, del piano...

Dan tiempo de ver la luz en las bombas imbéciles, de sorprender las candilejas, el decorado, y de notar si visten bien, y si son bonitas y de escaparate las piernas de quienes los bailan... Bailes en que los ojos no entran en el baile y miran con frialdad... Bailes con notas de jolgorio, para los adinerados, los hombres de *boutonniere* y de Kursaal, para los hombres de *club* que toman los palcos, y para los forasteros y las gentes del sábado y del domingo por la tarde... Bailes que agradan al empresario, a los militares, a los *reporters,* y a los policías secretos...

Bailes para que los bailen sólo las mujeres, con esos rostros que aparecen siempre en los grabados en madera de las revistas de modas, cariacontecidos de altivez y rigidez; para las mujeres extranjeras que se marcharán con su baile sin dejar rastro, después de un viaje de ida y vuelta por quince representaciones; para las mujeres de camarín con diez espejos y con intrigas; para las mujeres con muchas sortijas y a veces con groom.

Bailes de bailarinas y no de bailadoras...

Bailes estériles, como todo lo que está hecho en vista de un plural...

Bailes sucios, porque son los bailes para *los hombres*...

Fiesta de dolores

*(Drama pantomímico y bailable escrito
para ilustrar con su representación
la conferencia que sobre «La danza»
pronunció su autor en el Palacio de Cristal,
durante una Exposición de arte decorativo[75])*

---

[75] Téngase en cuenta lo apuntado en nuestra introducción sobre la activa participación en el mundo artístico de Ramón durante aquellos años.

A Tristán, que se ha aventurado con peligro de muerte y de mudez irreparable en las grandes hilaridades del Garrotín *y de las* Rosas Rojas.[76]

---

[76] La referencia al «Garrotín» y «Rosas rojas» remite a los otros textos pantomímicos que editamos y es un dato más de su estrecha relación. Por el breve desarrollo posterior se aprecia que es una abreviación en cierto modo de las danzas ya citadas.

A telón corrido, la bailadora canta con la boca de una herida abierta en el nacimiento de sus pechos:

> Madre, toma mis sortijas
> y mi sarta de corales,
> no puedo sufrir el rojo
> que me recuerda su sangre.
>
> Dame esas flores moradas
> que hará negras mi mantón;
> quiero pasar enlutada
> mi semana de pasión.
>
> Con traje de sangre y oro
> le tengo enfrente de mí,
> con sus caireles de luces
> que no cesan de lucir.
>
> Madre, si al bailar me caigo
> no me maltrates después;
> bailo llevando en los hombros
> la cruz en que moriré.

Intervalo... Se levanta el telón y aparece ella toda vestida de negro, negro el pelo, su cinta y sus flores, negros sus ojos negros, negros sus pendientes, negro el mantón de Manila, negra la falda de volantes y negras las medias... Su blancura, así, es una blancura de luz, de diafanidad, congregada de colores fulminantes en lo invisible del blanco, ese blanco con un rayo ultravioleta en su resplandor. Hay como un halo de luna en su descote, en derredor al bullón de sus senos... Es una blancura en que está incluida por demás toda la blancura que cela el negro, una blancura olorosa y blanca como la núbil flor de azahar, albísima, porque se abre hasta lo inverosímil, hendido su blanco corazón, por el negro lapidario... Se anuncia el garrotín... Ella recoge sus dramáticas patillas ensortijadas y despeja su frente de un fleco imaginario de cabellos, exponiendo más su blanco inmaterial, lamido, superior al de todo el resto y al blanco de sus ojos, el blancor lunar de luna de invierno de las frentes que sufren una descalabradura escondida en la maraña de los cabellos emplastados en sangre cuajada y caliente... Baila una tragedia de Eschylo[77] y tiene gestos orantes, vidriados, clamorosos, suspirantes, como lanceada en los costados... En los claros en que el garrotín se parte y se entrecorta muy pánico y perplejo, ella se cae de golpe sobre una rodilla, con la cabeza colgante como en los Cristos de los crucifijos... La orquesta se interrumpe como si *todo hubiese acabado* escuchando *su* muerte, hasta que oye *su* resuello de nuevo y la ve ponerse en pie... Así cae la bailadora hasta siete veces[78]... Después de la séptima caída, alguien la tira unos claveles de un rojo de sangre caliente y manantial... Ella al verlos se descompone, agrava el ritmo, dilata sus brazos trágicamente, baila aún pero ya en un traspiés y sugestionada por los claveles... Se detiene de pronto y como irremisiblemente agobiada, se inclina a cogerlos, los eleva hasta el pecho, y ya en lo alto los tira con ímpetu, se mira las manos como escoriadas de algo voraz y sangriento, se las enjuga con su pañuelo de luto, y volviendo repentinamente en sí, continúa su baile, huyendo de ellos hacia la pared del fondo, retrocediendo ya hasta la consunción del baile, que la coge pegada en cruz a la pared, viendo con pa-

---

[77] Con la mención del trágico griego se trata de sugerir por analogía el carácter patético y hasta dionisiaco de la danza descrita.

[78] Compárese con el final de *La danza de los apaches* a la que también se dota de cierto sentido de pasión casi religiosa mediante referencias evangélicas.

roxismo el rojo reguero de los dobles claveles rojos... Está así un instante silencioso. Después saluda con una amabilidad falsa y llena de grima, y huye intimidada entre bastidores...

TELÓN